高等院校经济管理系列精品教材

项目管理及软件

孙彩　郭亮　王瑞　主编

哈尔滨工业大学出版社

内 容 简 介

本书从项目全生命周期管理的角度出发,对项目管理过程中的理论、方法和工具以及项目管理软件的应用进行了系统全面的阐述,并特别强调和突出核心方法的实践和应用。全书分为基础篇、理论篇和工具篇3部分,共14章。基础篇包括2章内容:项目和项目管理;理论篇包括9章内容:项目论证与启动、项目范围管理、项目进度管理、项目成本管理、项目质量管理、项目沟通管理、项目采购管理、项目风险管理和项目收尾;工具篇是项目管理软件应用部分,包括3章内容:项目前期准备与启动、项目计划编制与调整和项目实施监控与收尾。

本书可作为高等院校工商管理专业或其他非项目管理专业开设项目管理课程的教材和教学参考书,也可作为从事项目管理的人员,以及参加各类项目管理资格认证考试人员的参考书,还适合作为现代产业学院授课的教材。

图书在版编目(CIP)数据

项目管理及软件/孙彩,郭亮,王瑞主编. —哈尔滨:哈尔滨工业大学出版社,2024.1
ISBN 978-7-5767-1225-4

Ⅰ.①项… Ⅱ.①孙… ②郭… ③王… Ⅲ.①项目管理-应用软件 Ⅳ.①F224.5-39

中国国家版本馆 CIP 数据核字(2024)第013941号

策划编辑	杨秀华
责任编辑	丁桂焱
出版发行	哈尔滨工业大学出版社
社　　址	哈尔滨市南岗区复华四道街10号　邮编150006
传　　真	0451-86414749
网　　址	http://hitpress.hit.edu.cn
印　　刷	哈尔滨市工大节能印刷厂
开　　本	787 mm×1 092 mm　1/16　印张19.5　字数475千字
版　　次	2024年1月第1版　2024年1月第1次印刷
书　　号	ISBN 978-7-5767-1225-4
定　　价	55.00元

(如因印装质量问题影响阅读,我社负责调换)

前　言

现代项目管理是近年来发展起来的管理科学的一个新领域。它与传统的项目管理具有很大的不同,在当今信息社会和知识经济之中,人们创造社会财富和福利的途径与方式已经由过去以重复进行的生产活动为主,逐步转向了以项目开发和项目实施活动为主的模式。典型的项目如城市地铁、高速公路、高速铁路、城中村改造、大型水利工程、开发新产品、改造生产线等,项目开发与实施正在成为社会物质财富和精神财富生产的主要手段,因而,现代项目管理正逐步成为现代社会中主要的管理领域。我们只有充分学习和掌握现代项目管理的理论、方法和技能才能够在现代社会中立足和发展,才能够为企业和社会创造更多的财富。

本书从项目全生命周期管理的角度出发,系统全面地对项目管理过程中的理论、方法和工具以及项目管理软件的应用进行了详细的阐述,并特别强调和突出核心方法的实践和应用。全书分为基础篇、理论篇和工具篇3部分,共14章。基础篇包括2章内容:项目和项目管理;理论篇包括9章内容:项目论证与启动、项目范围管理、项目进度管理、项目成本管理、项目质量管理、项目沟通管理、项目采购管理、项目风险管理和项目收尾;工具篇是项目管理软件应用部分,包括3章内容:项目前期准备与启动、项目计划编制与调整和项目实施监控与收尾。

本书的特色主要体现在以下几个方面:

1. 先进、全面的知识体系。强调对项目全生命周期理论和项目管理知识体系框架的总体认识,对管理方法和技术的全面了解和重点把握,保证了体系的先进性、内容的全面性和方法的实用性。

2. 知识体系与技能应用相结合。一方面注重理论和实际案例相结合,强调培养学生的实际操作能力,解决项目管理实际问题。在知识点上注重与国家各类执业资格考试相关内容的衔接,选取IPMP资质认证考试综合案例贯穿全书重要章节,帮助读者深入了解项目管理理论知识的具体应用。另一方面将项目管理的基础理论、实际案例与项目管理软件的应用相结合,打通理论学习与实践应用之间的各个关节,将软件工具应用贯穿于项目管理知识体系的教学当中,帮助学生解决"学什么(知识体系理论基础)""为什么学(技术技能应用场景)""学来能做什么(软件工具实际应用)"的问题。

3. 多种软件综合掌握。突破现有"项目管理软件应用"相关教材仅以微软 Project 主体功能为框架的知识架构，以实践层面的应用场景为基点，将 Word、Excel 等办公软件在项目管理中的综合应用贯穿其中。同时，打通 PC 端项目管理软件、移动端项目管理软件和基于网页的轻量级项目管理应用之间的屏障，选取 IPMP 资质认证考试综合案例，将实际项目中出现的问题及解决问题的方法呈现在学生面前，将工具的掌握和使用落到实处。

本书由孙彩对全书进行统稿和审定。其中，孙彩编写第 4 章、第 5 章、第 6 章、第 7 章、第 8 章和第 9 章，郭亮编写第 1 章、第 2 章、第 3 章、第 10 章，王瑞编写第 11 章、第 12 章、第 13 章、第 14 章。

本书具有内容丰富、体系完整、实用性强的特点，突出对项目管理基本理论、工具和方法的掌握及应用项目管理软件解决实际问题能力的培养。本书可作为高等院校工商管理专业或其他非项目管理专业开设项目管理课程的教材和教学参考书，也可作为从事项目管理的人员，以及参加各类项目管理资格认证考试人员的参考书，还适合作为现代产业学院授课的教材。

本书在编写过程中，参阅了国内外专家学者的相关著作、教材、案例资料及研究成果，在此向相关作者表示由衷的感谢。由于编者水平有限，书中难免有不完善和不妥之处，敬请采用本书作为教材的老师、学生和读者指正。

编　者

2023 年 12 月

目　　录

基础篇

第 1 章　项目 ··· 3
　1.1　项目的内涵 ··· 3
　1.2　项目实施主体 ··· 10
　1.3　项目组织 ··· 18
　1.4　项目生命周期 ··· 25

第 2 章　项目管理 ··· 28
　2.1　项目管理的产生与发展 ·· 28
　2.2　项目管理的含义及特征 ·· 32
　2.3　项目管理知识体系 ··· 33

理论篇

第 3 章　项目论证与启动 ·· 43
　3.1　需求识别 ··· 44
　3.2　项目识别与选择 ··· 46
　3.3　项目论证与评估 ··· 57
　3.4　项目启动 ··· 64

第 4 章　项目范围管理 ··· 74
　4.1　项目范围管理概述 ··· 74
　4.2　规划范围管理 ··· 76
　4.3　收集需求 ··· 77
　4.4　定义范围 ··· 80
　4.5　创建分解结构 ··· 82
　4.6　确认范围 ··· 89
　4.7　控制范围 ··· 91

第 5 章　项目进度管理 ··· 95
　5.1　项目进度管理概述 ··· 95

5.2 规划进度管理 …… 96
5.3 定义活动 …… 97
5.4 排列活动顺序 …… 98
5.5 估算活动资源与时间 …… 103
5.6 制订进度计划 …… 107
5.7 优化项目进度计划 …… 119
5.8 控制进度 …… 131

第 6 章 项目成本管理 …… 138

6.1 项目成本管理概述 …… 139
6.2 规划成本管理 …… 140
6.3 估算成本 …… 141
6.4 制定预算 …… 144
6.5 控制成本 …… 149

第 7 章 项目质量管理 …… 159

7.1 项目质量管理概述 …… 159
7.2 规划质量管理 …… 161
7.3 实施质量保证 …… 163
7.4 实施质量控制 …… 165

第 8 章 项目沟通管理 …… 171

8.1 项目沟通管理概述 …… 172
8.2 规划沟通管理 …… 175
8.3 管理沟通 …… 176
8.4 控制沟通 …… 178

第 9 章 项目采购管理 …… 180

9.1 项目采购管理概述 …… 180
9.2 规划采购管理 …… 181
9.3 实施采购 …… 187
9.4 控制采购 …… 189
9.5 结束采购 …… 191

第 10 章 项目风险管理 …… 192

10.1 项目风险管理概述 …… 192
10.2 规划风险管理 …… 195
10.3 识别风险 …… 197
10.4 实施风险分析 …… 202

10.5 规划风险应对 …… 207
10.6 监控风险 …… 210

第 11 章 项目收尾 …… 215
11.1 项目收尾概述 …… 215
11.2 项目验收与项目移交 …… 217
11.3 项目后评价 …… 220

工具篇

第 12 章 项目前期准备与启动 …… 225
12.1 概述 …… 225
12.2 项目前期准备 …… 226
12.3 项目基本信息录入 …… 230

第 13 章 项目计划编制与调整 …… 243
13.1 项目识别与任务分解 …… 243
13.2 任务信息录入 …… 248
13.3 浏览项目计划 …… 258
13.4 调整项目计划 …… 264

第 14 章 项目实施监控与收尾 …… 279
14.1 执行项目计划 …… 279
14.2 跟踪项目进展 …… 280
14.3 分析项目绩效 …… 287
14.4 项目控制与收尾 …… 298

参考文献 …… 303

基 础 篇

第1章 项　　目

【学习目标】

通过本章学习，你应掌握如下内容：
(1) 项目的概念、特征、性质及相关概念的区分；
(2) 项目实施的主体、目标、环境及客体等概念；
(3) 项目经理及项目团队的内涵；
(4) 项目组织结构的类型及特征；
(5) 项目生命周期的划分及特征。

【导入案例】

鲁布革水电站位于云南省罗平县与贵州省兴义市交界处的黄泥河上，电站总装机容量 4×15 万千瓦，1982 年 11 月开工，1991 年全面投产发电，1992 年 12 月竣工验收。投产 30 余年来，电站累计发电近 800 亿千瓦时，为云、贵、粤等地经济社会发展做出积极贡献。鲁布革水电工程在国内首次利用世界银行贷款并进行国际招标，拉开了我国水电建设史上对外开放和管理体制改革的序幕，创造了多项全国乃至世界第一，引发了工程管理上的"鲁布革冲击"，形成了"鲁布革经验"，并对我国建筑业的发展产生了深远影响。它在工程施工中不断进行管理创新和科技创新，第一次实行项目法人制和施工监理制，建设了中国第一座黏土心墙堆石坝、第一座 220 千伏输电斜塔、第一座岩壁式吊车梁……采用混凝土喷锚支护、内加强月牙肋岔管等新技术、新工艺，使许多设计项目指标达到国内领先水平，并接近或达到国际同期水平。该工程获得国家优秀工程地质勘察金奖、国家优秀工程设计金奖、中国建设工程鲁班奖。2023 年，鲁布革水电站作为改革开放和社会主义现代化建设时期开工建设的第一个水电站，与南泥湾渠、白鹤滩水电站等 117 项治水工程一起成功入选水利部公布的"人民治水·百年功绩"治水工程项目。

案例来源：云南曲靖日报社官方账号"掌上曲靖"，2023-1-31

1.1　项目的内涵

项目管理在当今社会中的用途是非常广泛的，在当今信息社会和知识经济之中，人们创造财富和社会福利的途径与方式已经由过去以周而复始、重复进行的生产活动，逐步转向了以项目开发和项目实施活动为主的模式。随着知识经济的发展和信息社会的进步，我们已经迈入了一个以项目开发与实施为主要物质财富生产和精神财富生产以及服务提供手段的社会。因此项目管理也就逐步成为现代社会中一个主要的管理领域。我们只有充分学习和掌握现代项目管理的理论、方法和技能才能够在现代社会中立足和发展，才能够为企业和社会创造更多的财富。

1.1.1 项目的概念

项目的概念可以从不同的角度进行定义,国内外众多的组织和专家学者都对项目这个术语做出过解释:

(1)美国项目管理协会(PMI)认为项目是为完成某种特定产品或服务所做出的具有一次性的努力。其中,"一次性"是指每一个项目都有明确的起点和终点;"特定"是指一个项目所形成的产品或服务在关键特性上不同于其他的产品和服务。

(2)国际项目管理协会(IPMA)对项目的定义为:项目是受时间和成本约束的、用以实现一系列既定的可交付成果、同时满足质量标准和需求的一次性活动。

(3)德国国家标准 DIN69901 认为,项目是指在总体上符合如下条件的唯一的任务:①具有预先设定的目标。②具有资本、人力、时间和其他限制条件。③具有特定的组织。

(4)John Bing 认为,项目是一件事,一个一次性的任务,在一定时间和成本内达到预期的目标。

尽管很多组织或者个人对项目的定义不尽相同,但都在一定程度上体现了项目的本质特征,并且具有不少共性之处,比如具有时间的起始点,有成本和人力等资源限制,是一次性活动,有预期达到的目标等。

综上所述,本书认为,项目是在一定时间、成本、人力资源、环境等约束条件下,为了达到特定的目标所从事的一次性任务。该定义中包含三层含义:

(1)项目是一项有待完成的任务,有特定的环境与要求。

(2)在一定的组织结构内,利用有限资源(人力、物力、财力等)在规定的时间内完成任务。

(3)任务要满足一定功能、质量、数量、技术指标的要求。

1.1.2 项目的基本特征

各种不同专业领域中的项目在内容上可以说是千差万别,不同项目都有自己的特征。但是从本质上说,项目是具有共同特性的,不管是科研项目、服务项目还是房地产开发项目,它们的根本特性是相同的。项目的这些共同特征可以概括如下。

(1)临时性。

临时性是指每一个项目都有确定的开始和结束时间,当项目的目的已经达到,或者已经清楚地看到项目目的不会或不能达到时,或者项目的必要性已不复存在并终止时,该项目即意味着到达终点。临时性不一定意味着时间短,许多项目可能会经历好多年的时间。但是,项目的期限都是有限的,且会随项目的存在而开始,随着项目的消失而终止。

(2)目标明确性。

人类有组织的活动都有其目的性。项目作为一类特别设立的活动,也有其明确的目标。从上述概念的剖析可以看到,项目目标一般由成果性目标和约束性目标组成。其中,成果性目标是项目的来源,也是项目的最终目标,在项目实施过程中成果性目标分解为项目的功能性要求,是项目全过程的主导目标;约束性目标又称为限制条件,是实现成果性目标的客观条件和人为约束的统称,是项目实施过程中必须遵守的条件。各个目标相互之间需要平衡,达成统一,最终形成一个项目。

(3)唯一性。

每一个项目都是唯一的。项目所涉及的某些内容是以前没有做过的,也就是说这些内容是唯一的,或者其提供的产品和服务有自身的特点,或者其提供的产品和服务与其他项目类似,然而其时间和地点,内部和外部的环境,自然和社会条件有别于其他项目,因此每个项目总是独一无二的。例如,一家服装制造业要建设两条"西装生产线",虽然这两条新的生产线生产相同的产品、具有相同的产能和相同的技术工艺,但是在建设时间、地点、环境、项目组织、风险等方面却不可能完全相同。所以,项目与项目之间是无法完全等同和相互替代的。

(4)整体性。

项目是为实现目标而开展的任务的集合,它不是一项项孤立的活动,而是一系列活动的有机组合,从而形成的一个完整的过程。强调项目的整体性也就是强调项目的过程性和系统性。项目的实现过程是非常复杂的,只有通过对每个单项任务在时间、费用、优先权和执行计划等方面进行充分的协调和控制才能使之完成。

(5)风险性。

项目的一次性属性决定了项目不像其他事情那样,做得不好可以重来。项目的风险性是指由于各种条件和环境的发展变化以及人们认识的有限性而使项目结果出现非预期的损失或收益的可能性。比如,在建造一条公路时,项目的施工情况会受到气候的影响。当雨雪天气比较多时,就会出现误工或者施工受阻的情况,反之亦然。

1.1.3 项目的分类

项目可以按照不同的标志进行不同的分类。对项目进行分类的主要目的是要对项目的特性有更为深入的了解和认识。

项目的主要分类有如下几种:

(1)按项目规模大小分类:大型项目、项目和子项目。

(2)按项目的期限长短分类:长期项目、短平快项目、紧急项目和一般项目。

(3)按项目所在产业类别分类:工业项目、农业项目、商业项目和服务项目等。

(4)按项目的服务对象分类:生产项目、生活项目、服务项目和科研项目等。

(5)按项目的资金来源分类:国家项目、地方项目、独资项目、集资项目、合资项目等。

(6)按项目营利性质分类:营利性项目和非营利性项目。

(7)按投资用途分类:生产性项目和服务性项目。

(8)按投资性质分类:新建项目、扩建项目和改建项目。

1.1.4 项目与运营

现代项目管理理论把人类有组织的活动分为两类:一类是连续不断、周而复始、重复性的活动,一般情况下,这类活动的结束时间不明确,我们将其称为运营活动。比如,企业日常的财务工作、生产性活动、行政管理工作等。另一类是临时性的活动,有明确的起始和终止时间,即所谓的临时性,这些被称为项目。比如,建设大型商场和办公楼,举办婚礼,举行一次同学聚会等。

项目和运营两者既有区别又有共同之处。它们的共同之处在于都需要依靠人员来实现,都存在资源约束,都需要计划、执行、控制等。它们的区别主要是项目是一项独一无二的任务,有临时性,而运营是重复、连续不断、周而复始的活动。当然,项目与运营的划分也并不是绝对的,在特定的条件下,运营可以转化为项目。例如,企业生产车间里流水线活动,如果没有特定的指示就需要每日重复性地运作,但是如果生产部门有一项特定的生产订单,此时生产线就需要根据订单的情况进行调整,且只存在这次订单加工的特殊时间里。表1.1可以帮助我们更好地理解项目与运营的区别。

表1.1 项目与运营的区别

比较指标	名称	
	项目	运营
目的	特殊的	常规的
负责人	项目经理	职能经理
时间	有限的	相对无限的
持续性	一次性	重复性
管理方法	风险性	确定性
资源需求	多变性	稳定性
任务特性	独特性	普遍性
组织机构	项目组织	职能部门
考核指标	以目标为导向	效率和有效性

1.1.5 项目实施过程

项目实施过程就是创造项目产品的过程,也就是项目交付物技术实现的过程,因项目产品不同其过程也不相同,也可能会因行业性质与项目特点的不同而存在较大差异。例如,在工程建设项目中,设计(Engineering)、采购(Procurement)、施工(Construction)是创造项目产品的过程,简称EPC。对于一个具体的工程项目,其创造产品的过程是:立项—设计—采购—施工—开车—考核验收。对于一个软件开发项目,它创造项目产品的过程是:需求分析—概要设计—详细设计—编码—测试—集成交付。从管理角度来看,项目实施过程就是项目管理者(项目实施主体)以项目(项目客体)为对象,运用系统的理论和方法,通过一个临时性的、专门的柔性组织,对项目进行高效率的计划、组织、控制、沟通和激励,以实现项目的目标。基于管理视角的项目实施过程如图1.1所示。

1. 项目外部环境

项目的外部环境主要是指项目实施所涉及的项目组织外部的各种影响因素。这个问题涉及十分广泛的领域,这些领域的现状和发展趋势都可能对项目产生不同程度的影响,有的时候甚至是决定性的影响。这里仅就项目外部环境的若干重要方面做简单说明。

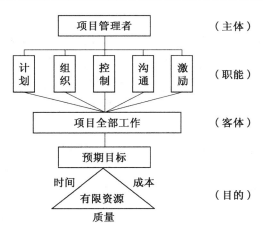

图 1.1 项目实施流程

(1) 政治和经济环境。

国际、国内的政治、经济形势对项目有着重大的影响力。举世瞩目的英吉利海峡隧道（英法海底隧道）项目投资达 100 亿英镑，是 20 世纪的一项巨型工程。从拿破仑时代起近 200 多年来，这个项目的起伏至少 26 次，主要原因是英国方面担心来自欧洲大陆国家的入侵。直到 20 世纪 80 年代，欧洲共同体（后来更名为欧洲联盟）有了重大进展，在当时英国首相撒切尔夫人和法国总统密特朗的推动下，才促成这个项目的实施。可见，英吉利海峡隧道项目能否实施不仅取决于科学技术，而且取决于它所处的政治环境。另外，宏观经济形势的变化会对项目的变化产生巨大压力。例如，一场意外的通货膨胀可以使项目的费用估算失效。宏观经济环境变化的一个破坏性特点是它们完全超出了项目组织的控制范围。项目人员所能做的只是制订应急计划，以处理这些不可控因素。当前的经济全球化趋势大大促进了跨国项目的发展，货币的汇率波动就成为影响跨国项目的一个重要因素。同时，牵一发而动全身的多米诺骨牌现象，也是经济全球化带来的一个结果。这种变化莫测的经济形势，会使项目暴露在更大范围的风险环境之中。

(2) 科学和技术环境。

技术正在以前所未有的速度发生变化，在高新技术领域更是如此，一个又一个新项目推出一代又一代新产品。技术的变化对项目开发带来的影响和冲击不容忽视。技术变化也最难预测和处理。在当今这个新技术预期生命周期极为短暂的时代，任何周期超过 6 个月的项目均需要考虑技术变化问题。例如某些蕴含新技术的产品项目在开发设计时，往往还没有产生公认的产品标准。提前开发会不会和今后发布的标准不一致？推迟开发会不会丢失市场机会？对于提前开发并占领了市场的产品，能不能作为既成事实而在将来标准制定时获得承认？新产品尚未站稳脚跟，更新的技术会不会取而代之？这些问题都让项目人员举步维艰。对正在研究的项目更应考虑技术更新的影响。比如，电话通信项目应考虑计算机通信技术给社会生活可能带来的冲击；钢铁、水泥项目则必须预测新型替代材料对其未来市场的蚕食。因此，项目管理人员应该能正确判断项目中出现的各种问题的技术本质。总之，新的科学技术导致了对项目研究和开发需求的增加，项目人员也需要不断地更新自己的知识结构。

(3) 文化和意识环境。

文化是人类在社会历史发展进程中所创造的物质财富和精神财富的总和,特指精神财富,如文学、艺术、教育、科学,也包括行为方式、信仰、制度、惯例等。随着国际经济交流的扩大和跨国投资项目的增加,文化差异和风俗习惯的不同给项目管理带来了很大的复杂性,忽略文化上的社会禁忌会使项目陷入困境甚至完全失败。因此,项目管理应注重项目的文化和意识环境,要了解当地文化,尊重当地的习俗,例如制订项目进度计划时必须考虑当地的节假日习惯;在项目沟通中要善于在适当的时候使用当地的文字、语言和交往方式,通过不同文化的良好沟通和交流,逐步实现文化与意识的深度融合,以增进理解、减少摩擦、取长补短、互相促进,获取项目成功。经济全球化趋势下,文化差异对跨国项目的影响越来越引起项目管理者的注意。

(4) 规章和标准环境。

规章和标准都是对项目行为、项目产品、项目工艺或项目提供的服务的特征做出规定的文件。它们的区别在于,前者是必须执行的,而后者多带有提倡、推广和普及的性质,并不具有强制性。规章包括国家法律、法规和行业规定,以及项目所属企业的章程等。它们对项目的规划、设计、合同管理、质量管理等都有重要影响。例如由国际咨询工程师联合会(FIDIC)颁发的合同条件属于标准,而不是规章。由于它比较全面、成熟,已被世界各国广泛承认。许多国际性的土建工程、咨询采购项目都愿意采用 FIDIC 合同条件。很多国家也制定了自己的合同条件,这些规定在国内或某个行业领域往往被强制性执行。目前世界上有许多正在使用中的标准,几乎涉及了所有的技术领域,从计算机磁盘的尺寸到电网、电器使用的频率、电压等。国际标准化组织(ISO)还发布了各种管理标准,如质量管理和质量保证国际标准 ISO 9000 系列。这些标准有的是国际通行的,有的只在某个地区、某一国家适用。这些技术和管理标准虽然不具有强制性,但大都已被公认。项目要想满足市场需求,就必须采用这些标准,否则将遭受挫折或失败。国际上还有一些针对项目管理的标准和方法体系,如 ISO 10006、C/SCSC、EVM、PMBOK 等,这些都是由项目管理实践和经验升华而成的,是项目管理的行为准则。由此可见,规章和标准对项目有着重大的影响,项目能否成立以及能否正常实施并带来经济效益在很大程度上受制于项目涉及的规章和标准。

2. 项目实施主体

想要做好项目,还须了解项目的实施主体。项目的实施必须满足客户要求达到的目标,其实施主体主要指项目经理和项目团队。在项目实施过程中,项目经理带领团队成员根据项目目标对项目的进度、成本和质量等方面进行全面的计划与控制,以及其他的项目管理工作。

项目经理是"在项目管理委员会的约束规定下,代表项目管理委员会开展项目日常管理的人"。作为项目的负责人,负责项目计划、实施和收尾全过程,以保证项目目标的成功实现。项目经理在现代项目管理中起着关键性的作用,是决定项目成败的关键角色。项目经理是协调各方关系的桥梁和纽带。对外,项目经理作为施工企业的项目代理人,代表和维护着企业和项目的利益。对内,项目经理对项目行使管理权,对项目目标的实现承担全部责任。项目经理不仅是项目法律责任的直接当事人,还是项目信息沟通的管理者和控制者。在项目实施过程中,来自项目外部的客户、政府、当地社会环境、国内外市场的有关重要信息,要通过项目经理来汇总、沟通、交涉;除此之外,项目经理还要及时掌握来自本项目各个方面的消息,以便在项目管理过程中制订计划、做出决策、组织实施和协调指挥。

项目团队是为适应项目的实施及有效协作而建立的团队。项目团队的具体职责、组织结构、人员构成和人数配备等方面因项目性质、复杂程度、规模大小和持续时间长短而异。简单地把一组人员调集在一个项目中一起工作,并不一定能形成团队,就像公共汽车上的一群人不能称为团队一样。项目团队不仅是指被分配到某个项目中工作的一组人员,它更是指一组互相联系的人员,通过同心协力地工作,以实现项目目标,满足客户需求的群体。要使人员发展成为一个有效协作的团队,一方面要项目经理做出努力,另一方面也需要项目团队中每位成员积极地融入团队中去。一个有效率的团队不一定能使项目成功,但一个效率低下的团队,注定会使项目失败。

3. 项目组织

项目组织就是把一些人联系起来,做一个人无法做的事,是管理的一项功能。组织包括与它要做的事相关的人和资源,及其相互关系。项目组织与其他组织一样,要有好的领导、章程、沟通、人员配备、激励机制,以及好的组织文化等。同时,项目组织也有区别于其他组织不同的特点。

为实现项目的目标,项目组织和项目一样有其生命周期,经历建立、发展和解散的过程。项目组织不会长盛不衰。例如,项目创意组织可能是某个咨询公司或机构中的一个研究小组,甚至个人;项目发起也许要另外一个组织出面,譬如某政府部门、事业单位、企业或企业与银行组成的集团;而项目的计划、实施可能还要组建新的机构,作为业主法人。总之,项目组织是在不断地更替和变化的。组织的一个基本原则是因事设人。根据项目的任务设置机构,设岗用人,事毕境迁,及时调整,甚至撤销。

项目要有机动灵活的组织形式和用人机制,可称之为柔性。项目组织的柔性反映在各个项目利益相关者之间的联系都是有条件的,松散的,它们是通过合同、协议、法规以及其他各种社会关系结合起来的。项目组织不像其他组织那样有明晰的组织边界,项目利益相关者及个别成员在某些事务中属于某项目组织,在另外的事务中可能又属于其他组织。

4. 项目客体

项目客体通常情况下指的就是项目本身。从管理的角度看,项目全过程涉及从识别项目需求开始到项目运营各个阶段的管理工作,如识别项目需求、产生项目方案、制订项目计划、执行项目计划、进行项目收尾。项目实施主体将各种知识、技能和手段应用于项目活动中,通过启动、计划、实施、监控和收尾等过程作用于项目,实现项目目标。

由于项目具有复杂性和特殊性,因此在项目管理过程中,需要制订统一的资源分配计划、权衡各方矛盾、协调各种依赖关系,以确保项目各部分在适当的时间、正确的位置,将适当的任务组合在一起,最大限度地满足干系人的需求。

5. 项目资源

资源指的是一切可被人类开发和利用的物质、能量和信息的总称,它广泛存在于自然界和人类社会中,是一种自然存在物或能够给人类带来财富的物质。资源分为自然资源和社会资源两大类,前者如阳光、空气、水、土地、森林、草原、动物、矿藏等;后者包括人力资源、信息资源以及经过劳动创造的各种物质财富。

项目资源可以理解为项目所需的一切具有现实和潜在价值的东西。项目实施需要资源的投入和支持,项目管理需要对相关资源做出最有效的调配,以更好地达成项目目标。项目中所需的资源可以概括为三类:一是无形资源,如时间、费用等;二是智力资源,如知识产权、技术能力等;三是物化资源,如仪器设备、原材料等。

由于项目具有的一次性特征,项目资源不同于其他组织机构的资源,它大多是临时拥有和使用的。资金需要筹集,服务和咨询力量可采购(如招标发包)或招聘,有些资源还可以租赁。项目过程中资源需求变化甚大,有些资源用毕要及时偿还或遣散,任何资源积压、滞留或短缺都会给项目带来损失。资源的合理、高效使用对项目管理尤为重要。

6. 项目目标

项目目标是测量项目成功的标准。项目可能有各种各样的运营方式,项目目标包括成本、时间、技术和质量等,项目管理的目的就是要完成这些目标要求。也就是说,项目目标确定的结果应该是一个目标体系,它是在目标因素的基础上进行集合、排序、选择、分解和结构化,形成目标系统,并对目标因素进行定量化描述。项目目标的确定是一个由一般到具体的逐渐细化的过程。

项目目标一般由项目的发起人或项目的提议人来确定,记录在项目建议书中。在理想状况下,项目建议书的起草人是项目经理,因此,项目经理是确定项目目标的重要主体。项目经理对项目目标的正确理解和正确定义决定了项目的成败。

1.2 项目实施主体

1.2.1 项目经理

项目经理是项目的管理者,从职业角度来讲,是指企业建立以项目经理责任制为核心,对项目实行质量、安全、进度、成本管理的责任保证体系,为全面提高项目管理水平而设立的重要管理岗位。项目管理者在项目及项目管理过程中起着关键的作用,可以说项目经理是一个项目全面管理的核心和焦点,是决定项目成败的关键。项目经理受企业总经理的委托,在合同关系上负责处理与客户、中间商等社会各方的关系,按合同履约是其一切行动的最高准则;拒绝承担合同以外的其他各方强加的干预、指令、责任是项目经理的基本权利;在合同与法律范围内组织项目建设是项目经理的基本义务。

1. 项目经理的作用

(1)领导作用。项目经理的领导作用主要表现在如下四个方面:①对项目整体进行设计与规划;②选择合适的项目组成员;③对项目组成员进行培训与指导;④分层授权。如果没有合理的规划,又找不到合适的人选,就难以承担项目的领导工作。此外,项目经理还应该维护项目组成员的正常利益,充分调动他们的积极性和创造性,激励他们努力工作。

(2)管理作用。为了实现对项目的领导、计划、指挥和协调,项目经理要依靠行政手段、经济手段、法律手段等对项目进行管理,如发布命令和指示、建立和健全经济责任制、制订各种规章制度。此外,还应不断提高项目经理自身的管理水平,改善管理作风,增加管理的艺术性。

(3)协调作用。协调也就是将各种汇集到工程项目的指令、信息、计划、办法、方案、建议制度等,通过协商、调度、运筹使项目保质保量,如期完成;项目成员之间应配合得当,步调一致。此外,可通过进度计划和活动明细单等形式对各种资源进行协调。协调的基础是合理的计划和良好的工作氛围。

(4)专家作用。项目管理是一项综合性很强的工作;项目管理组通常是由企业内的专家、专业工程师组成的,因此,项目经理不仅要掌握专业技术,还应具备相当高的管理水平和组织能力。项目经理必须根据项目特点和实施目的来确定人员工作标准和管理方法。在大型项目中,项目经理的主要任务是制订计划和进行工作协调,其总体决策能力和组织能力就显得尤为重要;对于小型项目,项目经理则要亲自处理技术问题和某些专业管理工作,其专业知识和工作经验便显得尤为重要。

(5)决策作用。决策是以信息为基础的,项目经理要根据项目组内部的信息对项目的进展、资源的利用和人员的调配做出决策,并确保做出决策的最佳时机。

(6)激励作用。项目经理应能够在项目实施过程中激发成员的工作热情,调动成员的积极性。经常与下属进行沟通、交流和公开讨论是激发工作热情的一种良好方法。尤其在遇到困难时,向项目组成员讲明项目的目标和当前的困境,同他们一起找原因、定措施,可以发挥成员各自的优势,也能弥补项目经理在能力和经验上的不足。

(7)社交作用。为协调和解决项目实施过程中遇到的某些问题,项目经理需要经常与内部、外部人员协商和谈判。要想取得好的谈判效果,除要讲究谈判艺术外,丞要对谈判时间和谈判事项等加以灵活掌握和控制。因此,项目经理必须掌握一定的谈判技巧。

2. 项目经理的权力

通常情况下,项目经理被授予以下几方面的权力。

(1)项目团队的组建权。项目团队的组建权包括两个方面:一是项目经理班子或者管理班子的组建权;二是项目团队成员的选择权。

建立一支高效、协同的项目团队对保证项目成功至关重要。包括:专业技术人员的选拔、培训、调入,管理人员、后勤人员的配备,团队成员的考核、激励、处分甚至辞退等。项目经理班子是项目经理的左膀右臂,因此,授予项目经理组建班子的权力是项目成功的另一关键因素。包括:项目经理班子人员的选择、考核和聘用;对高级技术人才、管理人才的选拔和调入;对项目经理班子成员的任命、考核、升迁、处分、奖励、监督指挥甚至辞退等。

(2)财务决策权。实践告诉我们,拥有财务权并使其个人的得失和项目的盈亏联系在一起的人,能够较周详地顾及自己的行为后果,因此,项目经理必须拥有与该角色相符的财务决策权。否则,项目就难以开展。一般来讲,这一权力包括以下几个方面:首先,具有分配权,即项目经理有权决定项目团队成员的利益分配,包括计酬方式、分配的方案细则。项目经理还有权制定奖罚制度。其次,拥有费用控制权,即项目经理在财务制度允许的范围内拥有费用支出和报销的权力,如聘请法律顾问、技术顾问、管理顾问的费用支出,工伤事故、索赔等的营业外支出。最后,项目经理还应拥有资金的融通、调配权力。在客户不能及时提供资金的情况下,资金的短缺势必会影响工期,对于一个项目团队来说时间也具有价值。因此,还应适当授予项目经理必要的融资权力和资金调配权力。

(3)项目实施控制权。在项目的实施过程中,由于资源的配置可能与项目计划书有所出入,有时项目实施的外部环境会发生一定的变化,这使项目实施的进度无法与预期同步,这就要求项目经理根据项目总目标,将项目的进度和阶段性目标与资源和外部环境平衡起来,做出相应的决策以便对整个项目进行有效的控制。

3. 项目经理的素质与能力要求

(1)项目经理的素质要求。

实践证明并不是任何人都可以成为合格的项目经理,项目及项目管理的特点要求项目经理具备相应的素质与能力才能圆满地完成项目任务。通常一个合格的项目经理应该具备良好的道德素质、健康的身体素质、系统的思维能力、娴熟的管理能力、积极的创新能力以及丰富的项目管理经验,尤其要求项目经理具备全面的理论知识素质。作为项目实施的最高决策人,项目经理如果不懂技术,就无法按照工程项目的工艺流程及施工的阶段性来组织实施,更难以鉴别项目计划、工具设备和技术方案的优劣,从而会对项目实施中的重大技术决策问题缺乏自己的见解,进而导致失去发言权。不懂专业技术往往是导致项目经理失败的主要原因之一。项目经理如果自己缺少基本的专业知识,要对大量错综复杂的专业性任务进行计划、组织和协调都将十分困难。在沟通交流中,项目的有关当事人经常用到一些专业知识和术语,如果项目经理不具备一定的专业知识,沟通也是困难的,更不用说做出正确的决策了。当然项目经理作为项目的管理者,一般并不需要亲自去做一些较为具体的工作,在知识深度方面并不刻意要求越深越好,但是知识的全面性及广度是必需的。

(2)项目经理的能力要求。

①系统的思维能力。系统的思维能力是指项目经理要具备良好的逻辑思维能力、形象思维能力、分析能力和综合能力以及将几种能力辩证统一于项目管理活动中的能力。项目经理要对项目及项目管理全面负责,因此具备系统思维能力就非常重要。不具备系统的思维能力,即使有了相应的知识,也不能有效地将其运用,自然不能保证使问题得到圆满的解决。

②决策能力。项目从开始到结束会出现各种各样的问题,如项目的确定、方案的选择等,问题的解决就是一个决策过程,包括与问题解决相关的情报活动、设计解决问题方案、评价与抉择方案并利用选择的方案去解决问题的过程。而且,在项目中会有各种各样的决策问题要求用不同的决策方法去解决,因此项目经理必须有很强的决策能力。

③组织能力。项目经理的组织能力是指设计团队的组织结构、配备团队成员以及确定团队工作规范的能力。显然,拥有较强组织能力的项目经理一方面能建立起科学、分工合理、高效精干的组织结构,另一方面能了解团队成员的心理需要,善于做"人"的工作,使参加项目的成员为实现项目目标而积极主动地工作,还能建立一套保证团队正常工作的有效规范。

④协调能力。项目经理的协调能力是指能正确处理项目内外各方面关系,解决各方面矛盾的能力。一方面项目经理要有较强的能力协调团队中各部门、各成员的关系,全面实施目标;另一方面项目经理能够协调项目与社会各方面的关系,尽可能地为项目的运行创造有利的外部环境,减少或避免各种不利因素对项目的影响,争取项目得到最大范围的支持。在协调活动中,对项目经理而言最为重要的是沟通能力。

⑤人际交往能力。项目经理的人际交往能力就是与团队内外、上下左右人员打交道的能力。项目经理在工作中要与各种各样的人打交道,只有正确处理与这些人的关系才能使项目顺利进行。人际交往能力对于项目经理而言特别重要,人际交往能力强、待人技巧高的项目经理,就会赢得团队成员的欢迎,形成融洽的关系,从而有利于项目的进行,为团队在外界树立起良好的形象,赢得更多对项目有利的因素。

⑥积极的创新能力。一方面,由于项目的一次性特点,使项目不可能有完全相同的以往经验可以参照,加上激烈的市场竞争,要求项目经理必须具备一定的创新能力。另一方面创新能力要求项目经理要敢于突破传统的束缚。传统的束缚主要表现在社会障碍和思想方法障碍。所谓社会障碍,是指一些人会自觉不自觉地向社会上占统治地位的观点或主流思想看齐,这些观点和风尚已经进入管理者的经验之中。如果完全被已有框框束缚住,真正的创新是不可能的。所谓思想方法的障碍,是指思想上的片面性和局限性。

⑦丰富的项目管理经验。项目管理是实践性很强的学科,项目管理的理论方法是科学,但是如何把理论方法应用于实践是一门艺术。通过不断的项目及项目管理实践,项目经理会增加他对项目及项目管理的悟性,而这种悟性是通过运用理论知识与项目实践的反省而得来的。要丰富项目管理经验不能只局限在相同或相似的项目领域中,而要不断变换从事的项目类型,从小项目到大项目,这样不断积累,才能成为卓越的项目管理专家。

1.2.2 项目团队

1. 项目团队的概念

项目团队又称为项目组,是为适应项目实施及有效协作而建立的团队。项目团队的一般职责是项目计划、组织、指挥、协调和控制。项目团队要对项目的范围、时间、成本、质量、风险、人力资源和沟通等进行多方面管理。

2. 项目团队的主要类型

(1) 跨职能团队。

跨职能团队是指在正式组织内部,由来自不同职能部门的能胜任相应工作的人员共同组建的一种混合组织,通过团队成员合作以实现团队目标。项目通常需要跨职能的团队,因为许多项目需要多学科的信息。

(2) 虚拟项目团队。

虚拟项目团队是指利用网络通信信息技术将不同地域、组织的人连接起来完成一个指定任务的新型组织结构。现在,随着项目规模与项目复杂度的逐步提高,尤其是针对互联网信息项目,要让所有的团队成员在指定的同一个地点进行办公十分困难。因此虚拟项目团队应运而生。

虚拟项目团队使用电子通信技术网进行联系,跨越了时间、空间以及组织的边界。借助网络信息技术,虚拟项目团队从根本上改变了传统团队运作方式及团队成员沟通、协作的方式和效果。

3. 项目团队的发展过程

一个团队从开始到终止,是一个不断成长和变化的过程。这个发展过程可以描述为五个阶段:组建阶段、磨合阶段、规范阶段、成效阶段和解散阶段。

(1)组建阶段。

项目团队的形成阶段是团队的组建阶段,这是一组个体成员转变为项目团队成员的阶段。在这一阶段中,项目团队的成员从不同的部门或组织抽调出来而构成一个统一的整体,全体团队人员从相互认识到相互熟悉。在这个阶段中,团队成员由个体而归属于一个团队,总体上有一种积极向上的愿望,并急于开始工作和展示自己。整个项目团队也要努力去建立团队形象,并试图对要完成的工作进行分工和制订计划。然而,由于项目团队尚处于形成阶段,几乎还没有进行实际的工作,团队成员不了解自己的角色与职责,以及其他项目团队成员的角色与职责,所以在这一阶段中团队的每个成员都有一个如何适应新环境和处理与新团队成员关系的问题。在这一阶段,项目经理需要为整个团队明确方向、目标和任务,为每个人确定角色和职责,以创建一个良好的项目团队。

这一阶段的项目团队成员对于工作和人际关系都处于一种高度焦虑状态,团队成员的情绪特点包括:激动、希望、怀疑、焦急和犹豫,在心理上处于一种极不稳定的阶段。项目团队的每个人在这个阶段都有很多疑问:团队的目的是什么? 其他的团队成员是谁? 他们怎么样? 等等。每个人在这一阶段都急于知道他们能否与其他团队成员合得来,都担心他们在项目中的角色是否与自己的个人能力和职业、兴趣等相一致。为使项目团队的成员能够明确目标、方向和人际关系,项目经理一定要不断地向团队成员们说明项目的目标,并设想和宣传项目成功的美好前景以及项目成功所能带来的利益和所能产生的好处。项目经理要及时公布有关项目的工作范围、质量标准、预算及进度计划的要求、标准和限制,向团队成员说明他们各自的角色、任务和他们与其他团队成员之间的关系,只有这样才能完成项目团队形成阶段的工作。

(2)磨合阶段。

磨合阶段是项目团队发展的第二阶段。在这一阶段项目团队已经建成,团队成员按照分工开始了初步合作,各个团队成员开始着手执行分配给自己的任务并缓慢地推进工作,大家对项目目标逐步得到明确。但是很快就会有一些团队成员发现各种各样的问题,有些成员会发现项目的工作与个人当初的设想不一致,有些成员会发现项目团队成员之间的关系与自己期望的不同,有些成员甚至会发现在工作、人际关系中存在着各种各样的矛盾和问题。例如,项目的任务比预计的繁重或困难,项目的环境条件比预计的恶劣,项目的成本或进度计划的限制比预计的更加紧张,人际关系比设想的更复杂,等等。甚至有些团队成员与项目经理和管理人员会发生矛盾和抵触,他们对项目经理的指挥或命令越来越不满意,越来越不愿意接受项目管理人员的管理。

这一阶段项目团队成员在工作和人际关系方面都处于一种剧烈动荡的状态,团队成员的情绪特点是:紧张、挫折、不满、对立和抵制。因为很多人在这一阶段中由于原有预期的破灭,或实际与期望之间的差距而产生了很大的挫折感。这种挫折感造成了人们愤怒、对立和冲突的情绪,这些情绪又造成了关系紧张、气氛恶化、矛盾、冲突和抵触相继出现。

在磨合阶段,项目经理需要应付和解决出现的各种问题和矛盾,需要容忍不满的出现,解决冲突,协调关系,消除团队中的各种震荡因素,要引导项目团队成员根据任务和其他团队成员的情况,对自己的角色及职责进行调整。项目经理必须对项目团队每个成员的职责、团队成员相互间的关系、行为规范等进行明确的规定和分类,使每个成员明白无误地了解自己的职责、自己与他人的关系。另外,在这一阶段中项目经理有必要邀请项目团队成员积极参与解决问题和共同做出相关的决策。

(3) 规范阶段。

在经历了磨合阶段的考验后,项目团队就进入了正常发展的规范阶段。此时,项目团队成员之间、团队成员与项目管理人员和经理之间的关系已经理顺和确立,绝大部分个人之间的矛盾已得到了解决。总的来说,这一阶段的项目团队的矛盾低于磨合阶段。同时,团队成员个人的期望得到了调适,基本上与现实情况相一致了,所以团队成员的不满情绪也大大减少了。在这一阶段,项目团队成员接受并熟悉了工作环境,项目管理的各种规程得以改进和规范,项目经理和管理人员逐渐掌握了对于项目团队的管理和控制,项目管理经理开始逐步向下层团队成员授权,项目团队的凝聚力开始形成,项目团队全体成员归属感和集体感得到确立,每个人觉得自己已经成为团队的一部分。

这一阶段项目团队成员的情绪特点是:信任、合作、忠诚、友谊和满意。在这一阶段,随着团队成员之间相互信任关系的建立,团队成员相互之间开始大量地交流信息、观点和感情,使得团队的合作意识增强,团队中的合作代替了磨合阶段的矛盾和抵触。团队成员在这一阶段开始感觉到他们可以自由地、建设性地表达自己的情绪、评论和意见。团队成员之间以及他们与项目经理之间在信任的基础上,发展了相互之间的忠诚,建立了友谊,甚至有些已经建立了工作范围之外的友谊。经过了这个规范阶段之后,团队成员更加支持项目管理人员的工作,项目经理通过适当授权,减少许多事务性工作,整个团队的工作效率得到了提高。项目经理在这一阶段应该对项目团队成员所取得的进步予以表扬,积极支持项目团队成员的各种建议,努力地规范团队和团队成员的行为,从而使项目团队不断发展和进步,为实现项目的目标和完成项目团队的使命而努力工作。

(4) 成效阶段。

团队发展成长的第四个阶段,即成效阶段。在这一阶段项目团队积极工作,急于实现项目目标,工作绩效很高,团队成员有集体感和荣誉感,信心十足。项目团队成员间能开放、坦诚、及时地进行沟通,相互依赖程度高,他们经常合作,并在自己的工作任务外尽力相互帮助。团队能感觉到高度授权,如果出现问题,就由适当的团队成员组成临时小组,解决问题,并确定实施方案。随着工作的不断推进以及工作中获得的荣誉,团队成员得到满足感。个体成员会意识到为项目工作可以让他们获得职业上的发展。

在成效阶段,项目经理完全授权,赋予团队成员一些权力。而项目经理的工作重点是帮助团队执行项目计划,并对团队成员的工作进程和成绩给予表扬。这一阶段,项目经理集中注意力于预算、进度、工作范围及计划方面的项目业绩。如果实际进程落后于计划,项目经理的任务就是协助修正原计划以及推动项目的执行,同时,项目经理在这一阶段也要做好培养工作,帮助项目成员获得职业上的成长和发展。

(5)解散阶段。

1977年,Tuckman与MaryAnnJensen共同提出"解散"为项目团队发展的第五个阶段。解散阶段是团队完成项目的阶段。成员们不久就将加入其他团队继续工作。对一个高效的团队而言,当项目结束,配合默契的团队成员们即将各奔前程时,难免让人伤感。在解散阶段,项目走向终点,团队成员也开始转向不同的方向。在此阶段,团队领导的注意力已经转向项目的收尾工作,同时帮助项目团队成员顺利迎接新的任务,或是在项目不成功的情况下,评估原因并为将来的项目总结教训。这也让团队成员在奔赴下一个目标时有机会相互道别和祝福。因为已经成为一个密切合作的集体,其成员都可能在今后也保持联络。

项目团队不同发展阶段特征如表1.2所示。

表1.2 项目团队不同发展阶段特征

特征	阶段				
	组建阶段	磨合阶段	规范阶段	成效阶段	解散阶段
团队成员的关系问题	成员开始相互熟悉,感到兴奋,但持怀疑态度	成员开始反抗抵触,并透露幕后的动机和偏见,冲突出现	成员在操作程序上达成一致,感觉成为团队的一分子	团队成员一起工作,完成各自的任务	团队随着项目的完成或团队成员的重新分配而解散
团队成员尝试做什么	为项目和团队制定基本规则,了解期望、工作与权力结构	用尽方法争取权利,提出很多问题,建立模糊的目标	寻求共同工作,建立起密切的关系,致力于项目的进展	改进自己,防止并解决问题,超出正式职责的范围	高调地完成项目,与队友保持联系,寻找下一个项目
提升组织需求的项目管理策略	形成业务建议书和制定章程	形成干系人分析、沟通计划、预算和质量计划	管理并权衡每个干系人的期望	与组织分享使用的知识,向干系人报告进展	保证顾客接受交付物,如实评价团队成员,为用户提供持续的支持
提升项目需求的项目管理策略	形成范围概述、里程碑进度计划、进行风险识别	形成范围说明书、WBS、进度和风险清单	根据需要增加专家,授权工作,改进工作进程	根据计划监控项目,需要时更新计划	检验项目交付物,保证团队成员认可交付物
提升团队成员需求的项目管理策略	形成团队运作方法和承诺,帮助成员建立联系	阐明每个成员的职责,鼓励所有成员参与,制定团队基本规则	使每个成员的职责个性化,在可能时合作,评估并开发成员和团队能力	掌握使用的知识,改进会议和时间管理	庆祝成功,奖励团队成员,帮助团队成员获得后续工作

4. 项目团队建设

(1) 项目文化建设。

项目文化是指在一定的项目环境下,项目参与人员所持有的、决定项目流程及各方关系的共享价值观、基本假设及信念。项目文化是项目的群体精神、文化素质、文化行为、人际关系等文化现象的综合反映。

项目文化建设有利于打造高效项目团队,项目文化的功能主要体现在以下几方面:

①凝聚作用。一个项目的成员各有不同的背景,健康的项目文化犹如润滑剂,给有共同期望抱负的项目成员以互相了解的时间和条件,创造良好的沟通氛围,凝聚人心,形成整体,一起奋战。

②激励作用。项目文化所形成的项目内部的文化氛围和价值导向对员工充分起到精神激励的作用,将员工的积极性、主动性和创造性调动并激发出来,把员工的潜在智慧激活,使员工的能力得到充分发挥,提高各部门和员工的自主管理能力和自主经营能力。

③导向作用。导向包括价值导向与行为导向。企业价值观与企业精神,能够为企业提供具有长远意义的、更大范围的正确方向,为企业在市场竞争中制定战略和制度提供依据。例如,"团结、拼搏、创新、奉献"的企业精神,"打造精品、创造效益、实现价值、构建和谐"的企业宗旨,"用户至上、质量为先、求真务实、合作共赢"的经营理念为项目价值观提供了导向,指引项目不断推进。全体员工以此为标准,不断提高技能,优化服务,在各方面不断取得新的突破与发展,最终获得巨大的经济效益。

④约束作用。项目文化为项目树立了正确的方向,并创造良好的氛围,对那些不利于项目长远发展的不该做、不能做的行为,常常发挥一种"软约束"的作用,起到促进员工自我约束的作用。另外,项目文化还增强了员工的责任感和使命感。

项目临时性、一次性的特点,使得项目文化建设呈现与一般意义上的常规组织文化建设的不同特点。项目一次性特点决定了项目文化也具有明确的起点和终点。这一特点,是项目文化有别于其他常规组织文化的本质所在。项目内在的时间约束性,决定了项目文化建设的紧迫性,对项目文化建设与管理的效率和质量提出了更高的要求。

由于项目文化具有明确的生命周期,要使项目文化在项目存续周期内充分发挥其应有的作用和功能,就需要在兼顾效率和质量的前提下,尽快完成项目文化由萌芽阶段向成熟阶段的演变,以充分彰显项目文化的作用和价值。为缩短文化在自然状态下可能经历的漫长而难以掌控的时间期限,需要对项目文化进行有效的规划和管理,增强项目文化建设的人为干预,满足项目进度的基本要求。

另外,项目文化建设不可避免地会受到项目工作地点文化氛围的影响。对参与海外项目或者通过互联网、电子邮件与来自不同国家的其他项目团队成员保持联系的项目团队成员,正确理解不同国家的文化差异是非常重要的,这些由不同文化所表达出来的价值观和态度,会对个人行为进行规范和矫正,并定义了各组织的信仰体系和工作贡献,也定义了跨文化项目团队的职责能力。

(2) 项目团队能力建设。

项目团队能力建设涉及很多方面的工作,如团队士气的激励、团队成员奉献精神的发扬等。团队成员个人发展是项目团队建设的基础。通常会采用以下几种方式进行项目团队能力建设。

①团队建设活动。团队建设活动包括为提高团队运作水平而进行的管理和采用的专门的、重要的个别措施。例如，在计划过程中由非管理层的团队成员参加，或建立发现和处理冲突的基本准则；增加项目团队成员的非工作沟通和交流的机会，如工作之余的聚会、郊游等，促进团队成员之间的交流和了解。这些措施作为一种间接效应，可能会提高团队的运作水平。团队建设活动没有一个定式，主要是根据实际情况进行具体的分析和组织。

②绩效考核与激励。绩效考核与激励是人力资源管理中最常用的方法。绩效考核是通过对项目团队成员工作业绩的评价，来反映成员的实际能力以及对某种工作职位的适应程度。激励则是运用有关行为科学的理论和方法，对成员的需要予以满足或限制，从而激发成员的行为动机，使成员充分发挥潜能，为实现项目目标服务。

③集中办公。集中办公是指把项目团队集中在同一地点，以提高其团队运作能力。例如，设立一个进度室，项目成员可在其中集合并张贴进度计划及新信息以鼓励相互之间的交流。

④培训。培训包括旨在提高项目团队技能的所有活动。培训可以是正式的（如在教室的线下培训、利用计算机的线上培训）或非正式的（如其他队伍成员的反馈）。如果项目团队缺乏必要的管理技能或技术技能，那么这些技能必须作为项目的一部分被开发，或必须采取适当的措施为项目重新分配人员。培训的直接成本和间接成本通常由执行组织支付。

1.3 项目组织

项目管理离不开项目组织、项目团队、项目经理和项目工具四个基本要素。项目组织主要是明确项目团队与项目承接主体之间的组织管理形式，以此确定团队的权利和义务。

项目组织结构采用何种形式是公司高层管理者的职责，项目组织结构设计得是否合理，决定了项目经理工作的成败。

常见的项目组织结构类型有三种：职能式组织结构、项目式组织结构和矩阵式组织结构。

1.3.1 职能式组织结构

1. 职能式组织结构的含义

职能式组织结构是一种传统的、松散的项目组织结构。

层次化的职能式组织结构是当今世界上最普遍的组织形式。它是一个金字塔形的结构，高层管理者位于金字塔的顶部，中层和低层管理者则沿着塔顶向下分布。职能式组织结构通过在实施此项目的组织内部建立一个由各个职能部门相互协调的项目组织来完成某个特定的项目目标。

职能式组织结构主要承担公司内部项目，如公司管理信息系统开发、公司规章制度的完善等，一般很少承担外部项目。当公司要进行某个项目时，由各个职能部门的职员承担相应的项目任务。通常情况下，他们都是兼职的，因为这些成员在完成一定项目任务的同时，还要完成其所属职能部门的任务。项目经理可能是职能部门经理，也可能是某个部门的一般成员，主要起着协调作用，但没有足够的权力控制项目的进展，对项目团队成员也没有完全的支配权力。职能式组织结构如图1.2所示。

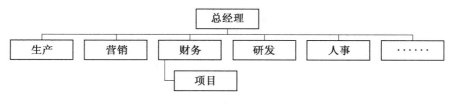

图1.2 职能式组织结构

2. 职能式组织结构的优点

(1)有利于企业专业技术水平的提升。由于职能式组织是以职能的相似性来划分部门的,同一部门人员可以交流经验及共同研究,有利于专业人才专心致志地钻研本专业领域的理论知识,提高业务水平。

(2)有利于灵活地利用资源。只要选择了一个合适的职能部门作为项目的上级,那么这个部门就能为项目提供它所需要的专业技术人员。这些人员可以被临时地调配给项目,待所要做的工作完成后,又可以回来做他们原来的日常工作。

(3)有利于知识共享。同一部门的专业人员在一起易于交流知识和经验,可使项目获得部门内所有的知识和技术支持,知识共享对创造性地解决项目的技术问题非常有帮助。

(4)有利于保持技术及管理的连续性。当有人员离开项目组甚至离开公司时,职能部门可作为保持项目技术连续性的基础。同时,将项目作为部门的一部分,还有利于在过程、管理和政策等方面保持连续性。

3. 职能式组织结构的缺点

(1)容易忽视项目和客户的整体利益。在这种组织结构中客户不是活动和关心的焦点。职能部门有自己的日常工作,项目及客户的利益往往得不到优先考虑,同时也会使对客户要求的响应变得迟缓和艰难,因为在项目和客户之间存在着多个管理层次。

(2)项目成员责任意识淡化。在这种项目组织结构中,由于项目团队成员是由职能经理派遣的,属于兼职式,具有一定的流动性,因此,有时会发现没有一个人承担项目的全部责任。他们缺乏主动承担项目责任和风险的意识,导致权责难以明确,给项目的管理带来一定的困难。

(3)协调难度大。由于项目实施组织没有明确的项目经理,当不同的职能部门发生利益冲突时,每个职能部门更倾向于从本部门的局部利益出发处理问题,使各部门之间很难进行协调,从而影响项目整体目标的实现。

1.3.2 项目式组织结构

1. 项目式组织结构的含义

项目式组织结构是按照项目设置的,每个项目相当于一个微型的职能式组织,都有自己的项目经理及其下属的部门和职员。项目经理全权管理项目,享有高度的权力和独立性,能够配置项目所需的全部资源,并且对项目成员有着直接的管理权力。而且不同的项目之间相互独立,所有的项目成员都是专职的,当一个项目结束时,该项目团队通常就解散了,团队中的成员可能会被分配到新的项目中去。如果没有新的项目,他们就有可能被解雇。项目式组织结构如图 1.3 所示。

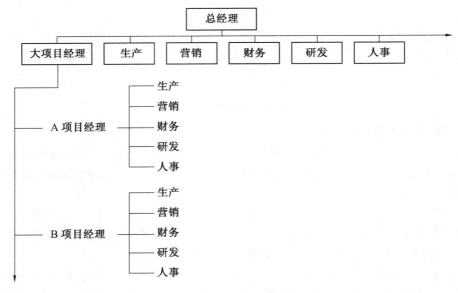

图 1.3　项目式组织结构

2. 项目式组织结构的优点

(1) 有利于统一指挥和管理。项目式组织是基于某项目而建立的,圆满完成项目任务是项目组织的首要目标,而每个项目成员的责任及目标也是通过对项目目标的分解而获得的,因此,项目组织较为稳定,每个成员都明确自己的责任,有利于组织的统一指挥和管理。

(2) 权力集中,响应速度快。项目经理对项目全权负责。项目经理可以全身心地投入到项目中去,可以像总经理管理公司一样管理整个项目,可以调用整个组织内部或外部的资源。权力的集中使决策的速度得以加快,整个项目组织能够对客户的需求和高层管理的意图做出更快的响应。

(3) 沟通途径简洁,命令统一。项目从职能部门中分离出来,使得沟通途径变得简洁。项目经理可以避开职能部门直接与公司的高层管理者(总经理)进行沟通,提高了沟通的速度,也避免了沟通中的错误。而且项目成员只受项目经理领导,不会出现多头领导的现象。

(4) 目标明确,有利于发挥团队精神。项目式组织结构中,项目的目标是明确、单一的,项目成员能够明确理解并集中精力于这个单一目标,使团队精神得以充分发挥。

3. 项目式组织结构的缺点

(1) 资源配置重复。当一个公司有多个项目时,每个项目都有自己一套独立的班子,往往会造成机构重复及资源闲置。因为每个团队都是独立的,团队成员完全效力于自己的团队,即使有空闲,也不会为其他项目服务,而且由于资源不能共享,某个项目专用的资源即使不用,也无法应用于其他项目。这导致人力、物力的极大浪费,影响企业经济发展。

(2) 不利于专业技术知识的共享。各项目团队的技术人员往往只注重自身项目中所需的技术,团队之间横向沟通较少,不同的项目团队很难做到知识共享,也不利于企业专业技术水平的提高。

(3)不稳定性。项目的一次性特点使得项目式组织随项目的产生而建立,也随项目的结束而解散。对项目成员来说,缺乏一种事业的连续性和保障。项目一旦即将结束,项目成员就会失去他们的归属,为自己的未来做相应的考虑,项目因此会进入不稳定期。

1.3.3 矩阵式组织结构

1. 矩阵式组织结构的含义

矩阵式组织结构是为了最大限度地利用组织中的资源而发展起来的,是由职能式组织结构和项目式组织结构结合而成的一个混合体。它在职能式组织的垂直层次结构中叠加了项目式组织的水平结构,因此,矩阵式组织结构兼有职能式组织结构和项目式组织结构的特征。矩阵式组织结构如图1.4所示。

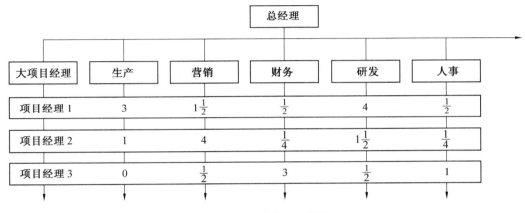

图1.4 矩阵式组织结构

注:图中1/2表示兼职。

2. 矩阵式组织结构的类型

根据项目组织中项目经理与职能式组织中职能经理权限的大小,可以将矩阵式组织结构分为弱矩阵式、强矩阵式和平衡矩阵式三种类型,在不同的组织结构类型中,项目经理的权限不尽相同。

(1)弱矩阵式组织结构。弱矩阵式组织结构基本保留了职能式组织结构的主要特征。在该组织结构中,项目经理的权力小于职能部门经理的权力。通常情况下,项目经理的角色不过是一个项目协调者或项目监督者,而不是真正意义上的项目管理者。他虽负责协调项目的各项工作,但没有权力确定资源在各个职能部门分配的优先程度。项目成员不是从职能部门直接调派过来,而是在各职能部门兼职为项目提供服务,项目需要的各项资源也由相应职能部门提供。

(2)平衡矩阵式组织结构。平衡矩阵式组织结构介于弱矩阵式组织结构和强矩阵式组织结构之间。在这种组织结构中,项目经理的权力与职能部门经理的权力大体相当。通常情况下,项目经理负责项目的进度和成本管理,监督项目的执行情况;各职能部门经理除了要对本部门的工作负责外,还要负责项目的界定和质量。平衡矩阵式组织结构主要取决于项目经理和职能经理的权力的平衡程度,而平衡矩阵很难维持,容易发展成为弱矩阵式组织结构或强矩阵式组织结构。

(3)强矩阵式组织结构。强矩阵式组织结构基本保留了项目式组织结构的主要特征。在该组织结构中,项目经理的权力大于职能部门经理的权力。一般情况下,项目经理对项目管理部门经理或总经理负责,对项目实施全权控制。资源由职能部门所有和控制,每个项目经理根据项目需要从职能部门调用,职能部门经理的任务主要是辅助项目经理工作,对项目没有直接的影响力。

3. 矩阵式组织结构的优点

(1)项目是工作的重心。在矩阵式组织结构中,项目经理负责管理整个项目,负责在规定的时间、经费范围内完成项目的要求。

(2)反应快捷灵敏。对客户要求的响应与项目式组织同样快捷灵活,而且对公司组织内部的要求也能做出较快的响应。

(3)有利于资源和知识共享。由于项目组织是覆盖在职能部门之上的,它可以临时从职能部门抽调所需的人才,所以项目可以分享各个部门的技术人才储备。当有多个项目时,这些人才对所有项目都是可用的,从而可以大大减少项目式组织中出现的人员冗余。

(4)有助于平衡资源。有多个项目同时进行时,公司可以平衡资源以保证各个项目各自的进度、费用及质量目标。公司可以在人员及进度上统筹安排,优化整个系统的效率,而不会以牺牲其他项目去满足个别项目的要求。

(5)增强团队成员的归属感。当指定的项目不再需要时,项目人员有其职能归宿,大都返回原来的职能部门。他们对于项目完成后的奖励与评价有较高的敏感性,对职能部门也有一种"家"的亲密感觉,为个人指出了职业的努力方向。

4. 矩阵式组织结构的缺点

(1)容易造成项目经理之间的矛盾。由于资源在多个项目之间流动,容易使项目经理之间发生利益冲突,因此,公司要处理好资源分配、技术支持等方面的均衡问题。

(2)违反了命令单一性原则。在矩阵式组织结构中,项目团队成员可能会接受项目经理和职能部门经理等的多重领导,当命令有分歧时,容易产生责任不明确,多头指挥的现象。

(3)项目与职能部门的责权不清。在这种结构中,项目经理主管项目的技术问题,职能部门经理主管项目的行政事务,如果他们协调不好,或对各自成员的影响力不同,都可能会影响项目的进度和职能部门的日常工作。

1.3.4 项目组织结构的选择

1. 项目组织结构形式的比较

项目组织结构形式的选择就是要决定项目实施与公司日常业务的关系问题,即使对一个有经验的专业人士来说,也是一件相对困难的事情。前面介绍了几种可供选择的项目组织结构形式,那么究竟哪一种形式最好呢?或者说,对于某一项目来说有没有唯一的最优选择呢?要回答这一问题是比较困难的。一方面是衡量选择的标准是什么。项目成功的影响因素很多,即使采用同一组织也可能有截然不同的结果。另一方面,正如人们常说的管理是科学也是艺术,而艺术性正体现在权变性地将管理理论应用于管理实践中去。项目的内外环境的复杂性及如上所述每种组织结构形式的各种优劣使得几乎没有普遍接受、步骤明确的方法来告诉人们怎样决定需要什么形式的组织,它可以说是项目管理者知识、经验及直觉等的综合结果。

前面介绍的三种项目组织结构形式,即职能式、项目式和矩阵式,各有各的优点和缺点如表 1.3 所示。

表 1.3 三种组织结构形式的比较

特征	组织结构形式		
	职能式	项目式	矩阵式
决策者	职能经理	项目经理	共享权力
优点	没有重复活动 专业技能优异 一个老板 便于统一管理 有效地共享知识 便于专业技术水平的提升 资源利用有灵活性且低成本 成员不担心遣散问题	能有效控制资源 统一指挥、整体协调较容易 步调一致 向客户负责 更短的反应时间 更快地做决策 消除部门障碍 团队工作效率高 任务明确 可以采用合署办公模式	有效利用资源 便于共享资源 部门间可良好合作 更多的决策信息 广泛的决策认同 项目的有效认同 注重客户 便于遣散
缺点	狭隘、不全面 对外界变化反应慢 制定决策慢 不注重客户	资源的重复浪费成本较高 项目间缺乏知识信息交流 不利于专业能力发展 项目团队成员工作间断性	双层汇报关系 需要平衡权力 资源冲突多 反应慢、难监控

不同的项目组织结构形式对项目实施的影响也互不相同,表 1.4 列出了主要的组织结构形式及其对项目实施的影响。

表 1.4 项目组织结构形式及其对项目实施的影响

特征	组织结构形式				
	职能式	矩阵式			项目式
		弱矩阵	平衡矩阵	强矩阵	
项目经理的权限	很少或没有	有限	小到中等	中等到大	很高甚至全权
全职工作人员的比例	几乎没有	0%~25%	15%~60%	50%~95%	85%~100%
项目经理投入的时间	兼职	半职	全职	全职	全职
项目经理的常用头衔	项目协调员	项目协调员	项目经理	项目经理	项目经理
项目管理行政人员	兼职	兼职	兼职	半职	全职

2. 项目组织结构形式的选择

在具体的项目实践中,究竟选择何种项目组织结构形式没有一个可循的公式,一般只有在充分考虑各种组织结构的特点、企业特点、项目的特点和项目所处的环境等因素的条件下,才能做出较为适当的选择。因此,在项目组织结构形式的选择时,需要了解哪些因素制约着项目组织的实际选择,表 1.5 列出了一些可能的因素与组织形式之间的关系。

一般来说,职能式组织结构形式比较适用于规模较小、偏重于技术的项目,而不适用于环境变化较大的项目。因为,环境的变化需要各职能部门间的紧密合作,而职能部门本身的存在以及权责的界定成为部门间密切配合不可逾越的障碍。当一个公司中包括许多项目或项目的规模比较大、技术十分复杂时,则应选择项目式的组织形式。与职能式组织相比,在应对不稳定的环境时,项目式组织结构形式显示出了自己潜在的长处,这源于项目团队的整体性和各类人才的紧密合作。同前两种组织结构相比,矩阵式组织结构形式无疑在充分利用企业资源上显示出了巨大的优越性,由于其融合了两种组织结构的优点,这种组织结构形式在进行技术复杂、规模巨大的项目管理时呈现出了明显的优势。

表1.5 决定组织结构选择的关键因素

影响因素	组织结构		
	职能式	矩阵式	项目式
不确定性	低	高	高
所用技术	标准	复杂	新
复杂程度	低	中等	高
持续时间	短	中等	长
规模	小	中等	大
重要性	低	中等	高
客户类型	各种各样	中等	单一
对内部依赖性	弱	中等	强
对外部依赖性	强	中等	弱
时间限制性	弱	中等	强

有些项目在采用了某种组织结构形式之后,其组织人员仍可能错误地判断其组织类型。针对此情况,可根据项目组织中项目经理特征对职能式、矩阵式、项目式组织类型的差异加以区别,如表1.6所示。

表1.6 项目经理特征

组织结构		项目经理特征
职能式		没有项目经理,也没有项目联络人
矩阵式	弱矩阵式	没有项目经理,但有一个成员扮演项目联络人的角色
	平衡矩阵式	没有专职的项目经理,但有一个成员扮演项目经理的角色
	强矩阵式	有专职的项目经理,但无专用的项目资源
项目式		有专职的项目经理,也有专用的项目资源

最后值得注意的是项目组织结构形式的动态调整。项目管理的一个重要哲学思想是:在项目实施的过程中,变是绝对的,不变是相对的;平衡是暂时的,不平衡则是永恒的。项目实施的不同阶段,即设计准备阶段、设计阶段、施工阶段和收尾准备阶段,其管理的任务特点、管理的任务量、管理人员参与的数量和专业不尽相同,因此业主方项目管理组织

结构形式在项目实施的不同阶段应进行必要的动态调整。

1.4 项目生命周期

项目作为一种创造独特产品与服务的一次性活动是有始有终的,项目从始到终的整个过程构成了一个项目的生命周期。

1.4.1 项目生命周期的含义

大部分项目从开始到结束都会经历相似的历程,现将这些阶段过程定义为项目的生命周期。PMI 把项目的生命期定义为:"项目是分阶段完成的一项独特任务,一个组织在完成一个项目时会将项目划分为一系列的项目阶段,以便更好地管理和控制项目,更好地将组织运作与项目管理结合在一起,项目各阶段的叠加就构成了一个项目的生命期。"

项目生命周期与产品生命周期的含义不尽相同。如某一新产品的生命周期包含研发、设计、制造、销售、使用直至报废的全过程。而该新产品的研发工作可视为一个项目,作为研发项目,它有自己的生命周期,而这只是该新产品生命周期中的一个具体阶段。典型的项目生命周期如图 1.5 所示。

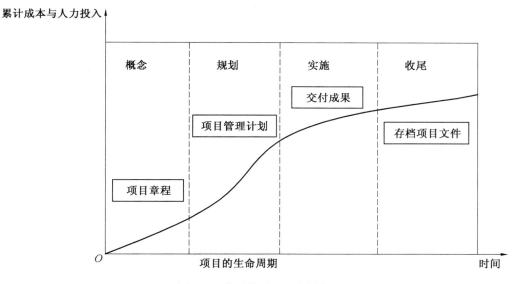

图 1.5 典型的项目生命周期

典型的项目生命周期可归纳为如下四个阶段。

(1) 概念阶段——解决做什么项目的问题。当高层管理人员策划一个项目时,会识别与确认客户的需求,同时与主要参与方达成初步的意向,此时项目就产生了,这个过程被称为概念阶段。例如,一个家庭想购买新房子,而且有经济基础去购买新房子;又如,一个确有资金能力,又受到市场需求压力的企业想把单品种装配流水线改造为多品种混装线。这个阶段的主要任务是确认需求,分析投资收益比,研究项目的可行性,评估项目承担方所具备的条件。在项目早期阶段,项目经理必须确保项目计划真实地反映客户的期望以及项目团队的能力,并且要与母公司的目标一致。本阶段的可交付物是项目建议书或可行性研究报告、项目章程或合同。

(2)规划阶段——解决怎么做项目的问题。这一阶段主要由各项目投标机构(可以是厂商也可以是内部团队)向客户提交标书,介绍解决方案。这一阶段是赢得项目的关键,投标方既要展示实力,又要合理报价。如果竞标成功则签订合同,项目中标方开始承担项目成败的责任。这一阶段容易出现过度承诺的问题,防治的方法包括:一方面在合同中明确定义项目的目标和工作范围,另一方面在公司的高层建立合同审核机制。该阶段的主要工作是编制详细计划,该阶段始于启动阶段之后,终于主要干系人对计划的认可。该阶段的可交付物是项目管理计划,项目计划书是项目执行的蓝本。

(3)实施阶段——包括授权、执行、监督和控制工作,直到客户接受项目可交付物为止。在这个阶段,项目经理和项目组将代表公司完全承担合同规定的任务。一般需要细化目标,制订工作计划,协调人力和其他资源;定期监控进展,分析项目的偏差,采取必要措施以实现目标。因为有些项目,如IT项目的不确定性,项目监控显得非常重要,特别是有众多项目同时运行的公司,必须建立公司一级的监控体系,以跟踪项目的运行状态。当项目进入生命周期的实施阶段时,项目经理的注意力要转移到确保项目在预算内和按进度进行上,或在偶然事件影响进展时,协商合适的权变方案来纠正错误或将损失最小化。该阶段的可交付物是交付成果。

(4)收尾阶段——客户接受项目后的所有活动,主要包括经验教训的总结,资源的重新分配,项目评价等。这一阶段主要包括移交工作成果,帮助客户实现商务目标;把系统交接给维护人员;结清各种款项。完成这些工作后还要进行项目评估,评估可以请客户参加,让其发表意见,并争取下一个商业机会,或请求将客户项目作为样板向其他客户展示。最后,举行庆祝仪式,让项目成员释放心理压力、享受成果。在上述项目生命周期中存在两次责任转移:第一次是在签订合同时,这标志着项目成败的责任已经由客户转移给承约方;第二次是交付产品时,这标志着承约方完成任务,开始由客户承担实现商务目标的责任。在项目收尾阶段,项目经理应特别关注并保证项目确实满足了相应的要求,处理项目的所有结账事宜,确保每一项微小的工作都已完成。该阶段的可交付物是存档项目文件。

当然,并不是所有的项目都必然经历项目生命周期的四个阶段。例如,一家物流公司的总经理决定改变仓库的布局,以适应变化了的库存物资,他可能简单地批示,让公司的仓库主管主持这一项目并调用本公司的职工去执行项目。在这种情况下,不会有来自外部承约商的书面需求建议书。又如,家庭进行一般的房屋装修,房主可能会邀请他的同事推荐的装修队,向他们说明一下他的想法,再由装修队提供一些草图和成本预算。

1.4.2 项目生命周期的特征

(1)项目资源的投入具有波动性。在项目启动阶段,主要投入的资源是项目管理团队的智力劳动,而物力和财力的投入比较少。进入项目的执行阶段后,项目所需各种资源(人力、物力和财力)的数量将迅速增加,并达到最高峰。此后便是项目的收尾阶段,投入水平也随之下降,直到项目终止,如图1.6所示。

(2)项目风险程度逐渐变小。项目开始时,由于存在很多不确定性因素,成功完成项目的概率是最低的。随着项目的进展,不确定因素逐渐减少,成功完成项目的概率通常会逐步增加。

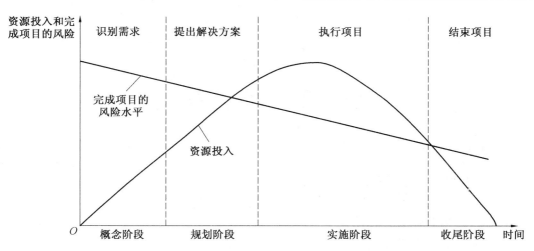

图 1.6 资源的投入示意图

（3）项目干系人对项目的控制力逐渐减弱。在项目开始时，项目干系人对项目的成本和可交付成果影响是最强的，随着项目的进展，项目干系人的影响力就会逐渐减弱。这主要是因为随着项目的深入，变更和纠错成本不断增加的缘故。

【思考与训练】

1. 什么是项目？项目的特征是什么？
2. 项目与运营相比有哪些不同，为什么会有这些不同？
3. 一名合格的项目经理应具备哪些能力和素质？
4. 项目团队的特点和团队成长的阶段各有哪些？
5. 项目组织结构有哪些形式，每种形式有哪些特点？
6. 项目生命周期分为几个阶段，各具有哪些特征？
7. 以一家企业的某个项目为例，分析它采取了何种组织形式，其有效性如何。
8. 找一份项目经理岗位说明书，评估你担任该岗位的胜任程度，并思考应如何提升自身的能力。

第 2 章　项目管理

【学习目标】

通过本章学习,你应掌握如下内容:
(1)项目管理的产生及发展现状;
(2)项目管理的概念、特征;
(3)项目管理知识体系;
(4)项目管理辅助工具。

【导入案例】

项目经理小黄手上有一个项目现在正按部就班地推进着。财务部小刘和他们项目组的成员张工关系比较好。有一天在吃饭的时候,小刘对张工说:"你们今后还是多和王副总经理沟通一下你们项目的进展。这样对你们的项目有好处。"可是张工认为:我们的项目又不归王副总经理管,给他多汇报做什么? 就没把这件事儿放在心上。当然他也就没有把这个信息跟项目经理小黄说。结果,当项目按计划需要资金购买一套设备的时候,公司财务经理说目前公司的资金非常紧张,王副总经理刚刚开始了一个新的项目,那边占用的资金非常多……结果小黄他们的项目就处于一个停顿的状态。项目经理小黄全程都按照项目管理的标准流程执行,其中对项目干系人也进行了重点分析。

问题:针对上述情况,你认为该项目的问题到底出在什么地方呢?

资源来源:百库文库

2.1　项目管理的产生与发展

2.1.1　国际项目管理的发展历程

项目管理作为一门学科,目前流派和分支众多,已呈现出庞大的体系。项目管理的发展主要有如下几个阶段。

1. 产生阶段

项目其实在很早的时候就已经出现,例如,秦始皇对长城的修筑、战国时的都江堰水利工程、北宋真宗时的"丁谓施工",以及河北的赵州桥、北京的故宫等都是历史上复杂项目的范例,从今天来看,这些项目都堪称极其复杂的大型项目。这一阶段主要体现的是经验主义,项目实施的目标是完成任务,如埃及金字塔、古罗马的供水渠、中国的长城等。在这一阶段,项目管理还没有形成行之有效的方法和计划,没有科学的管理手段和明确的操作技术规范。

2. 形成和发展阶段

即近代科学项目管理阶段,在这个阶段着重强调项目的管理技术,实现项目的时间、成本、质量三大目标。

学术界普遍认为项目管理是在第二次世界大战期间及战后发展起来的。由于战争需要,美国制订了研制原子弹的"曼哈顿计划",由于此项计划工程巨大,技术复杂、时间紧张,因此采用项目管理这种新的方法对该任务进行进度、预算和质量等方面的管理。在此期间,德国和日本也先后将项目管理的思维方式应用于军事项目中,这些均被认为是项目管理的雏形。

第二次世界大战结束后,项目管理以美国为中心在世界范围内迅速发展起来,1957年,美国杜邦公司和兰德公司共同研发出关键路径法(CPM)。1958年,美国在研制"北极星"导弹核潜艇的过程中提出并运用了项目管理计划评审技术(PERT)。随即工作分解结构(WBS)和赢得价值(挣值)管理(EVM)的项目管理思想和方法也开始应用于项目中。1966年,在阿波罗登月计划中,美国基于项目管理计划评审技术(PERT)开发了随机型的网络技术图表评审技术(GERT),并将其用于计算阿波罗系统的最终发射时间,从而极大地扩展了项目管理的应用范围。20世纪50~80年代,随着新颖的项目管理方法在"曼哈顿计划"和"阿波罗登月计划"等著名工程中取得的巨大成功,许多学者也对项目管理产生了浓厚的兴趣。在他们对项目管理相关理论深入研究和探讨的过程中,逐步形成了两个知名的项目管理研究组织,即国际项目管理协会和美国项目管理协会。

3. 现代项目管理阶段

这个阶段是项目管理发展的成熟阶段,除了实现时间、成本、质量三大目标,项目管理范围不断扩大,应用领域进一步增加,与其他学科的交叉渗透和相互促进不断增强,也强调面向市场和竞争,引入人本管理及柔性管理的思想,以项目管理知识体系所包含的内容为指导,向全方位的项目管理方向发展。

20世纪80年代以后,由于项目管理本身较强的跨行业适用性以及两大国际性项目管理研究组织的努力推广,项目管理被广泛运用于除军事、建筑、航空工程以外的其他许多行业中,如软件业、制造业、金融业、保险业、电信业等。政府机关和一些国际组织也将项目管理作为其中心运作模式以便提高工作和管理效率,如AT&T、美国白宫行政办公室、世界银行、美国能源部等在其核心的运营部门均采用了项目管理方法。

2007年,国际项目管理界发起倡议,呼吁在ISO的框架内制定第一个全面的项目管理标准。于是,ISO的项目委员会(Project Committee,PC)236汇集了来自40多个国家的专家,他们分成3个工作组,在5年的时间里,开发了当时独一无二的ISO 21500。ISO 21500是一个基于流程的标准,主要基于3个基本文件,即英国的BSI 6079、德国的DIN 69901(第2部分)和美国《PMBOK®指南》中的流程部分。一方面,ISO 21500为跨国公司提供了协调不同的项目管理过程的标准;另一方面,ISO鼓励国家标准机构、特定行业和国际项目管理协会(International Project Management Association,IPMA)在其标准中采用ISO 21500的术语、概念框架和过程,从而在全球范围内协调项目管理。

ISO 21500出版以后,ISO技术委员会(Technical Committee,TC)258发布了一系列其他标准,包括项目集和项目组合管理标准,项目、项目集和项目组合治理标准及相关术语标准。2020年,ISO技术委员会258修订了ISO 21500,正式发布了ISO 21502。未来也将有一个总体标准,从战略的角度展示项目、项目集和项目组合管理之间的联系。

2.1.2　我国项目管理的发展现状

我国的项目管理起步较晚。1960年,我国著名数学家华罗庚教授最早从国外引进网络计划技术,并结合我国的"统筹兼顾""全面安排"的指导思想推出了"统筹法"。我国项目管理学科即起源于华罗庚教授推广的"统筹法"。

1982年,在我国利用世界银行贷款建设的鲁布革水电站饮水导流工程中,日本建筑企业运用项目管理方法对这一工程的施工进行了有效的管理,取得了很好的效果。基于鲁布革工程的经验,1987年,中华人民共和国国家计划委员会等有关部门联合发出通知,要求在一批试点企业和建设单位采用项目管理施工法,并开始建立中国的项目经理认证制度。20世纪90年代以后,国际型工程公司、项目法人责任制、建设监理制、投标招标制在我国的推广也促进了规范的项目管理在我国的迅猛发展。2000年1月1日起,我国正式实施《中华人民共和国招标投标法》(简称《招标投标法》),其涉及项目管理的诸多方面,为我国项目管理的健康发展提供了法律保障。

在项目管理理论、人才培养和资格认证方面,我国于20世纪70年代末期开始着手研究。1991年6月,在华罗庚教授创立的中国优选法统筹法与经济数学研究会的基础上,许多致力于中国特色项目管理研究的学者和专家成立了我国第一个跨学科的项目管理专业学术组织——中国项目管理研究委员会,它的成立是中国项目管理学科体系日趋成熟的标志。

基于美国项目管理知识体系标准,中国项目管理研究委员会成立了专家小组负责起草中国项目管理知识体系,并于2001年5月正式推出了《中国项目管理知识体系》,并建立了符合中国国情的《国际项目管理专业资质认证标准》,标志着中国项目管理学科体系的成熟。与其他国家的项目管理知识体系相比,中国项目管理知识体系的突出特点是以生命周期为主线,以模块化的形式来描述项目管理所涉及的主要工作及知识领域。中国项目管理知识体系模块结构的特点使其具有了组合各种知识的可能性,特别适用于构架各行业领域和特殊项目管理领域的知识体系。

随着经济全球化进程加快,2002年起我国整体掀起了项目管理研究热潮。项目管理热点集中于建筑行业和建设项目,我国政府投资项目受到国际项目管理领域关注,研究围绕代建制和战略问题展开。项目管理学科的发展经历了从建筑工程到多行业、从学术研究到商业应用研究的探索过程;项目管理研究的热门学科包括工程学、环境科学、运筹管理学、管理学、计算机科学、水资源等;项目管理的热点主题包括模糊调度、风险管理、进度模型、现场设计及项目多维组合管理等。其中,建筑项目和信息技术项目研究占据主导地位,其次是项目多维组合管理,环境可持续发展问题是现在及未来的热门研究方向。

我国项目理论创新取得较为丰硕的研究成果。2016年11月,钱福培教授在2016中国项目管理大会暨中国特色与跨文化项目管理国际论坛上发表《时代的呼唤——再论"项目学"的创建》演讲,在项目管理领域引起了较大反响。2017年6月,中国优选法统筹法与经济数学研究会项目管理研究委员会(PMRC)在广州召开2017(第十届)中国项目管理应用与实践大会,特设立了《项目学》专题论坛。在2018年、2019年的中国项目管理大会暨中国特色与跨文化项目管理国际论坛上,钱福培教授连续发表了《项目学的发展》《项目学的研究与发展方向》的主题演讲,为今后"项目学"的研究和建设奠定了重要的基础。

"十三五"期间,165 项重大工程从科技创新、结构升级、基础设施、生态环保、民生改善五个方面发力,从规划、建设、实施到全面落地见效,为开启全面建设社会主义现代化国家新征程奠定了坚实基础。为了适应时代发展,紧跟国际趋势,全国项目管理标准化技术委员会计划启动《项目管理术语》(GB/T 23691—2009)的修订工作。新标准的修订,将充分考虑目前国内外项目管理的通用共识,借鉴 ISO 发布的项目管理领域术语标准及《PMBOK®指南》(第七版),在和已发布的项目管理系列国家标准保持一致的前提下,充分考虑我国项目管理领域的行业实践。

2.1.3 项目管理的发展特点及趋势

1. 项目管理的发展特点

(1)项目管理的信息化与国际化发展。

全球信息化的发展及相关技术水平的不断完善,为我国各个领域的发展提供了便利和机遇。面对这一新形势,项目管理为实现自身信息化的发展,也积极将信息化技术应用到项目管理当中,并在应用过程中获得较高的应用成效。同时,信息化技术在项目管理中的应用,不仅实现项目管理信息化发展,还使其综合效益得到一定程度的保障,提高了项目管理领域的市场竞争力,使信息化成为项目管理的一大发展趋势。现阶段的国内经济市场正处于发展的转型期间,我国在国际上所扮演的角色也越发的举足轻重,这一发展形势虽然给项目管理带来新的挑战,但也对项目管理的发展带来更大机遇,一些涉及跨国建设项目的工程,更是使其逐渐向国际化趋势发展。

(2)项目管理中的集成化与专业化。

现阶段的项目管理工作在西方较发达的国家中已经呈现出转型发展的趋势,其主要体现在项目外包模式的出现,使委托管理成为建筑行业的发展趋势,将以往由建筑业主自行管理的模式,转换为委托承包商建设模式,然后又过渡到当下的业主聘请管理承包商模式。面对这一新模式的转变,项目管理中的集成化特点,便成为现阶段的项目管理新的发展趋势。而项目管理中的专业化发展趋势,则主要体现在项目管理行业为提升自身的竞争力,促进自身可持续发展,积极采取相关措施用于完善项目管理规章制度,优化项目管理工作团队。通过组建专业化的项目管理团队,构建完善的项目管理规章制度来提高自身的专业化水平,使自身在竞争激烈的社会经济市场中占据一席之地,并获得良好发展。

2. 项目管理发展新动向

(1)项目管理向多学科、跨学科融合发展。

项目管理已经从最初的工程领域扩展到社会的各个领域,软件、信息、机械、文化、石化和钢铁等各领域的更多企业采用项目管理的管理模式。项目管理将更多地以系统思维为指导,综合考虑自然、社会、人文、价值观等一系列问题,把人(团队)、科学技术、资源、科研生产、流程、时间及经济活动有效地组织起来,构成一个系统,应用数学方法和计算机等工具,对系统的构成要素、组织结构、信息交换和反馈控制等进行分析、设计、制造和服务等,以便充分地发挥人力、物力和财力的作用,高效地实现项目目标和组织战略目标。

（2）研究重点将由传统的以资源、时间规划和优化为中心向以人为本转移。

项目管理重点开始转移，从偏重技术管理转移到注重人的管理，从简单的考虑工期和成本控制到全面综合的管理控制，包括项目质量、项目范围、风险、团队建设等各方面的综合管理。过去，项目管理片面强调技术，如建筑业，过去有技术方面的经验就可以胜任该领域项目经理的工作，现在则要求项目管理者和项目成员不仅是项目的执行者，还要能胜任更为广泛的工作，也被要求掌握更加全面的专业技术、经营管理知识和技能。以人为本是项目管理领域的必然趋势。

（3）由以项目目标为中心向实现企业战略和收益转移。

随着项目管理在企业管理中的不断渗透，越来越多的企业向项目驱动型企业转型。项目管理在企业战略实施过程中占据着重要地位，但是部分企业项目管理局限于项目本身的"交付"，与企业战略相脱节，未能实现项目管理的真正价值。为充分发挥出项目管理的价值创造能力，企业要基于战略高度开展项目管理，围绕战略目标进行项目识别、评估、分析和管理，借助专业化的项目管理不断提高企业核心竞争力，稳步实现企业战略目标。在战略背景下，企业应实施战略项目管理模式，从战略层面整体性管理项目组合，优化资源配置，提高项目管理综合效益，不断提升企业核心竞争力。

（4）项目管理的研究重点将面向创新、数字化发展。

面向创新，特别是工程科技领域的创新项目管理，将是未来的研究重点。项目管理的数字化发展在工具应用、数据驱动决策、云计算和移动技术、敏捷方法以及数据安全和隐私保护等方面取得了显著的进展。项目管理的数字化发展是指利用数字技术和信息系统来增强和改善项目管理过程的现象。随着信息技术的迅猛发展，项目管理领域也逐渐采用数字化工具和方法，以提高项目交付的效率、质量和可靠性。项目管理的数字化可以增强协作与沟通能力、提供实时数据和分析支持、实现自动化和流程优化和提高决策支持能力等。

2.2 项目管理的含义及特征

2.2.1 项目管理的含义

对于"项目管理"，人们最直接的理解是"对项目进行管理"，这也是对其最原始的概念解释，它表明了两个方面的内涵，即：

（1）项目管理属于管理范畴；

（2）项目管理的对象是项目。

随着项目及其管理实践的发展，项目管理的内涵得到了较大的充实和发展，对其含义有两种不同的理解：第一种理解，认为项目管理指的是一种管理活动，即一种有意识地按照项目的特点及规律，对项目进行有组织的管理活动；第二种理解，认为项目管理是一种管理学科，即以项目管理活动为研究对象的一门学科，它是探求项目活动科学组织管理的理论与方法。前者是一种客观实践的活动，后者是前者的理论总结；前者以后者为指导，后者以前者为基础。就其本质而言，两者是统一的。

本书认为，项目管理就是以项目为对象，通过项目各方干系人的合作，把各种资源应用于项目,运用系统的理论和方法对项目进行高效率的计划、组织、控制和协调,以实现项目的目标,同时使项目各方干系人的需求得到不同程度满足的管理方法体系。

2.2.2 项目管理的特征

(1)项目管理的对象是项目或者被当作项目来处理的运作。

项目管理是针对项目的特点而形成的一种管理方式,因此其适用对象是项目,特别是大型的、比较复杂的项目。鉴于项目管理的科学性和高效性,有时人们会将重复性"运作"中的某些过程分离出来,加上起点和终点当作项目来处理,以便在其中应用项目管理的方法。

(2)项目管理的组织具有特殊性。

项目管理一个最为明显的特征是其组织的特殊性,主要表现在以下两个方面:①有了"项目组织"的概念。项目管理的突出特点是项目本身作为一个组织单元,围绕项目来组织资源。②项目管理组织的临时性。由于项目是一次性的,而项目的组织是为项目的建设服务的,项目终结了,其组织的使命也就完成了,项目管理组织也就解散了。

(3)项目管理的方式是目标管理。

项目的实施具有明确的目标和约束,因此项目管理是一种多层次的目标管理方式。由于项目涉及的专业领域往往十分宽广,而无论哪个项目管理者都无法成为每一个专业领域的专家,对某些专业虽然有所了解但不可能像专门研究者那样深刻。因此项目管理者只能以综合协调者的身份,向被授权的专家,讲明应承担工作的责任和意义,协商确定目标以及时间、经费、工作标准的限定条件,具体的工作则由被授权者独立处理。同时,经常反馈信息、检查督促并在遇到困难需要协调时及时给予各方面有关的支持。可见,项目管理只要求在约束条件下实现项目的目标,其实现的方法具有灵活性。

(4)项目管理的方法、工具和手段具有先进性和开放性。

项目管理采用科学先进的管理理论和方法。如采用网络图编制项目进度计划;采用目标管理、全面质量管理、价值工程、技术经济分析等理论和方法控制项目总目标;采用先进高效的管理手段和工具,如使用电子计算机进行项目信息处理等。

2.3 项目管理知识体系

项目管理综合了管理学科的基本方法,因此其内容非常丰富、实用和全面。目前,项目管理领域有两种流行的知识体系:一种是由美国项目管理协会(PMI)开发的"项目管理知识体系(Project Management Body of Knowledge,PMBOK)"。另一种是由英国商务办公室(OGC)开发的"受控环境下的项目管理(Projects in Controlled Environments,PRINCE)"。

PMBOK® 和 PRINCE2® 这两个知识系统在世界各地被广泛使用。PMBOK® 是一种集建议和最佳实践为一体的一个框架指南。PMBOK® 提供了丰富的"项目管理知识",但对于如何去运用这些知识却没有给出一个明确的说明。同时,PMBOK® "虽然包括流程及其之间的关系,以及所需的技术和工具,但它没有指出"如何做"。PRINCE2® 是一种项目管理方法,对于"怎么做"给出了说明。

PMBOK 项目管理指南的知识框架是掌握项目管理沟通的"通用语言",它将项目管理系统地总结和提升为五个过程和十个知识领域。

2.3.1 项目管理过程

过程是事情进行或事物发展所经过的程序。事物发展都有一定的规律,按规律办事,就要遵循程序,按过程进行管理。

1. 过程划分

项目管理过程是项目管理知识体系中描述的项目管理过程的逻辑组合,通常任何一个项目都要用到这五个过程,它们有明确的依赖关系,并独立于应用领域。这五个过程如图 2.1 所示。

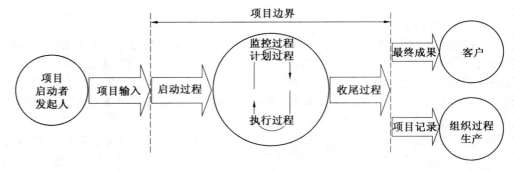

图 2.1 项目管理过程

(1)启动过程——"定义和批准项目或项目阶段",当高层管理人员策划一个项目时,会与主要参与方达成初步的意向,这个过程被称为启动阶段。在项目早期阶段,项目经理必须确保项目计划真实地反映客户的期望以及项目团队的能力,并且要与母公司的目标一致。

(2)计划过程——"明确目标并为完成目标制订行动计划"。该阶段的主要工作是编制详细计划。该阶段始于启动阶段之后,终于主要干系人对计划的认可。

(3)执行过程——"配置人力和其他资源完成项目工作",包括授权、执行、监督和控制工作,直到客户接受项目可交付物为止。当项目进入生命周期的实施阶段时,项目经理的注意力要转移到确保项目在预算内和按进度进行上,或在偶然事件影响进展时,协商合适的权变方案来纠正错误或将损失最小化。

(4)监控过程——"收集数据和检查进度,提出必要的改正方案",跟踪、审查和报告项目进展,以实现项目管理计划中确定的绩效目标的过程。

(5)收尾过程——"正式接受项目成果,结束项目"。客户接受项目后的所有活动,主要包括经验教训的总结,资源的重新分配,项目评价等。在项目收尾阶段,项目经理应特别关注并保证项目确实满足了相应的要求,处理项目的所有结账事宜,确保每一项微小的工作都已完成。

项目管理过程贯穿于项目的整个生命周期。在项目管理中,每个过程的标志是完成一个或多个可交付的成果。

2. 基本性质及特点

项目的每个阶段都要经历以上五个基本管理过程。这些并非独立一次性事件,它们是按一定的顺序发生,工作强度有所变化,并互有重叠的活动,如图 2.2 所示。

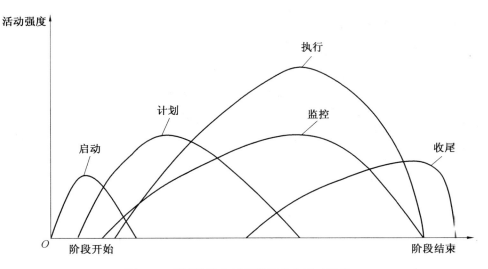

图 2.2　项目阶段中过程的重叠和活动强度

项目生命周期和管理过程之间又相互联系,前一阶段结束过程的可交付成果(输出)将成为下一阶段启动过程的根据(输入)。两个过程之间的交接同样要有可交付成果。每个过程的可交付成果都应准确、完整,包括一切必要的信息。

项目管理过程具有以下特点:①管理过程必要时可以反复和循环,如图 2.3 所示,这是项目过程与项目阶段的主要区别。②每组基本管理过程由一个或多个子过程组成,不同的子过程处理项目不同方面的事务。③前面子过程的成果是后面子过程的依据;后面子过程又根据前面子过程得到的成果,通过某种操作(使用各种技术、工具、手段和相关的资源)创造出新的成果。各个管理过程的子过程通常不同。④多数项目的子过程有许多共同的内容,但一些特殊的项目往往要求增加或减少某些子过程。⑤子过程和过程一样,需遵循一定的顺序,有时会互相搭接、反复和循环。它们互相关联,密切配合,成为项目整体中一个又一个环节。

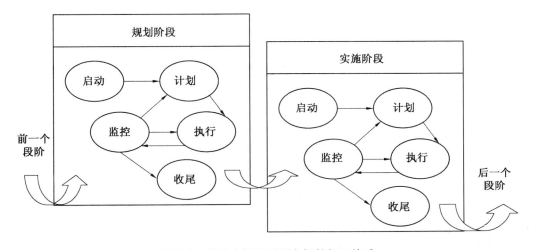

图 2.3　阶段之间和过程之间的相互关系

2.3.2 项目管理知识领域

1. 项目管理十大知识领域

PMBOK®指南中所阐述的十个知识领域如下(表2.1)。

表2.1 项目管理过程组和知识领域

知识领域	项目管理过程组				
	启动过程组	计划过程组	执行过程组	监控过程组	收尾过程组
项目整合管理	制定项目章程	制订项目管理计划	指导与管理项目工作	监控项目工作	结束项目或阶段
				实施整体变更控制	
项目范围管理		规划范围管理		确认范围	
		收集需求		控制范围	
		定义范围			
		创建工作分解结构			
项目进度管理		规划进度管理		控制进度	
		定义活动			
		排列活动顺序			
		估算活动资源			
		估算活动持续时间			
		制订进度计划			
项目成本管理		规划成本管理		控制成本	
		估算成本			
		制定预算			
项目质量管理		规划质量管理	实施质量保证	控制质量	
项目人力资源管理		规划人力资源管理	组建项目团队		
			建设项目团队		
			管理项目团队		
项目沟通管理		规划沟通管理	管理沟通	控制沟通	
项目风险管理		规划风险管理		控制风险	
		识别风险			
		实施定性风险分析			
		实施定量风险分析			
		规划风险应对			
项目采购管理		规划采购管理	实施采购	控制采购	结束采购
项目干系人管理	识别干系人	规划干系人管理	管理干系人参与	控制干系人参与	

整合管理——借助于项目章程、项目计划和项目变更控制对各相关知识领域进行整合。

范围管理——明确实现项目所必须要做的必要工作。

时间管理——活动定义、活动排序、期间估算、活动资源的获取以及计划编制与控制。

成本管理——包括成本计划、成本估算、成本预算和成本控制。

质量管理——质量计划、质量保证和质量控制。

人力资源管理——人员录用、培养和项目团队伍建设。

沟通管理——及时地对项目信息进行加工、收集、发布、储存、归档等。

风险管理——风险识别、分析、应对和监控。

采购管理——选购产品和服务以及合同管理。

干系人管理——为了获得干系人对项目的支持,对项目干系人需要、希望和期望的识别,并通过以上管理来满足其需要、解决其问题的过程。

总之,《PMBOK®指南》更多地描述了项目管理的概念和项目管理的五个过程,且项目管理的十个知识领域贯穿于整个过程。

2. 整合管理

根据 PMI 的 PMBOK,项目整合管理是指为识别、定义、组合、统一与协调项目管理各过程及项目管理活动而进行的各种活动。

根据上述定义,项目整合管理是一项为满足各利益干系人的需要和期望而进行的统领全局的管理工作。整合包括统一、归并的特性,对完成项目、成功管理相关人员和达到产品需求起着十分重要的作用。项目整合管理要求制订统一的组织层面的资源分配计划,权衡各方矛盾,协调各种依赖关系,以确保项目各部分在适当的时间,正确的位置,将适当的人物组合在一起,顺利完成项目目标。项目整合管理框架如图2.4所示。项目整合管理的主要内容大致包括以下几个方面。

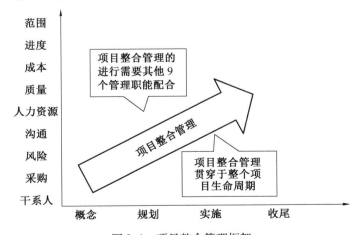

图2.4 项目整合管理框架

(1)项目全过程整合管理。项目全过程整合管理是指项目团队根据项目目标和项目产出物,结合项目生命周期及其各个阶段的特点,对项目实施全过程各项工作和活动进行的整体规划与协调,其目的是按照合理的配置方式对项目过程进行规划与安排。项目经理与项目团队需要对项目管理过程进行持续整合,并就项目的整体规划进行资源调整,确保项目各工作的协调统一。

(2) 项目全团队整合管理。项目全团队整合管理,主要是对项目团队的组建、发展与管理,对项目人力资源进行合理配置,并根据项目目标与项目干系人的不同要求和期望,制订双方满意的目标和方案,进行合理的资源配置,实现项目团队与干系人各方之间要求和期望的协调与均衡。

(3) 项目全要素整合管理。项目的实施是一项系统工程,任何项目要素的变化都会直接或间接地对项目产生影响。项目全要素整合管理是指对所涉及的项目质量、范围、时间、成本、资源、风险等各要素,按它们之间的配置关系进行协调和综合平衡的管理。项目全要素整合管理以项目整体最优为目标与原则,根据项目各个要素或专项管理之间应有的合理配置关系开展项目各要素的配置与协调管理,以防止各利益相关主体只考虑某单方面的最优而造成项目整体的失败。

(4) 项目全方面整合管理。为了实现项目预期的绩效,项目经理需要恰当地选择和应用项目管理知识、技能和适时对过程进行管控,根据每个过程和项目环境,决定在具体的项目过程中的实施程度,以及各知识和技能的选用。项目全方面整合管理就是对项目各个方面的全面整合管理,即对项目的全过程整合管理、全要素整合管理和全团队整合管理,以及对上述三个方面相互之间进行的统筹、协调与控制。

2.3.3 项目管理方法体系

项目管理可通过对特定项目或场景的表格、指南、模板和清单等辅助工具完成项目规划及分析。

根据公司项目管理成熟度和企业文化,制定项目管理方法体系。如果公司具备合理的项目管理成熟度,同时公司文化支持合作和有效的沟通,可以根据指南、表格、列表和模板开发高度灵活的方法体系,项目经理可以根据客户选择任意的方法。如果公司不具备较高的项目管理成熟度或企业文化不支持有效的沟通,其项目管理方法体系将严重依赖于严格的政策和程序。此时,项目经理需要根据特定客户的需求选择合适的方法体系,这也会在形成重要文件时导致成本的增加和灵活性的降低。

公司在建立项目管理方法体系时要注意适合自身业务的特点,其他方法也可以整合到项目管理方法体系中。许多公司在集成到其项目管理方法系统时也采用了其他方法,如图2.5所示。

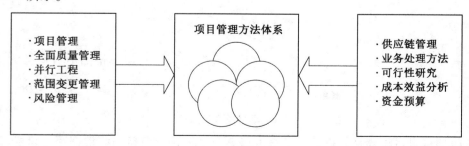

图2.5 项目管理方法的整合

在未来,将有更多的商业方法集成到项目管理方法体系中。

一个建立在多种方法整合基础上的好的方法体系的特征如下:

(1) 有一个受欢迎的具体标准。
(2) 使用模板。
(3) 标准化的计划、进度和成本控制技术。
(4) 标准化的内部报告和客户使用反馈形式。
(5) 灵活应用于所有项目。
(6) 灵活地快速改进。
(7) 便于客户理解和使用。
(8) 被全公司接受和采用。
(9) 使用标准化的生命周期阶段,并在阶段结束时反馈。
(10) 以指导方针而不是以政策和程序为基础。
(11) 建立良好的职业道德规范。

项目管理方法体系重点在于管理人,是一种实施方法体系的企业文化。高级管理人员应该创造一种支持项目管理和方法体系的企业文化。这种企业文化具有如下好处:

(1) 通过更好地控制项目范围,加快产品上市时间。
(2) 降低整个项目风险。
(3) 更好地制定决策。
(4) 让客户更满意,进而增加销售量。
(5) 有更多的时间用于增值工作,而不是用于内部政策和内部竞争上。

2.3.4 项目管理的辅助工具

项目管理的辅助工具一般是指项目管理软件。随着计算机和人工智能的发展,已经开发了许多项目管理软件,提高了项目管理的效率。根据管理对象的不同,项目管理软件可分为:①进度管理;②合同管理;③风险管理;④投资管理。根据提高管理效率,实现数据、信息共享等方面功能的实现层次不同,又可分为:①实现一个或多个的项目管理手段,如进度管理、质量管理、合同管理、费用管理,或者它们的组合等;②具备进度管理、费用管理、风险管理等方面的分析、预测以及预警功能;③实现项目管理的网络化和虚拟化,实现基于 Web 的项目管理软件甚至企业级项目管理软件或者信息系统。项目管理软件已经从单一功能向综合功能发展,从单一项目管理向多项目管理发展,从单机运行向网络运行发展,而且还在不断地改进,特别是与 BIM(建筑信息模型)的结合,使项目管理走向全生命周期的管理。下面简单介绍 3 个典型的项目管理软件。

1. Microsoft Project

Microsoft Project 是以进度计划为核心的项目管理软件,主要帮助项目管理人员编制进度计划,管理资源的分配,管理成本预算,跟踪项目进度,分析工作负荷,也可以绘制商务图表,形成图文并茂的报告。用户可以依靠 Microsoft Project 与 Office 家族其他软件的紧密联系,将项目数据输出到 Word 中生成项目报告,输出到 Excel 中生成电子表格文件或图形,输出到 PowerPoint 中生成项目演示文件,还可以将 Microsoft Project 的项目文件直接存为 Access 数据库文件,实现与项目管理信息系统的直接对接,目前有两种版本,一个是 Microsoft Project Professional;另一个是 Microsoft Project Server。该项目管理软件还在不断地发展和完善之中。

2. Oracle Primavera P6

Oracle Primavera P6(简称 P6)原是美国 Primavera System Inc. 公司研发的项目管理软件 Primavera6.0 的缩写,于 2008 年被 ORACLE 公司收购,对外统一称作 Oracle Primavera P6。该软件是集项目、项目群和项目组合的优先级排列、计划编制、管理与执行功能于一体的完整而强大的解决方案。P6 软件采用标准 Windows 界面、客户端/服务器架构、网络支持技术以及独立的(Oracle XE)或基于网络的(Oracle 和 Microsoft SQL Server)数据库。作为综合性的多项目组合管理解决方案,P6 基于角色的功能设计,满足管理团队中不同成员的具体需要、责任以及技能的要求。P6 可以将项目、项目群以及多项目组合的执行情况真实而即时地呈现在管理者面前。P6 的易用性、强大及灵活性使管理者能够更加高效地实施项目并且让位于不同层次的管理人员对项目执行情况进行分析、记录和交流,以便做出及时有效的决策。运用 P6 软件可以完成下列工作:选择正确的项目战略组合;保障项目、信息技术以及企业的控制管理;改进项目执行的过程和方法;增强项目团队的协作;衡量项目的发展趋势;成功完成更多项目,并追求预期的投资回报。

3. BIM

BIM(Building Information Modeling,建筑信息模型)是开放的平台,可以扩展和集成。BIM 的核心是多专业、多阶段、多方位、多要素的整合,包括建筑资源的整合、建筑过程的整合、建筑成果的整合,是一个多元系统。

BIM 在 3D 模型上可以融入进度控制系统(4D 模型)、融入成本控制系统(5D 模型)等。理论上还可以融入更多信息维度,拓展为 $6D,7D,\cdots,nD$ 模型,但因为建筑是一个复杂的产品,随着维度的增加,可能超出它扩展的极限而导致系统崩溃或开发难度几何级加大。不同维度的数据格式不同,数据的对应关系无法精确描述,这反而限制了数据的应用,也影响了分析结果的精确性。

【思考与训练】

1. 什么是项目管理?项目管理的特征和要求是什么?
2. 项目管理的发展特点及趋势是什么?
3. 项目管理的知识领域有哪些?
4. 项目管理过程怎么划分?其与项目生命周期有何不同?
5. 项目管理有哪些辅助工具可以使用?
6. 项目管理过程对不同的项目是否可以是一样的?如果不是,应该如何划分项目管理过程?
7. 请结合项目管理的基础知识,从项目管理的角度选取生活工作中的一件事情,进行分析和安排,使其能有效、合理地开展。

理 论 篇

第 3 章　项目论证与启动

【学习目标】

通过本章学习,你应掌握如下内容:
(1)需求识别的过程及结果;
(2)项目识别与选择方法;
(3)项目论证的过程及内容;
(4)项目章程作用、内容及编制;
(5)项目目标的含义及目标管理的特点。

【导入案例】

小张是单位唯一的 IT 负责人,负责单位所有 IT 管理与维护工作。日常工作以维护和保障计算机与网络的正常运行为主,同时开发一些小程序协助业务工作。单位新来的领导比较重视信息化建设,也略懂一些 IT 知识,其为了加强对下属机构的管理,要求小张做一个对各个下属机构进行联网的项目,目的是在办公室就可以通过该网络查看下属单位的业务系统,并能提取数据进行自动汇总分析。鉴于领导的支持,小张大胆地接下了任务,并开始和各下属机构进行沟通,确定联网方案的具体实施事宜。

项目进行过程中,通过对已经完成的联网机构分析发现,每个机构的系统架构各异,数据格式也各不相同,对各家机构的数据采集也没有规律可言,原计划在一台电脑上浏览所有机构的系统已经不可能实现。该项目已经作为单位的工作重点,小张曾向领导建议放弃项目,领导要求小张写明放弃原因是对技术问题估计不足造成的项目流产,其实是把责任全部推给小张。小张在项目初期已经和领导就将来的技术难点进行过沟通,不建议推行此项目,但领导雄心壮志,承诺给他足够的资源去解决问题,坚持要推行这个项目。但项目进行至今几乎没有了任何意义,已经联网的机构并没有提升工作效率,单位内部相关部门虽被领导安排配合此项目,但都忙于自己的工作,没有人愿意对此项目投入精力,只是迫于领导的压力而在应付。小张作为项目负责人,也没有被授权对相关部门进行工作安排,致使其陷入两难境界。

问题:项目启动阶段应该注意哪些问题,如何才能成功并顺利地启动一个项目?

资源来源:百库文库

3.1 需求识别

3.1.1 需求的产生

随着社会不断发展，人们的需求越来越多，也更加多样化。项目来源于各种需求和需要解决的问题，人们的需求就是亟待解决的问题。民生、社会发展和国防建设的要求通常需要通过项目来满足，而需求是项目产生的基本前提。

在社会生产、分配、消费和流通的不断循环之中，产生了项目。

项目也来源于科学研究，而且是更重要的来源。来源于科学研究发现的项目往往会导致国民经济结构发生重大变化，甚至改变人类历史。要把科学探索转化为生产力，需要经过很多中间环节来实现。而社会中很多的项目就是来源于这些中间环节。

项目也来源于自然资源的存在和发现。科学探索和科学研究经常能够发现人类以前无法使用资源的新用途，因此也就可以提出许多新的项目。

政府经济体制改革和政府提出的新政策，为许多利国利民的项目创造了条件。许多计划经济时期难以想象的项目现在可以提出并实施。

3.1.2 需求识别的过程

项目启动阶段的首要工作就是需求识别，也称为识别需求。需求识别从需求、问题动机的生成开始，到需求建议书的发布结束。客户识别需求、问题或机会，以便更好地实现其预期目标。为了让承约商准确地把握客户的意图，进而规划好项目，客户必须明确自己的需求，这对他们自己大有裨益。

需求识别是一个过程，生成需求时就是需求识别的开始。虽然产生了需求，客户希望得到一些东西，或者觉得缺少一些东西，但这些想法还很模糊，客户还不能明确地知道有什么具体的东西可以满足他的愿望。他所期望的可能只是一个范围，所以就有必要收集信息和数据，进行调查和研究，以最终确定什么样的产品和服务可以达到客户预期的目标。同时一系列的约束条件在需求识别的过程中也是不可忽略的，需求的识别并不是随意确定的。有时需求的识别可能并不是客户的个人行为，客户也可能会征求周围熟知群体的意见，或在联系承约商时请他们帮助做出决定，因为承约商是该领域的专家，经验也比较丰富。客户的需求明确后，开始编制需求建议书，该文件从客户自己的角度对其所期望的目标进行一个全面、详细的阐述，这本质上就是项目目标的原型。在编制了需求建议书后，客户剩余的工作是将需求建议书发送给潜在的承约商，以便从回复的项目申请中选择最满意的承约商，并与其签订合同。至此需求识别基本结束。

需求识别的过程无疑对客户至关重要。在现实生活中，我们经常会遇到这样的例子，当装修公司问客户需要什么样的布局和风格时，客户漫不经心地说："你经验丰富就交给你了，只要好就行。"这会发生什么呢？也许房子装修完后，客户却说："你怎么能装修得这么浮华俗气呢？你知道我是学艺术的，房间的布局和风格应该充满书香和古典美！"

责任很明确：一方面，客户没有明确告诉委托人他想要什么，另一方面，委托人没有进行充分的调查研究。双方都负有一定的责任。

可以看出，需求识别的过程和作用，对于项目以及项目管理极为重要。为了从一开始就避免盲目投资,必须要进行需求识别。良好的需求建议书是客户与承约商沟通的基本前提,也是项目成功的关键。

3.1.3 需求建议书

需求建议书(Requirement for Payment,RFP)是从客户的角度向承约商做出的一份全面而详细的声明,说明应做好哪些准备以满足其已识别的需求。换句话说,需求建议书是客户向承约商发出的一份建议书,旨在说明如何满足其已识别的需求。良好的需求建议书主要包括满足其需求的项目工作说明书、项目要求、预期项目目标、客户供应条款、付款方式、合同格式、项目时间、对承约商项目申请书的要求等。

一份好的需求建议书能够让承约商掌握客户对产品或服务的期望,或者他想要得到什么,只有这样,承约商才能准确识别和构思项目,以便让自己为客户提供的项目申请更具竞争力。以上文的装修的例子来说,很明显,客户只向承约商发送一份简单的装修申请是远远不够的,房屋装修只是客户的愿望,承约商无法清楚地了解客户的具体需求或预期的项目目标。不同的装修风格和式样差异很大,成本也相差很多,这使得承约商,也就是装修公司不知所措。装修公司显然不知道如何设计装修风格和式样,因此无法向客户提交项目申请书。因此,客户的需求建议书应全面、明确,并能提供足够的信息,使承约商能够掌握客户的大体想法,并给出最佳的项目申请书。

当然,并非所有情况下都需要准备正式的需求建议书,如果一个单位生成的需求由内部开发项目来满足,那么这个过程就会简单得多,此时,口头沟通和信息传递相比于需求建议书效率会更高。

为了充分准确地向承约商表达其意图,客户需要仔细、认真地准备一份好的需求建议书。那么,一份好的需求建议书应该包括什么呢?

一般来说,客户主要应明确表达以下内容。

(1)项目工作陈述——概述承约商所要做的主要工作和任务范围。

(2)项目的目标——交付物、成本、进度。

(3)项目目标的规定——物理参数和操作参数。

(4)客户供应——项目实施期间客户提供的保障和物品供应。

(5)客户的付款方式——这是承约商最关心的内容,如分期付款、一次性付款等。

(6)项目的进度计划——这是客户最关心的内容。

(7)对交付物的评价标准——客户满意是项目实施的最终目标,否则,承约商很难获得预期的利润。

(8)与承约商投标有关的事项——应规定投标书的格式和投标方案的内容。

(9)投标方案的评审标准——可能包括承约商的背景和经验、技术方案、项目的进度和成本。

【例3.1】 DF公司办公楼建设项目需求建议书。

DF公司向具有建设部建筑一级认证企业的承约商征求办公大楼建设,项目目标是:建设2 000 m^2、高3层、框架结构的办公大楼。

(1)工作表述。承约商将执行下列任务:地基处理、主体框架工程建设、建筑设备安装、装修工程。

(2)要求。承约商应根据国家标准建设,提供施工计划和施工方案,要求项目负责人必须负责过类似项目的组织管理工作。

（3）交付物。符合国家建设标准的办公大楼、施工竣工图纸及相关资料。

（4）DF 公司提供的条款。DF 公司将向承约商提供办公大楼的总体设计图及施工图纸。

（5）需求信息。承约商在大楼施工之前，必须获得 DF 公司对施工方案及施工进度安排的认可。

（6）合同类型。合同必须以一个商定的价格，给提供满足需求建议书要求工作的承约商付款。

（7）到期日。承约商最迟在 2 月 28 日以前必须向 DF 公司提交 5 份项目申请书备份。

（8）时间表。DF 公司希望在 3 月 30 日前选中一家承约商。这个项目需要完成的工期是 6 个月，从 5 月 1 日到 10 月 30 日，所有的交付物必须不迟于 10 月 30 日提供给 DF 公司。

（9）付款方式。当合同签订之后，预付工程总价款的 20%。当项目完成了 1/2 时，再付工程总价款的 40%。当项目完成之后，并经 DF 公司验收合格，所有交付物均已移交后，再付出剩余 40% 的款项。

（10）项目申请书内容。承约商的项目申请书至少要包括如下内容：

①方法。承约商能清晰地理解需求建议书，理解什么是被期望达到的要求。而且要详细描述承约商领导项目的方法，要求对每个任务进行详细描述以及任务如何完成的详细描述。

②交付物。承约商要提供关于交付物的详细描述。

③进度计划。列出甘特图或网络图表，列出每月要执行的详细任务的时间表，以便在要求的项目完成日期内能够完成项目。

④经验。叙述一下承约商最近已经执行的项目，包括客户名称、地址和电话号码。

⑤人事安排。列出将被指定为项目主要负责人的姓名和详细简历，以及他们在类似项目中的成绩。

⑥成本。必须说明总成本构成，并提供一份项目的预算清单。

（11）项目申请书评价标准。DF 公司将按以下标准来评价所有承约商的项目申请书：

①方案(30%)。承约商提出的大楼建设方案。

②经验(30%)。被指定执行此项目的承约商和主要负责人执行类似项目的经验。

③成本(30%)。承约商申请书中所列成本支出的合理性。

④进度计划(10%)。为了在项目指定完成日期之前完成项目，承约商应提供详细的施工计划。

3.2　项目识别与选择

3.2.1　基于战略导向的项目识别

所谓项目识别是指承约商从备选项目方案中选择一个可能的项目方案，来满足客户已识别的需求。项目识别与需求识别的区别在于,需求识别是客户的一种行为,而项目识别是承约商的行为。项目识别是项目管理人员应该知道的一个重要问题,项目管理人员不仅要接受他人的委托,更重要的是把委托人的想法变成现实。

经过长期发展,发达国家的市场竞争十分激烈。我们能想到的项目所提供的大多数产品或服务在其市场上已经饱和。如果想挤进他们的市场或开拓新的市场,必须拥有新产品、新服务。为了实现这一目标,就需要开发新的项目。因此,识别新项目就显得尤为重要。战略是组织开展项目的基本依据,开展项目是实现组织战略目标的基本手段。组织管理层应仔细寻找和识别能够实现组织战略目标的各种项目,项目经理应理解和掌握组织的战略目标和规划过程。

1. 战略规划的过程

图 3.1 显示了战略规划的步骤,并说明了项目组合管理如何成为战略规划的关键部分。

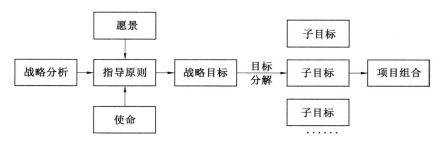

图 3.1　战略规划和项目组合

(1) 战略分析。

战略规划通常从战略分析开始。战略分析的方法有很多,这里主要介绍 SWOT 分析法。SWOT 分析法通过分析组织的内部和外部环境,确定这些环境因素将如何增强或限制组织的执行力。内部分析(项目团队可以控制的要素)需要了解组织自身的优势和劣势,外部分析(项目团队难以控制以及不可控制的要素)需要识别外部环境带来的机会和威胁,包括竞争对手、供应商、客户、监管机构、技术等。SWOT 分析的具体内容如下:

S(Strength)优势,是一个组织的内部因素,包括良好的竞争态势、充足的财政来源、技术力量、良好的组织形象、市场份额、规模经济、产品质量、成本优势等。

W(Weakness)劣势,也是组织的内部因素,具体包括设备老化、资金短缺、管理混乱、关键技术缺乏、经营不善、研发落后、产品积压、竞争力差等。

O(Opportunity)机会,是组织的外部因素,包括新产品、新市场、新需求、竞争对手的失误、外部市场壁垒的消除等。

T(Threat)威胁,也是组织的外部因素,具体包括:新的竞争对手、客户偏好的变化、替代产品的增加、市场紧缩、产业政策的变化、经济衰退、紧急情况等。

在 SWOT 分析过程中,可能会出现观点或意见不一致的情况,此时,组织领导人应保持谦虚的态度,以开放的心态对待。正确的战略分析不仅具有重要的启发意义,而且为组织指明了方向。某公司的 SWOT 分析如表 3.1 所示。

表 3.1 某公司的 SWOT 分析

	优势（S）	劣势（W）
内部分析	具有强大的研发力量 技术创新能力强 产品性价比高、交付快 具有差异化竞争优势 基于本土化服务 "狼性文化"	品牌价值有待提升 营销模式有待改进 宣传公关不足 资金股权问题错综复杂 非上市公司融资困难 领导的强烈个人色彩
	机会（O）	威胁（T）
外部分析	电子商务的发展 开拓国外市场 "互联网+"的兴起 云服务的发展 加强全球化趋势	开放电信市场 个人崇拜主义 行业竞争 贸易壁垒 信息安全

(2) 指导原则。

SWOT 分析完成后，组织领导应根据 SWOT 分析的结果制定相应的指导原则，如组织的愿景和使命等，如图 3.2 所示。

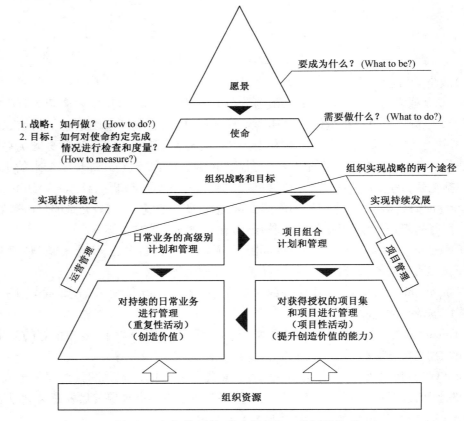

图 3.2 组织的愿景、战略与组织工作间的关系

愿景位于组织商业价值体系的顶层,回答了"要成为什么"的问题;支撑组织愿景的是组织的使命,回答了"需要做什么"的问题;为了明确使命,有必要确定组织实现使命的战略和目标,即"如何做"和"如何检查和度量使命约定完成情况"。

实现组织战略和目标的手段主要取决于两种类型的工作:一种是连续和重复的工作(即运营);另一种是独特的临时工作(即项目、项目集和项目组合),此处直接简称为项目类工作。项目和运营都是实现组织战略计划的手段。

项目管理是"用正确的人以正确的方式将正确的事情做正确"。其中有四个"正确",但只有一个"正确"是管理者可以长期依赖的,也是可以后天习得的,那就是"正确的方法"。

(3)战略目标。

在战略分析、组织愿景和使命确定后,领导者将制定战略目标。战略目标是组织战略经营活动中能取得的主要结果的预期价值。战略目标的制定也是组织宗旨的展开和具体化,是组织宗旨中确认的组织经营目的和社会使命的进一步阐明以及界定,也是组织应在既定战略经营领域开展战略经营活动所达到级别的具体规定。

有效的战略目标应符合 SMART 原则,即具体的(Specific)、可测量的(Measurable)、可实现的(Attainable)、基于结果的(Relevant)和有时限的(Time-bound)。某公司的战略目标如表 3.2 所示。

表3.2 某公司的战略目标

·以客户为中心,优先满足客户需求,提高客户竞争力和盈利能力	·持续管理变革,实现高效的流程化运作,确保端到端的高质量交付
·持续改善公司的治理结构、组织、流程和评估,使公司能够长期保持有效增长	·与友商共同发展,共同创造良好的生存空间,共享价值链的利益

资料来源:某公司官方网站。

组织战略目标确立后,应进一步实施。毫无疑问,实现组织诸多战略目标的主要方法是项目。如果组织规模较小,领导者可以直接选择项目,但对于规模较大的组织来说,领导者则需要结合实际情况使用不同的方法来选择项目。无论是小规模组织由高层领导做出全部项目选择的决策,还是规模较大的组织授权给一个或多个层级进行项目选择,项目选择的多种方法都可能被用到。

2. 项目组合管理

如果组织在使用战略项目筛选流程时能够将项目与其组织目标相结合,他们将更成功地完成项目并获得预期收益。组织管理层应仔细寻找和识别能够实现组织战略目标的一组项目。美国项目管理协会 PMI 将项目组合管理(Portfolio Management)定义为:在可用资源和组织战略规划的指导下,选择和支持多个项目或项目组投资。项目组合管理通过项目评估和选择以及多项目组合优化,确保项目目标与组织的战略目标相一致,从而使组织的利益达到最大化。

本质上,项目组合对应于一个投资组合。早在 20 世纪 50 年代,美国经济学家 Harry Markowz 就提出了投资组合的概念,在金融证券领域建立了投资组合方法,从风险和回报的角度评估了投资资产的价值和收益,并形成了现代投资组合理论(Modern Portfolio Theory),投资组合的目的在于分散风险。沃伦·麦克法兰于1981年首次将现代投资组合理论应用于项目选择和管理,通过项目组合的运作方式实现了在一定风险下的利益最大化。自此,项目已成为组织的一种投资行为,项目决策基于项目组合而不是单个项目。

当经理评估组织项目实施的能力,识别和选择项目组合,划分项目优先级、配置资源,进行组合监控、组合评估、项目终止和删除,设置业务管理焦点,进行终止和除设业务管理点,以及更有利于帮助组织实现其战略目标时,他们就是在实施项目组合管理。尽管大部分组合管理活动都可能由一个高层管理团队执行,但项目经理应理解他们的项目是与组织的目标相联系的,因为他们需要做出许多决策,或是为许多决策提供支持。

3. 评估组织的项目执行能力

评估组织的项目执行能力是确定其项目组合的重要内容。如果一个组织没有适当的能力,即使选择了项目与组织目标,也很难完成。组织的项目执行能力可以从以下几个方面进行考察:

(1)组织是否具有团队精神、自由开放的沟通渠道、创造力和授权决策机制?
(2)组织的项目管理流程是否有明确界定?
(3)组织员工在应用项目管理程序方面是否具有正确的态度、能力和技能?
(4)组织各级领导是否愿意承担必要的个人风险?
(5)组织的高级领导层是否奠定了坚实的领导基础?
(6)个人和团队是否在各自的层面上表现出领导力?
(7)是否监控和了解组织的外部环境?

4. 潜在项目的识别

潜在项目可能是对市场需求、战略机遇、社会需求、环境因素、客户需求、法律文件和技术进步的响应。理论上,应通过系统的方法识别潜在项目。有些机会可能是偶然发生的,而另一些则需要探索。机会的挖掘与组织中的各个部门密切相关,也就是说,组织的所有人员,无论是基层员工还是高层领导,都应该积极参与潜在项目的识别。

组织领导可以使用各种"识别改进机会"的方法来识别潜在项目,例如:

(1)与其他组织进行比较,以产生改进想法(如何做到最好并取得最佳结果)。
(2)了解组织的经营驱动因素(成本、资金、营运资本、收入、风险等)。
(3)找到绩效问题或差距(客户意见、组织意见和流程意见)。
(4)找到约束或瓶颈(找出影响和制约组织发展的关键因素)。
(5)从工作场所获得想法(利益相关者的意见)。
(6)找到组织中存在浪费的地方(价值流程和流程中的浪费)。

通过上述一种或多种方法获得潜在项目的列表,然后筛选这些潜在项目,下一节将详细描述筛选过程。由于项目识别数量的理想目标应该是公司可支配时间和资源的两倍左右,通过进一步筛选,一些潜在项目可能与组织的目标不一致或不完全适合组织,因此需要舍弃。一旦确定潜在项目,需要对每个项目进行简要说明,对项目工作的描述通常被称为工作说明书,即项目将要交付的产品、服务或成果的叙述性说明。

3.2.2 项目选择与排序

以战略为导向识别并简要描述了潜在项目后,下一步是对这些潜在项目进行选择和排序,筛选出与组织战略目标相一致并且具有可行性的项目。

1. 如何选择项目

项目选择要求组织对各种项目机会进行比较和选择,将有限的资源投入到收益最高、成本最低的项目中,以确保组织的快速发展。在选择项目时应仔细考虑,因为选择一个项目将不可避免地占用可用于其他项目的资源(资金、人员等)。选择项目时应考虑以下几点:

(1)组织资源的有限性。
(2)组织自身的条件。
(3)项目的条件。

对项目进行系统性的选择有不同的方法,包括财务分析模型和评分模型。从管理者的角度来看,项目是一项投资活动,所以可以选择使用财务模型。通过正确的项目选择方法得到的项目组合可以为组织的成功提供强有力的支持。

为了确保在选择项目时能够同时考虑财务和非财务因素,通常有三种方法:第一种是以财务分析为主来进行项目选择,非财务因素作为辅助;第二种是使用财务模型进行项目初选,然后使用评分模型进行最终确定;第三种是把财务分析作为多因素评分模型的要素之一进行项目筛选。这里我们主要解释基于财务模型的项目选择方法。

(1)使用财务指标模型进行项目初选。

财务模型通常借助预期项目成本和项目收入的比较来初步选择项目。以下方法可供选择。

①投资回收期法。

第一种财务投资模型是投资回收期法(Payback Period,PP),是指使累计经济效益等于初始投资成本所需的时间,可以在一定程度上反映项目方案的资金回收能力,如式(3.1)所示。

$$\sum_{t=1}^{P_t} (CI - CO)_t = 0 \qquad (3.1)$$

式中,P_t 为投资回收期;CI 为现金流入量;CO 为现金流出量;$(CI-CO)_t$ 为第 t 年的净现金流量。通常,组织会设定一个基准投资回收期。当计算的投资回收期 P_t 小于基准投资回收期时,认为该项目是可取的,投资回收期越短越好。

【例 3.2】 某投资项目需在开始时一次性投资 50 000 元,其中固定资产投资 45 000 元、营运资金垫支 5 000 元,没有建设期。该投资项目的现金流量表如表 3.3 所示。若基准投资回收期为 5 年,试用投资回收期法评价方案的可行性。

表 3.3 某投资项目的现金流量表   单位:元

年份	0	1	2	3	4	5	6
投资	50 000						
净收益		10 000	12 500	13 500	14 000	14 300	12 250

解

$$\sum_{t=1}^{P_t}(CI-CO)_t = \sum_{t=1}^{4}(CI-CO)_t = -50\,000 + 10\,000 + 12\,500 + 13\,500 + 14\,000 = 0$$

因为 $P_t = 4 < 5$,故该方案可行。

② 净现值法(NPV)。

现值即将来或过去某一笔资金的现在价值,考虑到时间价值,净现值法(Net Present Value)就是将整个项目投资过程的现金流按照期望的投资收益率(折现率),折算到时间等于零时,得到现金流的折现累计值(净现值 NPV),然后加以分析和评估。净现值的计算公式为

$$NPV = \frac{\sum_{t=0}^{n}(CI-CO)_t}{(1+i_0)^t} \tag{3.2}$$

式中,NPV 表示净现值;i_0 表示期望的投资收益率或折现率;n 表示项目寿命期;CI 表示现金流入;CO 表示现金流出。如果 NPV > 0,表明可以从该项目中盈利,则该项目可取。多方案对比选择时,NPV 大的方案相对更优。

【例3.3】 某工厂拟投资一个项目,该项目各年的现金流量表如表3.4所示,若期望收益率 i_0 为 10%,试用净现值指标判断该项目在经济上是否可行。

表3.4 某工厂投资项目现金流量表 单位:万元

年份	0	1	2	3	4	5
总投资	4 000	500				
销售收入		1 700	2 000	2 000	2 000	2 000
经营成本		500	500	500	500	500
净现金流量	-4 000	700	1 500	1 500	1 500	1 500
折现系数	1.000	0.909 1	0.826 4	0.751 3	0.683 0	0.620 9
折现值	-4 000	636.37	1 239.6	1 126.95	1 024.5	931.35
累计净现金流量现值	-4 000	-3 363.63	-2 124.03	-997.08	27.42	958.77

解 $NPV = -4\,000 + (1\,700 - 500 - 500)(P/F,10\%,1) +$
$(2\,000 - 500)(P/A,10\%,4)(P/F,10\%,1)$
$= 959(万元)$

因为 NPV > 0,所以该项目可行。

③ 效益成本比率法(BCR)。

第三种财务模型是效益成本比率法(Benefit Cost Ratio,BCR),其是指在整个项目投资过程中的效益现值总额与成本现值总额之比。效益成本比率的计算公式为

$$BCR = \frac{效益现值总额}{成本现值总额} \tag{3.3}$$

效益成本比率 BCR 大于 1 时表示该项目能够盈利,该数值越大越好。

【例3.4】 某公司有如表3.5所示的四个工程项目方案可供选择,经济分析期均为

10年,且各方案均可当年建成并受益。试用效益成本比率法选择最优方案。

表3.5　各工程项目的经济数据表　　　　　　　　　　单位:万元

项目方案	A	B	C	D
投资现值	1 075	1 329	1 641	1 537
运行费现值	111	134	159	124
效益现值	2 243	2 592	2 822	2 337

解　由表可得各项目的效益成本比分别为

$$BCR_A = \frac{2\ 243}{1\ 075 + 111} = 1.89$$

$$BCR_B = \frac{2\ 592}{1\ 329 + 134} = 1.77$$

$$BCR_C = \frac{2\ 822}{1\ 641 + 169} = 1.56$$

$$BCR_D = \frac{2\ 337}{1\ 537 + 124} = 1.41$$

由于 A 的 BCR 最高,因此项目 A 最可取。

④ 内部收益率法(IRR)。

第四种财务模型是内部收益率法(Internal Rate of Return,IRR),内部收益率法又称贴现法,即求一个内部收益率,该内部收益率使项目使用期内现金流量的现值合计等于零,即

$$NPV = \sum_{t=0}^{n} \frac{(CI - CO)_t}{(1 + IRR)^t} = 0 \tag{3.4}$$

当内部收益率 IRR 大于基准折现率时,认为该项目是可取的;反之则不可取。选择投资项目时,项目的内部收益率越高越好。

内部收益率的试算步骤:

a. 假定折现率为 i_1,i_2,且 $i_1 < i_2 (i_2 - i_1 \leq 5\%)$,对应的 $NPV_1 > 0$,$NPV_2 < 0$。

b. 用线性插值法求 IRR,即

$$IRR = i_1 + \frac{NPV_1}{|NPV_1| + |NPV_2|}(i_2 - i_1) \tag{3.5}$$

【例3.5】　某项目现金流量如表3.6所示。基准折现率 i_0 为 12%,试用内部收益率法判断该项目是否可行。

表3.6　某项目现金流量表　　　　　　　　　　单位:万元

年份	0	1	2	3	4	5
净现金流量	-100	20	30	20	40	40

解　当 $i_1 = 10\%$ 时,有

$$NPV_1 = -100 + 20 \times (1 + 10\%)^{-1} + 30 \times (1 + 10\%)^{-2} +$$
$$20 \times (1 + 10\%)^{-3} + 40 \times (1 + 10\%)^{-4} +$$

$$40 \times (1 + 10\%)^{-5} = 10.16(万元) > 0$$

当 $i_2 = 15\%$ 时,有

$$NPV_2 = -100 + 20 \times (1 + 15\%)^{-1} + 30 \times (1 + 15\%)^{-2} +$$
$$20 \times (1 + 15\%)^{-3} + 40 \times (1 + 15\%)^{-4} +$$
$$40 \times (1 + 15\%)^{-5} = -4.02(万元) < 0$$

此时满足插值法的两个基本条件,因此可以直接用式(3.5)计算 IRR 值(图 3.3),即

$$IRR = 10\% + \frac{10.16}{10.16 + |-4.02|} \times (15\% - 10\%) = 13.58\% > 12\%$$

因此,该项目可行。

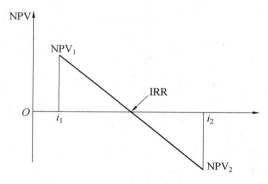

图 3.3　基于线性插值法的 IRR 求解

上述几种方法的比较如表 3.7 所示。

表 3.7　项目选择的财务模型

对比项目	财务模型			
	投资回收期法（PP）	净现值法（NPV）	效益成本比率法（BCR）	内部收益率法（IRR）
计算方法	$\sum_{t=1}^{P_t}(CI-CO)_t = 0$	$NPV = \sum_{t=0}^{n}\frac{(CI-CO)_t}{(1+i_c)^t}$	$BCR = \frac{\sum_{t=0}^{n}CI_t}{\sum_{t=0}^{n}CO_t}$	$\sum_{t=0}^{n}\frac{(CI-CO)_t}{(1+IRR)^t} = 0$
盈亏平衡	PP = 预定投资期	NPV = 0	BCR = 1.0	IRR = 标准折现率
选择比较	PP < 预期值	NPV > 预期值	BCR > 预期值	IRR > 预期值
项目比较	PP 越短越好	NPV 越高越好	BCR 越高越好	IRR 越高越好

财务模型可以从成本和收益两个方面确保项目选择的合理性,但是也存在一些缺陷。比如,在投资回收期模型中,并没有考虑成本支出后所产生的利润总额,因此当两个项目的回收期相同时,如果其中一个有更高的收益当然就是更好的选择;使用收益成本比率的前提是所有的成本和收益都可以计算出现值,内部收益率和收益成本比率方法在选择互斥的项目时会出现问题,因为这种方法会选择收益率高但总利润水平低的小型项目。此外,对于一个非常规的现金流量项目,其内部收益率的计算也非常困难,通常情况下,我们建议在选择财务模型方法时采用净现值法,但还需要考虑其他因素,例如设立最低投资收

益率,或者与不了解净现值法的人员进行交流。然而,没有一种财务模型可以保证其与组织目标是完全一致的,所以,财务分析的方法是有效的,但也存在着缺陷。为了获得较好的效果,可采用评分模型,有时评分模型也被称为项目选择优化矩阵。

(2)使用评分模型选择项目。

除了要确保项目选择在财务方面具有合理性,其他因素也应该加以考虑。评分模型尤其适用于多项目和有多种评价指标的情况。

①识别潜在指标。

首先应当识别出潜在指标,这些指标应体现未来项目是如何与组织战略规划相一致的,并且要包括风险、时间、所需资源等。常规做法是由组织领导小组共同决定所采用的指标。

②明确强制性指标。

当对一系列的重要指标达成一致后,下一个步骤就是确定哪些指标是强制性的,即是否存在不顾任何情况必须选择(must do)某些项目的情形。例如,政府的指令或安全考虑,由于强制性指标的存在,可能会导致其他有价值的项目受到排挤,因此,应该尽可能地减小该项目的规模。

③确定指标权重。

确定各指标权重,即每一指标的重要性。首先,由管理人员决定哪项指标最重要,并赋予10分的权重;其次,把其他的指标与其对比确定各自的相应权重。大多数公司在项目选择时会选取3~5个指标,如表3.8所示。必要时,将次要的指标作为附加考虑。

④项目评价。

在确定了各指标的权重之后,接下来项目决策团队就要按照每项指标对项目进行评价。最好的办法是每次集中于某一项指标,依次按照列顺序进行。

根据各指标的评分结果,将评分的分值乘以相应的权重计算出加权分数填写在"综合加权得分"一列(见表3.8)。

表3.8 项目筛选和加权优先级矩阵

项目	指标权重					
	项目目标 (0.2)	客户关系 (0.15)	工期 (0.2)	财务收益 (0.3)	风险 (0.15)	综合加权得分
A	60	70	20	60	60	53.5
B	70	50	80	90	80	76.5
C	80	90	30	70	70	67
D	90	70	90	80	60	79.5
E	80	60	70	80	90	76.5

一般来说,选择综合得分最高的项目,D项目在表3.8中应该被优先选择。如果有两个项目得分相同,那么就需要采用其他标准来打破平局。

⑤灵敏度分析。

一旦某些因素发生了变化,就需要分析其会给项目选择决策带来什么影响。有可能需要补充或调整选择标准,按照标准的重要程度重新赋予相应的权重,根据新指标体系和选项,对决策加以修订。

项目决策者的决策应保证所选择的项目理由充分。如果一个公司计划选择多个项目,那么,根据选择矩阵计算出加权分数可作为选择项目优先顺序的方法之一。

2. 确定项目优先级

组织中总会有项目虽通过了可行性研究,但超过了可用资源所允许的数量。因此,面对诸多可行的项目,有必要确定每个项目的优先级,以确定哪些项目具有更大的附加值,进而将稀缺资源分配给那些比其他替代项目贡献更多价值的项目,以控制和平衡稀缺资源的使用,从而将项目与组织战略联系起来。项目选择的关键是建立一个与发展战略有机联系的、科学可行的项目优先级评价标准,且该标准得到组织所有成员的认可和使用,采用基于发展战略的项目优先级评价标准,将至少有助于开展以下工作。

(1)将组织参与者的注意力集中在组织的战略核心上。
(2)就项目优先级达成一致意见。
(3)更有效地利用组织资源和实施资源计划。
(4)在给定可用资本条件下平衡风险的资产组合选择。
(5)体现项目选择过程的公开性。
(6)通过标准选择形成控制变动的机制。

没有项目选择标准将导致混乱、权力及组织资源的低效使用或滥用,无论选择项目的过程如何,每个项目都应根据相同的标准进行评判,并且选择过程应公开。评价项目优先级的常用方法有期望商业价值法、动态定制等级列表法、项目组对比矩阵和加权优先级矩阵等。

加权优先级矩阵是应用最广泛的项目优先级评价方法之一。大多数项目选择团队通常将矩阵中每个项目的综合加权得分作为资源分配和日期选择的基础。然而,有时也需要考虑以下问题:每个项目的紧迫性、每个项目延期所带来的预期成本以及时间安排的具体细节等。因此,三乘三矩阵通常用于记录项目工作优先级,如图3.4所示。

	时间	成本	范围
最高优先级	●		
中等优先级		●	
最低优先级			●

图3.4 项目优先级矩阵

矩阵中这三个因素的优先级可以有六种不同的组合,每种组合对项目控制都有不同的意义。这三个因素都很重要,如果其中任何一个不能实现,都要承担相应的责任。但是,优先级不同的因素,因不能实现而产生后果的严重程度会不同。当两个项目所需的资源发生冲突时,我们应该如何选择?一般来说,可以由项目发起人进行协调。当涉及重大项目时,可以将决定权交给领导层。这样,关键项目因某种原因被搁置的可能性将大大降低。

让大家了解项目优先级,有利于项目控制。一般来说,一旦项目陷入困境,应首先牺牲处于最低优先级的因素。从一开始就把重要的因素设为高优先级,有助于避免将来以牺牲这些因素为代价来进行变更。

一旦为所有项目设置了优先级,就需要为每个项目配置资源。由于资源有限,同一资源不可能在同一时间供所有的项目使用;资源又是有价的,如果资源闲置,则会浪费组织的成本。因此,在合理配置资源的前提下,如何最大限度地利用资源,是组织领导者需要认真思考和解决的问题。资源可以包括关键人员,如发起人、项目经理、核心团队成员和主题专家,以及资金、空间和设备等。配置项目资源最简单的方法是使用资源分配矩阵,并将资源分配给优先级最高的项目。一旦某一资源无法获得,该组织在特定时间可以承担的项目数量将受到限制。要以上述方式分配资源,必须有一个设置了优先级的项目清单、资源清单、每种资源的可获取量以及每个项目对每种关键资源需求量的估计。

3.3 项目论证与评估

3.3.1 项目论证

1. 项目论证的概念

项目论证是指全面、科学地分析拟实施项目在技术上的先进性、适用性,经济上的合理性、营利性,实施上的可能性、风险性,为项目决策提供客观依据的一种技术经济研究活动。其目的是避免或减少项目决策失误,提高投资效益和综合效果。

项目论证研究的对象一般包括工程项目、技术改造与设备更新项目、产品开发项目和技术开发项目等,是各类项目论证实施前的首要环节。一般来说,任何项目都通过项目论证来说明项目的建设条件可靠、技术先进、经济效益大。项目论证报告也是筹集项目资金、进行银行贷款、开展设计、签订合同、准备施工的重要依据,只有项目论证认为可行的项目才能继续设计、实施和运营。

项目论证应集中在三个方面:市场需求、工艺技术和财务经济。市场是前提,技术是手段,财务经济是核心,所有其他问题,包括复杂的技术工作和市场需求预测等都是围绕这个核心工作展开的。

一般来说,通过项目论证,应回答以下问题:

(1)项目产品或劳动力市场的需求是什么?为什么要实施这个项目?
(2)项目实施需要多少人力和物力?供应条件如何?
(3)项目需要多少资金?融资渠道如何?
(4)项目采用的工艺技术是否先进适用?项目的生命力如何?
(5)项目规模有多大?地址选择的指向性如何?

2. 项目论证的一般程序

项目论证是一个连续的过程,包括提出问题、制定目标、拟订方案、分析评价,最后从多种可行方案中选择一个理想的最佳方案,供投资者决策。具体来说,通常有以下七个主要步骤:

(1)确定项目范围和业主目标。主要是明确问题,包括项目论证的范围和雇主的目标。

(2)收集和分析相关资料。包括实地调查、技术研究和经济研究,以及每项研究应包括的主要方面。需求、价格、工业结构和竞争将决定市场机会。同时,原材料、能源、工艺要求、运输、人力和外围工程又影响适当的工艺技术的选择。

(3)制订各种可行的能够相互替代的实施方案。为了实现目标,通常有多种可行的方法,从而形成各种可行且相互替代的技术方案。项目论证的主要核心点是从各种可实施的方案中选择最佳方案,因此,制订相应的实施方案是项目论证的关键步骤。在列出技术方案时,我们既不应忽略实际上可能实施的方案,也不应将实际上不可能实现的方案列为可行方案。否则,最终选择的方案将可能不是实际的最优方案,或者提出的方案缺乏可靠的实际基础,从而导致不必要的浪费。因此,在制定各种可行的技术方案时,应全面、仔细地考虑调查研究结果和掌握的全部资料。

(4)多方案分析、比较。该阶段包括分析各可行方案在技术上、经济上的优缺点;方案的各种技术经济指标(如投资费用、经营费用、收益、投资回收期、投资收益率等)的计算分析;方案的综合评价和选优,如敏感分析以及对各种方案的求解结果进行比较、分析和评价;最后根据评价结果选择最优方案。

(5)选择最优方案进一步详细、全面地论证。包括进一步的市场分析、方案实施的工艺流程、项目地址的选择及服务设施、劳动力及培训、组织与运营管理、现金流与经济财务分析、附加效应等。

(6)编制项目论证报告、环境影响报告书和采购方式审批报告。项目论证报告的结构和内容通常有特定要求。这些要求和相关步骤,在项目的编制和实施中可能有助于雇主。

(7)编制资金筹措计划和项目实施进度计划。在比较方案时,已详细考查了项目的资金筹措情况,其中一些潜在的项目资金会在贷款者进行可行性研究时提出来。实施期间期限和条件的变化也会导致资金的变化,应根据项目前评价报告和财务分析进行调整。同时,应做出最终决策,以说明项目可根据协议的实施进度和预算进行。

以上步骤仅为项目论证的一般程序,并非唯一程序。在实际工作中,也可以根据所研究问题的性质、条件和方法,采用其他适当的程序。

3. 项目论证的内容

(1)市场需求预测。

产品需求预测是项目论证的基础工作,这项工作的好坏将直接影响到项目论证的水平。需求和市场分析的关键因素是估计项目使用期间对某一具体产品的需求量,因为项目的可行性除其他因素外,还取决于预计的销售额或收入。在任何时候,需求的大小都是一系列可变因素的函数,这些可变因素包括市场构成、来自相同产品和替代品的其他供应源的竞争、需求的收入弹性和价格弹性、市场对社会经济形势的反映、经销渠道和消费增长水平等。因此,需求估计一般比想象的更复杂,因为不仅需要估计特定产品的需求,还需要辨明其组成(产品组合)和各个部分或各消费者类别,以及其增长与敏感性所受到的社会与制度方面的限制。

(2)原材料和投入的选择供应。

这也是项目论证的首要问题。项目论证应包括与原材料和投入需要量有关的以下问题:

①原材料和投入的分类。

②原材料投入的选择和说明。

③原材料和投入的特点。
④供应计划。
(3)产品结构和工艺方案的确定。

产品结构及其生产过程采用什么工艺方案,是项目论证中的技术选择问题,直接影响到企业的经济效益。应根据具体的技术经济条件选择"适宜技术",并进行相应的评价。采用新的结构和工艺应基于实验,而不应采用不成熟的技术,因为工程项目的技术方案在技术上首先应是"可行"的。工艺方案的选择,包括采用的技术和工艺过程。当然,这与生产规模密切相关。

项目论证中的技术评价应体现以下几个方面:
①技术的先进性。
②技术的实用性。
③技术的可靠性。
④技术的连锁效应。
⑤技术后果的危害性。
(4)生产规模(或生产能力)的确定。

根据市场调查结果,可以预测未来五年、十年或十五年计划产品的可能需求量。根据目前的生产情况和条件,可以估计未来几年该产品可能达到的产量。通过两者的比较,我们可以对未来的供需做出初步预测。该预测是判断某类企业是否可行的依据,也是确定一个工业项目生产规模的依据。然而,要确定一个企业的生产规模,还必须考虑规模的经济性。

(5)技术与设备选择。

①技术选择。项目论证应描述具体项目所需的技术,评价可供选择的各种技术,并根据项目各组成部分的最佳组合选择最合适的技术。有必要评估获取此类技术所涉及的各种问题,并解释与所选技术相关的具体设计和技术服务。同时,技术的选择和获取也必须与机械和设备的选择相对应。

②设备选择。设备选择和技术选择是相互依存的。在项目认证报告中,机械和设备的需求应根据工厂生产能力和所选生产技术确定。

项目论证阶段的设备选择,应概述使用一定的生产技术达到一定生产规模所需的机械设备的最佳组合。设备要求的确定应与评价报告的其他组成部分联系起来,这些组成部分大多数应在确定工厂生产规模和工艺过程时涉及,而另一些则可能是有关的。

(6)坐落地点和厂址选择。

坐落地点和厂址通常用作同义词,但应加以区分。地点的选择应在相当广阔的地理区域内,从中可以考虑几个备选厂址。一个合适的地点可以包括相当大的地区,但厂址的选择应当是确定项目的具体地点,因此应更详细。

①地点的选择。在确定地点时,应考虑三个主要方面:政府政策、与具体项目相关的各种因素(如投入和市场)之间的轻重关系和相互作用,以及一般的地点考虑。由于运输费用关系重大,对工业地点的考虑始终仅限于靠近原材料和市场。然而,近年来,其他因素的重要性也有所增加。

②厂址选择。一旦地理区域确定,项目可行性研究报告就应说明项目的具体厂址或

至少两三个备选厂址的费用。因此,有必要评估每个厂址的特征,包括土地费用、当地条件、场地整理和开拓、厂址的最终选择四个方面。

通常有必要根据项目主持者制定的准则限制厂址和地点的选择,这也减轻了项目可行性研究的任务。然而,如果评价报告必须在没有任何这类准则或限制因素的情况下说明各个可供选择地点和厂址的情况,则应考虑上述因素。

(7) 投资、成本估算及资金筹措。

①总投资费用。投资费用是固定资本和净周转资金的合计。固定资本是建设和装备一个投资项目所需的资金。除固定投资外,固定资本还包括生产前的所有投资费用;周转资本(或称流动资金)相当于运营项目所需的全部或部分资金。在项目评价阶段,计算周转需要量并将其保持在合理、必要的水平上非常重要;净周转资金是指流动资产减去短期负债,流动资产包括应收账款、存货(原材料、辅助材料、供应品、备件和小工具等)、在制品、成品和现金,短期负债主要包括应付账款(贷方)等。

②资金筹措。为一个项目调拨资金,不仅对任何投资决定而且对项目拟定和投资前分析都是明显的基本先决条件。如果项目论证研究没有此类合理保证的支持,该研究将没有多大用处。在大多数情况下,应在项目论证研究之前初步估计项目筹资的可能性。因此,说明实际或可能的资金来源,包括自有资金、各种贷款及其偿还情况,是项目论证最基本、最关键的内容。

③生产成本。项目论证阶段所遇到的另一个问题就是,生产消耗和成本预算开支不精确,这可能导致完全不同的结论。成本估算的精度也应与投资估算的精度相当。成本计算,要以生产计划的各种消耗和费用开支为依据,计算全部成本和单位产品的成本。

④财务报表。为了估计一个新建或扩建项目的资金需求,应编制一套财务报表。财务报表与管理决策密切相关,因此在分析一个公司财务状况时,必须注意使用表格的形式。只有当财务报表有标准的项目和格式时,才能进行有意义的比较和分析。因此,不应随意改变财务报表的格式。项目论证中的财务报表,旨在向投资者系统地解释项目编制和后续财务分析。

(8) 经济评价与综合分析。

①经济评价。经济评价分为企业经济评价和国民经济评价。

对于一项投资来说,投资的准则乃是从投入资本取得最大的财务收益,即利润。因此,投资盈利率的分析基本上就在于确定利润与投资的比率,同时,在分析投资与利润的关系时,应考虑时间因素,对项目的整个寿命期进行总的评价。企业经济评价大致可分为进行分析的基本准备、编制财务报表和计算经济效益三个步骤。

国民经济评价是从国民经济的利害得失出发来评价项目的经济效果。是将项目纳入整个国民经济系统之中,考虑对其他相关部门的影响,从国家和社会的全局出发,衡量项目在经济效果上是否可行。该评估需要更真实地反映项目在其生命周期内的投入与产出的价值,以及国民经济的真正得失,因此,评价方法和数据处理与企业经济评价并不完全相同。

②综合分析。在进行了项目经济评价后,还需要对项目进行综合评价分析,因为一方面拟建项目的未来环境可能随时发生变化,另一方面需要分析项目实施对整个社会和国民经济的影响。

3.3.2 项目评估

1. 项目评估的含义与意义

项目评估是投资前期对项目进行的最后一项研究工作,也是建设项目必不可少的程序之一。项目评估由项目的审批部门委托专门的评估机构及银行,从全局出发,根据国民经济的发展规划,国家的有关政策、法律,对可行性研究报告或设计任务书提出的投资项目方案,就项目建设的必要性、技术、财务、经济的可行性等,进行多目标综合分析论证,对可行性研究报告或设计任务书所提供材料的可靠性、真实性进行全面审核,最后提出项目"可行"或"不可行"或"重新研究"的评估报告。

项目评估的重要性在于:首先,项目评估是项目决策的重要依据。尽管项目评估建立在项目论证的基础上,但由于立足点不同,考虑问题的角度不一致,项目评估往往可以对项目论证中出现的失误进行弥补和纠正。其次,项目评估是干预项目招投标的手段。项目评估能够为相关部门提供项目的投资估算、筹资方式、贷款偿还能力、建设工期等重要数据,这些数据正是干预项目招投标的依据。第三,项目评估是防范信贷风险的重要手段。我国工程建设项目的投资来源除了预算拨款(公益性项目、基础设施项目)、项目业主自筹资金之外,主要是银行贷款。所以,项目评估对银行防范信贷风险具有极为重要的意义。

项目评估与项目论证的关系:项目评估实际是对项目论证的再研究和再论证,但并非简单的重复,二者既有相同之处,也有不同之处。

二者的共同之处在于都是对投资项目进行技术经济论证,以说明项目建设是否必要、技术上是否可行、经济上是否合理,因而采用的分析方法和指标体系也是一样的。二者的差别在于:①编制单位不同。项目评估是项目的审批单位委托评估机构和银行进行评估,比较超脱。②编制时间不同。项目评估是在项目论证报告之后,设计任务书批准之前进行的,而项目论证是在项目建议书批准之后进行的。③立足点不同。项目论证多从部门、建设单位的局部角度出发,而项目评估则站在国家和银行的角度考虑问题。④研究的侧重点不同。项目论证重点关注项目技术的先进性和建设条件的论证,而项目评估则侧重于经济效益和项目的偿还能力。⑤作用不同。项目论证的目的主要是为项目决策提供依据,而项目评估不仅仅是为项目决策服务,同时对银行来说它还是决定是否贷款的依据。

总之,项目评估是以项目论证报告为基础开展的,其主要任务是对投资项目建设的必要性、可行性和合理性进行综合评价,并对拟建项目的项目论证报告提出评价意见,最终确定项目投资是否可行并选择满意的投资方案。项目评估与项目论证因其对基础资料的占有程度、研究深度及可靠性程度等要求不同,存在一定的差异。

2. 项目评估的内容

项目评估的对象是可行性研究报告,所以评估的内容与可行性研究的内容基本一致,为了使投资决策的依据比较充分,一般情况下,项目评估主要是对以下几个方面内容进行全面的技术经济论证。

(1)建设必要性评估。

项目建设是否必要,是影响项目投资经济效益的决定性因素,也是决定项目方案取舍的前提条件,它包括评价投资项目是否符合国家产业政策、投资政策、行业规划,评价项目在国民经济和社会发展中的作用如何;评价项目是否符合组织的发展规划,项目的产出是否符合市场需要,其竞争力和市场潜力如何。

(2)项目建设条件评估。

一定的生产建设条件是投资项目实现预期目标、取得预期经济效益的保证,也是决定项目取舍的决定性因素。肯定项目建设的必要性之后,就要对项目的生产建设条件进行全面的审查分析,根据客观条件判断项目建设的可能性。评估内容包括:投资项目的工程、水文、地质、气候等情况;项目建成后所需原辅材料、燃料、动力等的供应状况;生产工人、技术人员的素质是否符合生产技术要求,管理人员是否懂技术、会经营、较稳定;项目的供水、供电、供热、交通运输、厂址选择与规划等必备的建设条件和其他外部协作配套条件是否落实;项目的劳动保护、环保治理是否符合有关部门的要求。

(3)项目技术评估。

项目技术评估既包括项目产品方案的具体规划,又包括项目采用何种工艺技术和设备的具体规划。它直接决定着产品的质量、数量、生产规模与生产效率,对产品市场、产品成本和项目的经济效益有着至关重要的影响。通过项目的技术评估,可以判断项目在技术上的可行性。技术评估的主要内容有:产品方案和资源利用是否合理;采用的工艺、技术、设备是否先进、适用、安全可靠;检测手段是否完备;引进的技术和设备是否符合我国国情,是否先进、配套;有无消化吸收能力以及技术方案的综合评价如何等。

(4)项目财务效益评估。

项目财务效益评估是从项目(或企业)的角度出发,在以现行价格为基础进行数据收集、整理与估算的基础上,分析比较项目在整个寿命期内的成本和收益,以此判断项目在财务方面的可行性。

(5)项目国民经济效益评估。

项目国民经济效益评估是从国民经济全局的角度出发,以影子价格为基准分析比较国民经济为项目建设和经营付出的全部代价和项目为国民经济做出的全部贡献,以此判断项目建设对国民经济的合理性。

(6)社会效益评估。

项目社会效益评估更多的是从促进社会进步的角度出发,分析项目为实现国家或地区的各项社会发展目标所做的贡献和产生的影响。

3. 项目评估的程序

(1)成立评估小组。

根据项目的性质成立项目评估小组,确定项目负责人,就评估的内容配备恰当的专门人员,明确各自的分工。一般评估小组中应包括工程技术专家、市场分析专家、财务分析专家及经济分析专家。为了使评审结论更加科学、可靠和全面,应重视从机构外部寻求专家。

(2)制订评估工作计划。

评估工作计划一般应包括:评估目的、评估内容、评估方法和评估进度。

(3)开展调查研究,收集并整理有关资料。

为了保证评估结论真实、可靠,应对可行性研究报告和相关资料进行审查和分析。在评估过程中,开展独立的调查工作是必不可少的,通过调查收集与项目相关的资料,以保证资料来源的可靠和合法。

(4)分析与评估。

在上述工作的基础上,按照项目评估工作的内容和要求,对项目进行技术经济分析和评估。

(5)编写评估报告。

在分析论证的基础上,评估小组应编制出对拟建项目可行性研究报告的评估报告,提出总结性意见,推荐合理的投资方案,对项目实施可能存在的问题提出合理的建议。

(6)报送评估报告并归档。

评估小组作为决策的参谋或顾问,在完成评估报告后,需将评估报告提交决策者,作为决策者制定最终决策的依据。同时,应将评估报告归入评估机构内部的项目档案,以便再开展类似项目评估时参考。

3.3.3 项目决策

1. 项目决策的含义

项目决策是由有关部门、单位或个人等投资主体在调查、分析、论证的基础上,对拟建项目的根本性问题做出的判断和决定。其根本性问题是指拟建项目的取舍、建设地点(厂址、线址)选择、建设方案的确定等重大问题。

2. 项目决策的基本类型

(1)确定型决策:项目决策是在确知的客观条件下,每个方案只有一种结果,比较其结果优劣而做出最优的选择。确定型决策的基本特征是假设事件的各种自然状态是完全肯定的,经过计算可以得到各方案的明确结果。确定型决策方法主要有投资效果分析法、盈亏平衡分析法等。

(2)风险型决策:项目决策是在事先能预知各备选方案与若干个可能的客观状态,并且对各种客观状态下的损益值及各状态出现的概率也可测得的情况下做出的决策。风险型决策的特点是对问题的未来情况不能事先确定,即是随机的;但对未来出现情况的各种可能性(概率)是可以估计出来的。风险型决策一般具备如下条件:

①有一个明确的决策目标,如最大利润、最低成本。

②存在两个以上可供选择的方案。

③存在着不以决策者意志为转移的各种自然状态。

④可测算出各种自然状态下的损益值。

⑤可测算出各种自然状态发生的客观概率。

对于风险型决策,一般可根据已知的概率计算得到不同方案的期望值,通过对期望值进行比较,获得满意的决策方案。风险型决策方法有两种,即收益矩阵法和决策树法。

(3)不确定型决策:项目决策是在事先仅能预知各备选方案在若干个可能的客观状态下产生几种不同的结果,但对各状态出现的概率不明确情况下做出的决策。不确定型决策的特点是对问题的未来情况不但无法估计肯定结果,而且无法确定在各种情况下发生结果的概率。在这种情况下,方案的选择主要取决于企业的经济实力和经营状态。

3.4 项目启动

启动阶段是项目正式开始的标志,也是项目进度和计划实施的起点。在项目启动阶段,由于项目本身还不存在,启动通常是由其他发起项目的组织负责召集并完成这一过程。项目启动有两个标志:一是任命项目经理,组建项目工作团队;二是制定项目章程,即下达项目许可证,赋予项目经理和工作团队将资源用于项目活动的权利。项目经理的选择和核心项目团队的建立对项目启动来说至关重要。强有力的领导是优秀项目管理的必要组成部分。因此,应尽快为项目指派项目经理。接下来,项目经理应带领项目成员,处理好与关键项目干系人的关系,了解项目的业务需求,并制定项目章程,确定项目目标,识别相关干系人,对项目进行规划和设计。

3.4.1 项目章程的制定

1. 项目章程的概念及作用

(1)项目章程的概念。

项目章程是证明项目存在的正式书面说明,由高级管理层签署。其规定项目范围,如质量、时间、成本和可交付成果的约束条件,通常是项目开始后的第一份正式文件。主要包括两方面内容:一是项目满足的商业需求,二是产品描述。通常也会包括对项目经理、项目工作人员、项目发起人和高层管理人员在项目中承担的主要责任和任务的描述。

主管部门必须做出批准或不批准某个项目并且颁发项目章程的决策,决策主要基于项目对于项目所有人和赞助人的价值和吸引力。而其前提则是可行性研究的审查和通过。项目章程是项目团队和发起人之间的非正式合同。作为项目启动阶段的输出物,项目章程的签署代表了从项目高层次的启动阶段到更详细的规划阶段的转变,图3.5展现了项目的生命周期。

图3.5 项目章程在生命周期中的体现

(2)项目章程的作用。

①项目章程正式宣布项目的存在,对项目的开始实施赋予合法地位。

②项目章程粗略地规定了项目的范围,这也是项目范围管理后续工作的重要依据。

③项目章程正式任命项目经理,授权其使用组织的资源开展项目活动。

④项目章程多数是由项目出资人或项目发起人制定和发布的,它给出了关于批准项目和指导项目工作的主要要求,所以它是指导项目实施和管理工作的总纲领。

⑤项目章程规定了项目经理的权限及其可使用的资源,所以项目经理多数应该在项目章程发布的时候就确定下来,以便他们能更好地参与确定项目的计划和目标。

2. 项目章程的主要内容

制定项目章程活动结束后将形成一份完整、规范的项目章程。尽管项目章程的形式可以多种多样,但它们均需包含以下一些基本信息。

(1)项目名称和批准日期。
(2)项目经理姓名和联系方式。
(3)一份简要的时间表,包括计划启动和完成日期。如果条件允许,应列明或提及简要的里程碑时间表。
(4)一份项目预算摘要,或提及预算文件。
(5)项目目标的简短描述,包括批准项目的商业需求或者其他证明。
(6)项目的成功标准,包括项目审批要求及项目签署人。
(7)计划使用的项目管理方法,包括利益相关者的需求和期望、重要的假设和约束以及相关文件,如沟通管理计划等。
(8)项目角色与责任矩阵。
(9)项目关键利益相关者的签名栏目。
(10)能让利益相关者提供与项目相关的重要意见或评论的栏目。

3. 项目章程的编制及批准

(1)项目章程的编制。

项目章程的编制始于收集项目发起人和其他干系人关于项目成果的信息。由于项目发起人通常没有时间参与项目章程的整个编制过程,在这种情况下,将由团队成员亲自起草项目章程草案的大部分内容。如果发起人有某些特殊的要求,应当提前告知工作人员,这样有助于节省时间并为项目创造一个良好的开端。

项目章程的制定必须足够简洁,便于项目工作人员和发起人能够仔细核查并理解每一个细节,最终达成共识。通常 2~4 页的项目章程是比较合适的篇幅。

通过各参与方签署章程以及公开并亲自做出应履行的承诺,能够保证参与方在项目实施过程中并肩作战,促进项目的成功完成。表 3.9 为一个项目签署章程示例。

表 3.9 DNA 测序仪器竣工项目章程

项目名称:DNA 测序仪器竣工项目章程
授权日期:2 月 1 日
项目开始日期:2 月 1 日　　　　项目结束日期:11 月 1 日
关键日程里程碑: (1)6 月 1 日前完成第 1 版软件的开发。   (2)11 月 1 日前完成生产版本软件的开发。
预算: 该项目预算为 150 万美元,可根据需要增资。项目的主要成本为内部人工费用。
项目经理:Nick Carson,(650)949-×××,ncarson@ dna×××.com。
项目目标:DNA 测序仪器项目已经执行 3 年,是我们公司的关键项目。这是项目的第一份章程,目标是在 4 个月内完成第 1 版软件开发,在 9 个月内完成生产版本软件的开发。
项目成功的主要标准:软件必须与文字说明一致,经过全面测试,准时完成。由公司 CEO 正式批准,并附上其他利益相关方的意见。

续表3.9

方法：
　　(1)尽快雇用技术人员和兼职助理各一名，接替 Nick Carson 的技术工作。
　　(2)一个月内，制作工作分解结构(WBS)范围描述和甘特图，详细说明完成 DNA 测序仪器项目需要做的工作。
　　(3)两个月内，采购所有需要升级的硬件。
　　(4)每周与项目核心团队和发起者开进度审核会。
　　(5)根据批准的测试计划全面测试软件。

项目角色及职责			
姓　名	角　色	职　位	联系方式
Ahmed Abrams	发起人	CEO	anagrams@dna×××.com
Nick Carson	项目经理	经理	ncarson@dna×××.com
Susan Johnson	项目组成员	DNA 专家	sjohnson@dna×××.com
Renyong Chi	项目组成员	测试专家	rchi@dna×××.com
Erik Haus	项目组成员	程序员	ehaus@dna×××.com
Bill Strom	项目组成员	程序员	bstrom@dna×××.com
Maggie Elliot	项目组成员	程序员	melliot@dna×××.com

签署人：(上述全部利益相关者签名)
Ahmed Abrams　　　　　　　　Nick Carson　　　　　　　　Susan Johnson
Renyong Chi　　　　Erik Haus　　　　Bill Strom　　　　Maggie Elliot

意见：(由上述利益相关者手写或打印)
我会积极参与这个项目，因为它对我们公司的成功至关重要。我希望大家一起努力，成功完成项目。
　　　　　　　　　　　　　　　　　　　　　　　　　　　　　——Ahmed Abrams

软件测试计划已完成，而且有章可循。若有任何疑问，请与我联系。
　　　　　　　　　　　　　　　　　　　　　　　　　　　　　——Renyong Chi

　　(2)项目章程的批准。
　　项目章程由项目经理和团队成员提交给发起人并且获得正式批准。在某些组织中，项目负责人也会参与其中。项目发起人通常会对章程各部分的细节进行质疑询问，这些问题常涉及章程的具体内容和相关协议，当所有问题都获得满意答复后项目发起人、项目经理和核心团队成员将统一签署项目章程并按照章程自觉实施。

3.4.2　项目目标的确定

　　项目启动阶段的一个重要问题就是明确项目目标，也就是要明确为什么实施该项目，项目要达到什么样的结果，如何实施该项目，项目工作的具体内容是什么，以及如何定义项目完成。项目目标的确定实际上是为项目实施指明了方向，为项目划定了具体的活动范围。

1. 项目目标的含义及特征

　　项目目标就是项目预期的结果或效果。项目与常规活动的主要区别在于，项目通常是具有一定期望结果的一次性活动，任何项目都要解决一定的问题，达到合理的目标。项目的实施实际上就是一种追求目标的过程。因此，项目目标应该是清楚定义的、可以最终实现的。

项目的目标具有如下三个特点。

(1) 多目标性。

一个项目,其目标往往不是单一的,而是一个多目标的系统,而且不同目标之间彼此相互冲突。要确定项目目标,就需要对项目的多个目标进行权衡。实施项目的过程就是多个目标协调的过程,这种协调包括项目在同一层次的多个目标之间的协调,项目总体目标与其子项目目标之间的协调,项目本身与组织总体目标的协调。

项目无论大小、无论何种类型,其基本目标都可以表现为三个方面:时间、成本和技术性能(Technical Performance),如图 3.6 所示。所以,实施项目的目的就是要充分利用可获得的资源,使得项目在一定的时间内,在一定的预算下,获得所期望的技术结果。然而,这三个基本目标之间往往存在着一定的冲突。通常时间的缩短,要以成本的提高为代价,而时间及成本投入的不足又会影响技术性能的实现,因此,三者之间需要权衡。

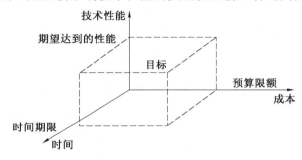

图 3.6 项目的三个基本目标

(2) 优先性。

由于项目是一个多目标的系统,因此,不同层次的目标,其重要性必不相同,往往被赋予不同的权重。这种优先权重对项目经理的管理工作有一定的指导作用。此外,不同的目标在项目寿命周期的不同阶段,其权重也往往不同。例如,技术性能、成本、时间作为项目的三个基本目标,是项目在其寿命周期过程中始终追求的目标,但其权重在项目寿命周期的不同阶段却不相同,技术性能是项目初始阶段主要考虑的目标,成本是项目实施阶段主要考虑的目标,而时间往往在项目终止阶段显示出迫切性。另外,不同类型的项目,对这三个基本目标追求的努力程度也有所不同,例如对于 R&D 项目(研发项目),可能会更加注重项目技术性能的实现,而且有时为了追求技术性能的实现,宁愿以时间或成本为代价。

(3) 层次性。

目标的描述需要由抽象到具体,要有一定的层次性。通常我们把一组意义明确的目标按其意义和内容表示为一个递阶层次结构,因此,目标是一个有层次的体系。它的最高层是总体目标,指明要解决的问题的总的依据和原动力;最下层目标是具体目标,指出解决问题的具体方针。上层目标是下层目标的目的,下层目标是上层目标的手段。上层目标一般表现为模糊的、不可控的,而下层目标则表现为具体的、明确的、可测的。层次越低,目标越具体而可控。这里需要注意的是,各个层次的目标需要具有一致性,不能自相矛盾。

2. 项目目标的主要内容

项目目标的确定往往需要从项目的整体到局部,再从局部到整体反复推敲,在大致预测项目的工作任务内容、进程与节点、资源耗费与占用、总体和分项目标以后方可确定。因此,可以认为,项目的目标是提炼出来的,而不是一开始就定出来的。项目目标一般包括成果性目标和约束性目标。成果性目标是要实现什么样的项目成果,如开发某个产品、进行一项战略规划或举办某项庆典活动等;约束性目标是明确该项目所受到的约束条件,如什么时间开始、什么时间结束、耗费或占用多少资源,符合什么样的规范或质量效能要求等。准确地界定项目目标是项目经理最主要的任务。项目经理对项目目标的正确理解和正确定义决定了项目的成功。

通常,项目目标的确定包括以下内容:

(1)工作范围。即可交付成果,交付物的描述,主要是针对项目实施的结果——产品。

(2)进度计划。说明实施项目的周期、开始及完成时间。

(3)成本。说明完成项目的总成本(一般指项目的总投资额)。

【例3.6】 项目背景:某企业在数字化转型发展过程中,决定开发一套大数据管理平台系统,提升企业运营效率。该平台融合顶尖的大数据、云计算、人工智能等先进技术,旨在帮助企业实现外部数据零编码快速接入,简化后对内标准化输出,实现连接数据、人员、流程,提供数据融合、数据管理、流程开发、数据服务API接口等功能,以赋能企业整体运营,实现了各类数据有效共享,打通了企业内部、第三方、线上、线下等多源异构数据的壁垒,将数据的价值潜力最大化实现。企业准备投入180万元进行该系统的开发,时间要求是55~60天。该项目的计划开始时间为2023年9月1日,企业要求大数据管理平台正式验收前试运行,并根据试运行情况进行适当修改。

对该项目的目标描述如下:

(1)可交付成果:研究开发一套具有大规模数据处理能力且功能齐全的大数据管理平台系统,提供数据融合、数据管理、流程开发、数据服务API接口等功能,实现大数据一站式服务。

(2)工期:总工期60天,项目开始日期是2023年9月1日,完成日期是2023年10月30日。

(3)费用:180万元。

从上述例子中我们可以看出,项目目标的定义应该是明确的、前后一致的,总体目标、具体目标、具体计划应该是一个层层深入的过程。目标不能含糊其词,泛泛而谈,表达方式应该明确而又简洁。具体目标中往往包含了时间、成本、技术性能三个方面。

3. 确定项目目标的意义

确定了项目目标,实际上就是明确了项目及项目组成员共同努力的方向。而项目的目标实质上就是满足顾客要求,通过目标的确定,可以使项目与顾客之间达成统一。目标的确定还可以产生一定的激励作用,项目组成员总是根据项目目标来调整自己的努力程度,使个人目标与项目目标达成一致。此外,确定项目目标也为制订项目计划打下了基础,并为项目计划指明了方向,实际上,项目计划就是为实现项目目标而服务的。项目计划又是项目组成员的行动指南。

4. 项目目标管理的过程

(1) 项目目标的制定。作为项目的管理者,确定项目的目标是项目管理的首要职责。项目管理者通过目标对下级进行管理,将目标进行分解,转变成成员的分目标,项目经理根据分目标的完成情况对下级进行考核、评价和奖惩。项目目标是项目成功的关键,要清楚、明确地制定项目目标,项目经理必须对影响项目的三个约束条件——范围、时间、成本有充分的认识、了解。

(2) 根据项目目标分解任务。试图全面开展工作,直接完成所有的项目目标是困难的,而且很容易造成项目的返工,浪费更多的时间和更高的成本。为了达到项目的总体目标,可以在项目执行过程中将项目目标分解为易于操作、管理和实现的小目标。好的项目目标分解可以提高项目时间、成本、所需资源的估算的准确性,增强项目的可管理程度和可见度,引导项目迈向成功。项目任务的成功分解是实现"我现在做的,使我更接近目标"的关键。

(3) 清楚界定项目的交付基准。不论项目产生的产品交付方式是一次性交付还是分阶段交付,在项目早期,都应该根据项目任务的分解情况,清楚明确地说明所要交付的产品的标准、功能度、性能度等,最好能够附加产品的完善措施、方式、服务等。只要确实可行,且双方达成一致,就可以明确项目的目标,在关键时刻又可约束双方,保证项目不偏离目标。

(4) 制订项目计划。项目计划是实现项目目标的基础。有些人会认为,花时间写计划还不如花时间写代码。但是,很多专家和实践人员都认为:项目经理需要投入的最重要的一件事就是制订项目计划。由项目小组成员参与制订的详细而系统的项目计划是项目成功的基础。在项目的执行阶段,项目经理要确保项目计划得以执行,以计划为依据,指导、监督、控制项目的进展,根据需要及时调整计划,保证项目成功。

3.4.3 项目干系人的识别

1. 项目干系人的含义

项目干系人(Stake-holder)指参与或可能受到项目活动影响的个体和组织,也可称为利益关系人或利益相关者,是指那些积极参与项目,且其利益会因项目的执行、完工或提前终止受到正面或者负面影响的个人或者组织,如项目发起人、客户等。项目干系人对于项目的影响,有可能是积极的,也有可能是消极的。积极的利益相关者通常是从项目的成功结果中获得利益的人,而消极的利益相关者是从项目的实施中看到消极影响的人。

此外,为了确保项目成功,项目经理需要协调不同项目干系人之间的利益关系,并确保项目团队能够与项目干系人进行专业化、合作性的沟通。因为在项目实施的过程中项目干系人的责任和权力各不相同,并且会随着项目生命期的推进而发生改变。

2. 项目干系人的构成

一般而言,项目的干系人包括:

(1) 发起人。项目的发起人可以是客户,也可以是项目所属组织的上级领导部门或个人。发起人的重要贡献是为项目提供资金支持。发起人对项目的成功与否承担着很大的风险,因此,项目发起人对项目所需的资源以及项目的计划安排负有最高责任。

（2）客户。客户是将来使用项目产品的个人或组织,即项目最终成果的需求者和使用者。一个项目的客户可能有多个层次,如一种新的药品的客户可能有开处方的医生、用药的病人以及支付药费的保险公司。客户与使用者基本上是同义词,但有时客户是指项目产品的购买者,而使用者是实际使用项目产品的个人或组织。

（3）承约商。承约商又称被委托人,即项目的承建方。承约商在承接项目以后,根据客户的需求,从项目的启动、规划到项目的实施与收尾对整个项目负直接责任。承约商的信用以及经营管理水平决定着项目的成败。

（4）投资人。投资人是项目执行组织内部或外部以现金或实物为项目提供财务资源以求获得回报的个人或团体

（5）项目负责人。项目负责人是由上级组织授权或委派来保证按照客户的需求完成项目、负责管理整个项目的个人。项目负责人一般要有足够的权力以便管理整个项目,并向用户负责,承担实现项目目标的责任。项目负责人是项目组织的领导人。

（6）供应商。供应商是为项目承约商提供原材料、设备、工具、动力等物资设备或服务,获取报酬的人或组织。供应商的信用以及供应保障水平直接影响项目的进程与结果。

（7）项目组成员。项目团队能否有效地执行项目是项目成败的关键因素。

（8）项目支持部门。项目支持部门是组织中不完全固定地参与某一项目,为该项目提供保障服务的相关职能部门。如企业的人、财、物、产、供、销、信息、质量等职能部门为企业项目提供支持。项目管理者需要进行协调与沟通,以获得积极的支持。

由此可见,项目不是无缘无故产生的,而是源于干系人的某种需要。当然这些不同的干系人,对项目也有轻重不一的影响。大型复杂的项目往往有多方面的人员参与,如客户、投资方、贷款方、承包人、供货商、建筑/设计师、监理工程师、咨询顾问等。他们往往是通过合同或协议联系在一起,共同参与项目的。在这种情况下,项目参与人往往就是相应的合同当事人。客户通常都要聘用项目经理及其管理团队来代表自己对项目进行管理。实际上项目的各方当事人需要有自己的项目管理人员。图3.7是项目参与人之间联系的例子。

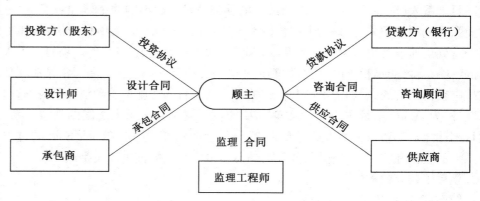

图3.7 项目参与人之间的联系

【例3.7】 某公司拟建设一个工业生产性项目,以生产一种新型圆柱立柜式空调产品。该建设项目的基础数据如下:

第 3 章　项目论证与启动

(1) 建设周期为 1 年,建设期的项目投资为 800 万元。

(2) 项目第二年投产,运营期中,正常年份每年的销售收入为 600 万元,经营成本为 300 万元。

(3) 投产的第 1 年生产能力仅为设计生产能力的 60%,所以这一年的销售收入与经营成本均按正常年份的 60% 计算,投产的第 2 年及以后各年均达到设计生产能力。

请回答以下问题:

(1) 分析该公司从项目建设开始到第 8 年的现金流量情况,并将有关数据填入表 3.10(假设投资发生在年初,销售收入、销售成本发生在年末)。

表 3.10　现金流量表　　　　　　　　　　　　　　　　单位:万元

时间/年	0	1	2	3	4	5	6	7	8
生产负荷/%			60	100	100	100	100	100	100
现金流出									
现金流入									
净现金流量									
折现系数(10%)	1	0.909 1	0.826 4	0.751 3	0.683 0	0.620 9	0.564 5	0.513 2	0.466 5
净现金流折现值									
累计净现金流折现值									

(2) 根据表 3.10 中的数据,计算项目的静态投资回收期、动态投资回收期、净现值。如果基准折现率为 10%,请问该项目的投资是否可行。

解　(1) 该项目的现金流量表及计算结果见表 3.11。

表 3.11　现金流量表　　　　　　　　　　　　　　　　单位:万元

时间/年	0	1	2	3	4	5	6	7	8
生产负荷/%			60	100	100	100	100	100	100
现金流出	−800		−180	−300	−300	−300	−300	−300	−300
现金流入			360	600	600	600	600	600	600
净现金流量	−800	0	180	300	300	300	300	300	300
累计净现金流量	−800	−800	−620	−320	−20	280	580	880	1 180
折现系数(10%)	1	0.909 1	0.826 4	0.751 3	0.683 0	0.620 9	0.564 5	0.513 2	0.466 5
净现金流折现值	−800	0	148.75	225.39	204.9	186.27	169.35	153.96	139.95
累计净现金流现值	−800	−800	−651.25	−425.86	−220.96	−34.69	134.66	288.62	428.57

(2) 根据给定数据计算的各指标结果如下。

静态投资回收期为

$$T_p = 5 - 1 + \frac{|-20|}{300} = 4.07 \text{(年)}$$

动态投资回收期为

$$T_p^* = 6-1+\frac{|-34.69|}{169.35}=5.20(年)$$

净现值为

$$NPV=428.57(万元)$$

因为该项目的净现值 NPV>0,所以该项目可行。

【例 3.8】 新型圆柱立柜式空调项目的可行性研究结果表明,该项目从技术上和经济上均可行。该项目的建设关系到公司的未来发展,为保证该项目的顺利进行,公司决定按照项目管理的思想对该项目的建设过程进行管理。该公司目前采用职能管理的形式,主要的部门有人力资源部、经营计划部、财务部、研发部、生产部、采购部、质量部及市场部,另外有三个生产车间需要参与。假定你被聘任为该项目的项目经理,直接对总经理负责。作为项目经理,你在项目正式开始之前,需要完成以下工作。

(1)请您向总经理提交一份关于项目组织形式选择的报告,要求说明该项目可能采取的组织形式,并结合项目特点简要说明你最终选择的组织形式及理由(限 300 字以内)。

(2)为了更好地完成新型圆柱立柜式空调的生产建设项目,你需要准确的描述项目应达到的目标。

目标 1:

目标 2:

目标 3:

(3)项目管理有其自身的生命周期,根据项目管理生命周期的四个阶段,分别描述本项目每个阶段的项目管理内容及每个阶段的主要交付物,并填入表 3.12。

表 3.12 新型圆柱立柜式空调建设项目的生命周期及项目管理内容和交付物

阶段序号	阶段名称	阶段主要项目管理内容及交付物
阶段 1		
阶段 2		
阶段 3		
阶段 4		

解 (1)可能的组织形式:职能式、矩阵式、项目式。

职能式组织结构比较适用于规模较小、偏重于技术的项目,而不适用于项目的环境变化较大的项目。当一个公司中包括许多项目或项目的规模比较大、技术复杂时,应选择项目式的组织结构,同职能式组织相比,在对付不稳定的环境时,项目式组织显示出了自己潜在的长处,这来自于项目团队的整体性和各类人才的紧密合作。同前两种组织结构相比,矩阵式组织形式无疑在充分利用企业资源上显示出了巨大的优越性,由于其融合了两种结构的优点,而在进行技术复杂、规模巨大的项目管理时呈现出了明显的优势。

基于本项目实施的特点(技术的复杂性和组织协调的难度),以及原有公司职能型组织的特点,为了保证项目的顺利进行建议采用矩阵组织结构的形式,并建议采用强矩阵组织结构。

(2) 对该项目的总目标的描述。

可交付成果:完成生产设施建设及新型圆柱立柜式空调样品研制。

工期:项目总工期为 1 年。

费用:项目总投资 800 万元。

(3) 项目管理有其自身的生命周期,根据项目管理生命周期的四个阶段,分别描述本项目每个阶段的项目管理内容及每个阶段的主要交付物,并填入表 3.13。

表 3.13　新型圆柱立柜式空调建设项目的生命周期及项目管理内容和交付物

阶段序号	阶段名称	阶段主要项目管理内容及交付物
阶段 1	概念阶段	可行性研究,交付物为可行性研究报告
阶段 2	规划阶段	设计、规划,交付物为设计文件、计划文件
阶段 3	实施阶段	动态管理与控制,完成生产设施建设及样品研制
阶段 4	收尾阶段	项目验收,交付生产

【思考与训练】

1. 项目需求建议书包括哪些内容?
2. 项目识别与需求识别的区别是什么?
3. 什么是项目评估?其与项目论证有何不同?
4. 项目章程包含哪些内容?一般由谁来批准项目章程?
5. 项目干系人的内涵是什么?主要包含哪些利益相关者?
6. 在《西游记》这样一个"泛项目"中,试进行项目干系人分析,识别其项目的发起人、项目经理、客户、项目团队和职能部门的负责人。
7. 请选择一个身边的项目,对其进行评估论证,并确定其项目目标。

第4章　项目范围管理

【学习目标】

通过本章学习，你应掌握如下内容：
(1) 项目范围、项目范围管理的含义及过程；
(2) 规划范围管理的依据、工具和技术及结果；
(3) 收集需求的依据、工具和技术及结果；
(4) 定义范围的依据、工具和技术及结果；
(5) 工作分解结构(WBS)的含义、步骤及分解方式；
(6) 确认范围和控制范围依据、工具和技术及结果。

【导入案例】

小李是国内某知名IT企业的项目经理，负责西南某省的一个企业管理信息系统建设项目的管理。在该项目合同中，简单地列出了几条项目承建方应完成的工作，据此小李自己制定了项目的范围说明书。甲方的有关工作由其信息中心组织和领导，信息中心主任兼任该项目的甲方经理。可是在项目实施过程中，有时是甲方的财务部直接向小李提出变更要求，有时是甲方的销售部直接向小李提出变更要求，而且有时这些要求是相互矛盾的。面对这些变更要求，小李试图用范围说明书来说服甲方，甲方却动辄引用合同的相应条款作为依据，但这些条款要么太粗不够明确，要么小李跟他们有不同的理解。小李因为对这些变更要求不能简单地接受或拒绝而感到左右为难。如果不改变这种状况，项目完成看来要遥遥无期。

问题：结合案例资料，你认为问题产生的可能原因有哪些？

资料来源：https://www.cnitpm.com/（信管网）

4.1　项目范围管理概述

4.1.1　项目范围的含义及作用

1. 项目范围的含义

实施一个项目之前必须首先界定项目范围。项目范围是指为了成功地实现项目目标所必须完成的"全部"且"最少"的工作。其中"全部"是指实现该项目目标所进行的"所有工作"，任何工作都不能遗漏，否则将会导致项目范围"萎缩"；"最少"是指完成该项目目标所规定的"必要的、最少量"的工作，不进行此项工作就无法最终完成项目，工作范围不包括那些超出项目可交付成果需求的多余工作,否则将导致项目范围"蔓延"。也就是说,项目的工作范围既不能超出生成既定项目可交付成果和实现项目目标的需要,也不能少于这种需要,项目工作范围所界定的每一项工作,都是成功完成项目、实现项目目标的充分必要条件。

确定项目范围就是为项目界定一个界限,划定哪些方面是属于项目应该做的,而哪些是不应该包括在项目之内的,即定义项目管理的工作边界。项目范围是制订项目计划的基础。在执行过程中,项目范围是项目评价的基本标准,项目结束时,项目范围又成为项目总结和验收的重要依据,项目范围所描述的内容都应完成。

2. 产品范围和工作范围

项目范围可以从两个层面理解:一是产品范围,即一个产品或服务应该包含哪些特征和功能,即确定项目的产出物是什么。二是工作范围,即为了交付具有规定特征和功能的产品或服务而必须完成的工作。例如,建立一个网上书店可能要向用户提供专门的硬件、软件、服务项目,培训及安装施工等产品和服务,包含了一些特定的功能和规范,这是产品范围,而为了达到这些功能和服务要求,该项目必须完成一系列具体的工作就是项目范围。

产品范围和工作范围这两个概念既相互联系,又相互区别。

项目工作范围最终是以产品范围为基础而确定的,产品范围对产品要求的深度和广度决定了项目工作范围的深度和广度。产品范围的完成情况是参照客户的要求来衡量的,而项目工作范围的完成情况则是参照项目计划来检验的,两种范围管理应该很好地结合起来,以确保项目所做的工作能够向客户提交满意的工作成果。

3. 确定项目范围的作用

确定了项目范围也就定义了项目的工作边界,明确了项目的目标和主要的项目可交付成果。项目的可交付成果往往又被划分为较小的、更易管理的不同组成部分。因此,确定项目范围对项目管理来说可以产生如下作用。

(1)为项目实施提供工作范围的框架。

(2)提高费用、时间、人力和其他资源估算的准确性。

(3)确定进度测量和控制的基准。

(4)有助于清楚地分派责任。

由此可见,正确确定项目范围对项目成功非常重要。项目范围指明了为什么要实施项目,同时也表明客户实施项目的主要目的是什么,如果项目的范围确定得不好,就会使随后所有的管理活动产生混乱,项目范围会不断出现变更,项目的实施节奏会被频繁地打断,造成经常返工,延长项目完成时间,降低劳动生产率等。

4.1.2 项目范围管理的含义及过程

1. 项目范围管理的含义

项目范围管理是指为达到项目目标,对项目所要完成的工作范围进行管理和控制的过程和活动,包括确保项目能够按要求的范围完成所涉及的所有过程,实质上是一种功能管理。通过项目范围的管理过程,把客户的需求首先转化为对项目产品的定义,再进一步把项目产品的定义转变为对项目工作范围的说明。

项目的范围管理是其他所有管理的基础,没有这个基础,其他的管理就无从谈起。只有工作内容设定了,工期计划才有基准,成本预算才有根据,质量体系才有主体,权责分配才有目标。因此,正确的界定项目范围并对项目进行中产生的范围变更进行有效控制,对于项目成功至关重要。

2. 项目范围管理的主要过程

项目范围管理包括规划范围管理、收集需求、定义范围、创建 WBS、确认范围和控制范围六个过程。

(1)规划范围管理。规划范围管理是制订项目范围管理计划和项目需求管理计划,书面描述如何定义、确认和控制项目的范围,为在整个项目中如何管理范围提供指南和方向。

(2)收集需求。收集需求是指为实现项目目标,将满足客户需求和预期的项目或产品的特征及功能确定并记录下来的过程。

(3)定义范围。定义范围是制定项目和产品的详细描述的过程。

(4)创建 WBS。创建 WBS 是指将项目可交付成果和项目工作细分为更小的、可操作的部分的过程。

(5)确认范围。确认范围是指正式接受完工可交付成果的过程。

(6)控制范围。控制范围是指监督项目范围状况,并管理范围基准变更的过程。

4.2 规划范围管理

规划范围管理是创建范围管理计划和需求管理计划,书面描述如何定义范围、创建WBS、确认和控制项目范围的过程。其目的在于在整个项目中对如何管理范围提供指南和方向。

4.2.1 规划范围管理的依据

1. 项目管理计划

项目管理计划包括项目的范围、质量、成本、时间、采购、沟通、风险管理等方面的专项管理计划,其他项目管理专项计划都与项目范围管理计划相互影响和相互作用,因此它们也都必须作为项目范围管理计划工作的主要依据。

2. 项目章程

这是制订项目范围管理计划的主要依据。因为项目章程中给出了项目的目标、项目的要求、项目的约束条件和项目的管理要求等各方面的信息和规定,所以不管是项目范围管理计划还是其中的项目范围管理程序与方法,都需要根据它来制订。

3. 事业环境因素

事业环境因素是指项目团队不能控制的,将对项目产生影响、限制或指令作用的各种条件,它主要包括组织文化、基础设施、人事管理制度以及市场状况,所有这些都会影响项目范围的管理方式。

4. 组织过程资产

组织过程资产是指能够影响项目范围管理方式的正式和非正式的计划、流程、政策、程序和知识库,如一些用于吸取教训的历史信息。组织过程资产可分成流程与程序以及共享知识库两大类。

4.2.2 规划范围管理的工具和技术

1. 专家判断

在制订项目范围管理计划时,可以利用专家所拥有与特定的范围管理计划相关的专业学历、知识、技能、经验或培训经验做出判断。

2. 会议

项目团队可以通过参加项目会议的方式来制订范围管理计划。参会的人员可以包括项目经理、项目发起人、项目团队成员、关键干系人、范围管理各工作过程的负责人以及其他必要的人员。

4.2.3 规划范围管理的结果

1. 范围管理计划

范围管理计划是规划范围管理的主要结果,是项目管理计划的子计划。它是一份描述如何定义、制定、监督、控制和确认项目范围的文件。范围管理计划有助于降低项目范围蔓延的风险。范围管理计划包括:制定详细的项目范围说明书;根据详细的项目范围说明书创建 WBS;维护和批准 WBS;正式验收已完成的项目可交付成果;在实施整体变更控制过程的同时,对详细项目范围说明书进行相应的变更等。根据项目需要,范围管理计划可以是正式的或非正式的;可以是详细的或提纲式的。

2. 需求管理计划

需求管理计划也是项目管理计划的组成部分,它是一份描述在整个项目中如何分析、记载和管理项目阶段的各种需求的文档。需求管理计划包括:如何规划、跟踪和报告各种需求活动;如何安排配置管理活动;如何对不同需求按照优先顺序进行排序;如何制定产品测量指标以及为何使用这些指标;用来规定哪些需求属性将被列入跟踪矩阵中的维度等。

4.3 收集需求

收集需求是为实现项目目标而确定、记录并管理干系人的需要和需求的过程。该过程的主要作用是,为定义和管理项目范围(包括产品范围)奠定基础。收集需求始于对项目章程、项目干系人登记册和干系人管理计划的详细分析。

4.3.1 收集需求的依据

1. 范围管理计划

范围管理计划为项目团队应该如何确定所需收集的需求的类型提供指南。

2. 需求管理计划

需求管理计划规定了用于整个收集需求过程的工作流程，以便定义和记录项目干系人的需要。

3. 干系人管理计划

干系人管理计划是项目管理计划的组成部分，其为有效调动干系人参与项目管理而规定所需的管理策略。从干系人管理计划中可以辨识干系人的沟通需求和参与程度。

4. 项目章程

项目章程是规划范围管理的主要依据，从项目章程中项目团队可以了解项目产品、服务或成果的详细描述，并据此收集详细的需求。

5. 项目干系人登记册

项目干系人登记册用于记录已识别的项目干系人的所有详细信息。从项目干系人登记册中项目团队可以了解哪些项目干系人能够提供需求方面的信息。项目干系人登记册也记录了项目干系人对项目的主要需求和期望。

4.3.2 收集需求的工具和技术

1. 个人访谈

访谈是通过与项目干系人直接交谈来获取信息的正式或非正式的方法。访谈的典型做法是向被访者提出预设和即兴的问题并记录他们的回答。个人访谈经常是一个访谈者和一个被访者之间的"一对一"谈话，但也可以包括多个访谈者和多个被访者。访谈有经验的项目参与者、发起人和其他高管，以及主题专家，有助于识别和定义所需产品可交付成果的特征和功能。

2. 焦点小组访谈

焦点小组访谈是召集预定的项目干系人和主题专家，了解他们对所讨论的产品、服务或成果的期望和态度。一般由一位受过训练的主持人引导大家进行互动式讨论。焦点小组访谈往往比"一对一"的访谈更热烈。

3. 引导式研讨会

引导式研讨会把主要项目干系人召集在一起，通过集中讨论来定义产品需求。研讨会是快速定义跨职能要求和协调项目干系人差异的重要技术。由于群体互动的特点，被有效引导的研讨会有助于参与者之间建立信任、改进关系、改善沟通，从而有利于项目干系人达成一致意见。此外，研讨会能够比单项会议更早发现问题，更快解决问题。例如，在软件开发行业，就有一种称为"联合应用设计/开发"（JAD）的引导式研讨会。这种研讨会注重把业务主题专家和开发团队集中在一起，来改进软件开发的过程。

4. 群体创新技术

群体创新技术是指通过组织群体活动来识别项目和产品需求的方法，常用的群体创新技术如下。

（1）头脑风暴法。这是一种用来产生和收集项目需求与产品需求的多种创意的技术。头脑风暴法本身不包含投票或排序，常与包含该环节的其他群体创新技术一起使用。

（2）名义小组技术。这是用于促进头脑风暴的一种技术，通过投票排列最有用的创意,以便进一步开展头脑风暴或优先排序。

(3)概念/思维导图。这是把从头脑风暴中获得的创意整合成一张图的技术,以反映创意之间的共性与差异,激发新创意。

(4)亲和图。这是用来对大量创意进行分组的技术,以便进一步审查和分析。

(5)多标准决策分析。这是借助决策矩阵,用系统分析方法建立诸如风险水平、不确定性和价值收益等多种标准,从而对众多方案进行评估和排序的一种技术。

5. 群体决策技术

群体决策技术就是为达成某种期望结果,而对多个未来行动方案进行评估的过程。该技术用于生成产品需求,并对产品需求进行归类和优先级排序。达成群体决策的方法有:①一致同意原则;②大多数原则;③相对多数原则;④独裁。

在收集需求的过程中,上述群体决策技术都可以与群体创新技术联合使用。

6. 原型法

原型法是指在实际制造预期产品之前,先制造出该产品的实用模型,并据此征求对需求的早期反馈。因为原型是有形的实物,它使得项目干系人可以体验最终产品的模型,而不是仅限于讨论抽象的需求描述。原型法需要经历从模型构建、用户体验、反馈收集到原型修改的反复循环过程。在经过足够的反馈循环之后,就可以通过原型获得足够的需求信息,从而进入设计或制造阶段。故事板是一种原型技术,它通过一系列的图像或图示来展示顺序或导航路径。故事板用于各种行业的各种项目中,如电影、广告、教学设计、软件开发等。在软件开发项目中,故事板使用实体模型来展示网页、屏幕或其他用户界面的导航路径。

除以上方法外,还有问卷调查法、观察法、标杆对照法、文件分析法等。

4.3.3 收集需求的结果

1. 需求文件

需求文件描述各种单一需求如何满足与项目相关的业务需求。一开始可能只有高层级的需求,然后随着有关需求信息的增加而逐步细化。只有明确的(可测量和可测试的)、可跟踪的、完整的、相互协调的,并且主要干系人愿意认可的需求,才能作为基准。需求文件的格式多种多样,它既可以是一份按利益相关者和优先级分类列出全部需求的简单文件,也可以是一份包括摘要、细节描述和附件等内容的详细文件。需求文件的主要内容如下。

(1)业务需求。业务需求主要包括可跟踪的业务目标和项目目标、执行组织的业务规则以及组织的指导原则三大内容。

(2)干系人需求。干系人需求主要包括对组织和其他领域的影响、对执行组织内部或外部团体的影响以及项目干系人对沟通和报告的需求等相关内容。

(3)解决方案需求。解决方案需求涉及功能和非功能需求、技术和标准合规性需求、质量需求以及报告需求等内容。

(4)项目需求。项目需求包括服务水平、绩效、安全和合规性及验收标准等内容。

(5)过渡需求。

(6)与需求相关的假设条件、依赖关系和制约因素。

2. 需求跟踪矩阵

需求跟踪矩阵是贯穿整个项目生命期的、动态的、实时跟踪干系人需求的一种方法。该方法的目的是保证在干系人需求文档中列示的需求能够在项目结束时得以实现,并保证项目干系人的每项需求都能通过与业务或项目目标的链接产生价值。此外,需求跟踪矩阵也是管理产品范围变化的一种方法。需求跟踪矩阵以表格形式跟踪整个项目生命期内干系人需求的变化,其内容通常包括:业务需要、机会、目的和目标,项目目标,项目范围/WBS 可交付成果,产品设计,产品开发,测试策略和测试情景以及高层级需求和详细需求。

在需求跟踪矩阵中所列示的需求属性可以帮助项目团队辨识每个需求的关键信息。典型的需求属性包括唯一标志、需求的文字描述、记录该需求的理由、来源、优先级、当前状态(如进行中、已取消、已推迟、新增加、已批准、被分配和已完成)和状态日期。需求跟踪矩阵示例见表4.1。

表 4.1 需求跟踪矩阵示例

需求跟踪矩阵								
项目名称								
责任中心								
项目描述								
编号	关联编号	需求描述	业务需要、机会、目的、目标	项目目标	WBS 可交付成果	产品设计	产品开发	测试用例
001	1.0							
	1.1							
	1.2							
	1.2.1							
002	2.0							
	2.1							
	2.1.1							

4.4 定义范围

定义范围就是以项目的实施动机为基础,确定项目范围并编写项目范围说明书的过程。该过程的主要作用是,明确所收集的需求中哪些将包含在项目范围内,哪些将排除在项目范围外,从而明确项目、服务或成果的边界。定义范围对项目成功是非常重要的,因为一个好的范围界定可以提高项目时间、成本以及所需要资源估算的准确性,还可以为项目执行绩效评测和项目控制提供一个基准。

4.4.1 定义范围的依据

定义范围的依据主要是范围管理计划、项目章程、项目干系人需求文档及组织过程资产。定义范围需要依据组织过去已完成项目的经验和吸取的教训,还需要考虑到组织在定义范围时的程序和原则,这些都属于组织过程资产的内容。其他内容前面已经介绍过,这里不再赘述。

4.4.2 定义范围的工具和技术

1. 成果分析(产品分析)

通过成果分析可以加深对项目成果的理解,确定其是否必要,是否有价值,主要包括系统工程、价值分析、质量功能分析等技术。

2. 项目方案识别技术

这里的项目方案是指实现项目目标的方案。项目方案识别技术泛指提出实现项目目标的方案的所有技术,如头脑风暴法、侧面思考法等。

3. 专家判断

请各领域的专家对各种方案进行评价。任何经过专门训练或具有专门知识的集体或个人均可视为领域专家。

4.4.3 定义范围的结果

1. 项目范围说明书

项目范围说明书定义了项目组织应该执行和应该剔除的工作,详细地说明了项目的可交付成果和为提交这些可交付成果而必须开展的工作。它在项目干系人之间建立了一个对项目范围的共识,并将其作为未来变更控制和项目决策的基准,是项目范围计划的主要内容。

项目范围说明书的主要内容包括:

(1)项目目标。它包括可测量的项目成功标准。项目目标至少包括成本、时间和质量目标。每一个项目目标都必须有计量属性,项目目标的确定应遵循"SMART"原则。SMART 是英文单词 Specific(具体性)、Measurable(可考核性)、Attainable(可达到性)、Relevant(相关性)和 Time-bound(时限性)的首字母组合,代表了有效的项目目标应该具有的五种属性。

(2)产品范围说明书。它说明了项目应创造的产品、服务或成果的特征。

(3)项目可交付成果。它既包括由项目产品、服务或成果组成的结果,也包括附带结果,如项目管理报告和文件。对可交付成果可以概括,也可以详细说明,具体视项目范围说明书的情况而定。

(4)项目边界。它通常明确哪些事项属于项目的内容,如果某干系人认为某一具体产品、服务或成果是项目的组成部分,则项目边界清楚地说明了哪些事项不包括在项目之内。

(5)项目要求说明书。项目要求说明书说明了项目可交付成果为满足合同、标准、技术规定说明书或其他正式强制性文件的要求,而必须满足的条件或必须具备的能力。对干系人所有需要、愿望和期望所做的干系人分析结果,要按照轻重缓急和重要性大小反映在项目要求说明书中。

(6)产品验收标准。它确定了验收已完成产品的过程和原则。

(7)项目制约因素。它列出并说明同项目范围有关并限制项目团队选择的具体项目制约因素。

(8)项目假设。它列出并说明同项目范围有关的具体项目假设,以及其在不成立时可能造成的潜在后果。项目团队经常识别、记载并验证假设,这项工作属于项目团队规划过程的一部分。详细的项目范围说明书列出的假设一般都比项目章程列出的多且详细。

2. 更新的项目文档

需要根据实际情况对项目干系人需求文档、需求管理计划、需求跟踪矩阵等文档及时进行更新。

【例4.1】 M房地产公司A项目范围说明书的表格形式实例见表4.2。

表4.2 A项目的范围说明书

开发商	M公司A项目部
编写日期	2017年10月
项目合理性	根据对本市房地产市场的调查,结合公司各相关职能部门的技术和经济评估,M公司认为开发A项目在技术上、经济上是合理的,具备立项启动的条件
项目产品简述	①时间:整个开发时间为3年,2018年1月正式开始,到2020年12月通过竣工验收,项目结束 ②质量:规划设计达到国家相关标准,工程质量合格率100%,优良率达80%以上 ③成本:整个项目开发成本计划约3亿元
项目可交付成果总述	A项目为高档办公住宅两用建筑楼。地下共1层为停车场,地上18层,1~6层为商用写字楼,得房率75%,可灵活分割;7~18层为商务住宅楼,700户,主力户型为小复式单元,得房率85%
对决定项目成功要素的说明	①国家宏观政策,主要是对住房宏观调控政策在项目建设期内不做大的变动,经济不会出现大的波动,物价相对稳定 ②市政府对投资环境不做大的不利修改,本市气候条件在建设期内不出现异常大的变化,不存在不可抗力因素 ③项目使用资金量大,需要提前合理安排和筹集 ④项目管理和技术人员需要加强培训和引进,使项目管理科学有序

4.5 创建工作分解结构

4.5.1 工作分解结构概述

工作分解结构(Work Breakdown Structure,WBS)是指把项目整体任务分解成较小的、易于管理和控制的若干子任务或工作单元,并由此组织和定义整个项目的工作范围。工作分解结构是项目管理中最有价值的工具之一,是制订项目进度计划、资源需求计划、成本预算计划、风险管理计划、采购计划以及控制项目变更的重要基础。

工作分解结构是将项目团队为实现项目目标创造必要的可交付成果而执行的工作进行分解之后得到的一种层次结构。它将项目目标分解为许多可行的、逐步细化的、相对短期的任务,将需要完成的项目按照其内在工作性质或内在结构划分为相对独立、内容单一和易于管理的工作单元,从而有助于找出完成项目工作范围所有的任务,便于项目组织内部的沟通与项目目标的把握。工作分解结构主要有以下作用:

(1)工作分解结构能保证所有任务都识别出来,并把项目要做的所有工作都展示出来,不至于漏掉任何重要任务。

(2)工作分解结构清晰地给出可交付成果,明确具体任务及相互关联,为不同层级的管理人员提供适合的信息。高层管理人员处理主交付物,一线主管处理更小的子交付物或工作包,使项目团队成员更清楚任务的性质,明确要做的事情。

(3)通过工作分解结构,容易对每项分解出的活动估计所需时间、所需成本,可应用于计划、进度安排和预算分配。

(4)通过工作分解结构,可以确定完成项目所需要的技术、人力及其他资源。

(5)工作分解结构为管理人员提供了计划、监督和控制项目工作的数据库,能够对项目进行有效的跟踪、控制和反馈。

(6)工作分解结构定义了沟通渠道,有助于理解和协调项目的多个部分。工作分解结构列示了工作和负责工作的组织单位,问题可以得到很快的处理和协调。

4.5.2　工作分解结构的表现形式

工作分解结构有两种常用的表现形式:一种是直线缩排的,是直接明了的项目活动清单,也可以称为锯齿列表。这种工作分解结构中,新的一层排列的是更低的详细内容,这种形式易于使用,在计算机上可以完全以文本的形式做出,并且标有行号,但是这种结构图不能像图形那样直观地显示项目的范围,如图4.1所示。第二种是层级式的树状结构图,如图4.2所示。

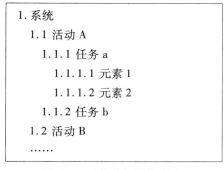

图4.1　工作分解结构列表

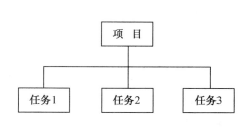

图4.2　工作分解结构树状图

4.5.3 工作分解结构的创建过程

1. 工作分解结构的创建步骤

由于项目本身复杂程度、规模大小各不相同,从而形成了不同的 WBS 层次。在一些项目的工作分解结构中,可能以上的分解只需要三级,另外一些项目的工作分解结构可能还需要更多。

在进行项目工作分解的时候,一般遵从以下几个主要步骤:

(1) 明确并识别项目的各主要组成部分,即明确项目的主要可交付成果。在进行这一步时需要解答的问题是:要实现项目的目标需要完成哪些主要工作?

(2) 确定每个可交付成果的详细程度,判断能否快速方便地估算各个组成部分各自所需的费用和时间,以及责任分配的可能性与合理性。如果不可以,则进入第三步;如果可以,则进入第四步。

(3) 确定可交付成果的组成要素。组成要素应当用切实的、可验证的结果来描述,以便进行绩效测量。这一步要解决的问题是:要完成当前层次上各个部分的工作,需要做哪些更细的工作?这些工作是否可行?是否可核查?它们之间的先后顺序是怎样的?判断能否快速方便地估算该层的各个组成部分各自所需的费用和时间,以及责任分配的可能性与合理性。如果不可以,则继续第三步;如果可以,则进入第四步。

(4) 核实工作分解结构分解的正确性,需要回答下列问题:

① 最底层项对项目分解来说是否是必需而且充分的?如果不是,则必须修改组成要素(添加、删除或重新定义)。

② 每项工作的定义是否清晰完整?如果不完整,则需要修改或扩展描述。

③ 各子项间的工作界面是不是很清晰;是否能够分配到接受职责并能够圆满完成这项工作的具体组织单元(例如部门、项目团队或个人)?如果不能,需要做必要的修改,以便提供合适的管理控制。

④ 每项工作任务是否都能够恰当地编制进度计划、是否能得到有效的跟踪和控制。

⑤ 成本是否便于进行预算、跟踪并得到有效控制。

⑥ 质量是否能得到有效的跟踪和控制。

⑦ 是否能够准确地识别出项目的里程碑事件。

⑧ 能否识别出项目风险源,对风险源能否进行有效的跟踪和控制。

⑨ 能否支持项目的采购任务。

⑩ 能否支持项目的分包任务。

2. 常见的工作分解结构分解方式

(1) 基于可交付成果的划分。这种分解方式具有如下特点:上层一般以可交付成果为导向,下层一般为可交付成果的工作内容。图 4.3 是基于可交付成果划分的工作分解结构图的示例。

(2) 基于产品或项目的功能划分。功能是项目完成后应具有的效用,它是在一定平面和空间上发挥作用的,所以有时又被称为"功能面"。功能面包括各个专业要素,可以按这些专业要素分解。例如厂房结构可分解为基础、柱、墙体、屋顶及饰面等。再例如一

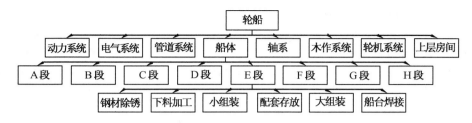

图 4.3　基于可交付成果划分某轮船设计工作分解结构

个工业厂房的功能可能要划分为生产功能和服务功能,如毛坯生产、机械加工、冲压、装配、油漆包装和运输、办公、仓储等。图 4.4 是基于产品或项目的功能划分的工作分解结构图的示例。

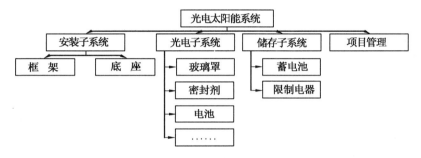

图 4.4　基于产品或项目的功能划分的光电太阳能系统(部分)工作分解结构

（3）基于工作过程的划分。一般情况下,这种分解方式的上层按照工作的流程分解,下层按照工作的内容划分。图 4.5 是基于工作过程划分的工作分解结构图的示例。

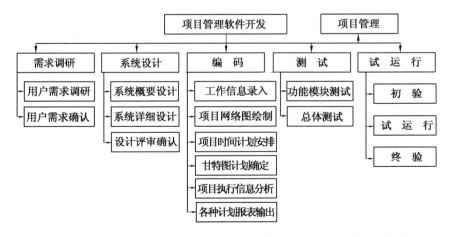

图 4.5　基于工作过程划分的项目管理软件开发项目的工作分解结构

此外需要说明的是,并非工作分解结构中所有的分支都必须分解到同一水平,而且各分支的分解方法也可以不同。以上每种分解方法都有其优缺点,一般情况下,在确定项目的工作分解结构时可以将它们加以组合运用,即在不同的层次可以使用不同的分解方法,但是在工作分解结构每个分支的同一层次应该采用同一种分解方法。

3. 工作分解结构的编码

为了简化工作分解结构的信息交流过程,通常利用编码技术对项目的分解进行编码。编码方法有多种,最常见的方法是利用数字进行编码。工作分解结构中的每一项工作都要编上号码,用来唯一确定其在项目工作分解结构中的身份,这些号码的全体称为编码系统。编码系统同项目工作分解结构本身一样重要,在项目规划和以后的各个阶段,项目各基本单元的查找、变更、费用计算、时间安排、资源安排、质量要求等各个方面都要参照这个编码系统。图 4.6 是某侦察机系统的工作分解结构图及编码。工作分解结构编码由四位数组成,第一位数表示处于 0 级的整个项目的编码;第二位数表示处于第 1 级的子工作单元(或子项目)的编码;第三位数是处于第 2 级的具体工作单元的编码;第四位数是处于第 3 级的更细更具体的工作单元的编码。编码的每一位数字,由左到右表示不同的级别,即第 1 位代表 0 级,第 2 位代表 1 级,以此类推。

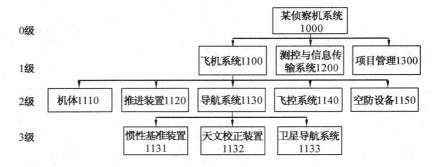

图 4.6　某侦察机系统的工作分解结构图

【例 4.2】 请利用编码技术对图 4.5 中项目管理软件开发项目工作分解结构编码。编码结果如图 4.7 所示。

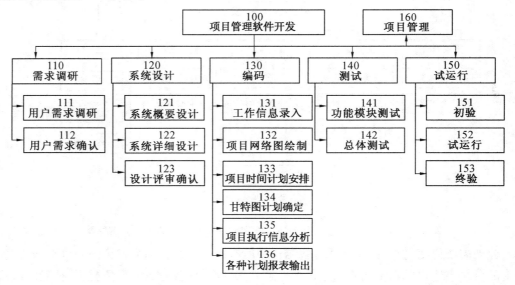

图 4.7　项目管理软件开发项目工作分解结构编码

在实践中工作分解结构除了使用树状图格式,还经常使用列表形式表示 WBS 分层和编码设计。表 4.3 为项目管理软件开发项目工作分解结构列表示例。

第4章 项目范围管理

表4.3 项目管理软件开发项目工作分解结构表

编码	工作名称	编码	工作名称
1.0.0	项目管理软件开发	1.3.4	甘特图计划确定
1.1.0	需求调研	1.3.5	项目执行信息分析
1.1.1	用户需求调研	1.3.6	各种计划报表输出
1.1.2	用户需求确认	1.4.0	测试
1.2.0	系统设计	1.4.1	功能模块测试
1.2.1	系统概要设计	1.4.2	总体测试
1.2.2	系统详细设计	1.5.0	试运行
1.2.3	设计评审确认	1.5.1	初验
1.3.0	编码	1.5.2	试运行
1.3.1	工作信息录入	1.5.3	终验
1.3.2	项目网络计划图绘制	1.6.0	项目管理
1.3.3	项目时间计划安排		

4. 工作责任分配矩阵

工作分解结构完成之后还需要将所分解的工作任务落实到项目有关部门或个人,明确标示出他们在组织工作中的关系、责任和地位,即制定项目的工作责任分配矩阵。工作责任分配矩阵是一种矩阵结构图,一般由表示工作任务的行和表示项目涉及人员或部门的列组成。矩阵中的符号表示项目相关人员或部门在每个工作任务单元中的参与角色或责任。工作任务参与类型有多种表示形式,如字母式、几何图形式或数字式等,一般可以自定义含义,只要组织内部能够对其含义达成共识即可,但为了使项目的管理更具通用性和标准性,以便交流和沟通,常采用字母式。项目管理中的工作任务类型(角色或责任)通常有七种:X—执行;D—单独决策(参与决策);P—控制进程;T—需要培训;C—必须咨询;I—必须通报;A—可以建议。表4.4和表4.5是项目工作责任分配矩阵的字母式表示形式。表4.6是项目工作责任分配矩阵的符号式表示形式。

表4.4 某房地产工程建设项目工作责任分配矩阵

WBS	责任部门						
	总指挥	技术办	基地办	总办	工程办	施工方1	施工方2
总体规划	DI	X	X	X	X		
需求调研	P	X		X			
规划方案	P	X		X	X		
工程设计	DI	XI	X		X	C	C
性能细化	P	DI			X		
设计方案	P	DI	X		X		
施工图设计	P	DI	X		X		
工程施工	P	A	A	A	DI	XI	XI
施工准备	P		XA	XA	D	XI	XI
主体施工	P	A	A		D	XI	XI

表 4.5 制造机器人项目工作责任分配矩阵

任务名称	李莉	马克	王灯	齐豫	刘海	张力	朱文	宁静	宋玉	吴古	何秋	罗莉
机器人	P											
整体设计		P		S								
系统工程		S		P								
专业测试			P				S					
电子技术					P							
设备控制					P	S						
软件安装			S				P					
机器人制造									P			
制造工艺									P	S		
工艺设计										P		
构件加工			S								P	
构件组装				S								P
生产控制								P				

注:P(President)表示主要负责人,S(Service)表示次要负责人。

表 4.6 项目管理软件开发项目工作责任分配矩阵(部分)

WBS 编码		设计部	实施部	财务部	测试部	办公室	
1.1	1.1.1	▲	○			○	●
	1.1.2	▲	○	○		○	●
1.2	1.2.1	▲	○			○	●
	1.2.2	▲	○			○	●
	1.2.3	▲	○			○	●
1.3	1.3.1	○	▲	○	○	○	●
	1.3.2	○	▲			○	●
	1.3.3	○	▲			○	●
	1.3.4	○	▲	○	○	○	●
	1.3.5		▲				●
	1.3.6	○	▲			○	●
1.4	1.4.1	○	○	○	▲		●
	1.4.2	○			▲		●

注:▲—负责;○—参与;●—监督。

在项目实施过程中,如果某项活动出现了错误,从工作责任分配矩阵中很容易找出该活动的负责人和具体执行人;当协调沟通出现困难或者工作责任不明时,可以运用工作责任分配矩阵来解决,而且可以针对某个子项目或某个活动分别制定不同规模的工作责任分配矩阵,随着项目的进展,项目团队成员的角色和责任可能会发生一定的变化,需要根据项目的实际进展情况对工作责任分配矩阵进行适当的调整。

4.5.4 工作分解结构的结果

创建工作分解结构的结果就是工作分解结构文档和工作分解结构词典。

1. 工作分解结构文档

工作分解结构文档是创建工作分解结构过程中生成的关键文件。工作分解结构是由那些构成项目范围的项目要素按照一定的原则分类编组构成的层次性结构体系,是一个树型结构。它对项目进行了由粗到细的分解,确定了项目整个范围,凡是不在项目工作分解结构中的工作,均不在项目范围之内。它是以项目说明书为基础,并对项目范围说明书加以细化的工作。在工作分解结构中,每下降一层,就说明对项目组成部分的说明更详尽了一步。通过项目分解样板和分解技术可以绘制出项目工作分解结构。此外,还应注意以下几点:分解后的工作应该是可以管理、可定量检查的;要表示出任务之间的联系;使用动词描述各项工作;不表示各项工作之间的顺序关系;要包括各种管理活动;要包括分包商的活动。项目工作分解结构中的每一项工作都应该有专人负责。位于项目分解树型结构中最底层的工作通常称为"工作包",这些工作包在进行项目进度管理和成本管理等其他方面管理时将被进一步分解,得到需要开展的各项项目活动。

2. 工作分解结构词典

这是对工作分解结构进行说明的文件。将项目工作分解得够详细之后,对工作分解结构中的所有工作包的重要情况进行详细说明。一般来讲,工作分解结构词典应包含下列基本信息:工作细节,描述为完成这项工作所要实行的各种工作过程和方法;先期工作投入,即这项工作将会使用到其他工作产品;工作产出,完成这项工作预计会产生的可交付成果;人员联系,即如何调配不同工作组成员相互之间的工作;持续时间,每项工作预计耗用时间;需用资源,为完成这项工作需要的人员、资金、材料、技术等;紧前工作,在本工作开始之前,应该完成的其他工作;紧后工作,在本工作完成之后,就可以立即开始的工作。

4.6 确认范围

确认范围是正式验收已完成的项目可交付成果的过程。为了能使项目范围得以正式承认,项目组必须形成一些明确的正式文件,说明项目产品及其评估程序,以评估是否正确和满意地完成了这些产品。它是通过参与者(倡议者、委托人和顾客等)的行为正式确定项目范围的过程。

4.6.1 确认范围的依据

确认范围的主要依据是项目管理计划、项目干系人需求文档、需求跟踪矩阵、核实的可交付成果及工作绩效数据等。项目管理计划包含范围管理计划和范围基准。范围管理计划定义了项目已完成可交付成果的正式验收程序。范围基准包含批准的范围说明书、

WBS 和相应的 WBS 词典。只有通过正式的变更控制程序，才可对基准进行变更。工作绩效数据可能包括符合需求的程度、不一致的数量、不一致的严重性，或者在某时间段内开展确认的次数。其他在前面已有介绍，这里不再赘述。

4.6.2 确认范围的常用工具——核检表

核检表是确认范围的常用工具之一，包括项目范围核检表和项目工作分解结构核检表。两者的区别是：项目范围核检表是从整体上对项目范围进行核检，如目标是否明确，目标衡量标准是否科学、合理和有效，约束和假设条件是否符合实际，风险是否可以接受等。项目工作分解结构核检表主要以工作分解结构图为依据，检查项目交付物描述是否清楚明确，工作包分解是否到位，层次分解结构是否合理，各个工作包的工作内容是否合理等。

项目干系人在应用上述两张核检表进行确认范围时，如果检查结果符合项目范围规定或在可接受范围内，则结果为接受，否则为拒绝。如结果为拒绝，客户或发起人应说明拒绝的理由，项目团队根据检查结果采取相应的纠偏措施，如果客户或发起人和项目团队未能就检查结果达成一致，则可以委托各方认可的第三方进行独立检查。

4.6.3 确认范围的结果

1. 验收的可交付成果

验收的可交付成果是指经客户或项目发起人签字确认已经收到的可交付成果。在项目的各个阶段点上，即在每个项目阶段收尾的时候，必须进行确认范围工作。确认范围文档包括收到来自客户或项目发起人的证明文件，以及记载干系人验收项目可交付成果的实际情况。确认范围的最终目标就是客户或项目发起人对项目可交付成果和工作结果的正式接受。这种接受最好有正式的文件加以确认，并分发到有关项目相关利益者手中。如果项目范围未得到认可，则整个项目必须宣告终止。

2. 范围变更请求

在确认范围过程中，项目干系人可能提出一些项目范围变更请求，并提请项目变更控制委员会进行审查与批准。产生于确认范围过程中的项目范围变更请求一般包括缺陷补救请求。在项目整体变更控制过程中对这些项目范围变更请求进行审核和处理。项目范围变更请求的形式可以是口头的或书面的，既可以由项目外部因素所致，也可以由项目内部原因引发。

3. 工作绩效状况

项目团队通过将每项具体工作的执行情况与其相应的计划基准进行对比分析，得出在项目进展过程中该项工作所取得的绩效状况，并依据这些文档信息来判定如何对那些差距较大的工作采取相应的管理措施。

4. 更新的项目文档

作为确认范围过程的结果，可能需要更新的项目文件包括定义产品或报告产品完成情况的任何文件。确认文件需要客户或发起人以签字或会签的形式进行批准。

4.7 控制范围

4.7.1 项目范围变更

项目范围变更是指对项目的最终产品或最终服务范围的增加、修改或者删减。造成范围变更的主要原因如下。

(1)项目要求变化。这是指项目委托人对项目的需求和期望发生了变化。他可能要求项目产品增加具备某一方面的性能或特征,也可能由于委托人财务状况的恶化而降低对项目的某些要求和期望。如业主对工程项目有了新的要求,具体如提高或降低建筑标准,改变项目的用途等都要进行范围变更。

(2)项目设计变化。这主要是指对项目设计方案的改进。

(3)工艺技术的变化。这主要是指在项目实施阶段,出现了新材料、新设备、新工艺,并且采用了这些新技术。

(4)经营环境的变化。项目外部环境的动态开放性会引起项目经营环境的变化,从而使项目的工作范围发生变化。例如市场上出现了某种新产品或替代品,都会使项目范围受到不同程度的影响。

(5)人员的变化。同项目的经营环境会发生变化一样,在项目实施过程中,项目人员也有可能发生变化。例如项目经理、技术人员被调离,项目的委托人发生变化等,这都可能使项目的要求、设计、技术以及经营理念随之调整,从而引起项目范围的变化。

在项目实施过程中,以上种种不确定性因素会使项目范围发生变动。范围变更对项目的影响是很大的,甚至会造成项目工期、成本或质量等的改变,进而引起项目目标的变化。因此必须对项目范围变更进行严格的控制。

4.7.2 控制范围的过程

控制范围是监督项目和产品的范围状态、管理范围基准变更的过程。该过程的主要作用是在整个项目期间保持对范围基准的一致性。

控制项目范围关心的是对造成项目范围变更的因素施加影响,并控制这些变更造成的后果。控制范围过程确保所有变更请求、纠偏措施或预防措施都能通过实施整体变更控制过程进行处理。控制范围过程应该与其他控制过程协调开展。未经控制的产品或项目范围的扩大(未对时间、成本和资源做相应调整)被称为范围蔓延。变更不可避免,因此在每个项目上,都必须强制实施某种形式的变更控制。

4.7.3 范围变更控制流程

为规范项目范围变更,需要制定明确的范围变更控制流程,如图4.8所示。

在项目范围变更控制过程中,项目经理或其他管理人员主要关注:

(1)对造成范围变更的因素施加影响,以确保变更朝着有益项目的方向发展,并且使变更得到项目干系人的一致认可。

(2)确定范围变化对项目造成的影响。

(3)当项目范围正在发生变化或已经发生变化时,对实际的变更进行管理,包括可能采取的应对措施。

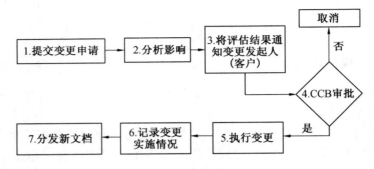

图 4.8 范围变更控制流程

采用项目范围变更控制流程的优点是可以通过正式系统过滤掉不合理的变更内容,变更成本可以计量,预算分配使用情况可以跟踪,实施责任清晰,变更内容的实施效果可以监控。实际操作时,可以使用表 4.7 提供的项目范围变更需求与审批表。

表 4.7　项目范围变更需求与审批表

项目名称:_____　日期:_____　变更编号:_____

第一部分(由申请人填写)

申请人:_____　　　　　申请日期:_____

变更问题:_____　　　　建议优先级:高　中　低

1. 变更的原因:

2. 变更的影响:

(1) 范围:

(2) 质量:

(3) 需求:

(4) 成本:

(5) 进度:

(6) 项目文档:

(7) 其他影响:

第二部分(技术负责人填写)

技术领域	预计影响	意见(同意与否)	签名
1	_____	_____	_____
2	_____	_____	_____
3	_____	_____	_____
⋮			

第三部分

同意_____　　　　　　　日期_____

否决_____　　　　　　　原因_____

延期决策_____　　　　　还需要补充的信息_____

确定的优先级:高_____　中_____　低_____

确认的职责:_____

完成日期:_____

变更委员会的签名:

4.7.4 项目范围蔓延

项目管理过程中,这样或那样的变更是不可避免的。但所有的变更必须经过一套严格的变更管理程序的控制,以确定是否实施某个变更、如何跟踪变更、如何验证变更等。没有得到控制的变更即项目范围蔓延。

由此可见,范围蔓延是指无视对时间、成本和资源的影响,或者在未经客户批准的情况下,增加特性和功能(项目范围)。

项目范围蔓延,既可以来自项目团队内部的随意变更,也可以来自团队外部(客户、发起人、其他干系人)的随意变更。因为没有经过必要的变更管理控制,而导致项目范围慢慢地发生变化,并逐渐致使项目范围失控。

项目范围蔓延包括范围潜变和镀金。其中范围潜变通常指来自于项目团队外部的随意变更,比如客户今天提出一个看似简单的功能修改、明天提出一个看似简单的界面改变……日积月累,最后一发不可收拾,项目范围已经面目全非,而变更过程不可追溯。而项目镀金通常指来自于项目团队内部的所谓出于良好愿望的随意变更,比如团队开发人员擅自增加额外的功能、擅自提供更漂亮的界面、擅自提供质量标准等。

不论是范围潜变还是镀金,都应该是项目管理过程需要严加禁止的。只有严格遵守项目变更控制管理程序,严格管理项目的一切变更,才能确保在有限成本、有限时间和有限资源的情况下成功完成项目。

【例4.3】 (续第3章例3.8)新型圆柱立柜式空调生产建设项目较为复杂,有许多需要进行的工作。为了编制该项目的管理规划,对项目实施有效管理,你需要对该项目建设过程可能涉及的工作进行分解,并落实责任。

(1)你决定按照 WBS(工作分解结构)的原理对该建设项目进行分解,你的助手按照你的思路对该项目进行了分解,经过分析得到如表4.8所示的工作分解结果,由于你的助手在项目工作分解上经验欠缺,可能遗漏了某些工作。如有遗漏,请你在表4.8上加以补充,然后用图4.9所示的工作分解结构图加以描述,方框不够可以补充,不需要的方框可以去掉。

表4.8 新型圆柱立柜式空调生产建设项目工作分解表

新型圆柱立柜式空调生产建设项目	车间土建施工	工艺文件编制
项目设计	车间设备安装	整机装配
产品设计	控制系统设计	负离子发生器外协
生产车间设计	辅助材料采购	整机调试
产品总体设计	零部件加工	项目验收
产品结构设计	产品试制	
车间建设	压缩机外协	

(2)请在图4.9的工作分解结构图上,给每项工作编码。
(3)为落实责任,需要进行责任分配,请你简述本项目的责任分配要点。

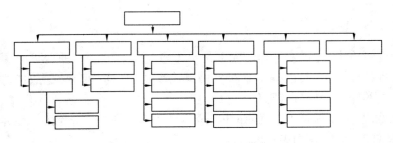

图 4.9　新型圆柱立柜式空调生产建设项目的工作分解结构图

解　(1)表 4.8 所示的新型圆柱立柜式空调生产建设项目工作分解表中遗漏了项目管理这一支持性工作。该项目工作分解结构图如图 4.10 所示。

(2)在图 4.10 的工作分解结构图上,给每项工作编码。

(3)本项目的责任分配要点包括:①以 WBS 分解结构、项目组织结构为依据;②对 WBS 分解结构中每一层次的工作都应落实责任;③应充分考虑责任分配的合理性。

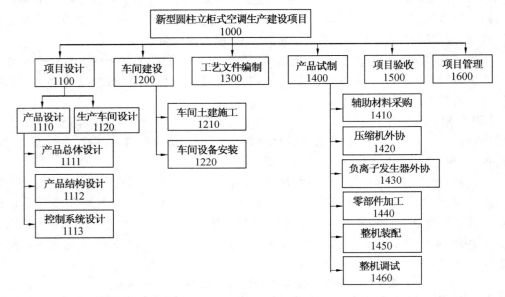

图 4.10　新型圆柱立柜式空调生产建设项目的工作分解结构图

【思考与训练】

1. 在项目管理中确定项目范围的作用是什么?
2. 项目范围管理的工作过程包括哪些内容?
3. 项目范围说明书包括哪些方面的内容?
4. 举例说明项目工作分解结构图的应用。
5. 观察一下你周围的项目,总结一下导致项目范围变更的主要原因有哪些。
6. 请结合项目范围管理的相关知识,设计一个具体项目的范围说明书、WBS 并为其编码,制定责任分配矩阵。

第 5 章 项目进度管理

【学习目标】

通过本章学习,你应掌握如下内容:
(1)项目进度管理的含义及主要过程;
(2)绘制单代号和双代号网络图;
(3)甘特图、关键路径法、计划评审技术的应用;
(4)项目进度计划制订及优化;
(5)控制项目进度的过程及方法。

【导入案例】

研制自主知识产权的大飞机 C919 是一项重大战略项目,机头是改进大飞机设计的试验平台,对于驾驶舱和电子设备舱的优化布局、人机功效的检查、系统协调等研制工作至关重要。为做好机头工艺验证及为原型机设计积累经验,中国商用飞机公司决定 2009 年 5 月至 2011 年 12 月研制工程样机,委托中航工业成飞集团和成飞民机公司负责机头结构部分的制造和装配。成飞项目团队与上海飞机设计研究院紧密合作,在设计、工艺、制造环节采用并行工程技术,调动项目团队成员的积极性和创造性,采用三维数字化设计和模块化管理,使用大量先进制造工艺和先进复合材料,有效控制项目目标实现过程中的不利因素,项目推进极为迅速。

2009 年 5 月,成飞项目团队派遣联合设计小组到上海飞机设计研究院,介入机头工程样机结构部分设计。6 月 19 日,成飞项目团队完成了工程样机制造工艺总方案的论证和发布工作。8 月 31 日实现了工程样机全三维结构数模 100% 的发放。9 月 1 日,工程样机零件正式开工。11 月 24 日,机头上下部装配状态通过评估,实现上下部对合。12 月 8 日,工程样机正式下线,整个工程设计制造仅用了 8 个月时间。12 月 25 日,工程样机在上海向中国商用飞机公司正式交付,比预定交付时间提前了 2 年。

问题:压缩项目进度的常见原因有哪些?可采取哪些具体措施加快项目进度?

资料来源:陈关聚.项目管理[M].2 版.北京:中国人民大学出版社,2017.

5.1 项目进度管理概述

5.1.1 项目进度管理的含义

项目进度管理又称为项目时间管理或项目工期管理,是项目管理的重要组成部分之一;它和项目成本管理、项目质量管理并称为项目管理的"三大管理"。

项目进度管理是指在项目的进展过程中,为了确保项目能够在规定的时间内实现项目的目标,对项目活动进度及日程安排所进行的管理过程。具体来说,对项目开展进度管理就是在规定的时间内,制订出合理、经济的进度计划,然后在该计划的执行过程中检查实际进度是否与进度计划相符,若出现偏差,便需要及时找出原因,采取必要的补救措施,如果有必要,则还要调整原进度计划,从而保证项目按时完成。

5.1.2 项目进度管理的主要过程

项目进度管理包括规划进度管理、定义活动、排列活动顺序、估算活动资源、估算活动持续时间、制订进度计划和控制进度七个过程。

(1)规划进度管理。规划进度管理围绕进度管理计划的编制而开展工作,为项目进度管理确定大致框架。

(2)定义活动。定义活动是指根据需要对WBS中的工作任务和工作包进一步细化和明确的过程。

(3)排列活动顺序。排列活动顺序是指合理安排各项活动次序的过程。

(4)估算活动资源。估算活动资源就是指估算执行各项活动所需材料、人员、设备或用品的种类和数量的过程。

(5)估算活动持续时间。估算活动持续时间是指根据资源估算的结果,估算完成单项活动所需时间的过程。

(6)制订进度计划。制订进度计划是指通过分析活动顺序、持续时间、资源需求和进度制约因素后,创建项目进度模型的过程。

(7)控制进度。控制进度是指监督项目活动状态,更新项目进展、管理进度基准变更的过程。

5.2 规划进度管理

5.2.1 规划进度管理的含义及依据

规划进度管理是为规划、编制、管理、执行和控制项目进度而制定政策、程序和文档的过程。规划进度管理是项目进度管理的工作过程的第一步,目的是为如何在整个项目过程中管理项目进度提供指南和方向。

规划进度管理主要是依据项目管理计划、项目章程、事业环境因素和组织过程资产等信息,采用专家判断、分析技术或举行规划会议等方法来制订进度管理计划。此过程需要确定如何开展项目进度管理工作,包括规定所采用的相关政策、程序、工具和技术,以及相应的文件内容、格式等事宜,为其后续的项目进度管理制定大致的框架。

5.2.2 规划进度管理的结果

规划进度管理的结果是进度管理计划。进度管理计划是一份为编制、监督和控制项目进度建立准则和明确活动的文件。进度管理计划中一般会做出如下规定:制定项目进度模型的具体方法和工具;规定估算活动持续时间的可接受区间,以及允许的应急储备数量;规定每种资源的计量单位;规定如何保证 WBS 框架与进度计划的协调性;规定如何在项目进度模型中更新项目状态,记录项目进展;规定用于监督进度绩效的偏差临界值,通常用百分数来表示;规定用于进度绩效测量的方法,如挣值管理(EVM);规定各种进度报告的格式和编制频率;规定如何对每个进度管理过程以书面形式进行过程描述。根据项目需要,进度管理计划可以是正式的或非正式的;可以是详细的或提纲式的。项目进度管理计划是项目管理计划的一部分。

5.3 定义活动

5.3.1 定义活动的含义

定义活动是识别和记录为完成项目可交付成果而采取的具体行动过程。本过程的主要作用是将 WBS 的工作包分解为活动,作为对项目工作进行估算、进度规划、执行、监督和控制的基础。定义活动的主要依据是工作分解结构、项目范围界定、历史资料及项目的约束条件和假设因素。

工作分解结构(WBS)的应用有利于识别和定义在项目中必须执行的活动。如图 5.1 所示,可以清楚地看到某一个项目 X,其中的子项目新型个人计算机开发项目的 WBS、工作包及活动之间的关系。

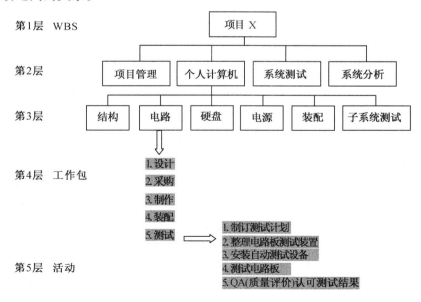

图 5.1 WBS、工作包以及活动的关系

5.3.2 定义活动的方法和结果

定义活动的工作结果是给出一份包括所有项目活动的活动清单。准备这样一份项目

活动清单可以有很多方法。一种方法是让项目团队成员利用"头脑风暴法",通过集思广益生成项目活动清单。这种方法主要适合于小项目的活动界定。对更大更复杂的项目,必须制作一份包括项目全部工作的项目活动清单而不能遗漏某些细节。对于这样的大项目,项目活动界定需要依据项目的工作分解结构,使用如下两种特殊方法去界定和给出项目的全部活动。

1. 分解法

分解法是为了使项目便于管理,根据项目工作分解结构,通过进一步分解和细化,直至将项目工作分解到具体活动为止的一种结构化、层次化的活动分解方法。这种方法是把项目范围管理中确认的项目工作包逐个按照一定的层次结构细分为详细的、具体的、可管理的项目活动。这种项目活动分解方法有助于找出完成项目目标所需的所有活动。项目活动清单是项目活动分解的结果,是为项目进度管理服务的。使用项目活动分解方法最终得到的是项目活动的界定,而不是项目的产出物描述,必须严格区分项目产出物的描述和项目活动的界定。

2. 原型法

原型法是使用一个已完成的类似项目的活动清单或该项目活动清单中的一部分作为新项目活动界定的一个原型,通过在这个原型增减项目活动,定义出新项目的各项活动的一种方法。这种方法的优点是快捷明了,但是它有可能漏掉或多增加了一些项目活动。

5.4 排列活动顺序

活动排序是指识别项目活动清单中各项活动的相互关联与依赖关系,并据此安排和确定项目各项活动的先后顺序的工作。较小的项目和大项目初始阶段的项目活动排序可以使用手工排序,而大项目后期的项目活动排序需要借助于计算机软件系统。

5.4.1 活动之间的逻辑关系

在安排活动顺序时,要明确各项活动之间的逻辑关系。逻辑关系有如下三种。

(1) 强制依赖关系。项目活动的强制依赖关系是指活动性质中固有的依赖关系,常常是某些客观限制条件。例如,在软件系统开发项目中,必须在代码写出来后,才能对之进行检验。再如,建造一座楼,需要先打好地基,然后才能进行上部结构的施工。电子仪器开发项目必须先建一个原型机,然后才能进行试验。项目活动之间的这种必然依存关系又被称为项目活动的"硬逻辑"关系,是项目活动之间的一种不可违背的逻辑关系。

(2) 自由依赖关系。项目活动的自由依赖关系是指可由项目团队根据具体情况安排的关系。由于这类关系可能会限制以后各项活动的顺序安排,所以在使用时要特别当心。具体可细分为如下两类。

① 按已知的"最好做法"来安排的关系。按这种关系,只要不影响项目的总进度,活动之间的先后顺序可按习惯或项目班子喜欢的方式安排。这类关系常称为软逻辑关系。

② 为了照顾活动的某些特殊性而对活动顺序做出的安排,其顺序即使不存在实际制约关系也要强制安排。这类关系常称为优先逻辑关系。

(3)外部制约关系。项目活动的外部制约关系是指项目活动和非项目活动之间的关系,比如软件项目的测试活动可能依赖于外部供应方交付的硬件设施;又如建筑项目的现场准备可能要在政府的环境听证会之后才能开始,因此,在项目活动计划的安排过程中也需要考虑到外部活动对项目活动的一些制约及影响。

5.4.2 活动排序的方法

根据项目活动之间的各种关系、项目的活动清单和项目产出物的描述,以及项目的各种约束和假设条件,通过反复的试验编排出项目的活动顺序。这种确定后的项目活动关系,一般会使用网络图或文字描述的方式给出,而网络图则更受欢迎。绘制网络图的基本技术有双代号网络和单代号网络。单代号网络又可分为普通单代号网络和搭接网络。

1. 双代号网络

双代号网络(Activity on Arrow, AOA)又称箭线图法(Arrow Diagramming Method, ADM),它是用箭线来代表活动,用节点表示活动相互关系的网络图方法。

(1)双代号网络图基本要素。双代号网络图由工作、节点、线路三个基本要素组成。

一是工作(活动、作业、工序)。工作是泛指一项需要消耗人力、物力和时间的具体活动过程,也称工序、活动、作业。在双代号网络图中,工作用一根箭线和两个圆圈来表示,如图 5.2 所示。工作的名称或者代号写在箭线的上面,完成工作所需要的时间写在箭线的下面,箭尾表示工作的开始,箭头表示工作的结束,圆圈中的两个号码代表这项工作的名称。如在图 5.3 所示的某 APP 项目的双代号网络图中,用②—④工作表示 3 工作,故称之为双代号网络。紧排在 B 工作之前的工作 A 称为紧前工作。紧排在 B 工作之后的工作 E 称为紧后工作。与之平行进行的工作 C 称为平行工作。

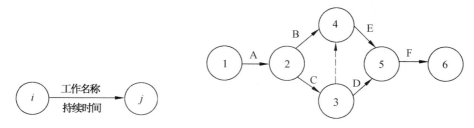

图 5.2 双代号网络图工作的表示方法　　图 5.3 某 APP 项目的双代号网络图

工作通常可以分为两种:第一种需要消耗时间和资源,用实箭线表示。在建设工程中,一条箭线表示项目中的一个施工过程,它可以是一道工序、一个分项工程、一个分部工程或一个单位工程,其粗细程度和工作范围的划分根据计划任务的需要确定。第二种既不消耗时间,也不消耗资源,则称为虚工作,用虚箭线表示,如图 5.3 所示。虚工作是人为的虚设工作,只表示相邻前后工作之间的逻辑关系。

二是节点(结点或事件)。在网络图中,箭线的出发和交汇处画上圆圈,用以标志该圆圈前面一项或若干项工作的结束和允许后面一项或若干项工作开始的时间点称为节点。在双代号网络图中,节点不同于工作,它不需要消耗时间或资源,它只标志着工作的结束和开始的瞬间,起着连接工作的作用。起始节点是指网络图的第一个节点,它只有外向箭线(由节点向外指的箭线),表示执行项目计划的开始。终点节点是网络图的最后一个节点,它只有内向箭线(指向节点的箭线),表示达到了项目计划的最终目标。除起始节点和终点节点外,其余称为中间节点,它既表示完成一项或几项工作的结果,又表示一项或几项紧后工作开始的条件。

三是线路。在网络图中,从起始节点开始,沿箭线方向连续通过一系列箭线与节点,最后到达终点节点的通路称为线路。在一个网络图中可能有很多条线路,线路中各项工作持续时间之和就是该线路的长度,即线路所需要的时间。一般来讲,网络图有多条线路,可依次用该线路上的节点代号来记述,例如图5.3所示的双代号网络图中有三条线路:①—②—④—⑤—⑥、①—②—③—④—⑤—⑥、①—②—③—⑤—⑥。在各条线路中,有一条或几条线路的总时间最长,称为关键路径,一般用双线或粗线标注。其他线路长度均小于关键路径,称为非关键路径。

(2)双代号网络图的绘制规则。

①必须正确地表达已确定的逻辑关系。

②网络图应只有一个起始节点和一个终点节点(多目标网络计划除外)。

③两个节点之间只能有一条箭线,代表一项工作。图5.4所示就为错误的情况。

④在网络图上,除了始点和终点外,其他所有事件前后都要用箭线连接起来,不可中断,在图中不可有缺口。图5.5所示就为错误的情况。

⑤网络图中,不允许出现循环回路。所谓循环回路是指从网络图中的某一个节点出发,顺着箭线方向又回到了原来出发点的线路。图5.6所示就为错误的情况。

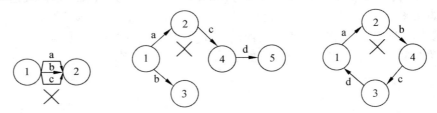

图5.4 错误画法1　　图5.5 错误画法2　　图5.6 错误画法3

⑥绘制网络图时,箭线不宜交叉。当交叉不可避免时,可用过桥法或指向法,如图5.7所示。

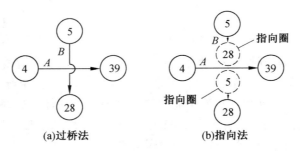

图5.7 箭线交叉的表示方法

⑦网络图中的箭线应保持自左向右的方向,不应出现箭头向左或偏向左方的箭线。

⑧网络图中不允许出现没有箭尾节点的箭线和没有箭头节点的箭线。

⑨网络图中所有节点都必须编号,并应使箭尾节点的代号小于箭头节点的代号。

⑩在网络图中不允许出现重复编号的节点。

(3)双代号网络图的绘制步骤。

①根据已知的紧前工作确定出紧后工作。

②从左到右确定出各工作的始节点位置号和终节点位置号。

③根据节点位置号和逻辑关系绘出初步网络图。

④检查逻辑关系有无错误,如与已知条件不符,则可加虚工作加以改正。

【例 5.1】　某工程项目各项活动及相互关系见表 5.1,请绘制该项目双代号网络图。

表 5.1　某工程项目各项活动及相互关系

活动	A	B	C	D	E	F
紧前活动	—	—	—	A	B	A、C、E

解　根据该工程项目工作关系列表,绘制的该项目的双代号网络图如图 5.8 所示。

2. 单代号网络

单代号网络(Activity on Node,AON)又称前导图法(Precedence Diagramming Method,PDM),是大多数项目管理软件所采用的方法。单代号网络图用节点表示活动,用箭线表示各个活动之间的先后顺序,因其活动只用一个符号就可代表,故称为单代号网络图。图 5.9 是某 APP 项目的单代号网络图。节点可以有不同的表示方法,其内容根据需要可详可略,如图 5.10 所示为三种节点表示方法。

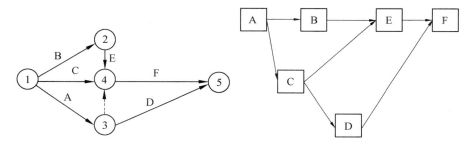

图 5.8　工程项目的双代号网络图

图 5.9　某 APP 项目的单代号网络图

工作活动名称

(a)

工作活动名称		
活动序号	负责人	工期估计

(b)

最早开始时间(ES)	总时差(TF)	最早结束时间(EF)
	活动代号/工期估计	
最迟开始时间(LS)	自由时差(FF)	最迟结束时间(LF)

(c)

图 5.10　单代号网络图工作(节点)表示方法

(1)单代号网络图的特点。

①活动之间的逻辑关系容易表达,且不用虚箭线,故绘图较简单。

②网络图便于检查和修改。

③由于活动持续时间表示在节点之中,没有长度,故不够直观。

④表示活动之间逻辑关系的箭线可能产生较多的纵横交叉现象。

(2)单代号网络图的绘制规则。单代号网络图中有多项起始工作或结束工作时,应在网络图的两端分别设置一项虚拟的工作作为该网络图的起始节点和终点节点。其他绘制原则与双代号网络图的绘制原则相同。

(3)单代号网络图的绘制步骤。

①列出活动清单,包括活动之间的逻辑关系,找出每一项活动的紧前活动。

②根据活动清单,先绘制没有紧前活动的活动节点。

③逐个检查活动清单中的每一项活动,如该活动的紧前活动节点已全部绘制,则绘制该活动节点,并用箭线和紧前活动连接起来。

④重复上述步骤,直至绘制出整个计划的所有活动节点。

⑤最后一步是检查网络图,若单代号网络图中有多项起始活动或结束活动,应在网络图的两端分别设置一项虚拟的活动作为该网络图的起始节点和终点节点。

【例5.2】 根据表5.1,绘制该工程项目单代号网络图。

解 根据表5.1绘制的该项目的单代号网络图如图5.11所示。

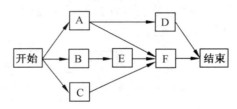

图5.11 工程项目的单代号网络

3. 搭接网络

前述的网络计划,其活动之间的逻辑关系是一种先后衔接关系,即紧前活动结束之后紧后活动就可以开始,紧前活动的完成为紧后活动的开始创造条件。但实际上,可能会出现另外一种情况,即紧后活动的开始并不以紧前活动的结束为前提,只要紧前活动开始一段时间能为紧后活动提供一定的开始工作条件,紧后活动就可以与紧前活动平行进行,这种关系被称为搭接关系。搭接关系有以下四种类型,如图5.12所示。

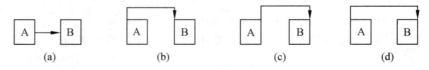

图5.12 四种类型的逻辑依存关系

(1)"结束—开始"关系(Finish – Start, FS)。B 在 A 结束之前不能开始,如图5.12(a)所示。例如,在装修工程项目中,地面水泥施工后(延迟1~2天水泥干透),才允许铺设木地板。"结束—开始"是最常见的逻辑关系类型。

(2)"开始—开始"关系(Star – Start, SS)。B 在 A 开始之前不能开始,如图5.12(b)所示。例如,对于某一项目管理活动,时间管理活动开始时,成本管理必须开始,至少要同时开始。

(3)"结束—结束"关系(Finish-Finish,FF)。B 在 A 结束之前不能结束,如图 5.12(c)所示。例如,厨房装修时,热水器输水管的安装必须在厨房粉刷完毕之前结束,否则,还得打洞弄坏墙壁。

(4)"开始—结束"关系(Star-Finish,SF)。B 在 A 开始之前不能结束,如图5.12(d)所示。例如,淘汰旧系统在新系统测试30天后才能完成。

其中,结束—开始型是最为常见的;开始—开始型和结束—结束型节点式关系是最自然的,它允许某项活动和其紧后活动在某种程度上可以同时进行,使用结束—结束型和开始—开始型节点式关系,可以使项目跟踪和项目实施更加快捷;开始—结束型节点式关系在项目中很少见。

综上可知,搭接网络是为了反映工作之间执行过程的相互重叠关系而引入的一种网络计划表达形式。它是单代号网络的一种特殊形式。

【例 5.3】 若为了加快进度,需要改变以下活动之间的逻辑关系:活动 B 开始 2 天后,活动 E 就可以开始,活动 C 结束 5 天后,活动 F 才可以结束,请把此搭接关系在图 5.11中表示出来。

解 在图 5.11 所示的单代号网络图中,把上述搭接关系表示出来的结果如图 5.13 所示。

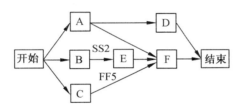

图 5.13 有搭接关系的工程项目的单代号网络

5.4.3 绘制项目活动网络图

根据项目活动清单和上述网络图的原理,就可以安排项目活动的顺序,绘制项目活动的网络图,具体步骤是:

(1)要选择是用单代号网络还是双代号网络去描述项目活动顺序的安排。
(2)按项目活动的客观逻辑顺序和认定的优先次序安排项目活动的顺序。
(3)根据网络图绘制原则绘制出项目活动顺序安排的网络图。

在决定以何种顺序去安排项目各项活动时,需要对每一项项目活动弄清楚这样三个问题:第一,在该活动可以开始之前,哪些活动必须已经完成?第二,哪些活动可以与该活动同时开始?第三,哪些活动只有在该活动完成后才能开始?

5.5 估算活动资源与时间

5.5.1 估算活动资源

估算活动资源就是估计执行各项活动所需的材料、人员、设备或用品的种类和数量,以便做出更准确的成本和持续时间估算。在使用计算机软件辅助编制项目进度计划并且估计活动持续时间时,应同时估计分配给活动的资源。活动持续时间和资源分配是紧密相关的。比如估算教室墙面粉刷一遍所需时间,一个粉刷工人需 4 个小时,两个工人一起工作,只要 2 个小时就可以了。需要注意的是资源增加未必使时间成比例地降下来,当工人增加为 4 人时,可能产生分工和界面管理问题而浪费时间,1 小时内一般完成不了。

向活动分配资源的一个有用的工具就是表 5.2 所示的资源表。

大多数项目管理软件程序都有一个资源表,如果要管理资源和成本就必须设置该表。其中可能会包含比表 5.2 给出的更多的数据。在组织执行跨项目的资源计划时,所有项目经理和行政管理人员都要使用共用的资源(人工)表。在这种情况下,在项目中工作的职员的具体姓名经常会被列在表中。为估计总成本或编制一个总资源计划,必须识别每项活动需要的资源,此处不存在捷径。

在人员计划和进度计划中,对于那些不需将其人工费计入该项目,但是该项目的工作又需要这些员工时,也必须识别这些员工的时间。他们在表中将表示为 $0.00 费率。"可用数量"一栏的目的是表明当工作驱动活动的关键活动或存在资源冲突时,允许计算机软件或经理配置的追加人员。

表 5.2 资源表示例

名称	类别	可用数量	成本费率
项目经理	人工	1	每小时 $70.00
建筑师	人工	1	每小时 $60.00
柜橱	固定成本	1 组	$4 000
瓦泥工	人工	2	每小时 $30.00
汽车行驶	单位成本	—	每公里 $0.32
胶合板	单位成本	—	每张 $15.00
工人	人工	5	每小时 $10.00
涂料	单位成本	—	每加仑 $45.00
租汽车	时间成本	—	每天 $50.00

注:1 加仑≈3.785 升。

项目资源的估算是在活动资源估算的基础上进行的,除了要用到表 5.2 所示的资源数据表外,还常常会用到诸如资源矩阵、资源甘特图、资源负荷图或资源需求曲线、资源累计需求曲线等工具。资源矩阵以表格的形式列示项目的任务及其需要的资源的品种、数量,其格式见表 5.3。资源甘特图就是利用甘特图技术对项目资源的需求进行表达,如图 5.14 所示。资源负荷图一般以条形图的方式反映项目进度及其资源需求情况,格式如图 5.15 所示。资源需求曲线以线条的方式反映项目进度及其资源需求情况,分为反映项目不同时间资源需求量的资源需求曲线和反映项目不同时间对资源的累计需求的资源累计需求曲线,其格式如图 5.15 和图 5.16 所示。

表5.3 某项目资源矩阵

工作	资源需要					相关说明
	资源1	资源2	…	资源$n-1$	资源n	
工作1						
工作2						
⋮						
工作$m-1$						
工作m						

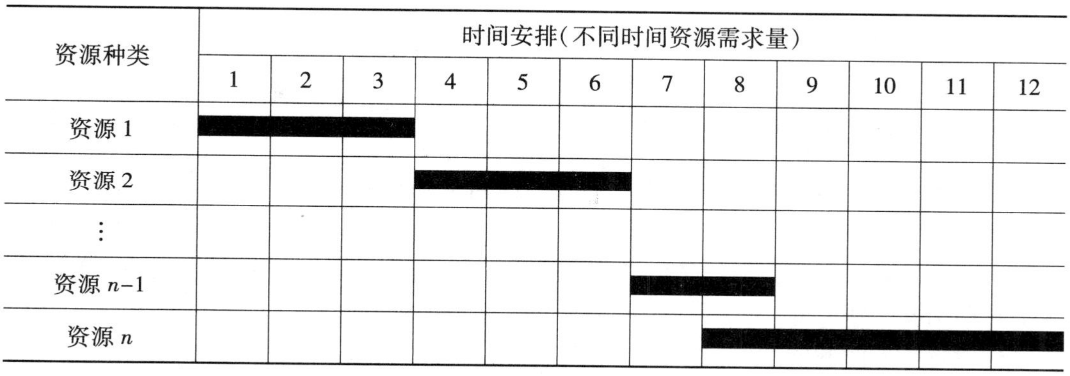

资源种类	时间安排(不同时间资源需求量)											
	1	2	3	4	5	6	7	8	9	10	11	12
资源1	■	■	■									
资源2				■	■	■						
⋮												
资源$n-1$							■	■				
资源n								■	■	■	■	■

图5.14 资源甘特图

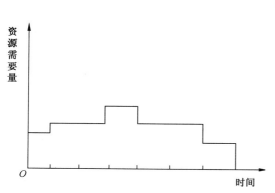

图5.15 某资源负荷图或需求曲线

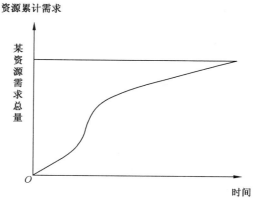

图5.16 某资源累计需求曲线

在估计了所有活动的资源需求后,就可以编制项目资源计划(表5.4),并依此计算出总成本和计划的员工分配。但实践中资源和超负荷冲突的现象时有发生,有时总成本和总持续时间超过目标的情况也并不少见。为了适应给定约束,如有必要,项目必须重新计划和重新估计。如果没有可能,则可能要变更项目范围或项目目标。

表 5.4　某企业 ERP 项目资源计划

项目名称:用友 ERP													执行组织:ERP 项目部	
WBS 编号:2.1.2.1													任务名称:静态数据准备	
任务描述 1.开发数据收集模板；2.组织收集系统所需数据；3.进行数据汇总与甄别														
时间(各阶段的工作小时数)														
年	1月	2月	3月	4月	5月	6月	7月	8月	9月	10月	11月	12月		
2019				120	40	160	20							
资源描述	电脑、打印机、扫描仪、存储设备、纸张等材料,顾问 2 人,文秘 3 人													
人员技能要求														
计划准备人:													项目经理签字:	

5.5.2　估算项目活动时间

估算项目活动时间是在活动定义、排序以及资源估算的基础上,估算完成活动所需持续时间的过程。估算活动时间的通常是来自项目团队最熟悉具体计划活动工作内容性质的个人或集体。活动时间是项目进度计划过程的核心,项目活动时间估算既要考虑活动所消耗的实际工作时间,也要考虑间歇时间。

1. 项目活动时间的构成

项目活动时间一般由周期(持续时间)和其他时间两部分构成。

周期(持续时间)是指完成工作所需时间。一个活动的周期取决于要完成工作的工作量和完成工作可用的人数。

其他时间主要包括非项目活动消耗掉的损失时间(如节假日、银行假期、病假、培训、会议等)、兼职工作、人们完成工作时的冲突和人们完成工作时的交流沟通等。

2. 项目活动时间的影响因素

项目总是处在一个变化的环境中,环境因素的变化总是随时影响项目的进展,因此活动时间也是一个随机变量,即使经验丰富的项目管理专家事先也无法确切知道项目实际进行所需的时间,而只能做近似的估算。无论采用何种估算方法,实际所花费的时间和事先估算的结果总会有所不同。一系列因素会对项目的实际完成时间产生影响,主要有：

(1)参与人员的熟练程度。一般估算均是以典型的工人或工作人员的熟练程度为基础进行的。而实际工作中,参与人员的熟练程度可能高于平均水平,也可能低于平均水平。因而,实际活动时间既可能会比计划时间长,也可能会比它短。

(2)突发事件。在项目实际进行过程中,总会遇到一些意想不到的突发事件,在期限较长的项目中更是如此。大到地震,小到工作人员生病,这些突发事件均会对活动的实际完成时间产生影响。在计划和估算阶段考虑所有可能的突发事件是不可能的,也是不必要的。但在项目实际进行时,需要对此有心理准备,并进行相应的调整。

(3)工作能力和效率。项目实际完成时间的估算基于项目团队成员的平均工作能力。而实际上并非如此,有些成员的工作能力会高于平均水平,有些成员的工作能力会低于平均水平。工作中,项目成员的工作能力或效率由于主观或客观原因很难保持稳定。

(4)项目计划的调整。在计划的执行中,总是要随着项目环境的变化做一些必要的、局部的调整,计划调整是需要时间的。

3. 项目活动时间的估算方法

(1)经验类比。对于一个有经验的工作人员来说,当前进行估算的活动可能和以往参与的项目中的某些活动较为相似,借助这些经验可以得到一种具有现实根据的估算。当然,两种活动完全相同在现实中比较少见,往往需要附加一些推测,但无论如何,这仍提供了一种可以接受的估算。

(2)历史数据。在很多文献资料中有相关行业的大量信息,这些信息可以作为一种估算的基础,其中不仅包括杂志、报纸、学术期刊等正式出版物,也包括各种非正式的印刷品。更为重要的是,正规成熟的企业一般均有(也应该有)以往所完成项目的资料记载,从中也可以获得真实有效的信息。

(3)专家意见。当项目涉及新技术的采用或者某种不熟悉的业务时,工作人员往往不具有做出较好估算所需要的专业技能和知识,这时就需要借助相应专家给出的意见和判断,最好是得到多个专家的意见,在此基础上采用一定的方法来获得更为可信的估算结果。

5.6 制订进度计划

5.6.1 项目进度计划制订的方法

制订项目进度计划的方法和工具有很多,比较常用的有里程碑、甘特图、关键路径法(CPM)、计划评审技术(PERT)和图示评审技术(GERT)等。甘特图是图形化显示项目信息常用的工具,CPM 是制订项目进度计划的一种重要基础工具,PERT 和 GERT 是评价项目进度风险的一种手段,它们都有各自的优缺点。

1. 确定型进度计划方法

(1)里程碑。里程碑计划是以项目中某些重要事件的完成或开始时间作为基准所形成的计划,是一个战略计划或项目框架,以中间产品或可实现的结果为依据。它显示了项目为达到最终目标所必须经过的条件或状态序列,描述了项目在每一个阶段应达到的状态,而不是如何达到。这是最简单的一种进度计划,仅表示项目的主要可交付成果以及关键的外部接口的计划开始和完成时间,如图 5.17 所示。

编号	里程碑事件	1月	2月	3月 8	4月 10	5月 28	6月 18	7月 28
A	工程开工			◇				
B	完成土木工程				◇			
C	安装完成					◇		
D	准备测试						◇	
E	工程竣工							◇

图 5.17 某小学统一供暖项目里程碑图

（2）甘特图。甘特图也称条形图或横道图，最早于 1917 年由 Henry L. Gantt 提出，主要应用于项目计划和进程安排。它是以横线来表示每项活动的起止时间，它把计划和时间进度安排两种职能有机地组合在一起，大大简化了计划程序。甘特图用图表的形式展示了进度计划，其中可以显示项目时间、日期、活动、资源和它们之间的关系，如图 5.18 所示。

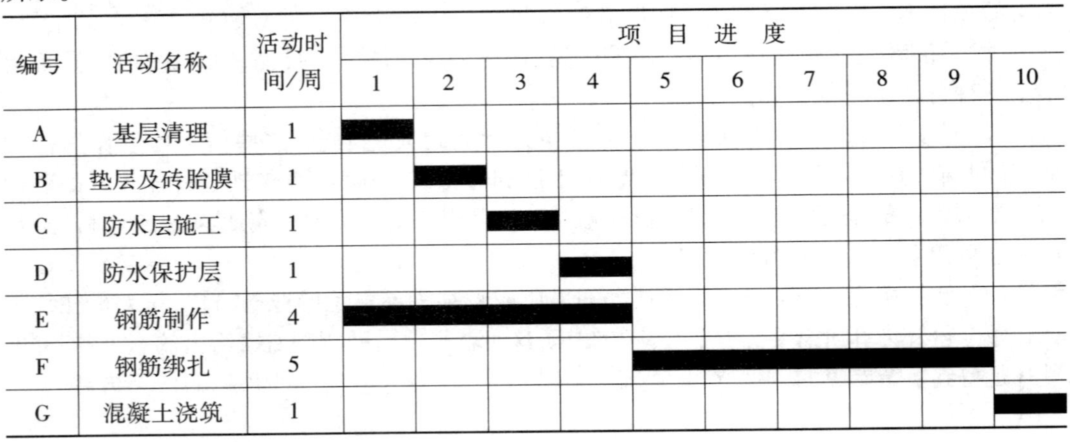

编号	活动名称	活动时间/周	1	2	3	4	5	6	7	8	9	10
A	基层清理	1	■									
B	垫层及砖胎膜	1		■								
C	防水层施工	1			■							
D	防水保护层	1				■						
E	钢筋制作	4	■	■	■	■						
F	钢筋绑扎	5					■	■	■	■	■	
G	混凝土浇筑	1										■

图 5.18　某工程基础底板施工甘特图

甘特图的优点是简单、明了、直观，易于编制，因此到目前为止仍然是小型项目中常用的工具。即使在大型工程项目中，它也是高级管理层了解全局、基层安排进度时有用的工具。从甘特图上，可以看出各项活动的开始和结束时间。在绘制各项活动的起止时间时，也考虑它们的先后顺序。但各项活动之间的关系却没有表示出来，同时也没有指出影响项目寿命周期的关键所在。因此，对于复杂的项目来说，甘特图就显得无法适应。

（3）关键路径法。关键路径法（Critical Path Method，CPM）是采用网络图表达各项活动的进度、它们之间的相互关系并进行网络分析，计算各项时间参数，确定关键活动与关键路径，通过时差优化网络，以求得最短工期。

关键路径法有两个特点，即各个活动之间的逻辑关系是确定不变的；同时，每个活动都有一个确定的完成时间。因此，它被称为确定型网络计划方法。

2. 非确定型进度计划方法

现实生活中，项目的活动间的逻辑关系和活动持续时间往往因受到各种随机变化条件的影响而不能成为确定的。为了适应这种情况，满足计划编制的需要，人们提出了各种非确定型网络计划方法，其中得到广泛应用的是计划评审技术和图示评审技术。

（1）计划评审技术。计划评审技术（Program Evaluation and Review Technique，PERT）是利用网络顺序逻辑关系和加权历时估算来计算项目历时的重要技术。其理论基础是假设项目持续时间以及整个项目完成时间是随机的，且服从某种概率分布。这种网络计划方法适用于不可预知因素较多、从未做过的新项目和复杂项目。

PERT 对各个项目活动的完成时间按三种不同情况估计：乐观时间 a——任何事情都顺利的情况下完成某项活动的时间；最可能时间 m——正常情况下完成某项活动的时间；悲观时间 b——最不利的情况下完成某项活动的时间。

假定三个估计服从 β 分布，由此可算出每个活动的期望工期，即

$$t_i = \frac{a_i + 4m_i + b_i}{6}$$

式中，a_i 表示第 i 项活动的乐观时间，m_i 表示第 i 项活动的最可能时间，b_i 表示第 i 项活动的悲观时间。

根据 β 分布的方差计算方法，第 i 项活动的持续时间方差为

$$\sigma_i^2 = \frac{(b_i - a_i)^2}{36}$$

【例 5.4】 政府某系统的建设可分解为需求分析、设计编码、测试和安装部署四个活动，各个活动顺次进行，没有时间上的重叠，活动的完成时间估计如图 5.19 所示。如果客户要求在 60 天内完成，那么可能完成的概率是多少？

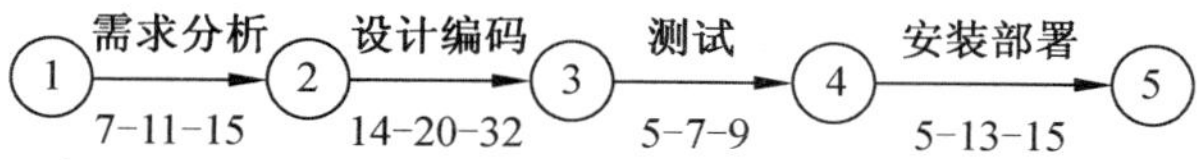

```
①—需求分析—②—设计编码—③—测试—④—安装部署—⑤
   7-11-15      14-20-32      5-7-9        5-13-15
```

图 5.19 某系统的工作分解和活动工期估计

解 各活动的期望工期和方差为

$$t_{需求分析} = \frac{7 + 4 \times 11 + 15}{6} = 11(天) \qquad \sigma_{需求分析}^2 = \frac{(15-7)^2}{36} = 1.778$$

$$t_{设计编码} = \frac{14 + 4 \times 20 + 32}{6} = 21(天) \qquad \sigma_{设计编码}^2 = \frac{(32-14)^2}{36} = 9$$

$$t_{测试} = \frac{5 + 4 \times 7 + 9}{6} = 7(天) \qquad \sigma_{测试}^2 = \frac{(9-5)^2}{36} = 0.101$$

$$t_{安装部署} = \frac{5 + 4 \times 13 + 15}{6} = 12(天) \qquad \sigma_{安装部署}^2 = \frac{(15-5)^2}{36} = 2.778$$

PERT 认为整个项目的完成时间是各个活动完成时间之和，且服从正态分布。整个项目完成的时间 t 的数学期望 T 和方差 σ^2 分别为

$$T = \sum t_i = 11 + 21 + 7 + 12 = 51(天)$$

$$\sigma^2 = \sum \sigma_i^2 = 1.778 + 9 + 0.101 + 2.778 = 13.657$$

标准差为

$$\sigma = \sqrt{\sigma^2} = \sqrt{13.657} = 3.696(天)$$

据此，可以得出正态分布曲线，如图 5.20 所示。

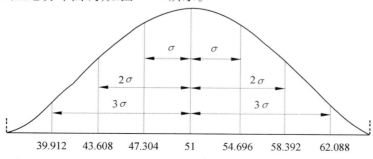

图 5.20 某项目工期的正态分布图

因为图 5.20 是正态分布曲线，根据正态分布规律，在 ±σ 范围内，即在 47.304 天与 54.696 天之间完成的概率为 68%；在 ±2σ 范围内即在 43.608 天到 58.392 天完成的概率为 95%；在 ±3σ 范围内即 39.912 天到 62.088 天完成的概率为 99%。如果客户要求在 39 天内完成，则可完成的概率几乎为 0，也就是说，项目有不可压缩的最小周期，这是客观规律。

通过查标准正态分布表，可得到整个项目在某一时间内完成的概率。例如，如果客户要求在 60 天内完成，那么可能完成的概率为

$$P\{t \leqslant 60\} = \Phi\left(\frac{60-T}{\sigma}\right) = \Phi\left(\frac{60-51}{3.696}\right) = 0.99286$$

如果客户要求再提前 7 天，则完成的概率为

$$P\{t \leqslant 53\} = \Phi\left(\frac{53-T}{\sigma}\right) = \Phi\left(\frac{53-51}{3.696}\right) = 0.7054$$

（2）图示评审技术。图示评审技术（Graphical Evalution and Review Technique，GERT）是网络理论、概率论、模拟技术以及信流图理论相结合的产物，是应用于系统分析的一种方法。它既能解决一般网络技术（如 CPM、PERT 等）所能解决的问题，又能解决一般网络技术所不能解决的问题，因此，它的应用范围更加广泛。现在它已在空间研究、开发研究、油井钻探、维修和可靠性研究费用分析等许多方面获得了较为广泛的应用。这里着重从实际应用方面介绍图示评审技术的特点和适用范围，不做较为深奥的理论推导。

图示评审技术的特点是一项活动的完成存在多种方案或多种情况，并且每种方案、情况实现的可能又有不同的概率，需要决策后才能进行下一个活动。这时，如果仍采用通常大家所熟悉的关键路线法和计划评审技术，就难以清晰地表达这种逻辑关系，因为两个节点和一个箭线不能表达完成该项活动的多种方案，同时也没有概率参数参加计算的模型。而图示评审技术则可以比较系统地解决这类问题。因此，图示评审技术主要适用于那些工作进展难以事先明确预见的情况，或用于研制新产品、新工艺，研究新技术，以至大型尖端技术项目，如阿波罗登月计划，解决诸如系统工程中的存储、排队等问题。

由此可以得出关键路径法、计划评审法和图示评审法之间的差异，见表 5.5。

表 5.5 各种网络计划方法的比较

网络计划方法	类型	活动的流向	活动的持续时间	逻辑关系
关键路径法（CPM）	确定型	所有活动均由始点流向终点，不允许有圈（环路）	t 为确定值（肯定型）	所有节点及活动都必须实现（完成）
计划评审法（PERT）	概率型	所有活动均由始点流向终点，不允许有圈（环路）	t 为概率型，计算时用其期望值	同上，但条件改变时，可预测实现概率
图示评审法（GERT）	随机型	活动的流向不受限制，允许有环路存在	t 为概率型，按随机变量分析	节点与活动有不同的逻辑关系，不一定都实现

从表 5.5 可以看出，CPM 及 PERT 实际都是 GERT 的特殊情况。当所有活动的流向都沿着从起点到终点的方向，没有反馈（圈）存在，而且所有活动节点都要实现时，GERT 就变为 PERT。如果每个活动的持续时间等参数值确定不变，那么 PERT 就变成 CPM。

3. 项目进度计划方法的选择

采用以上几种不同的进度计划方法本身所需的时间和费用是不同的。里程碑编制时间最短,费用最低。甘特图所需时间要长一些,费用也高一些。CPM 要把每个活动都加以分析,如活动数目较多,还需用计算机求出总工期和关键路径,因此花费的时间和费用将更多。PERT 法可以说是制订项目进度计划方法中比较复杂的一种,所以花费时间和费用也最多。

应该采用哪一个进度计划方法,主要应考虑下列因素:

(1)项目的规模大小,项目的复杂程度。然而,项目的规模并不一定总是与项目的复杂程度成正比。例如修一条公路,规模虽然不小,但并不太复杂,可以用较简单的进度计划方法;而研制一个小型的电子仪器,要很复杂的步骤和很多专业知识,可能就需要较复杂的进度计划方法。

(2)项目的紧急性。在项目急需进行,特别是在开始阶段,需要对各项工作发布指示,以便尽早开始工作,如果用很长时间去编制进度计划,就会延误时间。

(3)对项目细节掌握的程度。如果在开始阶段项目的细节无法解明,CPM 和 PERT 就无法应用。总进度是否由一两项关键事项所决定。如果项目进行过程中有一两项活动需要花费很长时间,而这期间可把其他准备工作都安排好,那么对其他工作就不必编制详细复杂的进度计划了。

(4)有无相应的技术力量和设备。例如,没有计算机,CPM 和 PERT 进度计划方法有时就难以应用,而如果没有受过良好训练的合格技术人员,也无法胜任复杂的方法编制进度计划。

此外,还需考虑客户的要求,能够用在进度计划上的预算等因素。到底采用哪一种方法来编制进度计划,要全面考虑以上各个因素。

5.6.2 项目进度时间参数

项目进度计划记录了项目中每一活动的计划和实际的开始日期、完成日期和周期。在大多数复杂的进度计划中,都会涉及下述的一些时间参数。

1. 活动持续时间

活动持续时间又称作业时间、工序时间,是指完成一项活动所需的时间。活动持续时间具体采用什么单位,应随任务的性质而定。估计确定活动持续时间一般有以下两种方法:

(1)一时估算法。该方法估算的活动历时最终只取决于一个值,因此要求该值尽可能准确,要综合参考各种对活动历时估算有帮助的资料,通过统计分析和专家会商来确定。该方法是关键路径法(CPM)采用的活动历时估算方法。

(2)三时估算法。该方法对一项活动分别估算出最乐观、最可能、最悲观的三个历时时间,然后赋予每个时间一个权重,最后综合计算得出活动的期望完成时间。该方法是计划评审技术(PERT)采用的项目历时估算方法。

2. 计划工期

它泛指完成任务所需的时间,常用 T_p 表示。

3. 双代号和单代号网络时间参数的计算

（1）最早开始时间 ES 和最早结束时间 EF。最早开始时间 ES（Earliest Start Time）是指某项活动能够开始的最早时间。最早结束时间 EF（Earliest Finish Time）是指某一活动能够完成的最早时间，它可以在这项活动最早开始时间的基础上加上这项活动的估算时间计算出来，即

$$EF = ES + 活动估算时间$$

（2）最迟开始时间（LS）和最迟结束时间（LF）。最迟开始时间 LS（Latest Start Time）是指为了使项目在要求完工的时间内完成，某项活动必须开始的最迟时间。最迟结束时间 LF（Latest Finish Time）是指为了使项目在完工时间内完成，某项活动必须完成的最迟时间。最迟开始时间可以用这项活动的最迟结束时间减去它的估算时间计算出来，即

$$LS = LF - 活动估算时间$$

（3）时差。时差也称为"浮动时间"或"宽裕时间"，是指一项活动在不耽误紧后活动或项目完成日期的条件下可以拖延的时间长度，它表明项目活动或整个项目的机动时间。时差分为两种类型：活动的总时差 TF（Total Float）和自由时差 FF（Free Float）。

活动总时差是指在不影响整个项目完工时间的前提下，本活动所具有的机动时间。根据总时差的含义，其计算公式为 TF = LS-ES 或者 TF = LF-EF。对于同一项活动来说，用这两个公式计算出来的总时差是相等的。

活动自由时差是指在不影响紧后活动最早开始时间的前提下，本活动所具有的机动时间。根据自由时差的含义，其计算公式：FF = 紧后活动的 ES-EF；当有多个紧后活动存在时，FF = min｛紧后活动的 ES｝-EF。

双代号网络和单代号网络时间参数标注方法如图 5.21 和图 5.22 所示。

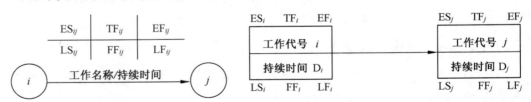

图 5.21　双代号网络时间参数标注方法　　图 5.22　单代号网络时间参数标注方法

4. 单代号搭接网络的时间参数计算

（1）结束—开始（FS）。结束—开始搭接关系的示意图，如图 5.23 所示。
各时间参数的计算规则如下。

最早时间：$ES_j = EF_i + FS$　　$EF_j = ES_j + D_j$

最迟时间：$LF_i = LS_j - FS$　　$LS_i = LF_i - D_i$

自由时差：$FF_i = ES_j - FS - EF_i$

总时差的计算规则与一般网络相同。

（2）开始—开始（SS）。开始—开始搭接关系的示意图，如图 5.24 所示。

图 5.23　结束—开始搭接关系示意图　　图 5.24　开始—开始搭接关系示意图

各时间参数的计算规则如下。

最早时间：$ES_j = ES_i + SS$

最迟时间：$LS_i = LS_j - SS$

自由时差：$FF_i = ES_j - SS - ES_i$

总时差的计算规则与一般网络相同。

(3) 结束—结束(FF)。结束—结束搭接关系的示意图，如图5.25所示。

各时间参数的计算规则如下。

最早时间：$EF_j = EF_i + FF$

最迟时间：$LF_i = LF_j - FF$

自由时差：$FF_i = EF_j - FF - EF_i$

总时差的计算规则与一般网络相同。

(4) 开始—结束(SF)。开始—结束搭接关系的示意图，如图5.26所示。

各时间参数的计算规则如下。

最早时间：$EF_j = ES_i + SF$

最迟时间：$LS_i = LF_j - SF$

自由时差：$FF_i = EF_j - SF - ES_i$

总时差的计算规则与一般网络相同。

(5) 混合搭接。除了上述四种基本搭接关系外，还有可能同时由四种基本搭接关系中两种以上来限制工作之间的逻辑关系。例如，i、j 两项活动可能同时有 SS 与 FF 限制，如图5.27所示。

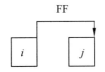
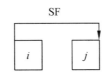
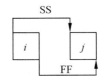

图5.25　结束—结束搭接关系示意图　　图5.26　开始—结束搭接关系示意图　　图5.27　混合搭接关系示意图

各时间参数的计算规则如下。

最早时间：$\left.\begin{array}{l}ES_j = ES_i + SS \\ ES_j = EF_j - D_j\end{array}\right\}\max$，　$\max\left\{\begin{array}{l}EF_j = ES_j + D_j \\ EF_j = EF_i + FF\end{array}\right.$

最迟时间：$\left.\begin{array}{l}LS_i = LS_j - SS \\ LS_i = LF_i - D_i\end{array}\right\}\min$，　$\min\left\{\begin{array}{l}LF_i = LS_i + D_i \\ LF_i = LF_j - FF\end{array}\right.$

自由时差：按各种搭接网络的计算规则取最小值。

总时差的计算规则与一般网络相同。

5.6.3　关键路径法

关键路径法(Critical Path Method，CPM)，是制订项目进度计划的一种重要基础工具。它是根据项目网络图和各活动持续时间估算值，计算各项活动的最早或者最迟开始、结束时间，在此基础上确定关键路径，并对关键路径进行调整和优化，从而使项目完成时间最短,使项目进度计划最优。

关键路径法的关键是确定项目网络图的关键路径,这一工作需要依赖于活动清单、项目网络图及活动持续时间估计等,如果这些文档已具备,借助于项目管理软件,关键路径的计算可以自动完成,如果采用手工计算,可以遵循以下步骤。

1. 构建网络图

绘制有历时估计的网络图过程是非常直观易懂的。一旦活动网络和历时估计在适当的地方确定下来,就可以进行网络计算了。下面以某机械厂开发新产品项目为例,示范关键路径的基本算法。首先初步确定该项目在实施时有 10 项活动,每项活动的顺序、代号、所需活动时间、紧前活动的要求见表 5.6。

表 5.6 某机械厂新产品开发项目活动列表

序号	活动名称	活动代号	紧前活动	活动时间/周
1	市场调查	A	—	5
2	新产品开发决策	B	A	2
3	筹集资金	C	B	5
4	设计	D	B	11
5	采购设备	E	C、D	7
6	厂房建设	F	C	5
7	设备安装	G	E、F	3
8	试生产	H	G	2
9	建立销售网络	I	G	6
10	生产、投放市场	J	H	10

然后根据所给条件绘出单代号网络图,如图 5.28 所示。计算各项活动的最早开始、最早结束、最迟开始、最迟结束时间。完成计算有 3 个步骤:正推、逆推以及时差计算,从而确定进度计划中的关键和非关键活动和路径,并由此确定项目总工期。

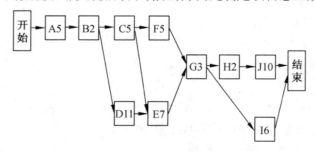

图 5.28 新产品开发单代号网络图

2. 正推法

正推法即通过从网络图始端向终端正向计算得出各活动的 ES 和 EF。

在正推中,每项活动的最早开始和完成时间按下述方法算:从第一个(最左边)活动开始,基于活动历时的估计计算每项活动的最早开始时间(ES)和最早结束时间(EF)。

首先,令网络图中的第一项活动的最早开始时间 ES = 0;当活动仅有一个紧前活动时,该活动的最早开始时间 ES = 紧前活动的 EF;当活动有多个紧前活动时,该活动的最早开始时间 ES = max{紧前活动的 EF}。然后,计算活动的最早结束时间 EF,EF = ES+活动持续时间 D。最后,在活动方框的左上角和右上角写出其最早开始时间和最早结束时间。图 5.29 给出了正推计算的例子。

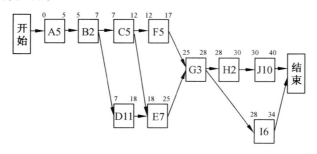

图 5.29　正向路径计算

3. 逆推法

逆推法即通过从网络图终端向始端反向推算得出各活动的 LF 和 LS。

在逆推中,每项活动的最迟结束和最迟开始时间按下述方法算出:首先计算活动的最迟结束时间 LF,令网络图中的最后一项活动的最迟结束时间 LF 等于该项活动的最早结束时间 EF,或者等于项目的计划工期 T_p;当活动仅有一个紧后活动时,该活动的最迟结束时间 LF = 紧后活动的 LS,当有多个紧后活动时,该活动的最迟结束时间 LF = min{紧后活动的 LS}。然后,计算活动最迟开始时间 LS,LS = LF−活动持续时间 D。最后,在活动方框的右下角和左下角写上该活动的最迟结束时间和最迟开始时间。图 5.30 给出了逆推计算的例子。

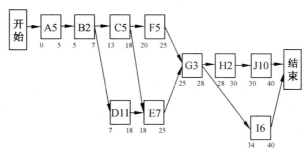

图 5.30　反向路径计算

4. 计算各活动的时差

单代号网络图推算的原则是:正推取大,填写上半部分的数字;逆推取小,填写下半部分的数字。在完成正推和逆推后要确定每项活动的总时差和自由时差。

如前所述,项目的总时差等于某项活动最迟开始时间(LS)与最早开始时间(ES)的差或者是最迟结束时间(LF)与最早结束时间(EF)的差。它是活动允许推迟的最大限度,也称"宽裕时间"。若项目某条路径的总时差为正值,这一正的总时差可以由该路径上所有的活动来共用,当该路径上的某项活动不能按期完成时,则可以利用该路径的总时差,而不必担心影响项目的进度;如果项目某条路径的总时差为负值,则表明该路径上的各项活动要加快进度,减少在该路径上花费的时间总量,否则项目就不能在规定的时间内顺利完成;如果项目某条路径的总时差为零,则表明该路径上的各项活动不用加速完成但是也不能拖延时间。自由时差是在不延误紧后活动最早开始时间的条件下,本活动最多可以推迟多久。活动的自由时差 FF=紧后活动的 ES-EF;当有多个紧后活动存在时,活动的自由时差 FF=min{紧后活动的 ES}-EF。

图 5.31 给出了总时差和自由时差的计算结果。需要注意的是,只有在有两项或以上的活动指向同一活动时,才存在自由时差,否则自由时差为零。总时差可能为负,而自由时差因为是相对值,故不可能为负。时差对于合理调整各项活动的资源具有重大意义。在保证不影响整个项目完工工期的前提下,可以适当调整具有总时差的活动;在不影响后续活动最早开始时间的前提下,可以适当调整具有自由时差的活动,从而使资源配置得以优化。

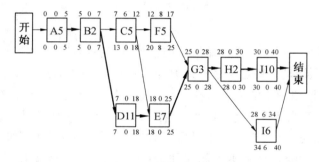

图 5.31　关键路径图

5. 找出关键路径

找出总时差最小(当网络图中终点活动的最迟结束时间等于该活动的最早结束时间时,总时差为零)的各活动,这些活动就是关键活动,由这些关键活动组成的路径就是关键路径,图 5.31 中,A—B—D—E—G—H—J 这个由始点到终点,沿箭头方向总时差为零的活动组成的路径就是关键路径。

关键路径的特点:①关键路径上所有活动的时间之和就是完成项目的最短历时。②关键路径上任何活动的延误都会导致项目时间的延长。③如果想缩短项目历时,就必须缩短关键路径上活动的历时。

当网络图比较简单时,也可将项目网络图中每条路径所有活动的历时分别相加,其中历时最长的线路也是关键路径。如果关键路径上的某项活动未如期完成,所有处于其后的活动都要往后拖延,整个项目工期就会向后拖延。最终的结果是项目不能按计划完成。反之,如果关键路径上的某项活动能够提前完成,那么整个项目也有可能提前完成。由此可知,在编制项目进度计划时,关键路径上的活动是关注的重点。而处于非关键路径上的活动就具有较大的灵活性,在该路径紧后活动开始之前,可以随意安排这条路径上的活动的开始时间。把关键路径上所有活动的工期加起来,就可以得到项目总工期。

6. 实际进度安排

完成了活动工期和活动的最早或最迟开始、结束时间的计算,接下来就可以按日历表安排项目的进度了。项目的开始时间可以由项目经理、客户、项目团队成员决定,也可以根据项目的实际情况(如资源配置等)选择某一天开始执行项目,应当把规定的周日和假日排除在实际进度之外,为了便于控制项目的进度,关键路径上的每一项关键活动都应标注上最早开始时间、最早结束时间和最迟开始时间、最迟结束时间。一旦这些时间和日期都标注在项目进度计划表上,一张理想的进度计划表即已诞生。如果资源配置已就绪,项目就可以进入具体实施阶段。

【例 5.5】 某工程项目的双代号网络图如 5.32 所示,时间单位为天。请回答以下问题:

(1)计算各项活动的六个时间参数。
(2)计算总工期并指出关键路径。
(3)把双代号网络图转化为单代号网络图。
(4)若 C 活动,因设计变更等待新图纸延误 10 天,F 活动由于连续降雨累计 12 天导致实际施工 14 天完成,对工期将产生什么影响?此时,关键路径有什么变化?

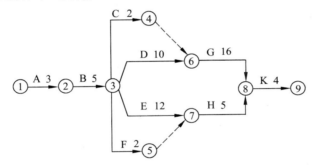

图 5.32 双代号网络图

解 (1)根据双代号网络图计算的各项活动时间参数结果,见图 5.33。

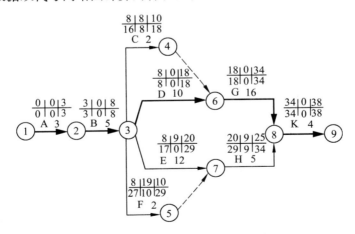

图 5.33 双代号网络时间参数计算

(2)图 5.33 中 A、B、D、G、K 的总时差最小(均为 0),故为关键活动,线路 A—B—D—G—K 为关键路径。该项目的总工期 = 3+5+10+16+4 = 38(天)

(3)将双代号网络图转化为单代号网络图,如图 5.34 所示。

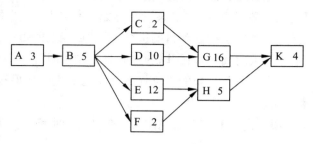

图 5.34　单代号网络图

(4)C、F 两活动均为非关键活动,C 活动延误 10 天,而其总时差为 8 天,超出总时差 2 天,因而导致总工期推迟 2 天;F 活动实际用 14 天完成,比计划推迟 12 天,但仍在其总时差(TF＝19 天)范围内,故对总工期没有影响,综合起来导致总工期推迟 2 天,即总工期为 40 天,此时,关键路径也发生了转移,原关键路径 A—B—D—G—K 变成了非关键路径,原非关键路径 A—B—C—G—K 变成了关键路径。

【例 5.6】　某软件开发项目的单代号搭接网络图如图 5.35 所示(单位:天)。请回答下列问题:

(1)计算各项活动的六个时间参数,在图上直接标注。
(2)确定总工期并指出关键路径。

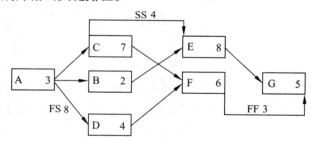

图 5.35　单代号搭接网络图

解　计算结果如图 5.36 所示。

图 5.36 中,A、D、F、G 的总时差最小(均为 0),故为关键活动,线路 A—D—F—G 为关键路径。项目总工期＝3+8+4+6+3＝24(天)

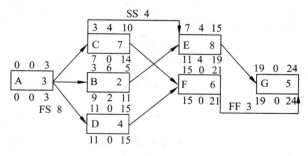

图 5.36　单代号搭接网络图

5.7 优化项目进度计划

5.7.1 项目资源均衡

项目进度计划的执行需要使用一定数量和质量的资源,如人员、材料和设备。任何组织的资源都是有限的,编制进度计划时必须考虑资源条件,前面做出的进度计划是假设不存在资源约束的理想状态。不考虑资源状况编制出来的进度计划可能会产生两个问题:一是项目所需资源不足,导致进度计划无法顺利实施;二是进度安排不合理,导致项目周期内多种资源负荷不平衡,需求数量波动较大,资源的闲置和浪费严重。

在编制出初步的进度计划后,项目经理应根据实际资源状况做出适当调整。通过资源均衡分析,对总时差或自由时差进行再次分配,从而使各个工作的资源需求的波动达到最小。资源均衡是以比较稳定的资源使用率能够导致比较低的资源成本这一假设为前提的。对于负荷不平衡的项目,通过调整项目活动的进度计划,使资源需求量维持在一个比较稳定的水平,降低资源需求量波动水平以降低资源使用成本。对于资源受限型项目,在不超过资源限度和不改变网络依赖关系的前提下,确定资源优先级并分配资源使项目延期最短。

1. 时间限制型项目

一般而言,当项目中所需的资源数量比较稳定时,资源的使用率高,资源使用成本较小。反之,资源数量起伏变化大时会产生闲置与浪费现象。如某城市广场改造项目,工期为 4 周,按照进度计划,每周需要的工人数量分别为:第 1 周 10 人,第 2 周 50 人,第 3 周 20 人,第 4 周 40 人。我们注意到第 2 周工人需求数量达到最高值,第 3 周需求量只有 20 人,比第 2 周减少 30 人,这些人没有项目任务怎么安排呢?闲置则白白增加人工成本,解聘的话则第 4 周需求的数量就无法保证了,这种状况显然是我们不愿意看到的。我们希望在工期内适当调整进度计划,让整个项目周期内需求量相对平稳。通过进度计划调整达到的目标是,每个时间的资源利用水平尽可能平稳地变化,稳定的资源使用率可以降低资源成本。

进行资源均衡的思路是,利用项目活动的时差调整非关键活动的开始时间,避免活动过度集中,减少同一时间的资源消耗和使用量,操作步骤如下。

(1)在时差范围内,调整非关键路径上活动开始和结束时间,使资源负荷达到平衡。
(2)减少非关键路径活动的资源投入强度,即减少资源投入数量。
(3)修改活动之间的逻辑关系,重新安排施工,将资源投入强度高的活动错开。
(4)改变实施方案,采用高效率的措施,减少资源需求数量。
(5)压缩关键路径上的资源投入,这样做会影响总工期。

【例 5.7】 某城市广场改造工程进度甘特图如图 5.37 所示,主要任务有 6 项,关键路径是松土—修路—装灯—植树,各个任务所需的工人数量标注在甘特图上。简单计算可以得到各时间段的工人需求数量,前 4 天为 10 人,第 4 至 10 天 20 人,第 10 至 16 天需要 5 人,第 16 至 24 天需要 15 人。

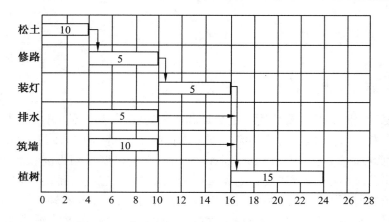

图 5.37　市政广场改造工程进度—资源负荷图

从图 5.37 可以看出,排水和筑墙两项活动有时差,最迟在 16 天完成就可以了。按照上面所述资源均衡的步骤,把筑墙活动延迟至 10 日开始,16 日结束,可使第 4 至 10 天的工人由 20 人下降为 10 人(修路 5 人+排水 5 人),第 10 至 16 日的工人由 5 人增加为 15 人(装灯 5 人+筑墙 10 人),如图 5.38 所示。整个工期内前 10 天每日需要 10 人,第 10 天后增加为 15 人,直到项目结束不再变化。

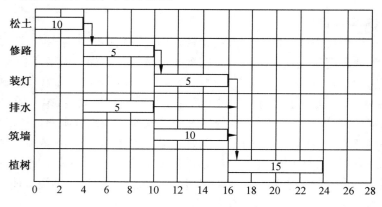

图 5.38　优化后的市政广场改造工程进度—资源负荷图

经过资源均衡后,市政广场改造项目所需工人的峰值降低了,从平衡前的最高值 20 人下降为 15 人。资源需求的波动性变小了,提高了资源使用率,有利于人工成本控制。如果把工人换成其他资源如设备,资源均衡的方法和步骤是一样的。当然,资源均衡后也有不足之处,主要是整个项目的时差减少了,降低了进度控制的灵活性。该例中使用了筑墙的时差,筑墙由非关键活动变成了关键活动,如果控制不力,引起项目延期的可能性增加。

2. 资源限制型项目

有些项目组织中资源比较紧张,进度计划安排的各项活动对资源的需求峰值超出了资源总量,有些任务因为得不到资源而无法开展,项目经理应考虑合理调整活动开展时间,使最大需求量不超出组织资源总量。平衡的主要方法是利用时差调整非关键活动,使资源使用时间转移。

【例 5.8】 某会议室装修项目的单代号网络图如图 5.39 所示,关键路径是 A—C—F—G,全部工期 12 天,每个活动需要的工人数在节点上已经标出。如果以最早开始时间安排施工的话,第 3 天起将有 B、C、D 三个活动共同开始,共需工人 10 人(4+4+2),第 5、6、7、8 天分别需要 8 名工人,其他时间工人需求数量见表 5.7。

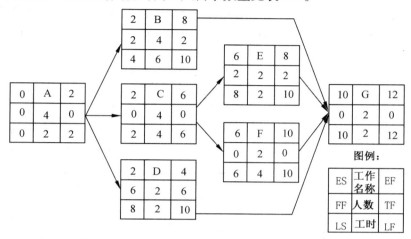

图 5.39 会议室装修项目网络图

表 5.7 会议室装修项目工人计划需求负荷表

序号	工人	历时	ES	LF	时差	1	2	3	4	5	6	7	8	9	10	11	12
A	4	2	0	2	0	4	4										
B	4	6	2	10	2			4	4	4	4	4	4				
C	4	4	2	6	0			4	4	4	4						
D	2	2	2	10	6			2	2								
E	2	2	6	10	2							2	2				
F	2	4	6	10	0							2	2	2	2		
G	2	2	10	12	0											2	2
计划总资源负荷						4	4	10	10	8	8	8	8	2	2	2	2
实际资源限制						6											

项目团队只有满足以上工人需要,才能顺利开展进度计划的各项任务。但是,装修公司签订了很多合同,大量的合格工人已经派到其他项目,只有 6 人可以安排在本项目工作。在完工前不会追加工人,资源条件无法改变,项目经理只有重新安排施工计划以保证每个任务都有资源支持。

资源受限型项目进行资源均衡的原则如下。

(1)在同时开始的活动中先确定时差最小的活动,保证这些活动的资源需求。时差小意味着该活动时间弹性差,延误的风险可能性高。最小的时差是 0,即关键活动,要优先保证关键活动的资源需求。

(2)如果具有相同的时差,则先确定活动工期最短的活动。

(3) 如果具有相同的时差和工期，则先确定活动编号最小的活动。

根据上述原则对进度计划做出调整，修改后的进度计划和工人需求数量见表 5.8。从调整后的结果看，每一天工人的需求均未超过 6 人，这个计划是可以得到资源支持的可行性计划。平衡后的不利之处是各个活动的时差减少了，关键路径活动增加，工期从 12 天延长为 14 天。工期增加是项目资源不足造成的，而非项目经理主观不努力的结果。现实中困难的是，没有充足的资源保障而要求达到既定的完工目标，此时，项目经理只能采取延长资源工作时间来解决了。

表 5.8　会议室装修项目进度计划优化后的资源负荷

序号	工人	历时	ES	LF	时差	1	2	3	4	5	6	7	8	9	10	11	12	13	14
A	4	2	0	2	0	4	4												
B	4	6	2	10	2			×	×	×	×	4	4	4	4	4	4		
C	4	4	2	6	0			4	4	4	4								
D	2	2	2	10	6			2	2										
E	2	2	6	12	6							×	×	×	×	2	2		
F	2	4	6	10	0							2	2	2	2				
G	2	2	10	12	0											×	×	2	2
总资源负荷						4	4	6	6	4	4	6	6	6	6	6	6	2	2
资源限制						6													

5.7.2　项目工期压缩

按照进度计划实施项目，项目经理可以相对从容地调配各种人力与资源，有利于实现项目进度、质量和成本的平衡，最大限度地减少质量事故和安全事故等。但在实际中，人们普遍存在抢工期的冲动，尤其是政府投资的项目有很多因素导致项目工期被压缩，这对进度计划产生了巨大影响，项目经理被迫安排赶工，对成本带来较大的冲击，项目质量也受到了严峻挑战。

1. 压缩工期的原因

（1）市场促使项目提前结束。如通信公司计划 12 月采购一批新型通信设备，多家设备制造企业投入力量研发该设备，争取在 12 月前完成产品的测试，参加通信公司的招标。通信公司为了早日占领市场，将采购时间提前到 10 月，这就迫使制造商提前完成产品研发与测试，否则就会失去参加投标的机会。对于没有明确客户的产品研发项目，如果一家公司发现竞争对手的产品能够提前上市，必然也要调整计划争取早日或同步上市，以保持均衡的竞争优势。有时在一个新产品的研发过程中，企业市场部门便开始了产品宣传，客户对产品有很高的期望，企业就必须不惜成本按时完成项目，延迟将使公司声誉扫地。

（2）激励性契约促使早日交付。客户为了促使项目早日完工，在项目合同中确定了激励性条款，根据提前完工情况对承包商予以奖励，承包商将尽可能提前交付。如某公司承担了钢铁公司高炉技术改造项目，钢铁公司希望早日改造完毕投产，合同规定在原定 1 年工期的基础上，提前完工将从投产后产生的利润中拿出 30% 进行奖励。项目团队精心安排计划合理分配资源,提前了20天。甲方按照合同为乙方分配了提前投产的奖励,甲、乙方实现了双赢。

(3)前期工作延误导致后期赶工。项目早期阶段浪费了大量时间,使得实施阶段所剩时间不足,施工单位只能安排高强度的进度计划。这种现象在工程项目中表现较为突出,因为前期项目设计、规划、审批、征地、拆迁、融资等事项涉及部门众多,完成的时间无法控制,一个环节被卡住就拖延很久,原来估算的时间被延长,待各种手续办理完毕,开工时离交付时间已经不多了。如某石油公司投资建设一座四星级宾馆,原计划2年时间完成,尽管规划、征地、审批等手续较顺利,但在基坑挖掘时发现了价值连城的唐代皇家铜器,考古部门立即介入,施工队伍撤离现场,经过半年多的文物发掘后才恢复施工,后面的时间就非常紧张了。在道路建设中,由于征地拆迁谈判浪费大量工期的现象更多,为了在政府下达的完工日期前通车,项目组赶工是相当普遍的。

(4)关键设备和人力调离。由于项目组的关键设备和人员被抽调到其他项目,剩余资源正常作业的话无法按时完成工作量,在项目结束日期不变的情况下,项目组只能安排赶工。

(5)管理费用非常高。即使项目在时间安排上比较充裕,但是按部就班地进行会发生大量的管理费,项目团队为了节约成本有赶工的积极性。

2. 加快项目进度的技术

缩短项目进度的技术主要有两种:赶工和快速跟进。两者要达到的目的是一样的,都是加快项目进度、缩短项目工期,但是它们采用的方法和可能产生的影响是不同的。

(1)赶工。赶工是指对成本和进度进行权衡,确定如何以最小的成本取得最大的历时压缩。赶工的目的在于缩短工期,应当首先压缩关键路径上关键活动的历时。赶工通常会以增加成本为代价。赶工通常需要额外的资源来压缩活动历时,主要有如下三种形式:①增加设备。②增加人员(比如借调工作人员或雇用更多的临时工)。③延长工作时间(比如晚上或周末加班)。

赶工虽然能加快进度,但事实上,效果很可能并不理想。因为绝大多数活动的历时估计都是基于这样的假设:正常的工作水平;项目团队成员正常的工作负荷;正常的工作时间,即工作日每天8小时。如果让现有资源延长工作时间,将会因为员工加班而降低工作效率,增加成本。

此外,尽管通过延长工作时间,可以加快项目活动的进度,但实际上,延长工作时间所带来的边际收益可能并不能补偿加班所增加的成本。有研究表明,需要员工增加的工作时间越多,那么企业从员工那里得到的边际效益越少。例如,在工程类项目中,在每周工作时间只超时4小时的情况下,最佳绩效才被实现;如果工程师每周超时工作10小时,那么公司能实现的真正边际收益就降到了0。

此外,赶工还会对其他项目产生负面影响,比如加班会降低员工的士气。更严重的是,由于时间压力,员工的疲惫作业,很可能会降低产品/服务的质量,无法保证项目成果的质量。

(2)快速跟进。快速跟进是指将正常情况下按顺序实施的多项活动或阶段改为并行进行,只适用于能够通过并行活动来缩短工期的情况。快速跟进应当首先在关键路径上进行且可能增加返工的风险。采用快速跟进虽然能有效缩短项目总周期,但它并不是一种可靠的缩短项目周期的方法。因为正常情况下,顺序执行的活动之间往往存在逻辑上的依赖关系,而快速跟进恰恰破坏了这种依赖关系。下面举例说明。

某项目最初网络图如图 5.40 所示,为了压缩进度,项目经理根据实际情况使用了快速跟进方法:在任务 A 已经开始 1 天后,开始实施任务 C,从而使任务 C 与 A 并行了 3 天。根据项目网络图,关键路径是 A—C—E,项目工期为 20 天。使用快速跟进方法压缩后,项目关键路径改为 B—D—F,项目工期为 18 天,项目完工提前了 2 天。

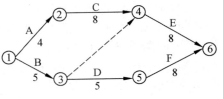

图 5.40 某项目网络图

快速跟进在建筑项目中应用得比较多,比如将项目的设计和建造阶段重叠起来。因为设计工作通常是在开工之前就完成的,所以重叠两个阶段将会导致项目工期的缩短。但是,在设计工作完成前就开始建造,会导致变更增多,随后导致生产率降低、成本上升,最后带来时间的损耗。

不管是赶工还是快速跟进,缩短项目工期都是以增加成本为代价的,那么用多少成本换取多长时间的压缩才值得? 这就需要考虑时间—成本平衡的问题。

5.7.3 时间与成本的平衡

1. 时间—成本平衡相关概念

时间—成本平衡是以最低的成本实现最大限度的进度压缩。时间—成本平衡可以回答如下问题:用多少成本换取压缩的时间才值得? 如何用尽可能少的成本压缩一定的时间? 最多可压缩多长时间?

最常见的时间—成本平衡方法是边际成本法。首先了解如下概念。

正常时间:在正常情况下完成某项活动需要的估计时间。

正常成本:在正常时间内完成某项活动的预计成本。

赶工时间:完成某项活动的最短估计时间。

赶工成本:在赶工时间内完成某项活动的预计成本。

边际成本:指每个活动压缩一个单位的历时所需要耗费的成本。

正常时间、正常成本、赶工时间、赶工成本之间的关系如图 5.41 所示。

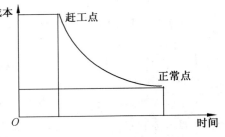

图 5.41 正常时间、正常成本、赶工时间、赶工成本之间的关系

假设每压缩一个单位的时间所用的成本是相同的,则边际成本的计算公式为

$$边际成本 = \frac{赶工成本 - 正常成本}{正常时间 - 赶工时间}$$

2. 时间—成本平衡的步骤

用边际成本法进行时间—成本平衡分析可以分为以下三个步骤:

(1)列出网络图中所有路径。

(2)计算网络图中每个活动的边际成本。

(3) 从关键路径开始压缩活动历时,直至达到既定的时间要求。

3. 时间—成本平衡的应用

下面以图 5.31 的计算结果为例,说明如何使用边际成本法来进行时间—成本的平衡。

【例 5.9】 假设图 5.31 中,项目中各活动的边际成本以及每个活动允许的最大压缩量见表 5.9。表中用"*"标识的活动是关键活动。

表 5.9 某项目各项活动的计划时间及边际成本

活动	计划时间/周	允许最大压缩量/周	边际成本/万美元
A*	5	1	8
B*	2	2	5
C	5	3	8
D*	11	2	4
E*	7	1	2
F	5	2	3.7
G*	3	3	5
H*	2	3	6
I	6	2	2.5
J*	10	2	3

该项目按照原进度,需要 40 周完工,假设客户为使新产品快速投入市场,在合同中做了如下规定:如果项目能在 36 周以内(包括 36 周)完成就可以获得 15 万美元的奖金。接下来需要考虑的是如何用最小的成本把时间压缩到 36 周呢?

解 首先列出所有的路径,并计算各路径的长度,结果见表 5.10,表中用"*"标识的数字是关键路径的长度。

表 5.10 网络图中路径及其长度

路径	ABCFGHJ	ABCFGI	ABCEGHJ	ABCEGI	ABDEGHJ	ABDEGI
长度	32	26	34	28	40*	34

列出了所有的路径之后,从关键路径开始,选择边际成本最小的活动在时间最大压缩量的范围内进行压缩,每压缩一个单位都需要重新调整其他路径的时间长度,因为有可能压缩关键路径后,就不再是最长的路径了,即关键路径发生了变化。这样就需要再从新的关键路径上选择边际成本最低的活动进行压缩,再重新调整其他路径的长度,如此反复进行下去,直至关键路径的时间长度达到既定的要求。

该项目按照原进度,需要 40 周完工,但是如果 36 周完工就可以获得 15 万美元的奖金,那么如何用最小的成本把时间压缩到 36 周呢?根据上面的步骤,可得如下压缩过程。

①关键路径为 A—B—D—E—G—H—J,关键路径上的活动 E 具有最小的边际成本,压缩 E 一周,压缩所需成本为 2 万美元。

②压缩 E 一周后,关键路径没有发生变化,仍然是 A—B—D—E—G—H—J;由于活

动 E 的最大时间压缩量为 1 周,无法再压缩,只能选择边际成本次小的活动 J,边际成本 3 万美元。这里,虽然活动 I 的边际成本只有 2.5 万美元,比活动 J 的边际成本要小,但是 I 不在关键路径上,所以压缩 I 不能减少整个项目的工期。也就是说,只有压缩关键路径上的活动才有意义。

③压缩 J 一周后,关键路径依然不变,而活动 J 的最大时间压缩量为 2 周,于是继续压缩 J,成本 3 万美元。

④关键路径仍然是 A—B—D—E—G—H—J,由于活动 J 的最大时间压缩量为 2 周,无法再继续压缩,只能选择此时边际成本最小的活动 D,边际成本 4 万美元。这里,虽然活动 F 的边际成本只有 3.7 万美元,比活动 D 的边际成本要小,但是 F 不在关键路径上,所以压缩 F 不能减少整个项目的工期。

⑤压缩 D 一周后,关键路径依然没有变化。

至此,整个项目的工期压缩到了 36 周,由于压缩增加的成本为(2+3+3+4)即 12 万美元,小于奖金 15 万美元,因此用 12 万美元成本换取 4 周时间还是值得的。如果继续压缩下去,成本将远远大于收益,当然就没有压缩的意义了。具体计算见表 5.11。表中用"*"标识的数字是关键路径的长度。

表 5.11 边际成本法分析的过程

压缩的活动	成本增加	路径及其长度					
		ABCFGHJ	ABCFGI	ABCEGHJ	ABCEGI	ABDEGHJ	ABDEGI
		32	26	34	28	40*	34
压缩 E 一周	2	32	26	33	27	39*	33
压缩 J 一周	3	31	26	32	27	38*	33
压缩 J 一周	3	30	26	31	27	37*	33
压缩 D 一周	4	30	26	31	27	36*	32

请思考:如果继续压缩到 35 周,需要压缩哪个活动?此时总成本增加了多少?是否值得?

对于比较简单的网络,还可以用边际成本法来进行时间—成本平衡,但是如果是一个比较复杂的网络,使用边际成本法就变得非常烦琐了。因此,对于大型网络而言,一般采取建立线性规划数学模型,然后求解数学模型的方法来进行时间—成本平衡。

【例 5.10】 (续第 4 章例 4.3)为保证新型圆柱立柜式空调项目的工期目标得以实现,需要采用网络计划技术对进度进行动态管理。经过分析得到了一张表明工作先后关系及每项工作初步时间估计的工作列表,如表 5.12 所示。

(1)绘制该项目双代号网络图。

(2)图 5.42 给出了根据表 5.12 绘制的该项目的单代号网络计划图,但是经过对初步计划的分析后发现,项目工作之间需要补充下述搭接关系:

"辅助材料采购 E"工作在开始 10 天之后"零部件加工 H"工作便可开始。

请在图 5.42 已经给出的单代号网络计划图的基础上补充上述搭接关系。

表 5.12　新型圆柱立柜式空调建设项目工作列表

工作代号	工作名称	工作时间/天		边际成本/(千元·天$^{-1}$)	紧后工作
		正常工时	最短工时		
A	产品总体设计	60	50	0.5	B、C
B	产品结构设计	60	45	0.3	D、M
C	控制系统设计	80	70	0.2	D、M
D	生产车间设计	40	30	1.0	K
E	辅助材料采购	30	25	0.8	H
F	压缩机外协	30	25	0.5	I
G	负离子发生器外协	30	25	0.5	I
H	零部件加工	30	25	0.2	I
I	整机装配	20	16	0.3	J
J	整机调试	20	14	0.3	N
K	车间土建施工	90	80	1.3	L
L	车间设备安装	80	70	1.5	N
M	工艺文件编制	20	15	0.1	E、F、G
N	项目验收	20	20	∞	—

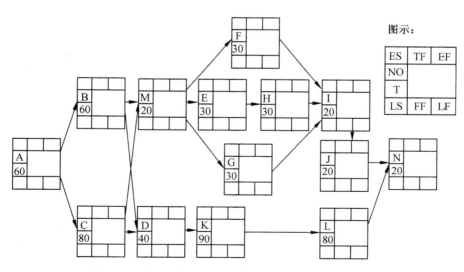

图 5.42　新型圆柱立柜式空调建设项目单代号网络图

(3)根据图 5.42 所示的单代号网络计划图,计算该项目各项工作的最早开始时间和最早结束时间,最迟开始时间和最迟结束时间,总时差和自由时差,并标注在图中(注:不进行日历转换)。

(4)确定该项目的总工期,并在图中用双线条或粗线条标出该项目的关键路径。

(5)本项目的工期目标是 1 年(365 天),如果计算所得的总工期不能满足工期目标要求,则按增加费用最小的原则进行工期优化。

①选择_____工作,调整其工作时间。
②将该工作的工作时间从_____天调整为_____天。
③通过调整,项目计算工期变为_____天;需增加费用_____千元。

解 (1)根据表 5.12 绘制该项目双代号网络图,如图 5.43 所示。

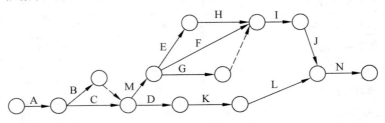

图 5.43 新型圆柱立柜式空调建设项目双代号网络计划图

(2)图 5.44 给出了补充搭接关系的单代号网络计划图。

(3)根据图 5.42 计算的各项工作六个参数结果标注在图 5.45 中。

(4)该项目的总工期为 370 天,关键线路为 A—C—D—K—L—N 并在图 5.45 中用粗线标出。

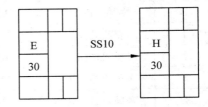

图 5.44 补充搭接关系

(5)本项目的工期目标是 1 年(365 天),计算的总工期是 370 天,不能满足工期目标要求,按增加费用最小的原则进行工期优化,结果如下。

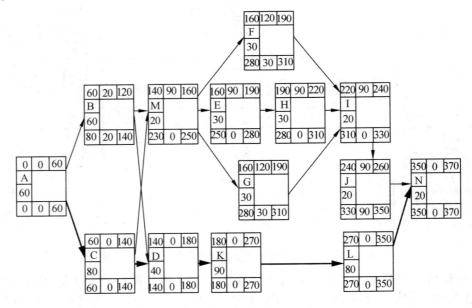

图 5.45 新型圆柱立柜式空调建设项目单代号网络时间参数计算

①由于 C 工作的边际成本为 0.2,是所有关键工作中边际成本最小的,因此选择调整 C 工作。

②将 C 工作的工作时间从 80 天调整为 75 天。

③通过调整,项目计算工期变为365天;需增加费用1千元。

【例5.11】 通过对初始计划的分析,新型圆柱立柜式空调生产建设项目工期超过了原定的目标,为此需要对制订的项目进度计划进行调整。综合考虑资源、费用、质量、效益等因素后,公司总经理要求在满足工期目标的前提下缩短工期。于是对该项目计划进行了调整,调整后各项工作的工作时间、所需要的人力资源类型及其相应的工作量估计见表5.13。

表5.13　新型圆柱立柜式空调生产建设项目计划调整后的工作时间及工作量估计表

工作代号	工作名称	工作时间/天	人力资源种类	工作量估计/工日	每天安排人数
A	产品总体设计	50	工程师	250	
B	产品结构设计	60	工程师	300	
C	控制系统设计	70	工程师	700	
D	生产车间设计	30	工程师	300	
E	辅助材料采购	30	工人	180	
F	压缩机外协	30	工人	150	
G	负离子发生器外协	30	工人	180	
H	零部件加工	30	工人	600	
I	整机装配	20	工人	200	
J	整机调试	20	工程师	100	
K	车间土建施工	80	工人	3 200	
L	车间设备安装	70	工人	1 400	
M	工艺文件编制	20	工程师	100	
N	项目验收	20	工程师	100	

(1)根据表5.13计算每项工作每天需要安排的人力资源数量。

(2)根据表5.13调整后的时间安排,编制出新型圆柱立柜式空调生产建设项目的甘特图计划,如图5.46所示。请根据甘特图,绘制该项目实施期间的人力资源数量负荷表和人力资源数量负荷图,时间单位为旬(10天)。

(3)该项目的人力资源是有限的,每天最多只能安排65人。现在需要对项目的进度计划进行调整,以适应人力资源限量要求。为此你需要做以下工作:

①依据图5.46所示进度计划,本项目在第＿＿＿＿旬到第＿＿＿＿旬之间人力资源需求超出限量要求,每旬最多需要＿＿＿＿人。

②在不影响总工期的前提下,对项目的进度安排进行调整,提出一个使人力资源需求量得以削减的进度计划调整方案,可以调整的工作有＿＿＿＿,要使资源高峰得到最大降低应将工作＿＿＿＿推迟＿＿＿＿旬。

③通过上述调整,项目的人力资源需要量最高峰由原来的＿＿＿＿人减少为＿＿＿＿人。

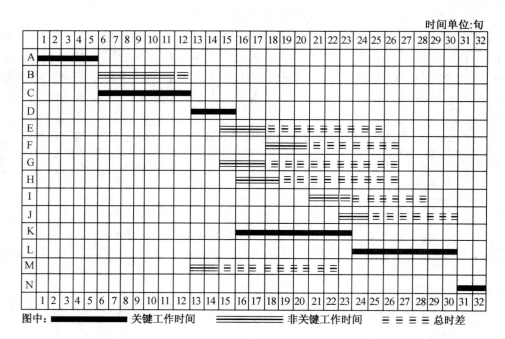

图 5.46　新型圆柱立柜式空调进度计划甘特图

解　(1)根据表 5.13 计算每项工作每天需要安排的人力资源数量,见表 5.14。

表 5.14　每项工作每天需要安排的人力资源数量

工作代号	A	B	C	D	E	F	G	H	I	J	K	L	M	N
每天安排人数	5	5	10	10	6	5	6	20	10	5	40	20	5	5

(2)根据甘特图,绘制出项目实施期间的人力资源数量负荷表(表 5.15)和人力资源数量负荷图(图 5.47),单位为旬(10 天)。

表 5.15　项目实施期间的人力资源数量负荷表

旬	1	2	3	4	5	6	7	8	9	10	11	12	13	14	15	16
人力资源数量	5	5	5	5	5	15	15	15	15	15	15	10	15	15	22	72
旬	17	18	19	20	21	22	23	24	25	26	27	28	29	30	31	32
人力资源数量	72	65	45	45	50	50	45	25	20	20	20	20	20	20	5	5

(3)由于该项目的人力资源有限,每天最多只能安排 65 人,因此对项目的进度计划进行如下调整。

①在第 16 旬到 17 旬之间人力资源需求超出限量要求,每旬最多需要 72 人。

②可以调整的工作有:E、G、H,要使资源高峰得到最大限度的降低应将 H 工作推迟 2 旬。

③通过上述调整,项目的人力资源需要量最高峰由原来的 72 人减少为 65 人。

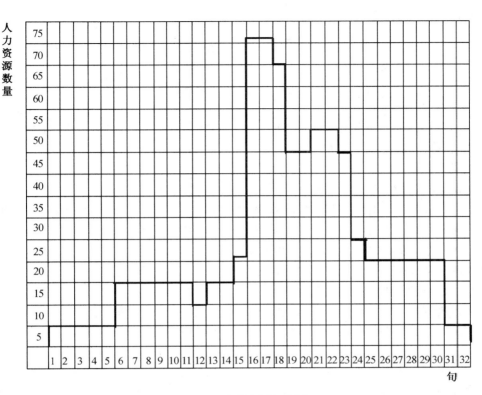

图 5.47 人力资源负荷图

5.8 控制进度

编制项目进度计划的目的是指导项目的实施,以保证实现项目的工期目标。但在项目进度计划实施过程中,可能面临许多因素的干扰,比如项目实施人员未能认识到计划的必要性,认为计划仅是形式而并不完全按计划执行或完全不按计划执行,从而造成项目进度实施与计划脱节;再如项目资源(材料、设备、劳力、资金等)不能按计划提供,或提供资源的数量、质量不能满足要求;受不良的气候、不可预见的地质条件等不利的环境因素的影响等都会使项目进度计划受阻。因此,在项目进行过程中,必须不断监控项目的进程,以确保每项工作都能按进度计划进行;同时,必须不断掌握项目进度计划的实施状况,并将实际情况与计划进行对比分析,必要时采取有效的对策,使项目按照预定的进度目标进行,避免工期的拖延。这一过程称为项目进度控制。控制进度的过程如图 5.48 所示。

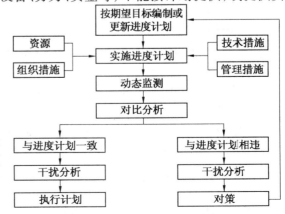

图 5.48 项目进度控制过程

5.8.1 项目进度动态监测

项目进度动态监测就是在项目实施过程中，收集反映项目进度实际状况的信息，对项目进度情况进行分析，掌握项目进展状况，对项目进度状态进行监控。通常采用日常监控和定期监控的方法进行，并将观测的结果用项目进度报告的形式加以描述。

1. 日常监测

随着项目的进度，不断监测进度计划中所包含的每一项工作的实际开始时间、实际完成时间、实际持续时间、目前状况等内容，并加以记录，以此作为进度控制的依据。

2. 定期监测

定期监测是指每隔一定时间对项目进度计划执行情况进行一次较为全面、系统的观测、检查。间隔的时间因项目的类型、规模、特点和对进度计划执行要求程度的不同而异，可以是一日、双日、五日、周、旬、半月、月、季、半年等为一个观测周期。定期监控的内容主要有以下几个方面：关键工作的进度和关键路径的变化情况；非关键工作的进度；检查工作之间的逻辑关系变化情况；有关项目范围、进度计划和预算变更的信息。

3. 项目进度报告

项目进度监控的结果通过项目进度报告的形式向有关部门和人员报告。项目进度报告是记录观测检查的结果、项目进度现状和发展趋势等有关内容的最简单的书面形式报告。

项目进度报告根据报告的对象不同，确定不同的编制范围和内容，一般分为项目概要级进度控制报告、项目管理级进度控制报告和业务管理级进度控制报告。项目概要级进度控制报告是以整个项目为对象说明进度计划执行情况的报告；项目管理级进度控制报告是以分项目为对象说明进度计划执行情况的报告；业务管理级进度控制报告是以某重点部位或重点问题为对象所编写的报告。

项目进度报告的内容主要包括项目实施概况、管理概况、进度概要；项目实际进度及其说明；资源供应进度；项目近期趋势，包括从现在到下次报告期之间将可能发生的事件做出的预测等内容；项目成本费用发生情况；项目存在的困难与危机，困难是指项目实施中所遇到的障碍，危机是指对项目可能会造成重大风险的事件。

项目进度报告的形式可分为日常报告、例外报告和特别分析报告。日常报告是根据日常监测和定期监测的结果所编制的进度报告，是项目进度报告的常用形式。例外报告是为项目进度计划执行中的例外情况进行分析所产生的报告。特别分析报告，是就某个特殊问题所形成的分析报告。

项目进度报告的报告期应根据项目的复杂程度和时间期限以及项目的动态监测方式等因素确定，一般可考虑与定期观测的间隔周期相一致。一般来说，报告期越短，及早发现问题并采取纠正措施的机会就越多。如果一个项目远远偏离了控制，就很难在不影响项目范围、预算、进度或质量的情况下实现项目目标。

5.8.2 项目进度比较与分析

在项目进展中，由于各种因素的影响，项目进度计划的变化是绝对的，不变是相对的。项目管理者将项目的实际进度与计划进度进行比较分析，确定实际进度与计划不相符合的原因,进而找出对策,这是进度控制的重要环节之一。通过比较分析,为项目管理者明确了实际进度与计划进度之间的偏差,为采取调整措施提出了明确任务。进行比较分析的方法主要有以下几种。

1. 甘特图比较法

甘特图比较法又称横道图比较法,是将在项目进展中通过观测、检查、搜集到的信息,经整理后直接用横道线并列标于原计划的横道线一起,进行直观比较的方法。例如,将某混凝土基础工程的施工实际进度与计划进度比较,结果见表5.16。

表 5.16 某钢筋混凝土基础施工实际进度与计划进度比较表

工作编号	工作名称	工作时间/天	项目进度									
			1	2	3	4	5	6	7	8	9	10
1	挖土	3										
2	立模	3										
3	绑扎钢筋	4										
4	浇混凝土	5										
5	回填土	3										

△ 检查日期

表 5.16 中细实线表示计划进度,粗实线表示实际进度。在第 5 天末检查时,挖土已按计划完成;立模比进度计划拖后 1 天;绑扎钢筋的实际进度与计划进度一致;浇筑混凝土工作尚未开始,比进度计划拖后 1 天。

通过上述比较,为项目管理者明确了实际进度与计划进度之间的偏差,为采取调整措施提出了明确任务。这是进度控制中最简单的方法。但是,这种方法仅适用于项目中各项工作都是按匀速进行的情况,即每项工作在单位时间内所完成的任务量是各自相等的。

项目完成的任务量可以用实物工程量、劳动消耗量和工作量三种物理量表示。为了方便比较,一般用实际完成量的累计百分数与计划应完成量的累计百分数进行比较。

2. 实际进度前锋线比较法

实际进度前锋线,是一种在时间坐标网络中记录实际进度情况的曲线,简称为前锋线。它表达了网络计划执行过程中,某一时刻正在进行的各工作的实际进度前锋的连线,如图 5.49 所示。前锋线比较法是按照项目实际进度绘制其前锋线,根据前锋线与工作箭线交点的位置判断项目实际进度与计划进度的偏差,以分析判断项目相关工作的进度状况和项目整体进度状况的方法。

由图 5.49 可知,在第 7 天进行检查时,工作 2—5 和 3—6 比原计划拖后 1 天,工作 4—7 比原计划提前 1 天。工作 2—5 是关键工作,其提前或拖后将会对项目工期产生影响,所以该工作拖后 1 天,将会使项目工期拖后 1 天。

根据实际进度前锋线的比较分析可以判断项目进度状况对项目的影响。关键工作提前或拖后将会对项目工期产生提前或拖后影响;而非关键工作的影响,则应根据其总时差的大小加以分析判断。一般来说,非关键工作的提前不会造成项目工期的提前。非关键工作如果拖后,且拖后的量在其总时差范围之内,则不会影响总工期;但若超出总时差的范围,则会对总工期产生影响,若单独考虑该工作的影响,其超出总时差的数值,就是工期拖延量。需要注意的是,在某个检查日期,往往并不是一项工作的提前或拖后,而是多项工作均未按计划进行,这时则应考虑其交互作用。

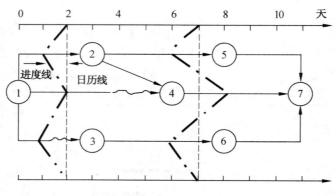

图 5.49 实际进度前锋线

3. S 形曲线比较法

S 形曲线比较法是在计划实施前绘制出计划 S 形曲线,在项目进行过程中,将成本实际执行情况绘制在与计划 S 形曲线同一张图中,与计划进度相比较的一种方法。如图 5.50 所示。

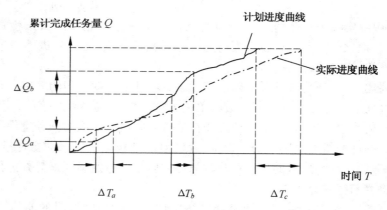

图 5.50 S 形曲线比较图

运用该方法可得到以下信息:

(1)项目实际进度状况。当实际进展点落在计划 S 形曲线左侧时,表明实际进度超前;若在右侧,则表示拖后;若正好落在计划曲线上,则表明实际与计划一致。

(2)项目实际进度偏差。如图 5.50 所示,ΔT_a 表示 T_a 时刻实际进度超前的时间;ΔT_b 表示 T_b 时刻实际进度拖后的时间。

(3)项目实际完成任务量偏差。如图 5.50 所示,ΔQ_a 表示 T_a 时刻超额完成的任务量;ΔQ_b 表示在 T_b 时刻少完成的任务量。

(4)项目进度预测。如图 5.50 所示,项目后期若按原计划速度进行,则工期拖延预测值为 ΔT_c。

4. "香蕉"形曲线比较法

"香蕉"形曲线是两条 S 形曲线组合而成的闭合曲线。它根据网络计划中的最早和最迟两种开始和完成时间分别绘制出相应的 S 形曲线,前者称为 ES 曲线,后者称为 LS 曲线。在项目实施过程中,根据每次检查的各项工作实际完成的任务量,计算出不同时间实际完成任务量的百分比,并在"香蕉"形曲线的平面内绘出实际进度曲线,即可进行实际进度与计划进度的比较。如图 5.51 所示。

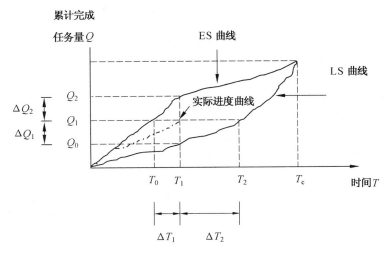

图 5.51 "香蕉"形曲线比较图

"香蕉"形曲线主要比较如下两个方面。

(1)时间一定,比较完成的任务量。当项目进展到 T_1 时,实际完成的累计任务量为 Q_1,若按最早时间计划,则应完成 Q_2,可见,实际比计划少完成:$\Delta Q_2 = Q_1 - Q_2 < 0$;若按最迟时间计划,则应完成 Q_0,实际比计划多完成:$\Delta Q_1 = Q_1 - Q_0 > 0$。由此可以判断,实际进度在计划范围之内,不会影响项目工期。

(2)任务量一定,比较所需时间。当项目进展到 T_1 时,实际完成累计任务量 Q_1,若按最早时间计划,则应在 T_0 时完成同样的任务量,所以,实际比计划拖延,其拖延的时间是 $\Delta T_1 = T_1 - T_0 > 0$;若按最迟时间计划,则应在 T_2 时完成同样的任务量,所以,实际比计划提前,其提前量是:$\Delta T_2 = T_1 - T_2 < 0$。可以判断:实际进度未超出计划范围,进展正常。

5.8.3 更新项目进度

根据实际进度与计划进度比较分析结果,以保持项目工期不变、保证项目质量和所耗费用最少为目标,做出有效对策,进行项目进度更新,这是进行进度控制和进度管理的宗旨。项目进度更新主要包括两方面工作,即分析进度偏差的影响和进行项目进度计划的调整。

1. 分析进度偏差的影响

通过前述进度比较方法,当出现进度偏差时,应分析该偏差对后续工作及总工期的影响。主要从以下几方面进行分析。

(1)分析产生进度偏差的工作是否为关键工作,若出现偏差的工作是关键工作,则无论其偏差大小,对后续工作及总工期都会产生影响,必须进行进度计划更新;若出现偏差的工作为非关键工作,则需根据偏差值与总时差和自由时差的大小关系,确定其对后续工作和总工期的影响程度。

(2)分析进度偏差是否大于总时差。如果工作的进度偏差大于总时差,则必将影响后续工作和总工期,应采取相应的调整措施;若工作的进度偏差小于或等于该工作的总时差,表明对总工期无影响,但其对后续工作的影响,需要将其偏差与其自由时差相比较才能做出判断。

(3)分析进度偏差是否大于自由时差。如果工作的进度偏差大于该工作的自由时差,则会对后续工作产生影响,应根据后续工作允许影响的程度而定;若工作的进度偏差小于或等于该工作的自由时差,则对后续工作无影响,进度计划可不做调整更新。

2. 项目进度计划的调整

项目进度计划的调整,一般有以下几种方法。

(1)关键工作的调整。关键工作无机动时间,其中任一工作持续时间的缩短或延长都会对整个项目工期产生影响。因此,关键工作的调整是项目进度更新的重点。有以下两种情况。

第一种,关键工作的实际进度较计划进度提前时的调整方法。若仅要求按计划工期执行,则可利用该机会降低资源强度及费用,即选择后续关键工作中资源消耗量大或直接费用高的予以适当延长,延长的时间不应超过已完成的关键工作提前的量;若要求缩短工期,则应将计划的未完成部分作为一个新的计划,重新计算与调整,按新的计划执行,并保证新的关键工作按新计算的时间完成。

第二种,关键工作的实际进度较计划进度落后时的调整方法。调整的目标就是采取措施将耽误的时间补回来,保证项目按期完成。调整的方法主要是缩短后续关键工作的持续时间。

(2)改变某些工作的逻辑关系。若项目进度产生的偏差影响了总工期,则在工作之间的逻辑关系允许改变的条件下,改变关键路径和超过计划工期的非关键路径上有关工作之间的逻辑关系,如将依次进行的工作变为平行或互相搭接的关系,以达到缩短工期的目的。需要注意的是这种调整应以不影响原定计划工期和其他工作之间的顺序为前提,调整的结果不能形成对原计划的否定。

(3)重新编制计划。当采用其他方法仍不能奏效时,则应根据工期要求,将剩余工作重新编制网络计划,使其满足工期要求。

(4)非关键工作的调整。当非关键路径工作时间延长但未超过其时差范围时,因其不会影响项目工期,一般不必调整,但有时,为更充分地利用资源,也可对其进行调整,但不得超出总时差,且每次调整均需进行时间参数计算,以观察每次调整对计划的影响;当非关键路径上某些工作的持续时间延长而超出总时差范围时,则必然影响整个项目工期,关键路径就会转移。这时,其调整方法与关键路径的调整方法相同。

(5)增减工作项目。由于编制计划时考虑不周,或因某些原因需要增加或取消某些工作,则需重新调整网络计划,计算网络参数。增加工作项目,只是对原遗漏或不具体的逻辑关系进行补充;减少工作项目,只是对提前完成的工作项目或原不应设置的工作项目予以删除。增减工作项目不应影响原计划总的逻辑关系和原计划工期,若有影响,应采取措施使之保持不变,以便使原计划得以实施。

(6)资源调整。当资源供应发生异常时,应进行资源调整。资源供应发生异常是指因供应满足不了需要,如资源强度降低或中断,影响到计划工期的实现。资源调整的前提是保证工期不变或使工期更加合理,资源调整的方法是进行资源优化。

【思考与训练】

1. 简述项目进度管理的主要过程。
2. 选择进度计划制订方法需考虑哪些因素?
3. 什么是关键路径?项目经理为什么非常关注它?
4. 加快项目进度的主要技术有哪些?
5. 请结合项目进度管理的相关知识,分析一个实际项目进度延误的具体原因。
6. 试画出表5.17~5.19单代号和双代号网络图。

表5.17 项目活动关系列表

活动代号	A	B	C	D	E	F	G	H	I
紧前活动	—	—	A、B	A、B	B	D、E	C、F	D、E	G、H

表5.18 活动关系列表

活动代号	A	B	C	D	E	F	G
紧前活动	—	—	A	A、B	A、B	C、D	E

表5.19 项目活动关系列表

活动代号	A	B	C	D	E	F	G	H	I	J
紧后活动	C、D	E、F	J、K	G、I、H	G、I、H	I	M	M	—	M

7. 根据表5.20的资料,绘制该项目的单代号网络图和双代号网络图,并找出关键路径,计算总工期。

表5.20 各项活动的相关资料

活动	紧前活动	紧后活动	持续时间/天
A	—	B、C、D	5
B	A	E	8
C	A	E、F	9
D	A	F	10
E	B、C	G	7
F	C、D	G	8
G	E、F	—	6

第 6 章　项目成本管理

【学习目标】

通过本章学习,你应掌握如下内容:
(1)项目成本的含义及其影响因素;
(2)项目成本管理的含义及过程;
(3)估算成本的含义与方法;
(4)项目成本预算的编制过程;
(5)控制成本的内容与挣值法的应用

【导入案例】

2009 年 2 月 10 日,中国铁建股份有限公司(简称中国铁建)与沙特阿拉伯城乡事务部签署了沙特阿拉伯麦加轻轨项目的合同,中国铁建负责项目的设计、采购、施工、系统(包括车辆)安装调试以及从 2010 年 11 月 13 日起的 3 年运营和维护(即 EPC+O&M 总承包模式)。项目合同总金额为 66.50 亿沙特里亚尔,按 2010 年 9 月 30 日的汇率,折合人民币 120.70 亿元。在签订合同之前,中国铁建按照当时的工程量评估项目毛利率为 8%～10%。

麦加轻轨项目正线长 18.25 km,其中高架线路为 14.3 km,设计单向客流量每小时 72 000 人,途经米纳、穆茨达里法赫和阿拉法特山 3 个主要朝觐地区。全线设车站 9 座,车辆段、综合维修中心和控制中心各 1 座,房屋建筑面积约 15 万 m^2,正线路基土石方约 778 万 m^3。麦加轻轨项目施工区域地处高温和特大风沙区,夏季地表的最高温度可达 70 ℃,严重缺水,自然环境十分恶劣。

我国国内同等规模的轻轨项目从设计到运营需两三年时间,在沙特阿拉伯恶劣自然条件下施工周期应该更长,但麦加轻轨项目合同工期仅为 22 个月,要求 2010 年 11 月 13 日开通运营时达到35%运能,2011 年 5 月完成所有调试,达到100%运能。这个项目不仅是沙特阿拉伯的头号工程,而且被 50 多个伊斯兰国家关注,是中国铁路建设企业进入伊斯兰国家市场的一项敲门砖工程。

由于工期压力巨大,2010 年 5 月 19 日,中国铁建发出了"讲政治、讲大局、讲纪律,不讲条件、不讲困难、不讲代价"的号召,要求系统内 15 家单位支援麦加轻轨项目,确保 2010 年 11 月开通运营。高峰期时工程现场有 2 万人,主要劳动力为在沙特阿拉伯的印度和巴基斯坦劳工,中国铁建派往麦加的中方人员最多时也达到了上万人。

2010 年 10 月,中国铁建发布公告,项目预计总成本 160.69 亿元,合同损失 39.99 亿元,加上财务费用 1.54 亿元,该项目总亏损预计为 41.53 亿元。

问题:影响项目成本的因素有哪些? 查找相关资料,分析该项目总成本增加的主要原因。从事跨国投资项目的公司应从此项目中吸取哪些教训?

资料来源:https://www.yicai.com/(第1财经)

6.1 项目成本管理概述

6.1.1 项目成本的含义及其影响因素

1. 项目成本的含义

项目成本是指在项目的整个生命周期中,为完成项目所花费的所有费用之和,它包括从项目的规划、设计、实施到竣工验收等各个阶段的费用。项目成本包括直接成本和间接成本,直接成本是指与项目工作直接相关的成本,如人工费、材料费、设备费等;间接成本是指与项目工作间接相关的成本,如管理费、税金、保险费等。对于工程项目来讲,项目成本的构成要素如下。

(1)人工费。为完成项目支付给所有员工的工资、奖金、社会保险等费用。

(2)材料费。为完成项目消耗的各种材料费用,如水泥、钢筋、管材、电线等。

(3)设备费。为完成项目租赁或购买的各种设备费用,如挖掘机、运输车、起重机等。

(4)管理费。为完成项目支付的各种管理费用,如办公费、差旅费、会议费等。

(5)税金。为完成项目支付的各种税费,如增值税、城市建设维护税等。

(6)保险费。为完成项目支付的各种保险费用,如工程保险、财产保险等。

(7)其他费用。除上述费用之外的其他费用,如设计费、咨询费、验收费等。

2. 项目成本的影响因素

(1)质量对成本的影响。质量总成本由质量故障成本和质量保证成本组成。质量越差,引起的质量不合格损失就越大,即故障成本越高;反之,则故障成本越低。质量保证成本是指保证和提高质量而采取相关的保证措施而耗用的开支,如购置设备、改善检测手段等。这类开支越大,质量保证程度越高;反之,质量就越差。

(2)工期对成本的影响。每个项目都有一种最佳施工组织,若工期紧急需要加大施工力量的投放,采用一定的赶工措施,如加班、高价进料、高价雇用劳务和租用设备,势必加大工程的成本,进度安排少于必要工期时成本将明显增加。反过来进度安排长于最佳安排时成本也要增加。这种最佳工期是最低成本下持续工作的时间,在计算最低成本时,一定要确定出实际的持续时间分布状态和最接近可以实现的最低成本。这一点如不限定,成本会随着工期变动而增加。

(3)价格对成本的影响。在设计阶段价格对成本的影响主要反映在施工图预算上。而预算主要取决于设计方案的价格,价格直接影响到工程造价。因此,在做施工图预算时,应做好价格预测,特别是准确估计由于通货膨胀使建材、设备及人工费的涨价率,以便较准确地把握成本水平

(4)管理水平对成本的影响。主要表现为:①对预算成本估算偏低,如征地费用或拆迁费用大大超出计划而影响成本;②由于资金供应紧张或材料、设备供应发生问题,从而影响工程进度,延长工期,造成建设成本增加;③业主方决策失误造成的损失;④更改设计可能增加或减少成本开支,又往往会影响施工进度,给成本控制带来不利影响。

6.1.2 项目成本管理的含义及过程

1. 项目成本管理的含义

项目成本管理是指为保证项目实际发生的成本不超过项目预算成本所进行的成本规划、成本估算、成本预算和成本控制等方面的管理过程和活动。项目成本管理、项目进度管理和项目质量管理并称为项目管理的"三大管理"。在项目实施过程中,要检查实际成本与预算是否一致,项目预算没有估算精确,以成本换进度的普遍性等因素,使得项目成本管理弱于进度和质量管理。

2. 项目成本管理的主要过程

项目成本管理包括规划成本管理、估算成本、制定预算和控制成本四个过程。

(1) 规划成本管理。规划成本管理是指确定如何开展项目成本管理工作的过程。

(2) 估算成本。估算成本是估计完成项目各项活动所需的各种资源的成本近似值。

(3) 制定预算。制定预算是指将批准后的估计总成本分配到各项具体工作上,确定成本基准的过程。

(4) 控制成本。控制成本是控制项目预算的改变。

6.2 规划成本管理

6.2.1 规划成本管理的含义及依据

规划成本管理是为规划、管理、消耗和控制项目成本而制定相关政策、程序和文档的过程。规划成本管理是项目成本管理的工作过程的第一步,目的是为开展项目成本管理工作提供指南和方向。

规划成本管理主要是依据项目管理计划、项目章程、事业环境因素、组织过程资产等信息,采用专家判断或通过举行规划会议等方法制订项目成本管理计划。规划会议参会人员可能包括项目经理、项目发起人、选定的项目团队成员、选定的项目干系人、项目成本负责人,以及其他必要人员。此时,项目经理和团队需要确定如何开展项目成本管理工作,包括规定所采用的相关政策、程序、工具和技术,以及相应的文件内容、格式等事宜,为其后续的项目成本管理制定大致的框架。

6.2.2 规划成本管理的结果

项目成本管理计划是规划成本管理的重要成果,是一份描述如何开展项目成本管理工作的文件。项目成本管理计划明确规定项目成本估算、预算和控制等工作的程序、所采用的工具和方法、文档的统一的格式等事项。例如:应确定成本估算的精确程度(如何取整)、计量单位、工作分解结构框架与项目成本的协调性、控制阈值(如应急储备)、挣值分析规则、报告格式、编制频率以及成本管理过程的书面描述等。项目成本管理计划可以是正式或非正式的,既可以非常详细,也可以高度概括,具体可依据项目的实际情况来定,是项目管理计划的一部分。

6.3 估算成本

6.3.1 估算成本的含义

估算成本是指为实现项目的目标,根据项目资源计划中所确定的资源需求以及市场上各种资源的价格信息,对完成项目所必需的各种资源成本做出近似估算。项目的成本必然与项目所要求的完工时间和质量标准相关联,一般来讲,时间长、质量要求高的项目成本往往也较高。

当根据合同进行项目成本估算时,应当区分成本估算与报价。成本估算是项目实施组织为了对外提供产品或劳务所要付出的成本费用总和,而报价是一种经营决策,即项目实施组织向客户收取它所提供的产品或劳务的费用总和,项目报价中不仅包括项目成本,还包括项目实施组织应获取的报酬,项目成本仅是项目实施组织进行项目报价所需考虑的重要因素之一。

6.3.2 估算成本的方法

进行项目成本估算时主要依据项目工作分解结构、资源需求计划、资源的单价、活动历时估算、历史信息、会计科目表等信息,可根据实际情况或采用粗略的经验性方法,或采用较精确的定量方法。比如对于成本要求精度高的项目成本,成本估算人员必须采取适当的方法给出可靠的估算结果。常用的成本估算的方法主要有以下几种。

1. 专家判断法

专家判断法是以专家为索取信息的对象,组织专家运用其项目管理理论及经验对项目成本进行估算的方法。该方法适用于项目成本估算精度要求不高的情况,常用于项目概念阶段或定义不明确的项目,如某市要建一个绿化广场,政府要知道大体投资数额,此时可以由项目专家粗略估算一个成本。对于创新性强而没有类似项目经验可供借鉴的项目,也可以邀请专家进行粗略估算,如大飞机开发项目。通常,专家判断法有两种组织形式,一是成立项目专家小组共同探讨估算;二是专家们互不见面、互不知名而由一名协调者汇集专家意见并整理、编制项目成本估算。它通常比其他技术和方法花费要少一些,但是其准确性也较低。当历史项目与当前的项目不仅在形式上,而且在实质上都相同时,专家判断法可能提供更可靠和实用的项目成本估算结果。

2. 类比估算法

类比估算法也称自上而下估算法,是指将以前类似项目成本数据作为依据估算新项目的成本,根据新旧项目之间的差异对估算进行调整,该方法也可以用于工作包成本的估算。类比估算法实质上也是专家判断法,通常在项目初期或是信息不足的时候采用。项目经理要尽量多地使用各个指标的值:项目类型、产品功能、设计特征、项目规模等。如果用于比较的项目是几年前完成的,应根据物价变化情况加以修正。

【例 6.1】 某公司拟在其分公司甲地建一座办公楼。该公司 3 年前曾在公司总部乙地建成相似办公楼一座。乙地办公楼实际造价为 8 800 万元。两座办公楼除室内地面装饰地砖不同外,建筑结构、面积和建筑材料均相同。甲地拟建办公楼的建筑面积为

10 000 m², 地面全部铺 500 mm×500 mm 豪华型防滑瓷砖, 单价 300 元/m²。乙地办公楼室内地面铺的是印度红大理石地面砖, 单价 420 元/m²。另外, 3 年来人工平均工资率上涨 15%, 其他资源的价格和费率均未变。在乙地办公楼的全部实际造价中, 人工费占 20%。根据上述资料, 用类比估算法估算甲地拟建办公楼的费用。

解 甲地拟建办公楼的费用=类似项目实际成本+价格调整修正值+
交付成果差异修正值
$$= 8\ 800 + 8\ 800 \times 20\% \times 15\% + 10\ 000 \times (0.03 - 0.042)$$
$$= 8\ 944(万元)$$

3. 参数估算法

参数估算法又称参数模型法, 是根据项目成本重要影响因素的特性参数建立数学模型来估算项目成本的方法。通常是将项目的特征参数(如表示物理特征的面积、体积、重量或者容量, 也可以是表示性能特征的速度、产出率、强度等)作为预测项目费用数学模型的基本参数, 模型可能是简单的, 也可能是复杂的。比如普通仓库建设项目成本的模型以建筑面积、储存容量来估算就可以, 而新产品开发成本的模型通常需要十几个因素, 每个因素又有好几个方面。如果模型是依赖于历史信息, 模型参数容易数量化。实践中可以利用统计软件建立成本与参数之间的多元回归模型。如果方程经过检验是成立的, 就可以进行新项目成本的预测。如某公司作为专业的仓库承建商已经为客户建设了上百个仓库, 均采用大体相同的建筑风格、质量标准和材料, 根据这些数据, 建立了一个普通仓库成本估算模型, 项目建设成本(y)与建设面积(x_1)、储存容量(x_2)的回归模型: $y = 32\ 890 + 44\ 839 x_1 + 28\ 620 x_2$, 经检验接受该模型, 当新仓库建设面积和容量确定后, 就可以运用该模型快速地估算出成本。

参数估算法的准确性依赖于可以计量的参数和模型的可测量性, 因此, 为了保证参数模型估算法的实用性和可靠性, 在建立模型时, 必须注意以下几点: 用来建模所参考的历史数据的精确性程度; 用来建模的参数是否容易进行定量化处理; 模型是否具有通用性, 也就是说, 模型可以通过适当的调整而使用不同规模的项目, 一般是将大型项目的模型调整后用于小项目。

4. 基于工作包估算法

基于工作包估算法也称"自下而上估算法", 是通过汇总工作分解结构底层部分估算值来估算项目成本的方法。这种方法首先估算 WBS 底层各工作包的成本, 然后逐层汇总, 最后得到项目总成本估算值。在估算各工作包的成本时, 要先估算各项目活动的资源消耗量, 再用各项目活动的资源消耗量乘以相应的资源单位成本(或价格)得到各种资源消耗成本, 然后再汇总到工作包的总成本, 最后再按照 WBS 将工作包的成本逐层汇总到项目的总成本估算值。

基于工作包估算法是最详细、最耗时、最精确的一种估算方法。许多项目最终都使用这种方法作为估算目标成本和控制项目成本的基础。项目经理在使用这种方法时, 需要保证项目工作的每项内容都包括在内, 没有包括在内的工作内容的成本不会被估算, 这会对项目成本的估算产生直接影响。基于工作包估算方法是一种参与式管理方法, 一线项目人员对资源的需求状况有着更为准确的了解, 他们参与估算工作不仅使估算结果更可靠, 也有助于成本预算被业主接受, 有利于提高工作效率。一线人员估算成本的最大缺陷是出于自我保护倾向而增加估算的水分,他们担心项目经理会削减他们的预算,不希望因实际成本超过预算成本而受惩罚,而是希望节约预算而获得奖励。

实际操作时可采用成本估算表,见表6.1,在工作分解结构基础上对每一个工作包的人工、物资、设备、差旅费等直接成本进行估算,根据公司规定确定分摊的间接成本,考虑风险因素确定一个合理的管理储备数量,将这些结果加总得出该工作包成本估算值,将所有工作包成本估算合计即得到项目总成本估算。

表6.1 基于工作包估算法的成本估算工作表

项目名称:_____　　　　　　　　　　　准备日期:____年____月____日

任务名称	时间/天	人工单价/(元·天$^{-1}$)	人工成本/元	物资 市场价/元	设备 市场价/元	差旅 根据报价/元	间接成本 根据公司规定/元	管理储备 近似值/元	成本估算 合计/元
合计									

5. 估算成本方法的比较与选择

不同的估算方法在使用时所需要的信息量和时间不同,成本估算的准确性也不一样,见表6.2。

表6.2 估算成本方法比较

项　目	估算方法			
	专家判断法	类比估算法	参数估算法	基于工作包估算法
需要的信息量	较少	较少	中等	较多
需要的时间	较少	较少	中等	较多
获得的准确性	较低	较低	中等	较高

项目经理在选择估算成本方法时应综合考虑项目所属行业、公司预算管理的要求、项目管理历史经验、过去完成的类似项目、项目成本管理人员的能力、对待成本的容错程度、要求给出估算结果的时间等多种因素来确定选择一种或多种估算方法。如在创新性的研发项目中不确定因素很多,准确估算成本的难度大,可以采用粗略的方法,把过多的时间和资金花费在成本估算工作上是一种浪费。有的企业认为成本差不多就行,详细估算成本太浪费时间。有的项目成本估算是在企业内部进行的,或者规模很小,一般不用为估算精度而花费太大的精力。政府主导的工程项目进度优先,往往不太考虑成本估算的精度问题。

6. 储备分析

在整个估算过程中,都应该在估算结果中加入不可预见费,用于弥补估算错误、遗漏和不确定性发生的需要。一般来说,情况越不明确或复杂,意外费用就越多,规模和数量取决于项目的新颖度、时间和成本估算精度、技术复杂性、范围变动大小以及未预见问题等。不可预见费可具体计入某项活动、工作包或整个项目成本中。

通过储备分析,可以计算出所需的应急储备与管理储备。应急储备是为未规划但可能发生的变更提供的补贴,这些变更由风险登记册中所列的已知风险(如设计风险、天气原因引起延误等)引起。管理储备则是针对未规划的未知风险事件(如供应商破产、市场或竞争环境变化等)引起的范围变更与成本变更而预留的预算。项目经理在使用或支出管理储备前,可能需要获得批准。管理储备不是项目成本基准的一部分,是否包含在项目总预算中,由管理层决定。值得注意的是管理储备通常不纳入挣值计算。

6.4 制定预算

制定预算是一项确定项目各项活动的成本定额,并确定项目应急准备金的标准和使用规则,从而为测量项目实际绩效提供标准和依据的管理工作。制定预算是进行项目成本控制的基础,也是项目成功的关键因素,其中心任务是制定项目成本预算。项目成本预算提供的成本基准计划是按时间分布的、用于测量和监控成本实施情况的计划。

6.4.1 项目成本预算的含义

项目成本预算是指将项目成本估算的结果在各个具体的活动上进行分配的过程。项目成本预算是在项目成本估算的基础上,更精确地估算项目总成本,并将其分摊到项目的各项具体活动和各个具体项目阶段上,为项目成本控制制订基准计划的项目成本管理活动。项目成本预算又称为项目成本计划。

需要指出的是,成本估算和成本预算既有区别、又有联系。成本估算的目的是估计项目的总成本和误差范围,而成本预算是将项目的总成本分配到各工作项和各阶段上。成本估算的输出结果是成本预算的基础与依据,成本预算则是将已批准的估算(有时出于资金的原因需要砍掉一些工作来满足总预算要求,或因为追求经济利益而缩减成本额)进行分摊。尽管成本估算与成本预算的目的和任务不同,但两者都以工作分解结构为依据,所运用的工具与方法相同,两者均是项目成本管理中不可或缺的组成部分。

6.4.2 项目成本预算的编制过程

1. 确定项目总预算

已批准的项目成本总估算可以成为项目成本预算总额。在确定项目成本预算总额时可以将目标成本管理与项目成本过程控制管理相结合,即在项目成本管理过程中采用目标成本管理的方法设置目标成本,并以此作为成本预算。目标成本的确定方法主要有目标利润法、技术进步法、按实计算法等。

(1)目标利润法。目标利润法是根据项目产品的销售价格扣减目标利润后得到目标成本的方法。在承包商获得了承包合同后,公司从中标价中减去预期利润、税金、应上缴的管理费用等,剩下的就是在施工过程中所能够支出的最大限额,即基本的总目标成本。承包商在投标前进行成本估算,确定投标报价的基础,并结合竞争情况、自身优势与项目难度等因素确定最后报价数字。如某烟草公司 ERP 招标时,BH 软件公司成本估算的结果为 1 000 万元,考虑烟草公司支付能力强,实施环境良好,竞争非常激烈,BH 公司采取了低价策略,投标价格为 950 万元并且中标。BH 公司扣除了合同价格总额 10% 后,其余 855 万元成为项目目标成本,即项目经理可以支配的预算总额。项目团队节约成本则公司可以获得更多的利润,成本超支则会侵蚀公司的利润甚至导致项目亏损。

(2)技术进步法。技术进步法是指以项目计划采取的技术组织措施和节约措施所能取得的经济效果作为项目成本降低额,计算项目的目标成本的方法。其计算公式为

项目目标成本=项目成本估算值-技术节约措施计划节约额

例如,MBA多功能厅装修项目,按照施工计划工程量,估算总成本为15万元,采取新技术、新工艺后可以节约1.5万元,则项目的目标成本为13.5万元。采取技术进步法能够为企业节约成本或创造更多的项目利润,为了提高项目团队采取新技术的积极性,可以提取部分节余量作为奖励。

(3)按实计算法。按实计算法是以项目的实际资源消耗为基础,根据资源的价格详细计算各项活动的目标成本。人工费的目标成本、材料费的目标成本、机械使用费的目标成本分别由劳资人员、材料人员、机管人员计算,其他直接费用的目标成本可由生产和材料人员共同计算。间接费用的目标成本由财务人员根据项目部职工平均人数、按历史成本的间接费用、压缩费用的措施和人均支出数进行测算。确定目标成本的步骤如下:

①根据已有的投标、预算资料,确定中标合同价与施工图计划的总价格差。
②根据技术组织措施预测项目节约数。
③对施工计划未包括的有关活动和管理费用,参照定额加以估算。
④对实际成本可能明显超出或低于定额的主要子项,按实际支出水平估算出与定额水平之差。
⑤考虑不可预见因素、工期制约、风险、价格波动等因素的影响,得出综合影响系数。
⑥计算项目目标成本。目标成本确定以后要分解落实到各职能组或个人。

例如,某彩电公司实施一项3D电视机研发项目,估算研发成本为1 000万元,该实施方案经过反复论证与修改,成本估算结果修订为800万元,公司最后批准了这个成本计划,成为项目目标成本。

2. 确定项目各工作包及各项活动预算

项目成本预算总额确定之后,通常可以按成本构成要素、项目构成的层次、项目进度计划或上述标准的组合进行分解。基本分解方法是自上而下、由粗到细,将项目成本依次分解、归类,形成相互联系的分解结构。

具有丰富项目经验的项目团队,通常采用自上而下分解法,因为他们能正确地估算项目风险,他们估算出项目总成本和主要工作包的成本后,按照层级分解到下一级职能组,这些小组能够收集到更具体的信息,继续分解到每个工作包或任务,使项目成员清楚每个活动的具体成本。按成本构成要素分解是指将总预算分解为直接费、间接费,进一步分解为人工费、材料费、机械费、管理费等内容。按项目组成分解是指将总预算分解到子项目、主要交付物、最低级交付物、工作包或工作单元上。按进度计划分解是指将项目预算分解到年、季、月、周或日,便于将资金的应用和筹集配合起来,减少资金占用和利息支出。这几种预算分解方式可以独立使用也可以综合使用。

例如:某学院拟装修一间MBA多功能厅,其面积为180 m²。根据装修质量、功能、设备等要求,公司确定该项目的目标成本为10万元。项目交付物分为方案设计、采购、施工、检测四部分,项目经理根据工作量和资源消耗程度,分别安排了12 000元、65 000元、20 000元、3 000元,这一层分解是按照项目组成进行的。如图6.1所示,四个主要交付物组长进行二次预算分配,如采购组长安排材料采购35 000元,家具、电器采购30 000元。

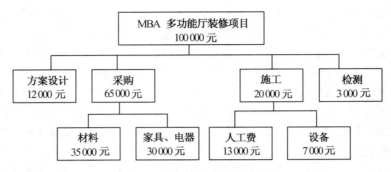

图 6.1 自上而下的成本预算分解

总成本按照工作分解结构逐级向下分配时,一线项目人员可能会认为成本不足、难以完成相应任务,此时,需要与管理人员进行有效沟通,任何阻碍团队成员间有效沟通的行为都有可能导致整个项目进度变慢甚至失败,同时,也可能会在组织内部产生摩擦,如高层经理与基层管理者或者部门之间为了争夺预算而产生不满和冲突。

3. 结合进度计划编制项目预算表

在总成本分解到交付物、活动或任务后,必须根据进度计划继续分解,做出与时间对应的项目预算表。在图 6.1 这个例子中,假定该项目要求总工期为 15 天,其中,方案设计 3 天,采购 4 天,施工 11 天,检测 3 天。按照进度计划将各项预算分解到每一天,见表 6.3。

表 6.3 中合计是当日各项活动预算之和,累计是从第 1 日起预算的累加,到第 15 天项目结束时,累计额就是项目的总预算。按照时间分解后,既界定了每个交付物的成本又确定了每天的成本,方便成本的筹集与使用控制。

项目预算表是一种简单的成本预算表现形式,将人员成本、分包商和顾问成本、专用设备和工具成本、原材料成本等信息在一张表中综合展示出来,明确每个资源使用的起止时间、数量及预算成本,便于管理者进行资源和成本的分配以及跟踪控制。

表 6.3 项目预算表 单位:千元

活动	预算	日期														
		1	2	3	4	5	6	7	8	9	10	11	12	13	14	15
方案设计	12	5	5	2													
采购	65				10	15	20	20									
施工	20				2	2	2	2	2	2	2	2	2	1	1		
检测	3														1	1	1
合计		5	5	2	12	17	22	22	2	2	2	2	2	2	2	1
累计		5	10	12	24	41	63	85	87	89	91	93	95	97	99	100

4. 确定项目成本预算的"S"形曲线

将按进度计划编制的项目成本预算绘制成本预算负荷图及时间—成本累计曲线(S 形曲线),直观地将成本预算展示出来。

时间—成本累计曲线编制步骤是:首先,建立直角坐标系,横轴表示项目工期,纵轴表示项目成本(预算累计额);其次,按照一定的时间间隔累加各时间段内的支出,在坐标中确定出各时间点对应的预算累计额,用一条平滑的曲线依次连接各点即可得到时间—成本累计曲线。利用 Excel 或项目管理软件可以轻松完成这个工作。根据表 6.3"合计"值和"累计"值可分别绘制出项目的成本预算负荷图和时间—成本累计曲线,如图 6.2 和图 6.3 所示。

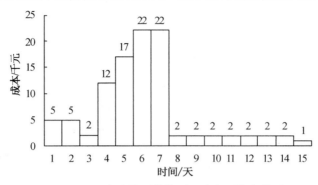

图 6.2　MBA 多功能厅装修项目成本预算负荷图

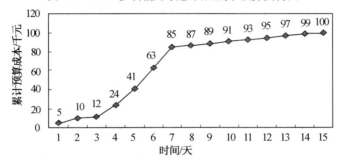

图 6.3　MBA 多功能厅装修项目时间—成本累计曲线

时间—成本累计曲线又称项目成本基线、项目成本基准计划,说明了项目的累计预算成本与项目进度之间的对应关系,它可以用来度量和监督项目的实际成本。随着时间的推移,项目累计预算成本一般呈 S 形,称为 S 形曲线,以此作为项目实施的比较基准,用来测量和监控项目的成本绩效。

【例 6.2】　已知某施工项目的数据资料见表 6.4,根据表中资料,完成以下问题。

表 6.4　工程数据资料

编码	项目名称	最早开始时间/月份	工期/月	成本强度/(万元·月$^{-1}$)
11	场地平整	1	1	20
12	基础施工	2	3	15
13	主体工程施工	4	5	30
14	砌筑工程施工	8	3	20
15	屋面工程施工	10	2	30
16	楼地面施工	11	2	20
17	室内设施安装	11	1	30
18	室内装饰	12	1	20
19	室外装饰	12	1	10
20	其他工程	1	1	10

(1)绘制甘特图。
(2)根据甘特图按时间绘制项目的成本预算负荷图。
(3)绘制项目的时间—成本累计曲线(S形曲线)。

解 (1)绘制甘特图,如图6.4所示。

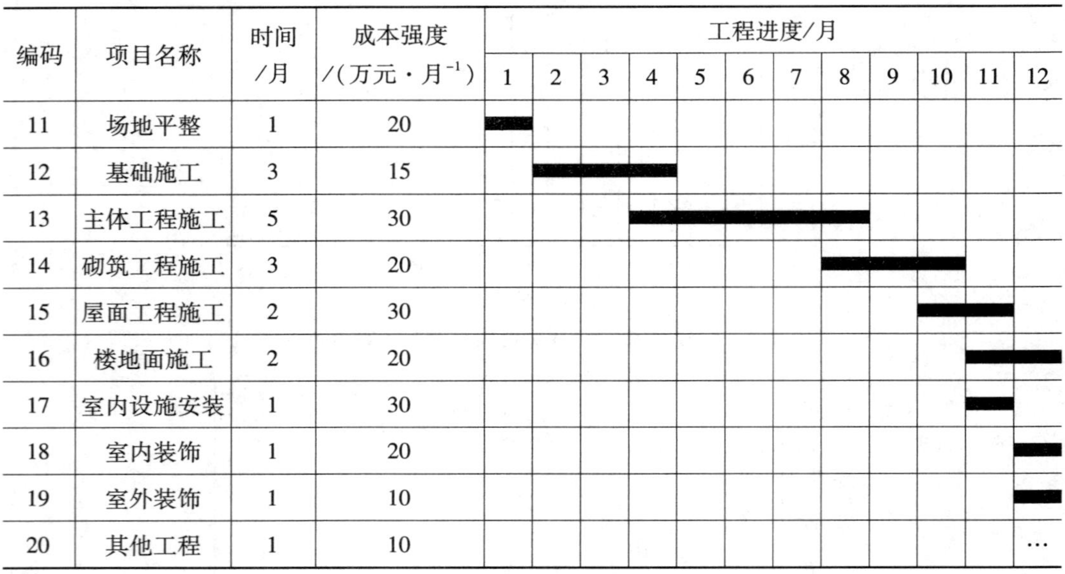

编码	项目名称	时间/月	成本强度/(万元·月⁻¹)	工程进度/月											
				1	2	3	4	5	6	7	8	9	10	11	12
11	场地平整	1	20	■											
12	基础施工	3	15		■	■	■								
13	主体工程施工	5	30				■	■	■	■	■				
14	砌筑工程施工	3	20								■	■	■		
15	屋面工程施工	2	30										■	■	
16	楼地面施工	2	20											■	■
17	室内设施安装	1	30										■		
18	室内装饰	1	20												■
19	室外装饰	1	10												■
20	其他工程	1	10												…

图6.4 甘特图

(2)根据甘特图,编制与时间对应的项目成本预算表,见表6.5。

表6.5 项目预算表　　　　　　　　　　　　　　　　　　　单位:万元

编码	任务名称	预算	日期											
			1	2	3	4	5	6	7	8	9	10	11	12
11	场地平整	20	20											
12	基础施工	45		15	15	15								
13	主体工程施工	150				30	30	30	30	30				
14	砌筑工程施工	60								20	20	20		
15	屋面工程施工	60										30	30	
16	楼地面施工	40											20	20
17	室内设施安装	30										30		
18	室内装饰	20												20
19	室外装饰	10												10
20	其他工程	10												…
	预算合计值		20	15	15	45	30	30	30	50	20	50	80	50
	预算累计值		20	35	50	95	125	155	185	235	255	305	385	435

根据表6.5中预算合计值可绘制成本预算负荷图,如图6.5所示。

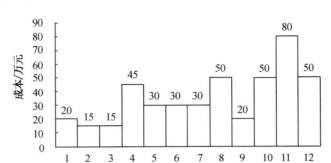

图6.5 成本预算负荷图

(3)根据表6.5中预算累计值可绘制项目的时间—成本累计曲线(S形曲线),如图6.6所示。

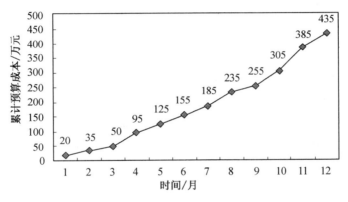

图6.6 时间—成本累计曲线(S形曲线)

6.5 控制成本

6.5.1 控制成本的含义及内容

控制成本是按照事先确定的项目成本基准计划,通过运用多种恰当的方法,对项目实施过程中所消耗的成本费用进行管理控制,以确保项目的实际成本限定在项目成本预算范围内的过程。控制成本需遵循成本最低化、全面成本控制和动态控制三个基本原则。

控制成本的主要目的是对造成实际成本偏离成本基准计划的因素施加影响,保证其向有利的方向发展,同时对已经存在偏差和正在发生偏差的各项成本进行管理,以确保项目的顺利进行。控制成本主要包括如下几方面的内容。

(1)检查成本实际发生情况。

(2)找出实际成本与计划成本的偏差。

(3)确保所有正确的、合理的、已核准的变更都包括在修订后的项目成本基准计划中,并把变更后的项目成本基准计划通知相关的项目干系人。

(4)分析成本绩效从而确定哪些活动需要采取纠正措施,并且确定采取哪些有效的纠正措施。

需要强调的是,控制成本的过程必须和项目的其他控制过程(如项目范围的变更、进度计划变更和项目质量控制等)紧密结合,防止单纯控制项目成本而出现项目范围、进度、质量等方面的问题。

有效的成本控制的关键是要经常及时地分析项目成本的状况,尽早地发现项目成本出现的偏差问题,以便在项目成本失控之前能够及时采取纠正措施。发现问题越早,处理得越及时,就越有利于项目成本的有效控制,而且对项目范围、质量和进度等方面的冲击就会越小,越有利于项目目标的实现;相反,项目成本一旦失控,在项目成本预算的范围内完成项目就会非常困难。

6.5.2 控制成本的方法

控制成本是一个复杂的系统工程,它包括很多方法,在此我们主要介绍其中的三种方法,即项目成本分析表法、项目费用变更控制法和挣值法。

1. 项目成本分析表法

项目成本分析表法是利用项目中的各种表格进行成本分析和成本控制的一种方法。应用成本分析表法可以很清晰地进行成本比较研究。常见的成本分析有月成本分析表、成本日报或周报表、月成本计算及最终成本预测报告表。

每月编制月成本计算及最终成本预测报告表,是项目成本控制的重要内容之一。该报告主要事项包括项目名称、已支出金额、已竣工尚需的预计金额、盈亏预计等。月成本计算及最终成本预测报告要在月末会计账簿截止的同时完成,并随时间推移使精确性不断增加。其格式见表 6.6。

表 6.6 月成本计算及最终成本预测报告表

序号	科目编号	名称	支出金额	调整		备注	现在的成本			序号	到竣工尚需资金			最终预算工程成本			合同预算金额			预算比较	
				金额			金额	单价	数量		金额	单价	数量	金额	单价	数量	金额	单价	数量	亏	盈
				增	减																

2. 项目成本变更控制系统

项目成本变更控制系统规定了改变基准成本的一些步骤,主要包括书面文件、跟踪系统和变更审批制度。项目成本变更是正常的、不可避免的。成本变更控制程序如下。

(1)明确项目成本变更的目标。

(2)对提出的所有成本变更要求审查。

(3)分析项目成本变更对项目绩效所造成的影响。

(4)明确产出相同的各替代方案的变化。

(5)接受或否定成本变更要求。
(6)对项目成本变更的原因进行说明,对所选择的变更方案给予解释。
(7)与所有相关团体就成本变更进行交流。
(8)确保成本变更合理实施。

采用这种方法时,需注意项目成本变更控制系统应该与整体变更控制系统相协调,项目成本变更的结果应该与其他变更结果相协调。

3. 挣值法

有效的成本控制的关键是要经常及时地分析项目成本的状况,尽早地发现项目成本出现的偏差问题,以便在项目成本失控之前能够及时采取纠正措施。挣值法(Earned Value Analysis,EVA),也常被称为偏差分析法,就是实现这一目标的重要方法。

挣值法通过测量和计算已完成工作的预算费用与已完成工作的实际费用和计划工作的预算费用得到有关计划实施的进度和费用偏差,达到判断项目执行情况的目的。它的独特之处在于以预算和费用来衡量项目的进度。挣值法取名正是因为这种分析方法中用到的一个关键数值——挣值(即已完成工作的预算费用)。

(1)挣值法的三个基本参数。

①计划工作量的预算费用(Budgeted Cost for Work Scheduled,BCWS)。BCWS 是指项目实施过程中某阶段计划要求完成的工作量所需的预算费用。一般来说,除非合同有变更,BCWS 在工程实施过程中应保持不变。BCWS 计算公式为

$$BCWS = 计划工作量 \times 预算定额$$

②已完成工作量的实际费用(Actual Cost for Work Performed,ACWP)。ACWP 是指项目实施过程中某阶段实际完成的工作量所消耗的费用。ACWP 主要反映项目执行的实际消耗指标。

③已完成工作量的预算费用(Budgeted Cost for Work Performed,BCWP)。BCWP 是指项目实施过程中某阶段实际完成工作量按预算定额计算出来的费用,即挣值(Earned Value,EV)。BCWP 的计算公式为

$$BCWP = 已完成工作量 \times 预算定额$$

(2)挣值法的四个评价指标。

①费用偏差(Cost Variance,CV)。CV 是指检查期间 BCWP 与 ACWP 之间的差异,计算公式为

$$CV = BCWP - ACWP$$

当 CV>0 时,表示实际费用低于预算值,即有节余或效率高。
当 CV<0 时,表示执行效果不佳,实际费用超过预算值,即超支。
当 CV=0 时,表示实际费用等于预算值。

②进度偏差 SV(Schedule Variance)。SV 是指检查日期 BCWP 与 BCWS 之间的差异。计算公式为

$$SV = BCWP - BCWS$$

当 SV>0 时,表示进度提前。
当 SV<0 时,表示进度延误。
当 SV=0 时,表示实际进度与计划进度一致。

③费用执行指数(Cost Performed Index,CPI)。CPI 是指挣值与实际费用值之比。计算公式为

$$CPI = \frac{BCWP}{ACWP}$$

当 CPI>1 时,表示实际费用低于预算。
当 CPI<1 时,表示实际费用超出预算。
当 CPI=1 时,表示实际费用与预算费用吻合。

④进度执行指数(Schedule Performed Index,SPI)。SPI 是指挣值与计划值之比。计算公式为

$$SPI = \frac{BCWP}{BCWS}$$

当 SPI>1 时,表示进度提前。
当 SPI<1 时,表示进度延误。
当 SPI=1 时,表示实际进度和计划进度相符。

费用(进度)偏差反映的是绝对偏差,结果很直观,有助于费用管理人员了解项目费用出现偏差的绝对数额,并依此采取一定措施,制订或调整费用支出计划和资金筹措计划。但是,绝对偏差有其不容忽视的局限性。如同样是 10 万元的费用偏差,对于总费用 1 000 万元的项目和总费用 1 亿元的项目而言,其严重性显然是不同的。因此,费用(进度)偏差仅适合于对同一项目做偏差分析。费用(进度)执行指数反映的是相对偏差,它不受项目层次的限制,也不受项目实施时间的限制,因而在同一项目和不同项目比较中均可采用。

(3)挣值法的一个预测值。

运用挣值法还可以预测项目完成时的费用。所谓项目完成费用估计(Estimate at Completion,EAC)是指在检查时刻估算的项目范围规定的工作全部完成时的项目总费用。有以下三种情况。

①当目前的变化可以反映未来的变化时,即认为项目当前已完成工作的费用偏差幅度就是项目全部费用的偏差幅度时

$$EAC = 实际费用 + 按照实施情况对剩余预算所做的修改$$

即 $\quad EAC = ACWP + (总预算费用 - BCWP) \times (ACWP/BCWP)$

或 $\quad EAC = ACWP + (总预算费用 - BCWP)/CPI$

或 $\quad EAC = 总预算费用/CPI$

②当过去的执行情况显示所有的估计假设条件基本失效,或者由于条件的改变原有的假设不再适用时

$$EAC = ACWP + 对未来所有剩余工作的新估计值$$

③当现有的偏差被认为是不正常的(由偶然因素引起),或者项目管理小组认为类似偏差不会再发生时

$$EAC = ACWP + 剩余工作的原预算$$

(4)挣值评价曲线。

在项目实施过程中,以上三个参数可以形成三条 S 形曲线,即计划工作量的预算费用

（BCWS）、已完工作量的预算费用（BCWP）、已完工作量的实际费用（ACWP）曲线,如图6.7所示。图中 CV<0,SV<0,表示项目执行效果不佳,即费用超支,进度延误,应分析偏差原因并采取相应的补救措施。

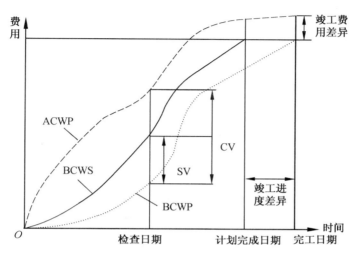

图6.7 挣值评价曲线图

在实际执行过程中,最理想的状态是 ACWP、BCWS、BCWP 三条曲线靠得很近且平稳上升,表示项目按预定计划目标前进。相反,如果三条曲线离散度不断增加,则预示可能发生关系到项目成败的重大问题。

经过对比分析,如果发现项目某一方面已经出现费用超支,或预计最终将会出现费用超支,则应对其做进一步的原因分析。原因分析是费用责任分析和提出费用控制措施的基础,费用超支的原因是多方面的,宏观因素、微观因素、内部原因、外部原因,其他技术、经济、管理、合同等方面的原因。

对于工程项目而言,导致不同工程项目费用超支的原因具有一定共性,因而可以通过对已建项目的费用超支原因进行归纳、总结,为该项目采用预防措施提供依据。一般来说,工程项目产生费用超支的原因主要有以下几种,如图6.8所示。

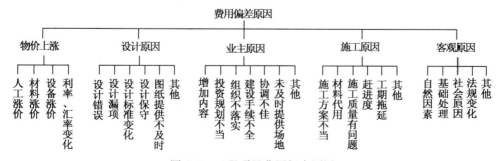

图6.8 工程项目费用超支原因

当发现费用超支时,人们提出的建议通常是压缩已经超支的费用,但要做到不损害其他目标,这常常是十分困难的,如重新选择供应商会产生供应风险,而且选择需要时间;删去工作包,则可能会降低质量、提高风险。因此,只有当给出的措施比原计划已选定的措施更为有利,比如使工程范围减少或生产效率提高等,成本才能降低。可采用的措施有:寻找新的、更好更节省的、效率更高的设计方案;购买部分产品,而不是采用完全由自己生产的产品;改变项目实施过程;变更工程范围;索赔,例如向业主、承(分)包商、供应商索赔以弥补费用超支等。

(5)挣值法应用案例。

【例6.3】 某项目由 A、B、C、D 四个任务构成,该项目目前执行到了第5周末,各项工作在其工期内的每周计划成本、每周实际成本和计划工作量完成情况见表6.7。

表6.7 项目每周计划成本及截至第5周末每周实际成本和计划工作量完成情况　　单位:万元

周次	1	2	3	4	5	6	7	8	9	10
任务 A 预算成本/周	19	6	15							
任务 B 预算成本/周		8	18	10	20	14	10			
任务 C 预算成本/周				2	5	10	15	10		
任务 D 预算成本/周									20	25
任务 A 实际成本/周	20	6	13							
任务 B 实际成本/周		10	20	12	22					
任务 C 实际成本/周				3	4					
任务 D 实际成本/周										
任务 A 完工比	45%	65%	100%							
任务 B 完工比		10%	31%	45%	72%					
任务 C 完工比				5%	10%					
任务 D 完工比										

问题:

(1)根据表6.7中提供的信息,计算截至第5周末,该项目的 BCWS、ACWP 和 BCWP 参数。

(2)计算截至第5周末的成本偏差 CV、进度偏差 SV,说明结果的实际含义。

(3)如果预计完成剩余的工作,仍然会延续目前(第5周末)的偏差情况,预测该项目的完工时间和完工费用。(写出计算过程)

解 (1)该项目的 BCWS、ACWP 和 BCWP 参数计算过程见表6.8。

表6.8 BCWS、ACWP 和 BCWP 参数计算过程　　单位:万元

任务名称	状态	BCWS	ACWP	BCWP
A	完成	40	39	40×100% = 50
B	开始	56	64	80×72% = 57.6
C	开始	7	7	42×10% = 4.2
D	未开始	0	0	45×0% = 0
总计	—	103	110	101.8

(2) 第 5 周末的成本偏差 CV = BCWP - ACWP = 101.8 - 110 = -8.2（万元），表明项目成本超支。

第 5 周末的进度偏差 SV = BCWP - BCWS = 101.8 - 103 = -1.2（万元），表明项目进度延误。

(3) 预计完工费用 = $\dfrac{总预算成本}{CPI} = \dfrac{总预算成本}{BCWP/ACWP} = \dfrac{207}{101.8/110} = 223.67$（万元）

预计完工时间 = $\dfrac{计划工期}{SPI} = \dfrac{计划工期}{BCWP/BCWS} = \dfrac{10}{101.8/103} = 10.12$（周）

【例 6.4】 （续第 5 章例 5.11）在新型圆柱立柜式空调生产建设项目中，为了进行费用管理与控制，需要制定一份项目的费用预算安排，每项工作的费用都包括人力资源费用和其他费用（材料、设备等）两个部分。每项工作的其他费用的估计值已经列于表 6.9 中，各类人员的日工作量成本为：工程师 500 元/天；工人 200 元/天。

问题：
(1) 请计算各项工作的人力资源费用及总费用。
(2) 新型圆柱立柜式空调生产建设项目的总成本。
(3) 假设费用在时间上是均匀支付的，请计算每项工作每旬需要支付的平均费用。
(4) 根据项目进度计划图（见第 5 章图 5.46），计算该项目在不同的时间所需要的费用及累计费用，并填入表 6.10 中。

表 6.9 新型圆柱立柜式空调生产建设项目的费用估计 单位：千元

工作代号	工作名称	人力资源费用	其他费用	总费用	每旬平均费用
A	产品总体设计		100		
B	产品结构设计		90		
C	控制系统设计		70		
D	生产车间设计		120		
E	辅助材料采购		294		
F	压缩机外协		510		
G	负离子发生器外协		810		
H	零部件加工		480		
I	整机装配		200		
J	整机调试		100		
K	车间土建施工		1 200		
L	车间设备安装		1 750		
M	工艺文件编制		50		
N	项目验收		10		
合计			5 784		

表 6.10 项目费用计划表

时间/旬	1	2	3	4	5	6	7	8	9	10	11	12	13	14	15	16
费用/千元																
累计费用/千元																
时间/旬	17	18	19	20	21	22	23	24	25	26	27	28	29	30	31	32
费用/千元																
累计费用/千元																

解 （1）各项工作的人力资源费用及总费用的计算结果见表 6.11。

（2）新型圆柱立柜式空调生产建设项目的总费用为 7 891 千元。

（3）每项工作每旬需要支付的平均费用的计算结果见表 6.11。

（4）根据项目进度计划图（见第 5 章图 5.46），该项目在不同的时间所需要的费用及累计费用的计算结果标在表 6.12 中。

表 6.11 新型圆柱立柜式空调生产建设项目的费用估计结果　　　单位：千元

工作代号	工作名称	人力资源费用	其他费用	总费用	每旬平均费用
A	产品总体设计	125	100	225	45
B	产品结构设计	150	90	240	40
C	控制系统设计	350	70	420	60
D	生产车间设计	150	120	270	90
E	辅助材料采购	36	294	330	110
F	压缩机外协	30	510	540	180
G	负离子发生器外协	36	810	846	282
H	零部件加工	120	480	600	200
I	整机装配	40	200	240	120
J	整机调试	50	100	150	75
K	车间土建施工	640	1 200	1 840	230
L	车间设备安装	280	1 750	2 030	290
M	工艺文件编制	50	50	100	50
N	项目验收	50	10	60	30
合计		2 107	5 784	7 891	

表 6.12 项目费用计划表

时间/旬	1	2	3	4	5	6	7	8	9	10	11	12	13	14	15	16
费用/千元	45	45	45	45	45	100	100	100	100	100	100	60	140	140	482	822
累计费用/千元	45	90	135	180	225	325	425	525	625	725	825	885	1 025	1 165	1 647	2 469
时间/旬	17	18	19	20	21	22	23	24	25	26	27	28	29	30	31	32
费用/千元	822	610	410	410	350	350	305	365	290	290	290	290	290	290	30	30
累计费用/千元	3 291	3 901	4 311	4 721	5 071	5 421	5 726	6 091	6 381	6 671	6 961	7 251	7 441	7 831	7 861	7 891

【例 6.5】 在认真分析新型圆柱立柜式空调生产建设项目各项费用的基础上,最终制定的各项工作的费用预算修正结果见表 6.13。假设该项目已进展到第 21 旬,对项目前 20 旬的实施情况进行了总结,有关执行情况汇总于表 6.13 中。

问题:

(1) 计算前 20 旬每项工作的挣得值。

(2) 计算该项目到第 20 旬末的挣得值(BCWP)。

(3) 根据项目进度计划甘特图(见第 5 章图 5.46),计算项目在第 20 旬结束时的计划工作量预算成本(BCWS)。

(4) 计算该项目前 20 旬的已完成工作量的实际成本(ACWP)。

(5) 根据以上结果分析项目的费用执行情况和进度执行情况。

(6) 假设该项目目前的执行情况不会影响到未来,未来将按计划执行,请估计项目完成时的总成本(EAC)。

表 6.13 项目各项工作费用预算及前 20 旬计划与执行情况统计

工作代号	工作名称	预算费用/千元	已完工作量/%	实际发生费用/千元	挣得值/千元
A	产品总体设计	200	100	210	
B	产品结构设计	220	100	220	
C	控制系统设计	400	100	430	
D	生产车间设计	250	100	250	
E	辅助材料采购	300	100	310	
F	压缩机外协	540	50	400	
G	负离子发生器外协	840	100	800	
H	零部件加工	600	100	600	
I	整机装配	240	0	0	
J	整机调试	150	0	0	
K	车间土建施工	1 600	40	800	
L	车间设备安装	2 000	0	0	
M	工艺文件编制	100	100	90	
N	项目验收	60	0	0	

解 (1) 前 20 旬每项工作的挣得值的计算结果见表 6.14。

(2) 该项目到第 20 旬末的挣得值

BCWP = 200+220+400+250+300+270+840+600+0+0+640+0+100+0 = 3 820(千元)

(3) 根据甘特图,在第 20 旬结束时,I、J、L、N 工作尚未开始,K 工作应完成 5 旬(共 8 旬)的工作量,其他工作均应完成。所以,第 20 旬结束时的 BCWS 应为计划应完成的各项工作的预算费用之和,即

BCWS = 200+220+400+250+300+540+840+600+(1 600/8)×5+100 = 4 450(千元)

(4) 根据题意,该项目前 20 旬的已完成工作量的实际成本,即 ACWP = 4 110(千元)。

(5) 项目的费用执行情况和进度执行情况分析如下：
CV=3 820-4 110=-290(千元)，表明项目费用超支。
SV=3 820-4 450=-630(千元)，表明项目进度延误。
(6) 项目总预算：7 500 千元。
根据题意，估算的项目完成时的总成本为
$$EAC=4\ 110+(7\ 500-3\ 820)=7\ 790(千元)$$
预计项目将会超支 290 千元。

表6.14 项目各项工作费用预算及前20旬计划与执行情况统计

工作代号	工作名称	预算费用/千元	已完工作量/%	实际发生费/千元	挣得值/千元
A	产品总体设计	200	100	210	200
B	产品结构设计	220	100	220	220
C	控制系统设计	400	100	430	400
D	生产车间设计	250	100	250	250
E	辅助材料采购	300	100	310	300
F	压缩机外协	540	50	400	270
G	负离子发生器外协	840	100	800	840
H	零部件加工	600	100	600	600
I	整机装配	240	0	0	0
J	整机调试	150	0	0	0
K	车间土建施工	1 600	40	800	640
L	车间设备安装	2 000	0	0	0
M	工艺文件编制	100	100	90	100
N	项目验收	60	0	0	0

【思考与训练】

1. 一般工程项目成本的构成要素有哪些？
2. 常用的估算成本的方法有哪些？并说明每种方法的优缺点。
3. 绘制时间—成本累计曲线的步骤是什么？
4. 控制成本的方法有哪几种？
5. 举例说明挣值法的具体应用。
6. 请结合项目成本管理的相关知识，分析一个实际项目成本超支的具体原因。
7. 假设你新购了一套面积约130 m^2 的住房，计划花2个月进行中档程度的装修，请你先对这个项目进行工作分解，然后估算项目人工成本、材料成本、设备成本及其他形式的成本，并结合进度安排，编制一份成本预算计划。

第 7 章 项目质量管理

【学习目标】

通过本章学习,你应掌握如下内容:
(1)项目质量的含义及其影响因素;
(2)项目质量管理的含义及主要过程;
(3)规划质量管理的依据、工具和技术及结果;
(4)实施质量保证的依据、工具和技术及结果;
(5)实施质量控制的过程、工具和技术及结果。

【导入案例】

王某是 Perfect 管理平台开发项目的项目经理。王某在项目启动阶段确定了项目组的成员,并任命程序员李工兼任质量保证人员。李工认为项目工期较长,因此将项目的质量检查时间定为每月 1 次。项目在实施过程中不断遇到一些问题,具体如下:

事件 1:项目进入编码阶段,在编码工作进行了 1 个月的时候,李工按时进行了一次质量检查,发现某位开发人员负责的一个模块代码未按公司要求的编码规范编写,但是此时这个模块已基本开发完毕,如果重新修改势必影响下一阶段的测试工作。

事件 2:李工对这个开发人员开具了不符合项报告,但开发人员认为并不是自己的问题,而且修改代码会影响项目进度,双方一直未达成一致,因此代码也没有修改。

事件 3:在对此模块的代码走查过程中,由于可读性较差,不但耗费了很多的时间,还发现了大量的错误。开发人员不得不对此模块重新修改,并按公司要求的编码规范进行修正,结果导致开发阶段的进度延误。

问题:影响项目质量的因素有哪些?请指出这个项目在质量管理方面可能存在哪些问题?

资料来源:https://www.cnitpm.com/(信管网)

7.1 项目质量管理概述

7.1.1 项目质量的含义及影响因素

1. 项目质量的含义

质量,通常指产品的质量,广义上还包括工作的质量。产品质量是指产品的使用价值及其属性,而工作质量是产品质量的保证,它反映了与产品质量直接有关的工作对产品质量的保证程度。

ISO 9000:2015 对质量的定义:质量是指产品或服务能满足规定或潜在需求的特性与特征的集合。根据 PMI 质量定义,质量是对一种产品或服务能满足对其明确或隐含需求的程度产生影响的该产品或服务特征和性质的全部。

从项目作为一次性的活动来看,项目质量体现在由工作分解结构反映出的项目范围内所有的阶段、子项目、项目工作单元的质量所构成,也即项目的工作质量;从项目作为一项最终产品来看,项目质量体现在其性能或者使用价值上,也即项目的产品质量。如果未能满足两个方面中的任何一个,均会对项目产品、部分或全部项目干系人造成消极后果。项目质量的实现是管理者的职责,要求参与项目组织的各级人员都对质量做出承诺,并要对各自相应过程和产品负责。

2. 项目质量的影响因素

影响项目质量的因素主要有人、机械设备、材料、方法和环境,通常简称为"人、机、料、法、环"(4M1E)。对这五方面因素的控制,是保证项目质量的关键。

(1)人的因素。人是直接参与施工的组织者、指挥者和操作者。人的思想素质、责任心、质量观、业务能力、技术水平等直接影响项目质量。因此要狠抓人的工作质量,充分调动人的积极性,发挥人的主导作用。

(2)机械设备的因素。合理使用机械设备,正确地进行操作,是保证项目质量的重要环节。机械设备维护、保养不良是产生质量偏差的原因之一。要注意当进行大量连续作业时,机具磨损、温度升高时,可能产生规律性偏差。

(3)材料的因素。材料主要包括原材料、零部件、构配件等。材料、零部件、构配件的质量应符合有关标准和设计的要求,要加强检查、验收,严把质量关。要注意不同批次、不同厂家的材料、零部件、构配件在质量上会存在差异。

(4)方法的因素。方法包括项目实施方案、工艺、组织设计、技术措施等。对方法的控制,主要通过合理选择、动态管理等环节加以实现。合理选择就是根据项目特点选择技术可行、经济合理、有利于保证项目质量、加快项目进度、降低项目费用的实施方法。动态管理就是在项目进行过程中正确应用,并随着条件的变化不断进行调整。

(5)环境的因素。影响项目质量的环境因素有很多,如技术环境、劳动环境和自然环境等。环境的突然变化会影响项目质量,如湿度的突然变化可能造成加工质量偏差,因此,应对可能造成质量偏差的环境因素采取有效的质量控制措施。

7.1.2 项目质量管理的含义及过程

1. 项目质量管理的含义

项目质量管理是指为了保证项目的可交付成果满足客户的需求,围绕项目的质量而进行的计划、协调和控制等活动。它包括如下几方面的内容。

(1)项目质量管理贯穿从企业质量方针政策的制定到用户对项目产品质量的最终检验的全过程,它是专门针对保障和提高项目质量而进行的管理活动。

(2)项目质量管理需要所有项目干系人的共同努力,它包括三个方面:一是项目客户、项目所属的公司和项目经理等关于质量目标、方针和职责的制定。二是项目管理人员根据上面所制定的质量目标、方针,制订项目质量计划。三是项目团队关于项目质量计划的具体实施方案。

(3)项目质量管理不仅包括项目产品的质量管理,而且还包括制造项目产品过程中工作质量的管理,因为项目最终产品的质量是由产品生产过程来保证的,只有保证高质量水平的生产过程,才能生产出高质量的产品。

项目质量管理的主要目的是确保项目的可交付成果满足客户的需求。项目团队必须与客户建立良好的关系,理解他们明确的以及隐含的需求,因为客户是项目质量是否达到要求的最终裁判者。

2. 项目质量管理的主要过程

项目质量管理包括规划质量管理、实施质量保证和实施质量控制三个过程。

(1)规划质量管理。规划质量管理是指识别项目及其可交付成果的质量要求或标准,并书面描述项目将如何证明符合质量要求的工作过程。

(2)实施质量保证。实施质量保证是指核对质量要求和质量控制测量结果,并确保采用合理的质量标准和操作性规章的工作过程。

(3)实施质量控制。实施质量控制是指监督并记录质量活动执行结果,并提出必要的变更建议的工作过程。

7.2 规划质量管理

规划质量管理是为实现项目的目标,确定项目所要达到的质量标准,以及如何达到该质量标准所进行的编制项目质量管理计划的工作,它包括制定项目质量的目标、确定采用的质量体系及其所要求的活动等。

在项目质量的计划编制中,重要的是确定每个独特项目的相关质量标准,把质量规划到项目的产品和管理项目所涉及的过程中去。

7.2.1 规划质量管理的依据及方法

规划质量管理的依据是项目管理计划、项目干系人登记表、风险登记表、项目需求文件、项目制约因素、组织过程资产。项目管理计划中有关于质量管理计划的相关内容,特别是关于质量基准的确定。项目干系人登记表有助于识别对质量有特别兴趣或影响的那些项目干系人。风险登记表包含可能影响质量要求的各种威胁和机会的信息。规划质量管理的工具和技术较多,主要有以下几种。

1. 成本收益分析法

成本收益分析法要求在制订项目计划时必须同时考虑项目质量的经济性。项目质量成本就是开展项目质量管理活动所需要的开支;项目质量收益就是开展质量活动带来的好处。在项目管理中,质量与经济成本与效益是相互依存、相互制约的。降低返工率是在使客户满意的质量要求条件下减少质量成本支出、增加利润的主要方式。使客户满意的质量要求包括两个方面:一是要达到客户的质量要求,满足客户"适用性"愿望,否则,势必造成需求与生产脱节,最终失去客户和市场,经济效益也就无从谈起;二是不能片面追求质量,擅自过分提高质量标准,要满足客户的"经济性"愿望,否则客户不堪承受额外的质量成本。因此,有必要以客户满意为标准,开展成本—收益分析。成本收益分析法的实质就是通过这种方法编制出能够保证项目质量收益超过项目成本的项目质量管理计划。

例如，建筑工程项目质量成本主要由外部故障成本（如保修费用、索赔费用等）、内部故障成本（如返工损失费、停工减产费等）、预防成本（如质量计划与工作费用、质量数据收集与分析费等）和鉴别成本（如进料、工序、竣工检验费等）四部分构成。其中，内外部故障成本基本上属于可避免成本，而鉴别成本与预防成本则属于必须发生的成本，增加一定的鉴别与预防成本可以大大减少故障成本。随着产品或服务质量的提高，内外故障成本是逐渐减少的，但是鉴别成本和预防成本却是增加的；因此，质量总成本先是随产品或服务质量的提高而减少，但降到中间某一点时，又开始增加，使总成本增加。所以说，并不是产品质量越低或越高就越好，而应该综合考虑，达到中间合适的质量点，从而使总成本降到最低点。

成本收益分析法就是一种合理安排和计划项目各种成本，使项目的质量总成本相对最低，而质量收益相对最高的一种项目质量计划方法。

2. 质量标杆法

质量标杆法就是以领先组织和优秀项目为标准或参考，通过资料收集，对其进行分析比较、跟踪学习，将实际进行中或计划之中的项目做法与其进行比较之后，进行项目质量规划和质量管理改善活动，力求使本项目的质量成为同类中的最优。如参照标杆项目的质量方针、质量标准、质量管理计划、质量工作说明文件等，结合本项目的实际情况来编制项目质量计划。但在编制本项目质量计划时，特别注意基准项目实际发生的质量问题和教训，制订详细的应急计划和采取一定的防范措施，以避免类似问题的再次发生。

3. 质量功能展开

质量功能展开（Quality Function Development，QFD）于20世纪70年代首创于日本，其核心思想是注重以市场需求为驱动，强调将客户需求转变为产品管理者、设计者、制造工艺部门和生产计划部门等人员均能理解的具体信息，从而保证能生产出符合市场需求的产品。QFD通常采用质量屋形式实现需求转换。

4. 流程图法

流程图是一个由箭头与连线联结的若干因素的关系图，表明了项目的工作流程及各活动之间的相互关系，其主要用于质量管理运行过程策划。编制项目流程图有助于明确项目质量管理的责任，找出可能产生质量问题的工作环节及确定解决项目质量问题的对策。

5. 实验设计法

实验设计法（Design of Experiment，DOE）是一种计划安排的分析技术，通过实验有助于鉴别哪些因素会对正在开发的流程或产品的特定变量产生影响。使用DOE可确定测试的类别、数量以及这些测试对质量成本的影响。DOE有助于产品或过程的优化，通过对实验数据的分析，可以了解产品或流程的最优状态，找到显著影响产品或流程状态的因素，揭示因素之间的相互影响和协调作用。如汽车工程师通过实验设计，确定悬架与轮胎如何搭配才能获得最理想的行驶性能，而成本又比较合理。

7.2.2 规划质量管理的结果

1. 项目质量管理计划

规划质量管理的结果之一是项目质量管理计划。项目质量管理计划描述了项目管理团队应如何实施质量方针,是对特定的项目、产品、过程或合同,规定由谁及何时使用哪些程序和相关资源的文件。项目质量管理计划包括:项目总质量目标和具体目标;使用流程图,展示质量管理流程和各项活动;在项目的各个不同阶段,具体分配职责、权限和资源;项目实施书面程序和指导书;对设计输入、设计输出、技术接口、设计评审和验证更改等环节进行质量控制的程序文件;有关阶段试验、检查、检验和评审大纲;更新检验技术、研究新的工艺方法和设备,用户的监督、验证;对质量记录、培训、服务等的要求。项目质量管理计划是质量管理工作的核心指导文件,是项目管理计划的一部分。

2. 项目质量核对表

项目质量核对表是一种结构化工具,具体列出各项核对内容,目的是用来检查和核对一系列步骤是否已经实施。基于项目的不同要求,质量核对表可繁可简。质量核对表用于质量控制过程。许多组织都有标准化的核对表,用来有规划地执行经常性任务。项目质量核对表常用形式见表 7.1。

表 7.1 项目质量核对表

阶段	内容
项目计划阶段	谁负责制订项目计划,其职责是什么?项目计划应该包括哪些内容?制订项目计划需要哪些信息,这些信息从哪里获取?项目计划的输出文档是什么,谁应该得到这些文档?项目管理过程将会用到哪些方法?哪些部门将受到项目的影响?这些部门的职责是什么?
项目实施和控制阶段	如何进行沟通和交流?如何激励员工?如何获取项目进展数据?需要哪些数据?什么时候召开项目会议?如何确定会议议题?项目文档如何归类,由谁负责保管?如何评估项目变更,由谁批准?如何汇报项目执行情况?由谁负责向谁汇报?如何处理冲突?

3. 过程改进计划

过程改进计划是项目管理计划的组成部分,其详细说明对项目管理过程和产品开发过程进行分析的各个步骤,以便于确定浪费和非增值活动。

4. 质量测量指标

质量测量指标是质量规划过程的输出,用非常具体的语言描述项目或产品属性及在质量控制过程中如何对其进行测量。质量测量指标不是一个固定不变的"值",而是一个"范围",如果实测数据或结果在范围内,即被认为是符合要求的。这个范围称为"公差"。质量保证和质量控制过程都将用到质量测量指标。质量测量指标可以是准时性、缺陷频率、故障率、可用性、可靠性和试验范围合格等。

5. 更新的项目文档

质量规划时需要更新的项目文件包括项目干系人登记表、风险登记表、责任分配矩阵、WBS 和 WBS 词典等其他相关质量管理文件。

7.3 实施质量保证

质量保证是为了提供信用,证明项目将会达到有关质量标准,通过经常性地对项目质量计划的执行情况进行评估、核查和改进系统实施过程,以防缺陷的发生而提前采取措施,确保项目质量计划的顺利实施,使项目质量能够满足客户的要求。质量保证应向项目团队、客户和其他项目干系人提供,其主要内容包括制定科学、合理、可行的质量标准;建立质量保证体系;定期评价总体项目执行情况,并开展有计划的质量改进活动,以确保各项质量要求达到预期的目标。

7.3.1 实施质量保证的依据

实施质量保证的依据是项目质量管理计划、过程改进计划、质量测量指标、批准变更文件等。其中质量管理计划为整体项目计划提供依据,过程改进计划详细说明了对项目管理过程和产品开发过程进行分析的各个步骤,质量测量指标说明在质量控制过程中如何测量项目或产品属性,并给出了符合要求的"公差"范围。

7.3.2 实施质量保证的工具和技术

1. 质量审计

质量审计是用于项目质量保证的一种结构化审核方法。质量审计能够找出可改进项目质量的问题,从而促进项目质量的改善与提高。质量审计可以是有进度计划的,也可以是随机的,可以由训练有素的内部审计人员进行,也可以由第三方(如 ISO 9000 认证中心)进行,然后将结果通知项目组织,以便开展项目质量的持续性改进和提高工作。

2. 过程分析

过程分析是指按照过程改进计划列明的步骤,从组织和技术角度识别所需的改进。其中,也包括对遇到的问题、约束条件和无价值活动进行检查。过程分析包括根源分析,即分析问题和情况,确定促成该问题或情况产生的根本原因,并为类似问题制定纠正措施。

3. 质量控制工具和方法

质量控制工具和方法也适用于质量保证,具体内容可参考7.4.3。

7.3.3 实施质量保证的结果

实施质量保证的结果包括质量改进措施、更新的项目管理计划、更新的组织过程资产、更新的项目文档。

1. 质量改进措施

质量改进措施是指在进行质量保证活动(如审计和分析过程)后立即推进采取的措施,从而提高实施组织的质量政策、过程和程序的效率和效力,进而为所有项目干系人带来增值。

2. 更新的项目管理计划

质量改进措施会引发质量管理计划的更新,这些更新包括纳入已经完成过程,但持续改进时其循环须从头开始的过程,以及已识别、确定并准备就绪有待实施的过程改进。申请的项目管理计划及其从属计划的变更(修改、增添获删除),通过整体变更控制过程进行审查和处理。

3. 更新的组织过程资产

更新的组织过程资产包括更新的质量标准等,更新后的质量标准为项目实施组织的质量过程和相关要求及其实施效率进行验证,在质量控制过程中也将用到质量标准。

4. 更新的项目文档

上述各项质量保证结果的更新将使相关的项目文件随之更新,包括质量审计报告、培训计划以及过程文件等。

7.4 实施质量控制

7.4.1 实施质量控制的含义

实施质量控制是为了使项目的产品质量符合要求,在项目的实施过程中,对项目质量的实际情况进行监督,判断其是否符合相关的质量标准,并分析产生质量问题的原因,从而制定出相应的措施来消除导致不符合质量标准的因素,确保项目质量得以持续不断地改进。质量控制贯穿于项目质量管理的全过程。实施质量控制,其核心是改进质量,并通过接受决定、返工及过程调整等方式实现。

质量控制与质量保证既有联系又有区别。两者的目标都是使项目质量达到规定的要求,因此,在项目质量管理的过程中,它们是互相交叉、相互重叠的。但是,质量控制是一种纠偏性和把关性的过程,它直接对项目质量进行监控,并对项目存在的质量问题进行纠正,消除质量偏差,相当于疾病治疗;而质量保证是一种预防性的、保障性的过程,它只是从项目质量管理组织、程序、方法等方面做一些辅助性的工作,相当于疾病预防,其目的是防止缺陷的发生。

7.4.2 实施质量控制的过程

项目质量控制是指在项目的实施过程中,对项目质量的实际情况进行监督。它是质量管理的一部分,致力于使产品满足质量要求。项目质量控制的目的就是确保项目质量能满足有关方所提出的质量要求(如适用性、可靠性、安全性等)。项目质量控制的范围涉及项目质量形成全过程的各个环节。项目质量控制应贯彻预防为主与检验把关相结合的原则,在项目形成的每一个阶段和环节,都应对影响工作质量的人员、机器、材料、方法等因素进行控制,以便及时发现问题,使问题在早期得到解决,减少经济损失。

图 7.1 实施质量控制过程

实施质量控制过程主要有 7 个步骤,如图 7.1 所示。这 7 个步骤可归纳为四个阶段:计划(Plan)、实施(Do)、检查(Check)和处理(Action)。在项目质量控制中,这四个阶段循环往复,是一种持续改进的方法,也称为 PDCA 循环。

7.4.3 实施质量控制的依据及方法

实施质量控制的依据包括质量管理计划、项目质量工作说明、质量核对表、质量工作绩效状况、批准的变更请求、可交付成果、组织过程资产等。项目质量工作说明可以把项目质量的最终要求转变成项目质量控制的具体标准和参数。质量控制的方法可分为总体方法和技术操作方法两大类。

1. 总体方法

从不同的角度分析，质量控制有不同的内容。这里以大型产品研制项目为例，说明实施质量控制的具体做法。

（1）弄清所要求的产品是什么，要达到目标需要什么样的产品设计。客户最关心的是产品的质量，而生产单位在决定产品投产前往往注重的是产品的外观。这一现象就会引起合同、设计图纸、标准规范等技术资料和数据的修改与重新匹配。不断改进产品设计、修改图纸，保证质量，就必须进行产品构型与技术资料状态控制。对技术资料的控制可通过编制、校对、审核、批准等程序进行。

（2）材料和供货渠道的控制。材料包括原材料、产品、半成品和构配件等。控制措施包括：进行供应商等级认可，形成定点采购；遵循严格审批程序，选择供应商；由质保部门对供应商进行初始评审和年度系统评审，来决定是否保持供应商资格；对供应商提供的材料进行考核和评估，如发现有质量问题，发出纠正措施通知。

（3）产品质量记录的控制。质量记录应存档，便于查询。产品质量记录控制的重点在于保证记录不被篡改、正确完整、归零。归零是指检验员每验收一份质量记录，都要在目录表上登记盖印，直到所有执行项目和不符合项目全部盖印注销完毕为止。

（4）非合格品的控制。重点在于拒收并同合格品隔离，记录在案，调查原因，监督纠正。除隔离外，还有两项重要措施：一是将不合格品记录在案，即每一份不合格记录表格列出的问题都应处理完毕，否则不准进入下一阶段；二是不合格品评审控制，由相关部门成立不合格品评审委员会，该机构是处理不合格品的最高权力机构，有权最后确定授权人员对不合格品的处理结论。

（5）人的控制。是指对直接参与项目的组织者、指挥者和操作者进行控制。人员素质是影响产品质量的最重要的因素。首先是人员资格认证控制，即所有参与产品生产的人员都必须经过培训和考核；其次是印章控制，即有关人员必须持有表明其资格的印章上岗，在一切记录上盖章，以示负责；四是提高人的质量意识，形成人人重视质量的项目人文环境，这一点是最重要的。

（6）工具设备的控制。应根据项目的不同特点，合理选择、正确使用、管理和保养工具设备。

（7）方法的控制。包括项目实施方案、工艺、组织设计、技术措施等。对方法的控制主要是通过合理选择和动态管理等环节加以实现。合理选择是指根据项目特点选择技术可行、经济合理、有利于保证项目质量、加快项目进度、降低项目费用的实施方法。动态管理是指要在项目过程中正确应用，并随着条件的变化不断进行调整。

（8）项目不同阶段的质量控制。项目的不同阶段对质量有不同的影响，所以其质量控制的重点也不同。项目决策阶段的质量控制主要包括项目的可行性研究和项目决策两个方面。项目设计阶段的质量控制应根据决策阶段已确定的质量目标和水平,使其具体化。项目实施阶段的质量控制包括事前质量控制(技术准备、物质准备、组织准备)、事中质量控制和项目完成阶段的质量控制。

2. 技术操作方法

具体实践中,质量控制常用的技术操作方法如下。

(1)统计抽样法。它是指选择一定数量的项目工作样本,然后通过检验样本得到的统计数据去推断项目总体的质量情况,来获得项目质量的信息和开展项目质量控制的方法。

对项目实际执行情况的统计值是项目质量控制的基础,统计样本涉及样本选择的代表性,合适的样本通常可以减少项目控制的费用,项目管理组有必要熟悉样本变化的技术,需要一些样本统计方面的知识,通过选择一定数量的样本进行检验,从而推断总体的质量情况,以获得质量信息和开展质量控制。这种方法适用于大批量生产的质量控制,因为样本比总体减少许多,因此可以减少质量控制的成本。由于项目的一次性特征,决定了项目必须一次成功,不允许失败。因此,该方法对大型项目产品来说风险性较大,有一定的局限性,只在某些项目零件的生产中使用这种方法。

(2)控制图。控制图又称管理图。它是一种有控制界限的图,用来区分引起质量波动的偶然原因和系统原因,可以提供系统原因存在的信息,从而判断工作过程是否处于受控状态。控制图可以用来监控任何形式的输出变量,可以用于监控进度和成本变化、范围变化的量度和频率、项目说明中的错误等。如图7.2所示。

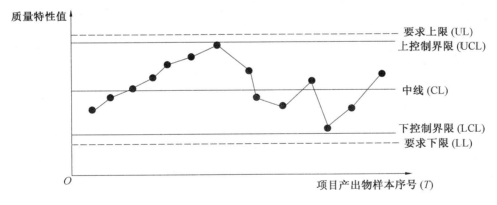

图7.2 控制图

图7.2中上/下控制界限表示变化的最终限度,当在连续的几个设定间隔内变化均指向同一方向时,就应分析和确认项目是否处于失控状态。当确认项目过程处于失控状态时,就必须采取纠偏措施,调整和改进项目过程,使项目过程回到受控状态。控制图法是建立在统计抽样法基础之上的,它利用原来统计的有效数据建立控制界限,如果项目过程不受异常原因的影响,从项目运行中观察得到的数据将不会超出这一界限。

(3)帕累托图,又称排列图法。它是一种按频率排序的直方图,可以显示可识别原因的种类和所造成结果的数量。等级排序用于指导纠正措施——项目团队应采取措施首先解决造成最大数目关键缺陷的问题,如图7.3所示。

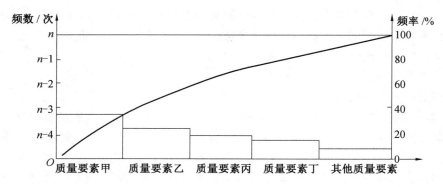

图 7.3 帕累托图

帕累托图把影响质量的因素按影响程度大小排列起来,以分清主次。该图有两条纵轴,左侧纵轴表示不合格品的频数,右侧纵轴表示不合格品的累计频率;横轴表示各种影响因素,这些因素按影响程度从左到右排列,每个直方形的高度表示某个因素的影响程度。根据累计频率折线可对影响因素进行分类:A—70% ~ 80%,即"关键的少数",是主要因素;B—80% ~ 90%,是次要因素;C—90% ~ 100%,属一般因素,B 和 C 类构成了"次要的多数"。这样就找出了主要矛盾 A,就可以组织攻关解决质量问题。图中的甲、乙、丙3 个因素是主要因素;丁为次要因素,其他因素为一般因素,合起来构成次要的多数。

(4)因果分析图(又称鱼骨图)。这种图直观地反映了潜在问题或结果与各种因素之间的联系。它主要用于分析产生质量问题或缺陷的可能原因,然后确定其中最主要的原因,进行有的放矢的处置和管理。图 7.4 分析了混凝土强度不合格的原因,首先把混凝土施工的生产要素,即人、机械、材料、施工方法和施工环境作为第一层面的因素进行分析;然后对第一层面的各个因素,再进行第二层面的可能原因的深入分析。依此类推,直至把所有可能的原因,分层次地一一罗列出来。

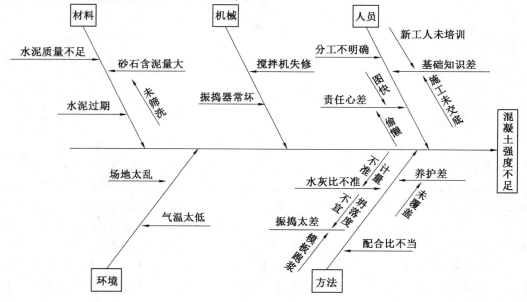

图 7.4 混凝土强度不合格因果分析图

(5)直方图。直方图是一种特殊形式的条形图。用于描述集中形式、分散程度和统计分布形状。与控制图不同,直方图不考虑时间对分布内的变化的影响。直方图的每一栏代表一个问题或情况的一个特征或属性,每个栏的高度代表该种特征或属性出现的相对频率。通过观察直方图的形状,判断生产过程是否稳定,预测生产过程的质量。

(6)散点图。散点图显示两个变量之间的关系和规律。通过该工具,质量团队可以研究并确定两个变量的变更之间可能存在的潜在关系。将独立变量和非独立变量以圆点绘制成图形。两个点越接近对角线,两者的关系就越紧密。

(7)趋势分析法。这也是统计学中常用的方法,是根据历史结果,利用统计分析和预测的原理(包括回归分析、相关分析、趋势外推分析等),预测项目质量未来的发展趋势和结果的一种质量控制方法。通过对时间数列做长期趋势的分析,可以掌握现象活动的规律性,并对其未来的发展趋势做出判断和预测。这种分析常用于技术执行情况、成本和时间计划执行情况的监控。在技术执行情况下,用来鉴定错误和缺陷的数量;在成本时间计划执行情况下,用来衡量在一段时间内完成重大偏差纠正活动的数量。

(8)检查。检查工作成果是否符合相关标准。检查可以在任何层次上进行,如检查单项活动的成果或项目最终成果。也要对所有批准的变更请求进行审查,核实是否已按批准的方式得到实施。如项目中建立质量例会制度,每周各级质量管理部门搜集检查施工过程中的质量问题和质量隐患,半个月召开一次质量例会,各级质量负责人与设计单位代表参加会议,分析问题,找出解决办法;搜集质量隐患和施工难点,改进施工工艺。每月对各施工单位进行质量评比后奖优罚劣。

7.4.4 实施质量控制的结果

1. 项目质量改进

项目质量改进是项目质量控制最主要的成果,主要采用质量改进建议和质量改进行动两个方法。项目质量改进建议是要求和倡导项目团队成员提出项目质量改进建议,从而更好地保证项目质量的一种方法。项目质量改进行动是指根据项目质量改进建议而确定的具体工作方法。项目质量改进可以用于提高项目的效率和效果,给项目组、项目客户带来更多的收益。

2. 验收或返工决定

通过对项目质量进行检验,决定是否接受项目的质量。如果项目质量达到规定的标准,就验收合格;如果项目质量没有达到标准,则要对项目进行返工,直到达到标准。为此,项目团队应该采取有效的控制措施,避免返工。

3. 项目调整

项目调整是指当项目质量控制中存在的较为严重的质量问题或项目的某项活动存在严重的质量问题,对整个项目的影响较大,已经无法满足客户的质量要求时,就需要对项目的活动进行纠错和预防,与客户协商调整项目的质量标准。项目调整一般是按照整体变更的程序来进行的。

4. 更新的项目管理计划

对项目管理计划进行更新,有助于反映实施质量控制过程产生的质量管理计划变更。申请的项目管理计划及其从属计划的变更需要通过整体变更控制过程进行审查和处理。

5. 更新的组织过程资产

需要更新的组织过程资产包括:①完成的核对表,如果使用了核对表,则完成的核对表应成为项目记录的一部分;②经验教训文档,偏差成因、采取纠正措施的理由,以及从质量控制中得到的其他经验教训都应记录下来,成为项目和项目组织历史数据库的一部分。

6. 更新的项目文档

需要更新的项目文档可能涉及变更请求、项目管理计划、组织过程资产的有关文档等。

【思考与训练】

1. 什么是项目质量?影响项目质量的主要因素有哪些?
2. 描述项目质量管理的主要过程。
3. 以建筑工程项目为例,说明项目的质量成本的构成。
4. 项目质量控制的方法有哪些?
5. 质量控制与质量保证的区别是什么?
6. 如果你所生活的城市在地震影响的范围内,请观察你周围的建筑物是否出现了质量问题。随机向十名亲友了解他们单位的建筑物或住宅质量是怎样的,整理统计结果,然后与同学交换数据,看看你的结论是否具有代表性。

第8章 项目沟通管理

【学习目标】

通过本章学习,你应掌握如下内容:
(1)项目沟通的含义及类型;
(2)项目沟通管理的含义及过程;
(3)规划沟通管理的依据、工具和技术与结果;
(4)管理沟通的依据、工具和技术与结果;
(5)控制沟通的依据、工具和技术与结果。

【导入案例】

位于纽约港的韦拉扎诺海峡大桥在1964年完工之初是全世界最长的悬索桥,奥斯马·阿曼是大桥的总设计师兼项目经理。韦拉扎诺海峡大桥因结构简单、造型别致而闻名于世。一个叫莫里斯的年轻人在这个项目中的作用却鲜为人知。莫里斯当时只是一个25岁的小伙子,从MIT毕业来到了奥斯马的建筑设计公司。

韦拉扎诺海峡大桥项目对奥斯马来说是一个新的挑战,这是市政府该年度的重点项目,不仅要求把纽约港的布鲁克林和斯塔顿两个小岛连接起来,以解决交通上的难题,而且还要求该桥具有一定的艺术风格,以作为纽约港的一道风景。

经过近3个月的勘探和设计,项目组设计出了吊桥方案,奥斯马对项目的设计和计划都颇为满意。在一个落日的黄昏,奥斯马来到了布鲁克林岛,望着对面的斯塔顿岛自言自语道:"这将是一道美丽的风景。"显然已沉浸在自己的伟大计划中。"可是,能否找到一种更好的设计方法使这道风景流芳百世呢?"这时身边突然出现一个小伙子。奥斯马从落日美景中突然惊醒,马上想起了眼前这个小伙子正是两年前来到自己公司的莫里斯。"难道我的设计有什么不正确的地方吗?"奥斯马试探着向莫里斯问道。"如果要把桥梁设计成弧形,压力将会更小一些",莫里斯短短的一句话无异于对整个项目设计的否定。

在项目会议上这个问题再次被提了出来。"谁能保证技术上的成功性?"设计师詹姆斯首先提出了质疑。"一座弧形的桥梁架在两岛之间确实是纽约港的一道美丽彩虹,而且建筑史上也早有先例,比如中国的赵州桥",另一位设计师布朗对莫里斯的设想显示出了强烈的兴趣。"可是那座桥只有50余米,而我们的大桥将是它的几十倍!""但是弧形桥梁的压力确实会减少很多",奥斯马一边聆听团队成员的争论,一边陷入了苦苦的思索中。

面对相持不下的局面,最后奥斯马亲自担任设计组组长,对弧形桥梁方案和吊桥方案进行了认真的研究和对比,并最终做出了决策:采用弧形桥梁方案。

这座美丽的桥梁就这样诞生了。

问题：在韦拉扎诺海峡大桥项目设计过程中，项目经理奥斯马和团队成员进行了怎样的沟通？所采用的沟通方式是否有效？

资源来源：骆珣.项目管理教程[M].北京：机械工业出版社，2010.

8.1 项目沟通管理概述

8.1.1 项目沟通的含义

要实现项目目标，在项目执行过程中需要项目参与各方的积极配合。项目内外部条件的变化也会影响项目的成败。项目有关各方对项目的期望也会在项目执行过程中发生变化。以上这些都需要有效的项目沟通，使需要信息的人能够从合适的信息提供者那里及时、便捷地获得所需要的信息。

项目沟通就是项目团队成员之间、项目干系人之间所进行的项目信息的发出和接收的双向、互动的反馈和理解的过程。沟通行为包括两个方面：信息发布者（沟通主体）说的方面和信息接收者（沟通客体）听的方面，二者缺一不可。如果发布者的信息没有被传递到接收者则不能断定沟通行为的发生。更进一步讲，要想使沟通行为成功有效发布者所发布的信息不仅需要传递给接收者，而且还要使接收者正确地理解所收到的信息。完美的沟通应该是在信息经过传递之后，接收者感知的信息同发送者发出的信息完全一致。

项目沟通是一个动态的过程，完整的项目沟通过程如图8.1所示。

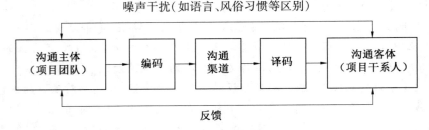

图8.1 反馈项目沟通过程

(1)沟通主体，即信息的发出者或来源。
(2)编码，是指沟通主体采取一定的形式来传递信息的内容。
(3)沟通渠道，即媒体。
(4)译码，是指沟通客体对接收到的信息所做出的解释、理解。
(5)沟通客体，即信息的接收者。
(6)反馈，即沟通客体的反应。

8.1.2 项目沟通的类型

1. 按照项目组织系统划分

按照项目组织系统，沟通可分为正式沟通和非正式沟通。

(1)正式沟通。正式沟通是指以项目正式组织系统为渠道的信息传递，如组织之间的公函来往、组织内部的文件传达、召开会议、组织规定的汇报制度等。正式沟通的优点是:沟通效果好,约束力较强,易于保密,可以使沟通保持权威性。缺点是:依靠组织系统层层传递,比较刻板,沟通的速度较慢。

(2)非正式沟通。非正式沟通是指以项目非正式组织系统或个人为渠道的信息传递,如项目团队成员之间的私下交谈、小道消息等。非正式沟通的优点是:灵活、方便,直接明了,速度快,能够了解到一些正式沟通中难以获得的信息。缺点是:非正式沟通难以控制,传递的信息不准确,容易造成信息失真。

在项目管理中要认识非正式沟通的存在,并利用非正式沟通为己方服务。

2. 按照信息传递方向划分

按照信息传递方向,沟通可分为上行沟通、下行沟通和平行沟通。

(1)上行沟通。上行沟通是指下级的意见向上级反映,即自下而上的沟通。如向上级反映情况、意见、要求和建议等。上行沟通有两种形式:一是层层传递,即根据一定的组织原则和程序逐级向上级反映;二是越级反映,是指员工直接向项目最高决策者反映意见,减少了中间环节。

(2)下行沟通。下行沟通是上级向下级发布命令和指示的过程,即自上而下的沟通。如将项目目标、计划方案等传递给基层,发布组织消息,对组织面临的一些具体问题提出处理意见等。这种沟通方式的目的在于让员工明确组织的目标儿与有关工作方面的指示,了解工作及其任务的关系,给成员提供关于程序和实务的资料儿等。

(3)平行沟通。平行沟通也称为横向沟通,它是指同级之间的横向信息传递。平行部门之间的沟通可以有效地减少各部门之间发生矛盾和冲突。

3. 按照信息是否反馈划分

按照信息是否反馈,沟通可分为单向沟通和双向沟通。

(1)单向沟通。单向沟通是指沟通主体和沟通客体两者的角色不变,一方只发送信息,另一方只接收信息,如做报告、发布指令等。这种方式传递信息快,但是没有反馈,准确性较差,易使接收者产生抗拒心理。

(2)双向沟通。不同于单向沟通,在双向沟通中,沟通主体和沟通客体两者的角色不断交换,且沟通主体是以协商和讨论的态度来面对沟通客体的,信息发出以后还要认真听取客体的反馈意见,必要时双方可进行多次沟通,直到双方满意为止。双向沟通的气氛活跃,准确性较高,沟通客体能够表达自己的意见,有助于建立良好的人际关系。但是,沟通主体可能会受到客体的质询、批评,因此心理压力较大。而且,这种方式传递信息的速度较慢。

4. 按照沟通方式划分

项目组织中最普遍使用的沟通方式有,口头沟通、书面沟通、非言语沟通和电子媒介沟通等。

(1)口头沟通。口头沟通是指运用口头表达进行信息交流活动,如谈话、游说、演讲、小组讨论、聊天,以及传闻、小道消息等。口头沟通是人们经常使用的方式,绝大部分信息是通过口头传递的。对项目经理而言,如果项目组织中的重要决策通过口头方式进行传送,则信息失真的可能性相当大。

(2)书面沟通。书面沟通是指用书面形式所进行的信息传递和交流,如通知、文件、报刊、备忘录等。书面沟通具有提供记录、可供参考和法律防护依据的作用。对于复杂或长期的沟通来说尤为重要。但是书面沟通要比口头沟通花更多的时间,效率偏低。另外,书面沟通不具备快速有效的反馈机制。

(3)非言语沟通。在人际沟通中,非言语沟通最为主要的是体态言语和语调。体态言语包括手势、面部表情和其他身体动作。面部表情、手部动作,以及其他肢体动作能够清楚地传达一个人的情绪或者性情。事实上,任何口头沟通都包含非言语的信息,非言语的信息对沟通具有非常大的影响。

(4)电子媒介沟通。在信息经济时代,组织对互联网、局域网、管理信息系统、通信技术等新技术的广泛应用,使电子媒介得到极大的普及,特别是电子邮件,在商界被广泛地应用,以至许多职员和管理者也因此成为远程办公者。电子媒介的发展,已经深刻地改变了组织的结构和人们的沟通方式。

四种沟通方式的比较见表8.1。

表8.1 四种沟通方式的比较

沟通方式	举例	优点	缺点
口头	交谈、讲座、讨论会、电话	比较灵活、速度快,双方可以自由交换意见	传递中经过的层次越多,信息失真越严重,核实越困难
书面	报告、备忘录、信件、文件、内部期刊、布告	持久、有形,可以作为资料长期保存,可反复查阅、核实	效率低、缺乏反馈
非言语	声、光信号,体态、语调	信息内容丰富、灵活	传递距离有限、界限含糊、只可意会不可言传
电子媒介	传真、电视、网络、电子邮件	快速传递、信息量大、远程传递、一份多人、廉价	单向传递

项目经理最重要的工作之一就是沟通,通常花在这方面的时间应该占到全部工作的75%~90%。良好的交流才能获取足够的信息、发现潜在的问题、控制好项目的各个方面。一个优秀的项目经理,应该清楚不同的沟通方式各有其特点,在不同的场景下发挥的作用也不同。而且能够在明确沟通目的的前提下,根据背景情况(沟通内容的性质、与沟通对象之间的关系等),合适地选择沟通场景(地点、时间、氛围等),灵活运用和组合沟通方式达到最佳沟通效果。

8.1.3 项目沟通管理的含义及过程

1.项目沟通管理的含义

项目沟通管理是指为了确保项目信息的合理收集和传递,对项目信息的内容、信息传递的方式、信息传递的过程等所进行的全面管理活动。项目沟通管理是解决项目实施过程中的沟通障碍和冲突问题,并保证项目最终顺利完成的重要前提。

在项目管理中,项目沟通管理是其他各方面管理的纽带。项目沟通管理是项目管理的一个重要组成部分,也是影响项目成败的重要因素。在项目的整个生命期中,项目团队与客户的沟通,保证了项目团队能够得到最大的支持;项目团队与供应商之间的沟通,使得项目团队和供应商之间保持着良好的关系;项目团队内部的沟通,使得项目团队成员保持较高的士气。所有这些沟通,将贯穿项目生命期的始终。

2. 项目沟通管理的主要过程

项目沟通管理包括规划沟通管理、管理沟通和控制沟通三个过程。

（1）规划沟通管理。规划沟通管理是指针对项目干系人的沟通需求及组织过程资产进行分析,从而确定项目沟通计划的过程。

（2）管理沟通。管理沟通是指根据沟通管理计划,生成、收集、分发、储存、检索及最终处置项目信息的过程。

（3）控制沟通。控制沟通是指项目整个生命期内对项目干系人沟通进行监督和控制的过程,随时确保所有沟通参与者之间信息传递的最优化。

8.2 规划沟通管理

规划沟通管理是项目沟通管理的第一步,是对项目干系人的沟通需求及组织过程资产进行分析,从而制订项目沟通计划的工作过程。在沟通计划中必须明确以下问题,即与谁沟通、在何时沟通、与其沟通什么信息以及采取何种方式提供信息等。不恰当的规划沟通管理有可能导致诸如沟通对象错误、提交信息延迟等错误的发生。规划沟通管理为项目经理提供了与项目干系人进行有效且高效沟通的依据。有效沟通意味着在合适的时间,以合适的形式提供有正面影响的信息。高效沟通意味着仅提供必要的信息。规划沟通管理需尽早确定,应和项目计划的制订时间相一致。

8.2.1 规划沟通管理的依据

规划沟通管理的依据包括项目管理计划、干系人登记册、事业环境因素、组织过程资产等。需要注意的是规划沟通管理与事业环境因素和组织结构密切相关,因为项目的组织结构对项目的沟通要求有重大影响。其他内容已在前面章节介绍过,这里不再赘述。

8.2.2 规划沟通管理的工具和技术

1. 沟通需求分析

虽然所有的项目都需要信息沟通,但是信息需求和信息传递的方式差别可能很大。因此,确定项目干系人的信息需求并在此基础上决定满足信息需求的方式,是项目成功的关键。通过沟通需求分析,可得出项目各干系人信息需求的总和。沟通需求分析的本意在于防止项目干系人因过多的细节内容而应接不暇。

项目经理应清楚明确何种信息发给哪个项目干系人是十分重要的。通过对项目干系人需求的分析,可以避免不必要的信息传递,减少资源浪费。项目经理和项目团队应对不同项目干系人的信息需求进行分析,并考虑他们所需信息的来源和渠道,以及如何有效地满足他们的信息需求。确定项目沟通需求需要的信息通常包括以下几方面:①组织结构图。②项目组织和项目干系人职责关系。③项目中涉及的学科、部门和专业。④多少人参与项目、在何地参与项目等后勤物流因素。⑤内部信息需求(如跨越组织的沟通)。⑥外部信息需求(如与媒体、公众或承包商的沟通)。⑦项目干系人信息和沟通需求。

2. 沟通技术

常用的项目沟通技术主要有个别会谈、集体会议、视频会议、电话会议、计算机聊天和其他远程沟通方法。

可以影响项目的沟通技术因素包括以下几方面：①对信息需求的紧迫性。②技术的可用性。③易用性。④项目环境。⑤信息的敏感性和保密性。项目管理者需要结合以上因素选择最合适的沟通技术。

8.2.3 规划沟通管理的结果

1. 项目沟通管理计划

规划沟通管理的结果之一是项目沟通管理计划。沟通管理计划是一个文件，它提供、收集和归档沟通的结果，详细说明哪种方法将被用来收集和存储各类信息。沟通管理计划的内容包括项目干系人沟通要求；要发布信息的格式、内容、详细级别、使用的约定、定义等；信息接收的个人或组织；传达信息所需的技术和方法、沟通频率、更新和细化的方法等。根据项目需要，项目沟通管理计划可以是正式的或非正式的；可以是详细的或提纲式的。沟通管理计划是项目管理计划的一部分。

需要强调的是，项目沟通管理计划极为关键的内容是确定并限制谁与谁沟通，以及谁是信息接收人。同时也可包括项目状态会议、项目团队会议、网络会议和电子邮件等方面的指导原则。如果在项目活动中的项目网址和项目管理软件使用较为频繁，那么这些内容也应该被加入到沟通管理计划中。

2. 项目文件更新

可能需要更新的项目文件包括（但不限于）：项目进度计划；干系人登记册等。

8.3 管理沟通

管理沟通是根据沟通管理计划生成、收集、分发、储存、检索及最终处置项目信息的过程。该工作过程的主要作用包括两个方面：一是满足项目干系人之间的沟通需求；二是实现项目干系人之间的更有效率的沟通。

8.3.1 管理沟通的依据

1. 沟通管理计划

沟通管理计划描述如何对项目沟通进行规划、结构化和监控。

2. 工作绩效报告

工作绩效报告汇集了项目绩效和状态信息，可用于促进讨论和建立沟通。报告的全面性、准确性和及时性对有效开展本过程非常重要。

3. 事业环境因素

能够影响管理沟通过程的事业环境因素包括（但不限于）：①组织文化和结构。②政府或行业标准及规定。③项目管理信息系统。

4. 组织过程资产

能够影响管理沟通过程的组织过程资产包括（但不限于）：①有关沟通管理的政策、程序、过程和指南。②相关模板。③历史信息和经验教训。

8.3.2 管理沟通的工具和技术

1. 项目信息发布工具

项目信息发布是指在项目整个生命期内,及时收集信息并与项目干系人共享信息,将信息发布给相关项目干系人的活动。

可以采用的项目信息发布方式有:①项目管理信息系统,如手工归档系统和共享电子数据库等。②电子通信和项目会议工具,如传真、电子邮件、电话信箱留言、电话、可视电话会议、网络会议。③项目管理电子工具,如进度计划编制网络界面、项目管理软件、会议和虚拟办公室支持软件、网站和协作工作管理工具。

2. 报告绩效

报告绩效是指搜集所有绩效信息,并向干系人提供绩效信息的过程。绩效信息是指为实现项目目标而投入的资源的使用情况,一般来说应提供范围、进度、成本、质量、风险和采购等实际发生情况的信息。绩效报告将实际发生数据与计划数据进行比较,以便更好地预测项目结果。

由于项目干系人的影响力及其关注问题角度的差异,项目经理及其团队需要向相关项目干系人适度提供信息,即可以根据不同的项目干系人选取不同的详细程度或者不同的报告内容。简单的状态报告可显示诸如"完成百分比"的绩效信息,或每个领域(即范围、进度、成本和质量)的状态指示图。较为详尽的报告可能包括:对过去绩效的分析;项目预测分析,包括时间与成本;风险和问题的当前状态;本报告期所完成的工作;下个报告期需要完成的工作;本报告期被批准的变更的汇总;需要审查和讨论的其他相关信息。

8.3.3 管理沟通的结果

1. 项目沟通报告

项目沟通报告可包括(但不限于)绩效报告、可交付成果状态、进度进展情况和已发生的成本等内容。受信息紧急程度、信息传递方法和信息机密程度等相关因素的影响,项目沟通报告的内容可以由项目组织自行决定。

2. 更新的项目管理计划

在管理沟通过程中需要依据规划沟通管理中修改的部分对项目管理计划进行必要更新,以反映规划沟通管理的修改。

3. 更新的项目文档

可能需要更新的项目文档包括(但不限于):①问题日志。②项目进度计划。③项目资金需求。

4. 更新的组织过程资产

可能需要更新的组织过程资产包括(但不限于):①给利益相关者的通知(如已解决的问题、已批准的变更和项目总体状态的信息)。②项目报告。包括经验教训总结、问题日志等。③项目演示资料。④项目记录。包括往来函件、备忘录、会议纪要等。⑤利益相关者的反馈意见。⑥经验教训文档。

8.4 控制沟通

控制沟通是在整个项目生命周期中对沟通进行监督和控制的过程,以确保满足项目利益相关者对信息的需求。本过程的主要作用是,随时确保所有沟通参与者之间信息流动的最优化。

8.4.1 控制沟通的依据

控制沟通的主要依据包括项目管理计划、项目沟通报告、问题登记簿、工作绩效数据、组织过程资产。其中问题登记簿是一种用来记录与监督问题解决情况的工具。其他依据前文已经介绍过,这里不再赘述。

8.4.2 控制沟通的工具与技术

1. 项目信息管理系统

项目信息管理系统为项目经理获取、储存和向利益相关者发布有关项目成本、进度和绩效等方面的信息提供了标准工具。项目经理可借助软件包来整合来自多个系统的报告,并向项目利益相关者分发报告。例如,可以用报表、电子表格和演示资料的形式分发报告,也可以借助图表把项目绩效信息可视化。

2. 专家判断

项目团队经常依靠专家判断来评估项目沟通的影响、采取行动或进行干预的必要性、应该采取的行动、对这些行动的责任分配,以及行动时间安排。可能需要针对各种技术和/或管理细节使用专家判断。专家判断可以来自拥有特定知识或受过特定培训的小组或个人,例如:①组织中的其他部门。②顾问。③利益相关者,包括客户或发起人。④专业和技术协会。⑤行业团体。⑥主题专家。⑦项目管理办公室(PMO)。之后,项目经理在项目团队的协作下,决定所需要采取的行动,以便确保在正确的时间把正确的信息传递给正确的受众。

3. 会议

在本过程中,需要与项目团队展开讨论和对话,以便确定最合适的方法,用于更新和沟通项目绩效,以及回应各利益相关者对项目信息的请求。这些讨论和对话通常以会议的形式进行。会议可在不同的地点举行,如项目现场或客户现场,可以是面对面的会议或在线会议。项目会议也包括与供应商、卖方和其他项目利益相关者的讨论与对话。

8.4.3 控制沟通的结果

1. 工作绩效信息

工作绩效信息是对收集到的绩效数据的组织和总结。这些绩效数据通常根据利益相关者所要求的详细程度展示项目状况和进展信息。之后,需要向相关的利益相关者传达工作绩效信息。

2. 变更请求

控制沟通过程经常导致需要进行调整、采取行动和开展干预,因此,就会生成变更请求。变更请求需通过实施整体变更控制过程来处理,并可能导致:①新的或修订的成本估算、活动排序、进度日期、资源需求和风险应对方案分析。②对项目管理计划和文件的调整。③提出纠正措施,以使项目预期的未来绩效重新与项目管理计划保持一致。④提出预防措施,降低未来出现不良项目绩效的可能性。

3. 更新的项目管理计划

控制沟通过程可能引起对沟通管理计划及项目管理计划(如利益相关者管理计划和人力资源管理计划)其他组成部分的更新。

4. 更新的项目文件

作为控制沟通过程的结果,有些项目文件可能需要更新。需要更新的项目文件可能包括(但不限于):①预测。②绩效报告。③问题日志。

5. 更新的组织过程资产

可能需要更新的组织过程资产包括(但不限于)报告格式和经验教训文档。这些文档可成为项目和执行组织历史数据库的一部分,可能包括问题成因、采取特定纠正措施的理由和项目期间的其他经验教训。

某项目基于里程碑事件沟通控制实例如表8.2所示。

表8.2 基于里程碑事件沟通控制

里程碑事件	时间	沟通形式	参与干系人	完成情况
工程设计完成	2021年6月30日	召开设计评审会	W房地产总经理,项目经理,技术经理,其他人员	沟通良好
主体工程完成	2022年12月31日	召开主体工体工程评审会	项目经理,技术经理,现场经理,安装公司,劳务公司,监理单位,项目成员	沟通良好
装修工程完成	2023年8月31日	召开装修工程评审会	项目经理,技术经理,现场经理,安装公司,劳务公司,监理单位,项目成员	沟通良好
项目验收	2023年10月31日	项目验收确认会	客户,项目经理,技术经理,商务经理,项目成员	沟通良好

【思考与训练】

1. 什么是项目沟通?项目沟通的一般模型是什么?
2. 正式沟通与非正式沟通优缺点各是什么?
3. 举例说明项目沟通的重要性。
4. 项目沟通管理计划主要包含哪些内容?
5. 找一个沟通失败的项目,并分析其在沟通管理哪个环节出了问题,应该怎样纠正。

第 9 章　项目采购管理

【学习目标】

通过本章学习,你应掌握如下内容:
(1)项目采购的含义及类型;
(2)项目采购管理的含义及过程;
(3)规划采购管理的依据、工具和技术及结果;
(4)实施采购的依据、工具和技术及结果;
(5)控制采购的依据、工具和技术及结果;
(6)结束采购的依据、工具和技术及结果;

【导入案例】

　　某市食品公司因建造一栋大楼急需水泥,其基建处遂向本省的清峰水泥厂、新华水泥厂及原告建设水泥厂发出函电。函电中称:"我公司急需标号为150型号的水泥100 t,如贵厂有货,请速来函电,我公司愿派人前往购买。"三家水泥厂在收到函电后,都先后向该食品公司回复了函电,在函电中告知各有现货,注明了水泥价格。而建设水泥厂在发出函电的同时,派车给该食品公司送去了50 t水泥。在该批水泥送达之前,该食品公司得知新华水泥厂所产的水泥质量较好,且价格合理,于是向新华水泥厂发去函电:"我公司愿购买贵厂150型号水泥100 t,盼速发货,运费由我公司自担。"在发出函电后的第二天上午,新华水泥厂发函称已准备发货。下午,建设水泥厂将50 t水泥送到,该食品公司告之已决定购买新华水泥厂的水泥,因此不能接受建设水泥厂送来的水泥。建设水泥厂认为该食品公司拒收货物构成违约,双方协商不成,建设水泥厂遂向法院起诉。

　　问题:建设水泥厂与食品公司之间的买卖合同是否成立?建设水泥厂的损失应由谁承担?

　　资料来源:https://china-findlaw.cn/online/zxzx/30571112.html(找法网)

9.1　项目采购管理概述

9.1.1　项目采购的含义及类型

1. 项目采购的含义

　　项目采购是指从项目组织外部获得物料、工程和服务的整个采办过程。这里的采购,与企业一般意义上的商品采购有所不同,其对象不仅仅是货物,还包括雇佣承包商来实施土建工程和聘用咨询专家来从事咨询服务。

2. 项目采购的类型

（1）按采购对象不同可分为货物采购、土建工程采购和咨询服务采购。

①货物采购。货物采购属于有形采购，是指购买项目所需的各项投入物，如机器、设备、建筑材料、办公用品、仪器仪表、能源等，还包括与之相关的服务，如运输、保险、安装、调试、培训等。

②土建工程采购。土建工程采购也属于有形采购，是指选择合格的承包商承担项目施工工程及其相关的服务。在建设项目中，土建工程采购占有相当大的比例，如房屋建设工程、机场、地铁、高速公路的修建工程，大型水利项目的土建工程等。

③咨询服务采购。咨询服务采购不同于前两种采购，它属于无形采购。咨询服务采购是指聘请咨询公司或咨询专家来完成项目所需的各种服务，包括项目的可行性研究、项目的设计工作、项目管理、施工监理、技术支持和人员培训等服务。

（2）按采购的方式的不同可分为招标采购和非招标采购。

①招标采购。招标采购是指由采购方（项目业主或承包商）向社会提出采购的内容和条件，符合条件的供应商在规定的时间、地点，按一定的程序竞争采购合同的采购方式。招标采购又可分为公开竞争性招标和有限竞争性招标。

②非招标采购。对于需要紧急采购的，或者采购来源单一的，或者在招标限额以下的采购活动，需要采用非招标的方式采购。非招标采购主要包括询价采购、直接采购和自营工程等。

9.1.2　项目采购管理的含义及过程

1. 项目采购管理的含义

项目采购管理是指对为实现项目的目标而从项目组织外部获取物料、工程和服务的整个过程的管理。

项目采购管理需要考虑买卖双方之间的关系，本章主要从买方（项目经理）的角度进行讨论，而卖方是指那些为买方提供产品或服务的厂商或承包商。买卖双方关系可存在项目的许多层次上，在不同的阶段和层次，买方可能被称为委托人、公司、被提供人、甲方或关键项目干系人，而卖方可能被称为合同方、卖方、承包商、分包商、厂商或供应商。

2. 项目采购管理的主要过程

项目采购管理包括规划采购管理、实施采购、控制采购和结束采购四个工作过程。

（1）规划采购管理。规划采购管理是指记录项目采购决策、明确采购方法、识别潜在卖方的过程，是项目采购管理的第一个阶段。

（2）实施采购。实施采购是指获取卖方应答、选择卖方并授予合同的过程。

（3）控制采购。控制采购是指管理采购关系、监督合同执行情况，并根据需要实施变更和采取纠正措施的过程。

（4）结束采购。结束采购是指完结单次项目采购的过程。

9.2　规划采购管理

规划采购管理是整个项目采购工作过程中的第一步，主要确定项目的哪些需求可以通过采用组织外部的产品或服务得到更好的满足。它包括:决定是否要采购、如何去采购、采购什么、采购多少及何时去采购。

9.2.1 规划采购管理的依据

规划采购管理的依据包括项目管理计划、需求文档、风险登记册、活动资源需求、项目进度计划、干系人登记册、项目制约因素、组织过程资产等。这些内容均已在前面章节介绍过,以下仅对项目管理计划和组织过程资产进行补充说明。

1. 项目管理计划

规划采购管理涉及项目管理计划中的范围计划内容。范围基准描述了需求及项目目前的界限范围。它主要包括以下内容。

(1)项目范围说明。它描述了产品范围、服务及成果,为项目及其产品、服务和成果规定了一系列可交付成果和验收标准,同时为规划采购管理过程中考虑的项目产品、服务和成果方面的技术问题提供重要信息。

(2)工作分解结构(WBS)。它阐明了项目各组件之间及其与项目可交付成果之间的关系。

(3)工作分解结构词汇表。它提供了工作的详细说明,包括可交付成果的识别,以及完成每项可交付成果所需的工作分解结构组件内的工作描述。

2. 组织过程资产

组织过程资产可以提供在制订采购管理计划和选择合同类型过程中需要考虑的正式或非正式的与采购相关的政策、程序、指导原则和管理体系。组织政策常常会限制采购决策。这些政策制约因素包括:限制采用简单的采购订单,要求超过一定金额的采购使用正式合同,要求使用特定格式的合同,限制制定自制或外购决策的权力,限制或要求使用特定类型或规模的供应商。

合同类型的选择是指根据各采购物料、服务的具体情况和各种合同类型的适用情况进行权衡比较,从而选择最合适的合同类型。一般来讲,合同有三种类型,即固定价格合同、成本补偿合同和单价合同。

(1)固定价格合同。它是指经项目团队和供应商协商,在合同中订立双方同意的固定价格作为今后结算的依据,而不考虑项目实际发生的成本多少。如实际成本较低,对供应商有利,对项目组织不利;反之,如实际成本较高,对项目组织有利,对供应商不利。固定价格合同对于项目组织来说风险比较小,只要计算好采购物料和服务的成本,然后按照这个成本签订合同,而不管供应商所花费的实际金额,也不必多付超过固定价格的部分,但是供应商有可能只获得较低的利润,甚至亏损,特别是当项目所需资源的价格发生大幅度上涨时,供应商就会面临着很大风险。因此,签订这种合同时,双方必须都对产品成本的估计有确切的把握。固定价格合同适用于技术不太复杂、工期不太长、风险不太大的项目。

(2)成本补偿合同。它是指以供应商提供资源的实际成本加上一定的利润或成本为结算价格的合同。成本补偿合同适用于那些不确定性因素较多,所需资源的成本难以预测又急于立项推进的项目,如先进技术的研究和开发。成本补偿合同包括成本加成合同、成本加固定成本合同、奖励合同三种类型。

相对而言，成本加成合同对于项目组织来说风险较大，因为供应商所提供的资源的花费很可能超过预定的价格。

成本加固定成本合同是指在合同中规定的结算价格由实际成本和固定成本两部分构成，成本是实报实销的，而固定成本则由合同明确规定，与实际成本高低无关。相对于成本加成合同来说，这种合同可以避免供应商故意抬高成本，减少项目组织的风险，也能保证供应商获得一定的利润，但其不足之处是不能促使供应商千方百计地去降低成本。

成本加奖励合同是指在合同中订明预算成本和固定成本的金额，并约定当实际成本超过预算成本时，可以实报实销；实际成本如有节约，则按合同规定的比例由项目组织和供应商双方共同分享。奖励合同可以激励供应商想方设法降低成本。

(3) 单价合同。单价合同的结算价格是供应商每单位产品付出的劳动与劳动单位价格的乘积。这种合同适用于那些比较正规，但是工作量难以预计的项目。

项目组织规定的要求（如标准产品版本或订制产品版本、项目绩效报告、成本数据提交）以及其他规划因素（如市场竞争水平和风险水平）也将决定合同类型的选择。另外，供应商可将这些具体要求作为需要额外成本的项目。同时，还要考虑项目团队将来购买该产品或服务的潜在可能性。如果存在很大的潜力，则供应商将更倾向于或更愿意报出更低的价格。虽然这可以降低项目成本，但是，如果项目组织在就这种潜在的购买做出承诺但并未实现的情况下，将产生相关的法律影响。

9.2.2 规划采购管理的工具和技术

规划采购管理的工具和技术主要包括自制或外购分析、经济订货量分析、专家判断法、市场调研、会议。

1. 自制—外购分析

在编制采购计划时，其中很重要的一个过程是决定自制还是外购。自制或外购分析可以用来判断项目组织所需的资源或服务是需要通过自制还是外购获得。在比较自制与外购的经济性时，需要考虑自制和外购成本的差异，以及组织的长远需求和项目的当前需求。

假设某个公司拥有 1 000 名配有笔记本电脑的国际销售人员。使用自制或外购分析，公司将自己生产某个产品、提供某项服务所产生的成本与外包给其他组织所产生的成本进行比较。如果供应商的价格比自制的成本估计还要低，公司无疑应该将培训和使用支持服务外包出去。另外一类常见的自制或外购分析有些复杂，就是公司是否应该自己开发一套应用程序，或者购买相应的软件，并做些改动来满足公司的需要。

许多组织使用自制或外购分析来决定是否应为某一项目购买或者租赁某个特定产品。例如，假定在某个项目中我们需要一个设备，它的采购价格为 12 000 美元，而这个设备每天还要产生 400 美元的运行成本。假如可以以每天 800 美元的价格租赁同样的设备（包含了运行成本），我们可以建立一个等式，在这个等式中采购成本和租赁成本相同，进而通过财务分析来决定购买或者租赁。在这个例子中，参数 t 表示你需要这个设备的时间（天），那么这个等式可以表示为

$$800t = 12\,000 + 400t$$

则

$$t = 30 \text{(天)}$$

这就意味着在 30 天的时间段中,采购成本和租赁成本是一样的,所以如果我们需要这个设备的时间少于 30 天,那么租赁将会更加合算一些;如果我们需要这个设备超过 30 天,那么就应该购买。一般来说短期内租赁成本低一些;如果使用时间较长,租赁成本就相对较高了。

2. 经济订货量分析

经济订货量分析通过建立经济订货量模型,对要采购的产品进行分析,确定采购的批量和采购的时间,使订货成本和库存成本之和最小。订货成本、库存成本与订货量的关系如图 9.1 所示。

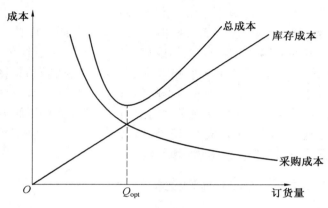

图 9.1 订货成本、库存成本与订货量的关系

为了求解最优订货量,需要根据对库存模型的假设,在成本的变量与效益指标之间建立函数关系,即

年总成本 = 年采购成本 + 年订购成本 + 年持有成本

$$TC = DC + \frac{D}{Q}S + \frac{Q}{2}H$$

式中 TC ——年总成本;

D ——需求量(每年);

C ——单位产品成本;

Q ——订购批量(批量称为经济订货批量 EOQ 或 Q_{opt});

S ——生产准备成本或订购成本;

H ——平均库存水平下单位产品的年持有和存储成本。(通常,持有成本以该产品单价的百分比表示。例如,$H = iC$,式中 i 是持有成本的百分比)。

然后确定订货批量 Q_{opt} 以使总成本最小。在图 9.1 中,总成本最小的点出现在曲线上斜率为零的地方,即总成本对 Q 求导数,并令其等于零。

$$\frac{dTC}{dQ} = 0 + \left(\frac{-DS}{Q^2}\right) + \frac{H}{2} = 0$$

$$Q_{opt} = \sqrt{\frac{2DS}{H}}$$

因为该模型假定需求和提前期都不变,即不需要安全库存,则订货点的库存储备量 R

可简化为

$$R = dL$$

式中　d——日平均需求量；
　　　L——用天表示的提前期(常数)。

3. 专家判断

采购专家是具有某项专业知识或经过专业训练的团体或个人、咨询公司、行业团队、有发展前景的承包商以及企业内部的其他单位(例如合同部)都可能具备用于采购的专业知识。组织可以聘请专家作为顾问,包括咨询内部专家和外部专家(如潜在的供应商等),或者邀请他们直接参加采购。他们的判断能为制定采购决策提供有益的参考。

4. 市场调研

市场调研包括考察行业情况和供应商能力。采购团队可以综合考虑从研讨会、在线评论和各种其他渠道得到的消息来了解市场情况。采购团队可能也需要考虑有能力提供所需材料或服务的供应商的范围,权衡与之有关的风险,并优化具体的采购目标,以便利用成熟技术。

5. 会议

有时候仅仅依靠调研,还不能获得制定采购决策所需要的明确信息,这时就需要借助与潜在投标人的信息交流会来获取相关信息。与潜在投标人合作有利于供应商开发互惠的方案或产品,从而有益于材料或服务的购买方。

9.2.3　规划采购管理的结果

1. 采购管理计划

规划采购管理的结果之一是项目采购管理计划。采购管理计划是一份用来描述如何管理采购过程的文件。根据项目的不同,项目管理计划的内容也有所不同。采购管理计划包括:采购合同类型,开展重要采购活动的时间表,需要的标准采购单证,项目团队与采购有关的相关方角色和职责,用于管理合同的采购测量指标,确定合同工作说明书的格式和形式,需要编制独立估算并把独立估算作为评价标准,可能影响采购工作的制约因素和假设条件,风险管理事项、司法管理、管辖权和付款货币等。项目采购管理计划可以是正式的或非正式的;可以是详细的或提纲式的。项目采购管理计划是项目管理计划的一部分。

2. 采购工作说明书

采购工作说明书详细描述采购的产品、服务或成果,包括规格、数量、质量、性能参数、履约期限、工作地点等内容,以便潜在的卖方判断他们是否有提供的能力。每次采购均要编写采购说明书,可以把多个产品和服务组合成一个采购包,由一个采购说明书来覆盖。在采购过程中,根据需要对采购说明书进行修改,直到签订合同,采购说明书成为合同的一部分。采购工作说明书应尽可能清晰、简洁、完整,其中包括对所需附属服务的要求说明。

3. 自制或外购决策

自制或外购决策是指对产品、服务或成果由项目团队自制或外购形成文档的决策,自制或外购决策文件可以比较简单,只需简要列明做出决策的原因和依据。如果随后的采购活动表明需要采用不同的方法,则这一决策过程将是叠加的过程。

4. 采购文件

采购文件用于征求卖方建议书。不同类型的采购文件有不同的常用名称,可能包括信息邀请书、投标邀请书、建议邀请书、报价邀请书、投标通知、谈判邀请书及卖方初始应答邀请书,具体采购术语因行业或地点而异,如果主要依据价格来选择卖方,通常使用标书、投标或报价等术语;如果主要依据技术能力或技术方法等来选择卖方,通常使用诸如建议书的术语。采购文件应便于卖方做出准确完整的回答,还要便于对应答进行评价。采购文件中必须包括应答格式要求、采购工作说明书及所需的合同条款。采购文件的复杂和详细程度应与采购价值和风险大小相适应,既要保证卖方做出一致的应答,又要有足够的灵活性,允许卖方提出更好的建议。

5. 供应商评估标准

供应商评估标准用于评定供应商的建议书或为其评分。这些标准既可以是客观的,也可以是主观的。供应商评估标准经常作为采购文件的组成部分列入其中。

如果所采购的产品能够很容易地从若干个可接受的供应商那里取得,则评估标准可以只限于采购价格。采购价格在此既包括所采购物品的成本,也包括运输等附加成本。

对于较复杂的产品、服务或成果,还需要确定和记录其他选择标准。可供选择的供应商选择标准见表9.1。

表9.1 供应商选择标准

评价要素	简要说明
1. 对需求的理解	供应商的建议书对合同工作说明书的响应情况如何
2. 总成本或全生命期成本	所选择的供应商能否提出最低的总成本(采购成本加运营成本)
3. 技术能力	供应商是否具备或合理预期能取得所需的技术能力与知识
4. 管理方案	供应商是否具备或合理预期能制定提出保证项目成功所需的管理过程和程序
5. 技术方案	供应商建议的技术方法、技术解决方案和服务是否满足采购文件的要求,或者他们能提供比预期更好的结果
6. 财务实力	供应商是否具备或合理预期能取得所需的资金来源
7. 生产能力和兴趣	供应商是否有能力和兴趣满足潜在的未来要求
8. 业务规模和类型	供应商企业是否满足项目组织定义的或政府机关规定的作为中标条件的业务类型或规模标准,如弱势小型企业
9. 以往业绩	供应商是否可提供先前客户的意见,以证明供应商的工作经验以及履行合同要求方面的情况
10. 知识产权	供应商项目使用的过程或服务,或为项目生产的产品要求具有知识产权
11. 专有权利	供应商是否为其提供项目使用的过程或服务,或为项目生产的产品要求专有权利

6. 变更请求

采购规划过程可能会导致就项目管理计划及其附属计划和其他组成部分提出变更请求,将通过整体变更控制过程对请求的变更进行审查和处理。

7. 更新的项目文档

可能需要更新的项目文档包括(但不限于)需求文件、需求跟踪矩阵、风险登记册等。

9.3 实施采购

实施采购是指根据规划采购管理中对产品、服务或成果的要求,确定潜在的供应商,根据投标人提供的相关信息,最终选定供应商,并与供应商洽谈和签订书面合同。在制定了规划采购管理之后,项目团队要了解市场行情,获得供应商报价单、投标申请书等文件,并根据规划采购管理所制定的供应商选择标准,从众多的供应商中选择一个或多个作为项目的供应来源。

9.3.1 实施采购的依据

实施采购的依据主要包括项目采购管理计划、采购文件、供应商评估标准、供应商建议书、项目文档、自制或外购决策、采购工作说明书等。这些内容均已在前面章节介绍过,此处不再赘述。

9.3.2 实施采购的工具和技术

1. 投标人会议

投标人会议(又称承包商会议、供应商会议或投标前会议)就是在拟定建议书之前同潜在供应商举行的会议。会议的目的是保证所有潜在供应商对本项采购目的(技术要求、合同要求等)都有清楚的理解。对会上所提出问题的解答,可作为修正案纳入采购文件。在这个买卖双方互动的过程中,所有潜在供应商都应保证得到同等对待,以获得最佳的投标结果。

2. 建议书评估技术

建议书的评级和打分可使用多种不同的方法,但所有方法都会涉及专家判断和一些评估标准。评估标准既可包括客观要素,也可包括主观要素。在正式的建议书评估过程中,在评估标准方面,通常为每一个评估项分派预定的权重。建议书评估过程利用供应商选择过程中获取的多个审查人的输入信息作为依据,并解决分值之间的重大差别。之后,使用加权系统对所有建议书进行全面的评估和比较,确定每项报价书的总加权分值。这些建议书评估技术也可使用筛选系统和供应商评级系统的信息。

3. 独立估算

对于许多采购事项而言,采购组织可以制定自己的独立估算,或者让第三方准备一个独立估算,用以核对供应商提出的要价。如果成本估算之间存在明显的差异,则表明工作的合同说明不充分;潜在供应商对工作合同说明书产生了误解,或未对工作合同说明书的全部要求做出相应回答;或者市场条件已经发生变化。

4. 专家判断法

使用专家判断法对供应商建议书进行评估。报价书的评估由采购文件和拟定合同涉及的所有有关领域的跨专业评审小组进行。可以包括基本领域和相关职能专业的技能，如合同、法律、财务、会计、工程、设计、研发、销售和生产。

5. 广告

在公共出版物或专业出版物上刊登广告，往往可以扩充现有的潜在供应商名单。也有一些组织使用在线广告资源招揽供应商。对于政府采购，大部分政府机构都会要求公开发布广告，或者在网络上发布采购信息。

6. 分析技术

分析技术有助于组织了解供应商提供最终成果的能力，确定符合预算要求的采购成本，避免成本超支，从而确保需求能够得以满足。通过分析供应商以往的表现，项目团队可以发现风险较多、需要密切监控的领域，从而确保项目的成功。

7. 采购谈判

采购谈判就是在合同签字之前，对合同的结构与要求加以澄清，取得一致意见。合同的最后措辞应尽可能反映所有双方达成的一致意见。谈判的主题一般包括责任和权限、适用的条款和法律、技术和经营管理方法、专有权利、合同资金筹集、技术解决方案、总体进度计划、付款以及价格。合同谈判过程以买卖双方签署合同而结束。

对于复杂的采购事项，合同谈判可能是一个独立的过程，有自己的依据（如一份问题或未决事项清单）和成果（如记录的决策）。对于简单的采购事项，有些合同的条件和条款可以是固定不变、不可洽谈、供应商必须接受的。

项目经理可以不是谈判的主谈人。在谈判期间，项目经理以及项目管理团队的其他人员可列席，并在需要时，就项目的技术、质量和管理要求进行说明。

9.3.3 实施采购的结果

1. 中标的供应商

根据建议书或投标书评价结果，那些被认为有竞争力，并且已与买方商定了合同草案（在授予之后，该草案就成为正式合同）的供应商，就是选定的供应商。对于较复杂、高价值和高风险的采购，在授予合同前需要得到组织高级管理层的批准。

2. 采购合同

合同形式可以是比较复杂的，也可以是比较简单的采购订单。无论文件的复杂程度如何，合同是对双方具有约束力的法律协议，它强制供应商提供指定的产品、服务或成果，强制项目组织支付规定的金额。合同是一种法律关系，其补救应在法院进行。合同文件的主要内容一般包括（但不限于）工作说明书、进度计划、绩效报告、履约期限、角色和责任、价格和支付条款、验收标准、保修、产品支持、有限责任、酬金、留滞金、罚款、奖励、保险、履约担保、分包商批准、变更请求处理程序、终止和争议解决机制。

3. 资源日历

资源日历记载了项目生命期中项目所需资源的数量和可用性，以及每种具体资源用量的时间安排。

4. 变更请求

选择供应商的过程可能会导致就项目管理计划及其从属计划和其他组成部分,如项目进度计划和项目采购管理计划提出变更请求。将通过整体变更控制过程对请求的变更进行审查和处理。

5. 更新的项目管理计划

项目管理计划的成本基准、范围基准、进度基准以及项目沟通、采购管理计划等组成部分需要更新。

6. 更新的项目文档

需求文件、需求跟踪文件、干系人登记册以及风险登记册等文档需要更新。

9.4 控制采购

控制采购指的是对采购方及其关系进行管理,监控合同的执行,并且根据需求进行改变和更正合同的过程。控制采购是为了确保采购双方都履行其合同义务,并确保自身的合法权利得到保障。控制采购的内容有对供应商工作的管理、采购质量管理、采购合同变更管理、合同纠纷解决、项目组织内部对合同变更的协调和支付管理等。

9.4.1 控制采购的依据

控制采购的依据包括项目采购管理计划、采购文件、合同、批准的变更请求、工作绩效报告、工作绩效数据。这些内容均已在前面章节介绍过,此处不再赘述。

9.4.2 控制采购的工具和技术

1. 合同变更控制系统

合同变更控制系统规定了合同修改的过程,合同变更控制系统包括文档工作、追踪系统、争议解决程序,以及批准变更所需的审批层次。合同变更控制系统应与整体变更控制系统相匹配。

2. 采购绩效审核

采购绩效审核是一项系统的审查活动,是按照合同规定,审查供应商在规定的成本和进度计划范围内,按照质量要求完成项目活动的过程,包括对供应商编制文件的审查,以及在供应商实施工作期间进行的质量审计。采购绩效审核活动在项目实施过程中进行,并且需要由供应商给予支持和协助。采购绩效审核的目的是确定供应商工作过程或可交付成果中是否存在缺陷或问题,以及在完成合同工作说明方面的绩效情况,使项目组织对供应商履行合同的情况进行量化。

3. 检查与审计

在项目执行过程中,应该根据合同规定,由买方开展相关的检查与审计程序。供应商应对此提供支持。通过检查与审计验证供应商的工作过程或可交付成果对合同的遵守程度。

4. 报告合同绩效

根据合同要求,评估供应商提供的工作绩效数据和工作绩效报告,形成工作绩效信息，并向管理层报告。

5. 支付系统

支付系统规定了项目组织向供应商支付款项时必须遵循的程序。如项目组织支付货款时，必须首先获得项目有关管理人员的批准。特别是对于大型的项目来说，项目组织要根据项目的实际情况建立合理的支付系统。

6. 索赔管理

有争议的变更或推断的变更是指那些买卖双方在变更赔偿问题上产生分歧，或是对已发生的变更产生分歧的变更请求。这些存有争议的变更也被称为索赔、争议或诉求。在合同生命期中，通常按照合同条款对索赔进行记录、处理、监控和管理。如果合同双方无法解决索赔问题，则需要按照合同中规定的争议解决程序进行处理。这些涉及仲裁或诉讼合同条款可在合同收尾之前或之后启用。

7. 档案管理系统

档案管理系统是项目管理信息系统的组成部分之一。项目经理使用档案管理系统对合同文件和采购记录进行管理。该系统可用于维持合同文件和通信往来的索引记录，并协助相关部门用于检索和归档。

9.4.3 控制采购的结果

控制采购的结果包括工作绩效信息、变更请求、更新的项目管理计划、采购文件、更新的组织过程资产等。

1. 工作绩效信息

工作绩效信息为发现当前或潜在问题提供依据，支持后续索赔或开展新的采购活动。通过报告供应商的绩效情况，项目组织能够加强对采购绩效的认识，有助于改进预测、风险管理和决策，也有助于处理与供应商之间的纠纷。

2. 变更请求

采购实施过程可导致就项目管理计划及其从属计划和其他组成部分，如项目进度计划和项目采购管理计划提出变更请求。

3. 更新的项目管理计划

项目管理计划更新包括但不限于对项目采购管理计划更新（以反映对采购实施造成影响的批准的变更请求）、对进度基准更新（如果当前进度延误影响到了整个项目的绩效）、对成本基准更新（如果发生了影响整个项目成本的变更）等，以反映当前的估计和期望。

4. 采购文件

采购文件包括但不限于采购合同以及所有支持性进度计划、未批准的合同变更请求和批准的变更请求。采购文件也包括供应商制定的技术文件和其他工作绩效数据。例如，可交付成果、供应商项目绩效报告、保修、财务票证，包括发票和付款记录，以及合同检验结果。

5. 组织过程资产更新

组织过程资产更新包括但不限于来往函件（如因绩效不符合要求而提出的警告，以及合同变更请求、事实澄清等）、付款时间表和付款申请、供应商绩效评估文件等。

9.5 结束采购

结束采购是指采购全部履行完毕或采购因故终止所需进行的一系列管理工作，如采购结算、索取保险赔偿金和违约金等。

项目组织和供应商均按照采购合同履行了各自的义务后采购过程就此终止。采购合同一旦签订就不能随意终止，但是当出现一些特殊情况，例如由于不可抗力的原因（发生火灾、地震等，导致项目终止）、仲裁机构或法院宣告合同终止（当合同纠纷交由仲裁机构或法院裁决时，合同被判决终止）等，合同可能因此提前终止。

当项目采购合同已经完成或因故终止时，就需要结束采购。结束采购实际上就是通过逐项检查合同的各项条款，并逐一终止这些条款要求的管理过程。该管理过程涉及核实所有的工作是否正确、圆满地完成，同时附有以便将来使用的相关信息和记录归档文件。项目团队应在项目收尾之前准备好与项目有关的所有文件，包括合同、合同报告记录、有关表格清单、发货单据、付款记录、验收签字等。

项目采购审计是结束采购的主要方法，采购审计是指根据有关法律和标准对从采购计划的编制到采购收尾的整个采购过程所进行的结构性审查。项目采购审计的目的在于确认项目组织采购过程中的成绩与不足之处，是否存在违法现象，以便吸取经验和教训。

项目采购过程结束后，需将项目采购中的所有合同文件进行整理并建立索引记录，以便日后检查，采购收尾文档是整个项目记录的一部分。

【思考与训练】

1. 项目采购有哪几种类型？
2. 项目采购管理的主要过程包括哪些？
3. 什么是供应商？评估供应商的标准有哪些？
4. 如何运用自制或外购分析的方法？
5. 谈谈项目采购管理未来的发展趋势。
6. 描述不同类型的合同和各种合同存在的风险情况。假设你是一个独立的信息技术咨询师，你提供服务时喜欢采用哪种类型的合同，为什么？

第 10 章 项目风险管理

【学习目标】

通过本章学习,你应掌握如下内容:
(1)项目风险的含义及分类;
(2)项目风险管理的含义及过程;
(3)识别风险的方法;
(4)风险评价的方法与工具;
(5)应对及监控风险的方法。

【导入案例】

某市电力公司准备在其市区及各县实施远程无线抄表系统,代替人工抄表。经过考察,电力公司指定了国外的 S 公司作为远程无线抄表系统的无线模块提供商,并选定本市 F 智能电气公司(简称 F 公司)作为项目总包单位,负责购买相应的无线模块,开发与目前电力运营系统的接口,进行全面的项目管理和系统集成工作。F 公司的杨经理是该项目的项目经理。

在初步了解用户的需求后,F 公司立即着手系统的开发与集成工作。5 个月后,整套系统安装完成,通过初步调试后就交付用户使用。但从系统运行之日起,不断有问题暴露,电力公司要求 F 公司负责解决。可其中很多问题,比如数据实时采集时间过长、无线传输时数据丢失,甚至有关技术指标不符合国家电表标准等,均涉及无线模块。于是杨经理同 S 公司联系并要求解决相关技术问题,而此时 S 公司因内部原因退出中国大陆市场。因此,系统不得不面临改造。

问题:选用 S 公司无线模块产品存在哪些风险?

资源来源:www.cnitpm.com/pm/12649.html。(信管网)

10.1 项目风险管理概述

10.1.1 项目风险的含义及分类

1. 项目风险的含义

风险指的是造成损失的不确定性。风险作为项目中存在的普遍现象,具有客观性、突发性、多变性、无形性、多样性等特征。风险发生的主要原因是信息的不完备性,即当事者对事物有关影响因素与未来发展变化情况缺乏足够的、准确的信息。一般来说,风险应包括以下四个要素:事件,即不希望发生的变化;可能性,即事件发生的概率有多大;后果,即事件发生后的影响有多大;原因,即事件发生的原因是什么。

项目风险是指由于项目所处环境和条件本身的不确定性,使项目的最终结果与目标期望产生背离,从而带来损失的可能性。形成项目风险的根本原因是人们对于项目未来发展与变化的认识和应对等方面出现了问题。由于项目是一种一次性、独特性和不确定性较高的工作,所以存在着很大的风险性,因此必须积极地开展项目风险管理。

2. 项目风险的分类

根据不同的分类标准,项目风险可以分成不同的类型。

(1)按照项目风险的来源,可将其分为政治风险、法律风险、经济风险、技术风险、行为风险、组织风险和自然风险。

①政治风险是指由于政局变化、政权更迭、战争等政治背景变化引起社会动荡而造成的财产损失和人员伤亡的风险。

②法律风险是指由于法律变动给工程项目带来的风险,如在一些项目中由于法律变动而改变对项目各参与方的约束,进而改变各参与方的地位和相互之间的关系而使项目面临的风险。

③经济风险是指由于国家或社会经济因素发生变化而带来的风险,如供求关系变化、通货膨胀、汇率变动等所导致的经济损失。汇率变动对项目的直接影响是进口费用和出口收益的改变,其间接影响则十分广泛,例如人民币汇率上升将会使有关产品进口数量减少,从而降低了来自国外的竞争,这将有利于国内项目的扩展。由于汇率波动带来的风险被称为汇率风险。

④技术风险是指因科学技术发展带来的风险,如采用新技术过程中的失误等,也包括一些技术条件的不确定性可能带来的风险。

⑤行为风险是指由于个人或组织的过失、疏忽、侥幸、恶意等行为引发的风险。如企业的利润目标可能因为某些人贪污或者私下交易等败德行为而受损;高新技术企业的研发活动也有可能因某研究人员泄密或从中破坏而宣告失败。

⑥组织风险是指项目各参与方之间关系的不确定性或不协调,以及态度和行动的不一致而产生的风险。

⑦自然风险是指由于自然力的作用或自然因素的变化带来的风险,如洪水、暴雨、地震等带来的财产损害和人员伤亡等。

其中政治风险、法律风险、经济风险、技术风险、行为风险、组织风险是由于人们的活动所带来的风险,又称为人为风险,是相对于自然风险而言的。

(2)按照项目风险的后果,可将其分为纯粹风险和投机风险。

纯粹风险是指只会造成损失,而不会带来机会或收益的风险,如自然灾害等。纯粹风险造成的损失是绝对损失,没有哪个人、哪一方可以获利。

投机风险是指既可能带来机会、获得收益,又可能造成损失、隐含威胁的风险。

(3)按照项目风险的影响范围,可将其分为局部风险和总体风险。

①局部风险是指对工程项目影响范围较小,后果不至于影响项目总体目标实现的风险。

②总体风险是指对工程项目影响范围大、后果比较严重，可能影响项目目标实现的风险。

(4) 按项目风险的可预测性划分，可分为已知风险、可预测风险和不可预测风险等。

①已知风险是在项目开始时或项目执行过程中被识别并记录下来的风险。这些风险在项目团队的知识范围内，且可以进行评估、规划和管理。

②可预测风险，是根据经验，可以预见其发生，但不可预见其后果的风险，这类风险的后果有时可能相当严重。项目管理中典型的可预测风险有：业主不能及时审查批准、分包商不能及时交工、仪器设备出现故障等。

③不可预测风险，就是有可能发生，但其发生的可能性即使是最有经验的人也不能预见的风险。不可预测风险有时也称未知风险或未识别的风险。它们是新的、以前未观察到或很晚才显现出来的风险。这些风险一般是外部因素作用的结果，例如地震、战争、通货膨胀、政策变化等。

(5) 按项目风险后果的承担者来划分，有项目业主风险、政府风险、承包商风险、投资方风险、设计单位风险、监理单位风险、供应商风险、担保方风险和保险公司风险等，这样划分有助于合理分配风险，提高项目对风险的承受能力。

10.1.2　项目风险管理的含义及过程

1. 项目风险管理的含义

从系统和过程的角度来看，项目风险管理是一种系统过程活动，是项目管理过程中的有机组成部分，涉及诸多因素，应用到许多系统工程的管理技术方法。根据美国项目管理学会的报告，风险管理有以下三个定义：

(1) 风险管理是系统识别和评估风险因素的形式化过程。

(2) 风险管理是识别和监控能够引起不希望发生变化的潜在领域、事件形式和系统的方法。

(3) 风险管理是在项目期间识别、分析风险因素，采取必要对策的决策科学与艺术的结合。

综上所述，项目风险管理是指项目管理组织对项目可能遇到的风险进行规划、识别、估计、评价、应对、监控的过程，是以科学的管理方法实现最大安全保障的实践活动的总称。项目风险管理的目标是监控和处理项目风险，防止和减少损失，减轻或消除风险的不利影响，以最低成本取得对项目保障的满意结果，保障项目的顺利进行。

项目风险管理可具体理解为：项目风险管理是一种综合性的管理活动；管理项目风险的主体是项目管理组织；项目风险管理的基础是调查研究；项目风险管理是风险规划、识别、估计、评价、应对、监控等环节组成的。

2. 项目风险管理过程

项目风险管理包括规划风险管理、识别风险、实施风险分析、规划风险应对和监控风险五个过程。

(1) 规划风险管理。

规划风险管理是定义如何实施项目风险管理活动的过程。规划风险管理的重要性还在于为风险管理活动安排充足的资源和时间,并为评估风险奠定一个共同认可的基础。

(2) 识别风险。

识别风险是指通过系统的分析与系统的方法得出哪些风险可能影响项目并记录这些风险属性的工作过程,且风险管理的第一步是识别和评估潜在的风险领域,这是风险管理中最重要的步骤。风险识别要系统地、连续地进行。

(3) 实施风险分析。

实施风险分析包括风险估计与风险评价两项内容。风险估计主要是测量风险发生的可能性和程度的大小;风险评价是综合分析项目风险,确定项目风险等级,并根据项目风险对项目目标的影响程度对项目风险进行分类排序的过程。

(4) 规划风险应对。

规划风险应对是针对项目目标,制定提高机会、降低威胁的方案和措施的过程。风险应对需结合风险评价结果,将应对风险所需的资源和活动加进项目的预算、进度计划和项目管理计划中,制定综合性的风险应对方案及措施。

(5) 监控风险。

监控风险是跟踪已经识别出的风险,监测剩余风险,并不断识别新的风险,修订风险管理计划并保证其切实执行,以及评估这些计划降低风险的效果。监控风险是项目整个生命周期中持续进行的活动。

10.2 规划风险管理

10.2.1 规划风险管理的含义

规划风险管理是在项目正式启动前或启动初期对项目的纵观全局的基于风险角度的考虑、分析、规划,是进行项目风险管理的第一步。风险规划工作包括定义项目组及成员风险管理的行动方案和行动方式、选择适合的风险管理方法、确定风险判断的依据等。

风险管理计划是风险管理规划后形成的重要文档,用于描述整个项目生命期内,项目组和成员如何组织和执行风险识别、风险分析、风险应对及风险监控等项目风险管理活动。这里需要注意的是,风险管理计划是一个指导如何进行项目风险管理的纲领性文档,而风险应对计划则是制定单个风险的应对策略及措施。

10.2.2 规划风险管理的依据

规划是一项重要的管理职能,组织中的各项活动几乎都离不开规划,规划工作的质量也集中体现了一个组织管理水平的高低。掌握必要的规划工作的方法与技能,是项目风险管理人员的必备技能,也是提高项目风险管理效能的基本保证。

风险管理规划的制定依据来源于以下几个方面。

(1) 公司和组织的风险管理政策和方针。

(2) 项目规划中包含或涉及的有关内容,如项目目标、项目规模、项目利益相关者情况、项目复杂程度、所需资源、项目时间段、约束条件及假设前提等。

(3)项目组及个人所经历的风险管理实践和积累的相应风险管理经验。
(4)决策者、责任方及授权情况。
(5)项目利益相关者对项目风险的敏感程度和承受能力。
(6)可获取的数据及管理系统情况。
(7)风险管理模板,以使风险管理标准化、程序化,可持续性改进。
(8)工作分解结构、活动时间估算、费用估算。
(9)当地的法律、法规和相应标准。

10.2.3　规划风险管理的过程

规划风险管理一般通过规划会议的形式制定,参加人员应包括项目经理、项目团队领导及任何与风险管理规划和实施相关者。规划会议主要是针对整个项目生命周期制订风险识别、风险分析、风险应对计划及风险监控等方案计划。

规划风险管理应在项目构思阶段开始,在项目规划阶段的早期完成。分为以下几个步骤。

(1)分析项目目标、项目计划、外部环境、项目资源等资料,从风险的角度分析项目的主要特点。
(2)建立风险管理机构,指派负责人员,明确其职责和权限。
(3)确定项目风险分析采用的技术和工具。
(4)定义项目风险的类型、级别及判断某些事件为风险的标准。
(5)确定主要风险应对措施及其需要的资源。
(6)确定项目风险监控的起止时间、跟踪手段。
(7)编写项目风险管理计划。

在具体规划过程中,还要考虑风险管理策略是否正确可行,判断实施管理策略的措施和手段是否符合项目总目标,分析其他客观条件对风险管理有什么影响。

10.2.4　规划风险的技术和工具

1. 风险管理图表

风险管理图表是将输入转变为输出的过程中所用的技巧和工具,它包含在风险管理计划中,以帮助人们清楚地看到风险信息的组织方式。风险管理的三个重要图表是风险核对表、风险管理表格和风险数据库模式。风险管理表格记录着管理风险的基本风险信息,也是一种系统地记录风险信息并跟踪到底的方式。任何人在任何时候都可用风险管理识别表,也可匿名评阅。

2. 专家判断

为了进行科学、全面的项目风险管理规划,编制具体、可操作的项目风险管理计划和项目风险应对计划,应向那些具备特定培训经历或专业知识的小组或个人征求意见。专家一般包括以下人群:高层管理者、项目干系人、曾在相同领域项目中工作的项目经理、行业团体和顾问、专业技术协会等。

3. 工作分解结构

工作分解结构图是将项目按照其内在结构或实施过程的顺序进行逐层分解而形成的结构示意图,它可以将项目分解到相对独立的、内容单一的、易于成本核算与检查的工作单元,并把各工作单元在项目中的地位与构成直观地表示出来。

4. 网络计划技术

网络计划技术是利用网络图和网络分析的方法编制和优化实施项目计划的一种艺术,是以缩短工期、提高效能、节省劳力、降低成本消耗为目标,通过网络图来表示预定计划任务的进度安排及其各个环节之间的相互关系,并在此基础上进行系统分析,计算时间参数,找出关键线路,然后利用时差进一步改进实施方案,以求得工期、资源、成本等的优化。在相对新的技术中,运用比较广泛也深受欢迎的是关键线路法(CPM)和计划评审技术(PERT)。

10.2.5 规划风险管理的结果

项目风险管理计划是规划风险管理的主要成果。项目风险管理计划描述了将如何安排与实施风险管理活动,主要包括:项目风险管理方法、角色和责任、时间安排、项目风险征兆(阈值)、风险管理的行动方案、风险管理汇报的内容及方式、风险跟踪评估等。项目风险管理计划是项目风险管理的指导性文件,也是项目管理计划的重要组成部分。

10.3 识别风险

10.3.1 识别风险的含义

识别风险是项目风险管理的基础和重要组成部分,是指对存在于项目中的各类风险源或不确定性因素,按其产生的背景、表现特征和预期后果进行界定和识别,对项目风险因素进行科学分类。简而言之,项目风险识别就是确定哪些风险事件可能影响项目,并将这些风险的特性整理成文档,进行合理分类。

识别风险是项目管理者识别风险来源、确定风险发生条件、描述风险特征并评价风险影响的过程。风险识别需要确定以下三个相互关联的因素。

(1) 风险来源:时间、费用、技术、法律等。
(2) 风险事件:给项目带来积极或消极影响的事件。
(3) 风险征兆:又称为触发器,是指实际的风险事件的间接表现。

10.3.2 识别风险的作用

风险识别是风险管理的基础,没有风险识别的风险管理是盲目的。通过风险识别,才能使理论联系实际,把风险管理的注意力集中到具体的项目上来。通过风险识别,可以将那些可能给项目带来危害和机遇的风险因素识别出来。风险识别是制订风险应对计划的依据,其作用主要有以下几点。

(1) 识别风险可以帮助确定关键合作伙伴,并为项目管理奠定基础。

(2)识别风险为风险分析提供所需信息,是风险分析的基础,也是进行风险分析的第一步。

(3)识别风险可以决定被检查系统或项目的工作量。

(4)识别风险是系统理论在项目管理中的具体体现,是项目管理的重要基础工作。

(5)通过识别风险有助于项目团队成员对项目的成功树立信心。

(6)识别风险是风险管理决策的依据。没有识别风险的风险管理解决方案是盲目的。

风险识别将理论与实践联系起来,并将风险管理的重点放在具体项目上。风险识别有助于确定可能对项目构成风险和机遇的风险因素,这是制订风险应对计划的基础。

10.3.3 识别风险的依据

识别风险的依据是项目风险管理计划、项目规划、历史数据、风险类型、制约因素与假设条件等。

1. 项目风险管理计划

项目风险管理计划是对项目风险管理方法进行规划和设计的过程。它为项目组织和成员制订了风险管理行动计划和方法,并指导项目组织选择风险管理方法。根据项目风险管理计划,可以确定:

(1)风险识别的范围。

(2)信息收集渠道和方法。

(3)项目团队成员在项目风险识别过程中的分工和责任。

(4)审查项目中的主要参与者。

(5)项目团队用于识别风险的方法和规范。

(6)在风险管理过程中,何时以及由谁识别风险。

(7)风险识别结果的形式、信息的传播和处理程序。

2. 项目规划

项目目标、范围、时间线、成本计划、资源计划、采购计划以及项目承包商、客户和其他利益相关者在项目规划中的期望是识别项目风险的基础。

3. 历史数据

历史数据是识别项目风险的重要依据。包括来自存储库或其他相关项目的风险信息,以及可以作为项目参考材料的公共信息源。类似的项目和从中获得的见解对于识别项目风险非常有用。项目经理可以查看过去的存储库,并从项目利益相关者那里收集相关信息。这些人通常在他们存储的档案中有详细的记录,记录了一些事故的历史数据和资料,这对识别项目风险非常有用。

4. 风险类型

风险类型是可能对项目产生积极或消极影响的风险源。一般风险类型包括技术风险、质量风险、过程风险、管理风险、组织风险、市场风险以及法律法规的变化。项目中风险的性质应反映行业的具体情况和项目的应用领域。通过了解每种类型风险的特征和模式,可以了解识别风险的关键。

5. 制约因素与假设条件

项目建议书、可行性研究、项目草案、其他规划等项目计划文件通常基于某些假设和前提。这些假设和前提在项目执行期间可能成立或无效。因此，项目假设和前提涉及潜在风险。项目不可避免地处于一个受到许多内部和外部因素影响的环境中，包括项目主体无法监控的国家法律、法规和条例等因素。这些制约因素中隐藏着风险，为了明确项目计划和规划的前提、假设和限制，应当对项目的所有管理计划进行审查。例如：

（1）范围管理计划中的范围标准可以揭示项目成本和进度目标是否定得过高，分析结构可能会识别出以前未识别的机会或威胁。

（2）对人员计划和沟通计划的审查应确定对项目成功有重大影响的人员，并确定这些人员是否能够在项目交付中发挥适当作用。这将有助于确定项目的潜在威胁。

（3）审查采购计划和项目合同管理中合同类型的条款和说明。不同形式的合同意味着项目各方承担不同的风险；汇率对项目预算的影响；项目参与者的各种改革、合并和战略调整对项目有直接和间接的影响。

10.3.4 识别风险的工具和方法

项目的风险进行一般要借助一些技术和工具，这样不但识别风险的效率高而且操作规范，也不容易产生遗漏。项目风险识别的方法主要有检查表法、情景分析法、因果分析图和故障树分析法等，在具体应用过程中，应根据项目的具体情况将这些工具结合起来应用。

1. 检查表法

检查表是基于以前类似项目信息及其他渠道积累的信息与知识而编制的，也可以用风险分解结构的底层作为检查表，表中风险一般按照来源排列，见表10.1，风险识别人员可依此表检查核对，判别某项目是否存在表中所列或类似的风险。利用检查表识别项目风险的方法简单快捷，但应注意项目的可比性。一个项目收尾时，应根据经验和教训改进检查表，以供未来的项目使用。

表10.1 某工程项目风险检查表

序号	风险类别	风险事件	可能引起的后果
1	安全风险	行为风险	工具或工程产品遭破坏
2		个人安全意识	不按规定操作，易受人身伤害
3		现场安全管理	员工安全意识不强
4		特殊工种	易造成质量或安全事故
5		起重伤害	造成人员伤亡
6		触电	造成人员伤亡
7		高处坠落	造成人员伤亡
8		食物中毒	造成人员伤亡
9		物体击打	造成人员伤亡

续表 10.1

序号	风险类别	风险事件	可能引起的后果
10	经济风险	要素市场价格变动	影响进度及成本
11		金融市场因素	影响工程成本
12		招标文件	影响工程成本或易遭索赔
13		资金、材料、设备供应	对进度及造价产生影响
14		国家政策调整	对造价或进度产生影响
15	技术风险	地质地基条件	对技术或成本产生影响
16		水文气象条件	对技术或成本产生影响
17		施工准备	对成本产生影响
18		设计变更或图纸供应不及时	对技术或成本产生影响
19		技术规范	对技术或成本产生影响
20		施工技术协调	对进度或成本产生影响
21	合同风险	发包方的不公平合同	造成索赔或减少工程利润
22		发包人信资因素	造成窝工,增加工程成本
23		分包合同	索赔及增加管理或工程成本
24		履约方面	索赔及增加管理或工程成本
25	管理风险	技术人员流动	对进度及质量有影响
26		劳动力的流动	对进度、成本及质量有影响
27		关键人物的责任心	对进度、造价、质量产生影响
28		管理流程	加大管理成本或达不到高效管理
29		各种文件的备案是否完备	对竣工结算有影响
30		进度风险	提高工程造价,易遭索赔

2. 情景分析法

情景分析法是通过有关数字、图表和曲线等,对项目未来的某个状态或某种情况进行详细的描绘和分析,从而识别引起项目风险的关键因素及其影响程度的一种风险识别方法。它注重说明某些事件出现风险的条件和因素,并且还要说明当某些因素发生变化时,又会出现什么风险,会产生什么后果等。

情景分析法在识别项目风险时主要表现为以下四个方面的功能。

(1)识别项目可能引起的风险性后果,并报告提醒决策者。

(2)对项目风险的范围提出合理的建议。

(3)就某些主要风险因素对项目的影响进行分析研究。

(4)对各种情况进行比较分析,选择最佳结果。

情景分析法可以通过筛选、监测和诊断,给出某些关键因素对于项目风险的影响。情景分析法的主要过程如下:

(1)筛选。所谓筛选就是按一定的程序将具有潜在风险的产品过程事件、现象和人员进行分类选择的风险识别过程。

(2)监测。监测是在风险出现后对事件、过程、现象、后果进行观测记录和分析的过程。

(3)诊断。诊断是指对项目风险及损失的前兆、风险后果与各种起因进行评价与判断,找出主要原因并进行仔细检查。

3. 因果分析图

因果分析图又称为要因图、树枝图、鱼骨图,是表示特征和原因之间关系的图表。它对影响特定项目或项目类型风险特征的不同关键因素进行分类和分解,并在图中使用箭头来说明它们之间的关系。因果分析图中提到的后果是指需要改进的特征以及影响这些后果的因素。因果分析图主要用于揭示影响及其原因之间的关系,跟踪原因,识别项目风险的原因,促进项目风险的跟踪。

4. 故障树分析法

故障树分析法(Fault Tree Analysis,FTA),是1961~1962年美国贝尔电话实验室的沃森(Watson)和默恩斯(Mearns)等人在分析和预测民兵式导弹发射监控系统安全性时首先提出并采用的故障分析方法。FTA是一种具有广阔应用范围和发展前途的风险分析方法,尤其对较复杂系统的风险分析和评价非常有效,它具有应用广泛、逻辑性强、形象化等特点,其分析结果具有系统性、准确性和预测性。同时,它有固定的分析流程,可以用计算机来辅助建树和分析,大大提高风险管理的效率。

10.3.5 识别风险的结果

识别风险的结果是在风险识别后得出结论,并对项目风险进行量化输入。它通常由四部分组成:项目风险源表、风险征兆、项目风险的类型说明和其他要求。

1. 项目风险源表

项目风险源表列出了所有已识别的风险,并解释了每个风险源。

至少应包括以下解释。

(1)风险事件的可能后果。

(2)该来源危险事件发生时间的估计。

(3)估计该来源造成的预计风险事件数量。

2. 风险征兆

风险征兆有时被称为触发或警告信号,是指已经发生或将要发生的风险的外在表现,是风险发生的苗头和前兆。例如,不服从项目管理或项目团队成员之间的反复冲突、缺乏沟通、施工管理混乱以及关键资源没有应急措施等都是项目风险的触发器。

3. 项目风险的类型说明

为了便于进行风险分析、量化、评价和管理,还应该对识别出来的风险进行分组或分类。分组或分类有多种角度,一般可以按项目阶段进行划分,也可以按管理者来划分。

建设项目的风险可以分为项目建议书、项目可行性研究报告、项目融资、项目规划设计、项目采购、项目施工及运营七组。建设项目施工阶段的风险则可按管理者分为业主风险和承包商风险两类。每一组和每一类风险都可以按需再进一步细分。

4. 其他要求

项目管理是一个持续改进和完善的过程,因此,每个阶段的结果应包括改进先前过程的建议和要求。项目风险识别结果还应包括改进风险识别过程中确定的项目管理其他方面的建议和要求。例如,如果 WBS 中有一些东西可以改进,则应鼓励负责 WBS 工作的项目参与者进一步改进 WBS。例如,如果项目的成本监控过程显示成本管理不善,成本监控官员可能需要进行必要的改进。

10.4 实施风险分析

实施风险分析是在风险识别的基础上,对项目进行综合的风险分析,评估风险发生的概率,并依据风险对项目目标的影响程度进行项目风险分级排序的过程。实施风险分析主要包括风险估计和风险评价两部分内容。

10.4.1 风险估计

1. 风险估计的含义

风险估计又称风险的测定、测试、衡量和估算等。因为在一个项目中存在着各种各样的风险,用估计可以说明风险的实质,但这种估计是在有效辨识项目风险的基础上,根据项目风险的特点,对已确认的风险,通过定性和定量分析方法测量其发生的可能性和破坏程度的大小,对风险按潜在危险大小进行优先排序。它对风险评价、制定风险对策和选择风险监控方案有重要的作用。

风险估计一般需要一系列可信的历史统计资料和相关数据以及足以说明被估计对象特性和状态的资料作为保证。当资料不全时往往依靠主观推断来弥补,此时项目管理人员掌握科学的项目估计风险方法、技巧和工具就显得格外重要。根据项目风险和风险估计的含义,风险估计的主要内容包括:

(1) 风险事件发生的可能性大小。
(2) 风险事件发生可能的结果范围和危害程度。
(3) 风险事件预期发生的时间。
(4) 风险事件的发生频率等。

2. 风险估计的过程

风险估计过程活动是将识别的项目风险转变为按优先顺序排列的风险列表所需的任务。风险估计过程活动主要包括以下内容。

(1) 系统研究项目风险背景信息。
(2) 详细研究已辨识项目中的关键风险。
(3) 使用风险估计分析方法和工具。
(4) 确定风险发生的概率及其后果。
(5) 做出主观判断。
(6) 排列风险优先顺序。

3. 风险估计的方法

在项目风险度量过程中所使用的方法主要有损失期望值法、盈亏平衡分析法、敏感性分析法、风险坐标图、矩阵图分析法等。

（1）损失期望值法。

这种方法首先要分析和估计项目风险概率和项目风险可能带来的损失（或收益）大小，然后将二者相乘求出项目风险的损失（或收益）期望值，并使用项目损失期望值（或收益）去度量项目风险。在使用项目风险损失期望值作为项目风险大小的度量时，需要确定的项目风险概率和项目风险损失大小的具体描述如下。

①项目风险概率。项目风险概率和概率分布是项目风险度量中最基本的内容，项目风险度量的首要工作就是确定项目风险事件的概率分布。一般说来，项目风险概率及其分布应该根据历史信息资料来确定。当项目管理者没有足够历史信息和资料来确定项目风险概率及其分布时，也可以利用理论概率分布确定项目风险概率。由于项目的一次性和独特性，不同项目的风险彼此相差很远，所以在许多情况下人们只能根据很少的历史数据样本对项目风险概率进行估计，甚至有时完全是主观判断。因此，项目管理者在很多情况下要使用自己的经验，要主观判断项目风险概率及其概率分布，这样得到的项目风险概率被称为主观判断概率。虽然主观判断概率是凭人们的经验和主观判断估算或预测出来的，但它也不是纯粹主观随意性的东西，因为项目管理者的主观判断是依照过去的经验做出的，所以它仍然具有一定的客观性。

②项目风险损失。项目风险造成的损失或后果大小需要从三方面来衡量，其一是项目风险损失的性质，其二是项目风险损失的大小与影响，其三是项目风险损失的时间与分布。项目风险损失的性质是指项目风险可能造成的损失是经济性的，还是技术性的，还是其他方面的。项目风险损失的大小和分布是指项目风险可能带来的损失严重程度和这些损失的变化幅度，它们需要分别用损失的数学期望和方差表示。项目风险影响是指项目风险会给哪些项目相关利益者造成损失，从而影响他们的利益。项目风险损失的时间分布是指项目风险是突发的，还是随时间的推移逐渐致损的，项目风险损失是在项目风险事件发生后马上就能感受到，还是需要随时间的推移而逐渐显露出来以及这些风险损失可能发生的时间，等等。

③项目风险损失期望值的计算。项目风险损失期望值的计算一般是将上述项目风险概率与项目风险损失估计相乘得到的。

（2）盈亏平衡分析法。

各种不确定因素的变化会引起评价指标的改变。当这些因素的变化达到某一临界值时，就会引起质的变化，从而影响到方案的取舍。盈亏平衡点正是这样的临界点，盈亏平衡分析的目的也正是要找出这种临界值，为决策提供依据。

（3）敏感性分析法。

敏感性分析法研究在项目生命周期内，当项目的变数（可从现金流量表中找到，比如销售量、单价、投资、成本、项目寿命、建设期等）以及项目的各种前提假设发生变动时，项目的经济评价指标（如净现值 NPV、内部收益率 IRR 等）会出现何种变化以及变化范围有多大。敏感性分析法是一种定量识别法。

(4) 风险坐标图。

风险坐标图是把风险发生可能性的高低、风险发生后对目标的影响程度作为两个维度绘制在同一个平面上(即绘制成直角坐标系,如图 10.1 所示)。对风险发生可能性的高低、风险对目标影响程度的评估有定性、定量等方法。定性方法是指直接用文字描述风险发生可能性的高低、风险对目标的影响程度,如"极低""低""中等""高""极高"等。定量方法是对风险发生可能性的高低风险对目标影响程度用具有实际意义的数量描述,如对风险发生可能性的高低用概率来表示,对目标影响程度用损失金额来表示。

绘制风险坐标图的目的在于对多项风险进行直观的比较,从而确定各风险管理的优先顺序和策略。如:某公司绘制了如图 10.1 所示的风险坐标图,并将该图划分为 A、B、C 三个区域,公司决定承担 A 区域中的各项风险且不再增加监控措施;严格监控 B 区域中的各项风险且专门补充制定各项监控措施;确保规避和转移 C 区域中的各项风险且优先安排实施各项防范措施。

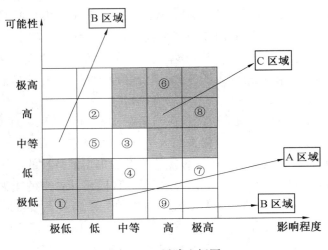

图 10.1 风险坐标图

(5) 矩阵图分析法。

量化风险矩阵即概率影响风险排序矩阵,它综合风险概率和风险影响这两个尺度,构建一个矩阵,定量地对风险进行排序。排序结果可以划分为较低、低、中等、高和非常高几种状态。发生概率高、后果影响严重的风险往往要求进一步分析和积极的风险管理。每个具体风险的风险评分是采用一个风险矩阵和风险衡量尺度(或标度)完成的。

风险的概率由专家参照有关方面的历史数据来确定,概率值介于 0(不发生)到 1(肯定发生)之间。然而在实际问题中,往往难以得到相应的历史数据,给风险概率的确定造成一定的困难。这时就需要采用序数尺度来确定从几乎不可能(值为 0)到完全确定(值为 1)的相对概率值,也可采用普通尺度来指定特定的概率。

表 10.2 是用项目目标评价风险影响的一个例子。这个例子解释了风险影响在基数尺度或序数尺度中应用的方法。在项目开始之前,风险相对影响的度量描述就应该由项目组织准备好。

表 10.2 对一项具体风险影响的排序

项目目标	一项风险对重大项目目标的影响评价				
	非常低(0.05)	低(0.1)	中等(0.2)	高(0.4)	非常高(0.8)
费用	微小的费用增长	小于5%的费用增长	5%~10%的费用增长	10%~20%的费用增长	大于20%的费用增长
计划	微小的偏移	小于5%的偏移	5%~10%的总计划偏移	10%~20%的总计划偏移	大于20%的总计划偏移
范围	几乎可以不注意的范围减小	项目范围的很小一部分受到影响	项目范围的大多数受到影响	对于客户来说产生了不可接受的范围减小	项目的最终产品无用
质量	几乎可以不注意	仅苛求的请求受到影响	质量下降要求客户同意	对于客户来说产生了不可接受的质量下降	项目的最终产品是不能用的

对项目目标的影响可以采用从非常低到非常高这个尺度来评价或者是以数字形式的尺度来评价。这里采用的数字(基数)尺度是非线性的,它表明项目组织希望规避后果影响属于高和非常高的风险的愿望

表 10.3 是一个概率—影响矩阵(P—I 矩阵),给出了概率和影响估计值之间的乘积。这是综合这两项因素比较常用的一种方法,它用来定量确定风险类别(低、中等或高)。矩阵中用非线性尺度表示对高影响风险的厌恶,但在实际分析中,也经常采用线性尺度。P—I 矩阵也可以用基数尺度构成。另外,项目组织必须明确在概率—影响矩阵中,对于具体的一种尺度,什么样的概率和影响的组合应具体归为高风险(■)、中等风险(▨)或低风险(▥)。简言之,概率—影响矩阵的风险评分可以把风险进行归类,这有助于制订风险应对方案。

表 10.3 概率—影响矩阵

概率	风险评分 = P×I				
0.9	0.05	0.09	0.18	0.36	0.72
0.7	0.04	0.07	0.14	0.28	0.56
0.5	0.03	0.05	0.10	0.20	0.40
0.3	0.02	0.03	0.06	0.12	0.24
0.1	0.01	0.01	0.02	0.04	0.08
	0.05	0.10	0.20	0.40	0.80
	对目标的影响(比如费用、时间或范围)(比率尺度)				

如果风险确实存在,每一个风险都要通过它的发生概率和影响进行排序。在该风险矩阵中显示的组织对低(▥)、中(▨)或高风险(■)的界限决定了具体风险的评分

10.4.2 风险评价

1. 风险评价的含义

风险评价是对项目风险进行综合分析,并依据风险对项目目标的影响程度进行项目风险分级排序的过程。它是在项目风险规划、识别和估计的基础上,通过建立项目风险的系统评价模型,对项目风险因素影响进行综合分析,并估算出各风险发生的概率及其可能导致的损失大小,从而找到该项目的关键风险,确定项目的整体风险水平,为如何处置这些风险提供科学依据,以保障项目的顺利进行。

在风险评价过程中,项目管理人员应详细研究决策者决策的各种可能后果并将决策者做出的决策同自己单独预测的后果相比较并判断这些预测能否被决策者所接受。由于各种风险的可接受程度或危害程度互不相同,因此就产生了哪些风险应该优先处理或者是否需要采取措施的问题。进行风险评价时,还要提出预防、减少、转移或消除风险损失的初步方法,为风险应对提供思路和依据。

2. 风险评价的步骤

(1)系统研究项目风险背景信息。

(2)确定风险评价基准。风险评价基准是针对项目主体每一种风险后果确定的可接受水平。风险的可接受水平是绝对的,也是相对的。

(3)使用风险评价方法确定项目整体风险水平。项目风险整体水平是综合了所有单个风险之后确定的。

(4)使用风险评价工具挖掘项目各风险因素之间的因果联系,确定关键因素。

(5)做出项目风险的综合评价,确定项目风险状态及风险管理策略。

3. 风险评价的方法

风险评价的常用方法很多,其中最常用的方法主要包括决策树法、层次分析法、模糊综合评价法、蒙特卡罗模拟法、数据包络分析等,在实际应用时,应该根据项目风险情况和项目风险管理需要进行正确的选择。

(1)决策树法。

决策树法是一种直观运用概率分析的图解方法,它具有层次清晰、不遗漏、不易错的优点。一个工程项目可能会发生各种各样的情况,在已知各种情况发生概率的条件下,通过构成决策树来评估项目风险、判断项目的可行性是十分有效的。决策树法还被广泛应用于不同方案的决策,它不仅可以用来解决单阶段的决策问题,而且可以解决多阶段的决策问题。

(2)层次分析法。

层次分析法(The Analytical Hierarchy Process,AHP)又称AHP法,于20世纪70年代由美国学者萨蒂(T. L. Saaty)提出,是一种在经济学、管理学中广泛应用的方法。层次分析法可以将无法量化的风险按照大小排序并彼此区别开来。它是一种灵活、实用的多目标决策方法,能把主、客观因素有机地结合起来。这种方法也可有效地应用在风险分析和评估方面。

(3) 模糊综合评价法。

模糊综合评价法是模糊数学在实际工作中的一种应用方式。其中,评价就是指按照指定的评价条件对评价对象的优劣进行评比、判断,综合是指评价条件包含多个因素。综合评价就是对受到多个因素影响的评价对象做出全面的评价。采用模糊综合评价法进行风险评价的基本思路是:综合考虑所有风险因素的影响程度,并设置权重以区别各因素的重要性,通过构建数学模型推算出风险水平的各种可能性程度,其中可能性程度值高者为风险水平的最终确定值。

(4) 蒙特卡罗模拟法。

蒙特卡罗模拟法又称统计试验法,是通过对随机变量进行统计试验和随机模拟的一种方法。蒙特卡罗模拟法是指用随机抽样的方法抽取一组满足输入变量的概率分布特征的数值,输入这组变量计算项目风险范围的可能性,通过多次抽样计算可获得项目目标的概率分布,计算项目整体风险的程度,从而估计项目所承担的风险。应用蒙特卡罗模拟法的优点是:只要能正确地用数学式描述项目风险发生的概率,原则上都可以找到相应的解,通过计算机的多次模拟试验,最终将会取得令人满意的结果。

(5) 数据包络分析。

数据包络分析(Data Envelopment Analysis,DEA)是运筹学和研究经济生产边界的一种方法。DEA 是一个线性规划模型,一般用来测量一些决策部门的生产效率,它通过对一个特定单位的效率和一组提供相同服务的类似单位的绩效比较,试图使服务单位的效率最大化。它避开了计算每项服务的标准成本,因为它可以把多种投入和多种产出转化为效率比率的分子和分母,而不需要转换成相同的货币单位。因此,用 DEA 衡量效率可以清晰地说明投入和产出的组合,它比一套经营比率或利润指标更具有综合性并且更值得信赖。

10.5 规划风险应对

10.5.1 规划风险应对的含义及依据

项目风险应对指的是在项目执行过程中出现可能会影响项目目标达成的各种风险,并针对这些风险采取相应的措施以规避、转移、减轻或接受这些风险的过程。在项目管理中,无法避免风险的存在,因此项目经理需要在项目计划和执行过程中识别风险、分析风险、进行风险评估,并制定相应的应对措施。项目风险应对旨在降低项目风险对项目目标造成的影响,以确保项目能够按照预期完成。

风险应对的依据包括:

(1) 风险管理计划。

(2) 风险排序,将风险按其可能性、对项目目标的影响程度、缓急程度分级排序,说明要抓住的机会和要应对的威胁。

(3) 风险认知,对可放弃的机会和可接受风险的认知。组织的认知度会影响风险应对计划。

（4）风险主体，项目利益相关者中可以作为风险应对主体的名单。风险主体应参与制订风险应对的计划。

（5）一般风险应对。许多风险可能是由某一个共同的原因造成的，这种情况下为利用一种应对方案缓和两个或更多项目风险提供了机会。

10.5.2 风险应对的策略

规划风险应对中针对风险的处理策略有六种，即减轻风险、预防风险、回避风险、转移风险、接受风险和储备风险。

1. 减轻风险

减轻风险策略是通过缓解或预测来降低风险发生的可能性，或减轻风险的负面后果，以实现风险缓解目标。减轻风险是一种在存在风险优势时使用的风险决策，其有效性在很大程度上取决于风险是已知的、可预测的还是不可预测的。

2. 预防风险

预防风险是一种积极主动的风险管理策略，通常采取有形和无形的手段。

工程法将工程技术视为消除重大风险的有形手段。例如，为了防止山体滑坡危害通过公路的车辆，可以使用岩石锚固技术来锚固松散的山脉，并提高因开挖而受损的山脉的稳定性。工程方法中有不同的预防风险措施。

预防风险的无形手段包括教育法和程序法。

（1）教育法。项目管理层和所有其他利益相关者的不当行为可能是项目的风险因素。因此，为了减轻与不当行为相关的风险，有必要将风险和风险管理告知相关员工。教育内容应包括与投资、安全、城市规划、土地管理等方面有关的规章制度、规范、标准、风险知识、操作规程、安全技能和安全态度。

（2）程序。程序性方法是项目活动的制度化实施，以减少不必要的损失。项目管理机构制订的各种管理计划、指导方针和监督检查制度，总体上反映了项目活动的客观规律。因此，项目经理必须履行他们的责任。为了从战略上最大限度地降低项目风险，有必要遵循基本的施工程序。

3. 回避风险

回避风险指的是当项目风险潜在威胁发生可能性太大，不利后果也太严重，又无其他策略可用时，主动放弃项目或改变项目目标与行动方案，从而规避风险的一种策略。如果通过风险评价发现项目的实施将面临巨大的威胁，项目管理班子又没有别的办法监控风险，甚至保险公司亦认为风险太大而拒绝承保，这时就应当考虑放弃项目的实施，避免巨大的人员伤亡和财产损失。对于城市和工程建设项目，如水利枢纽工程、核电站、化工项目等都必须考虑这个问题。

完全放弃是最彻底的回避风险的办法，但也会带来其他问题：第一，放弃意味着失去了发展和机遇，例如核电站建设工程项目庞大，风险高，如果因为担心损失而放弃该项目，就会失去培养和锻炼我们自己核电建设队伍的机会，失去发展核电有关产业的机会，失去许多就业机会,失去促进核技术科学研究和教育发展的机会,等等。第二,放弃意味着消极,项目的复杂性、一次性和高风险等特点,要求充分发挥项目管理人员的主观能动性,创造条件促进风险因素转化,有效监控或消除项目风险,而简单地放弃,意味着不提倡创造性,意味着工作的消极观,不利于组织今后的发展。因此,在采取回避策略之前必须要对风险有充分的认识,对威胁出现的可能性和后果的严重性有足够的把握。回避策略,最好在项目活动尚未实施时采取,放弃或改变正在进行的项目,一般都要付出高昂的代价。

4. 转移风险

转移风险是指将风险转移至参与该项目的其他人或其他组织,所以又叫合伙分担风险,其目的不是降低风险发生的概率和不利后果的大小,而是借用合同或协议,若风险事故一旦发生,将损失的一部分转移到有能力承受或监控项目风险的个人或组织。转移风险实际上是把风险管理责任推给第三方,并未能将项目风险消除,因此转移风险往往需要向风险承担者支付风险费用。采用转移风险策略所付出的代价大小取决于风险大小。当项目的资源有限不能实行减轻和预防策略或风险发生频率不高但潜在的损失或损害很大时可采用此策略。

转移风险包括财务性风险转移和非财务性风险转移。

(1) 财务性风险转移。财务性风险转移是转移风险最常用的一种方法,是指银行、保险公司或其他非银行金融机构为项目风险负间接责任,通过签订保险合约来对冲风险,以投保的形式将风险转移到第三方。例如,在国际上,建设项目的业主不但自己要为建设项目施工中的风险向保险公司投保而且还要求承包商也向保险公司投保。

(2) 非财务性风险转移。非财务性风险转移是指将项目有关的物业或项目转移到第三方,或以合同的形式把风险转移到第三者身上。具体形式包括:出售、发包、开脱责任合同、利用合同中的转移责任条款和担保等形式。

5. 接受风险

接受风险也是应对风险的策略之一,是指有意识地选择承担风险的后果。接受风险可以是主动的,也可以是被动的。由于在风险管理规划阶段已对一些风险有了准备,所以当风险事件发生时马上执行应急计划,这是主动接受风险。被动接受风险是指在风险事件造成的损失数额不大、不影响项目大局时,项目管理组将损失列为项目的一种费用。费用增加了,项目的收益自然要受影响。接受风险是最省事的风险规避方法,在许多情况下也最节约费用。当采取其他风险规避方法的费用超过风险事件造成的损失数额时,可采取接受风险的方法。

6. 储备风险

对于一些大型的工程项目,由于项目的复杂性,项目风险是客观存在的。因此,为了保证项目预定目标的实现,有必要制定一些项目风险应急措施即储备风险。所谓储备风险,是指根据项目风险规律事先制定应急措施和科学高效的项目风险计划,一旦项目实际进展情况与计划不同就动用后备应急措施。项目风险应急措施主要有费用、进度和技术三种。

上述六种应对策略,每种风险应对策略,对风险状况都有不同的影响,要根据风险的发生概率和项目总体目标的影响选择不同的策略。

10.5.3 风险应对的结果

1. 风险应对计划

风险应对计划应当详细到可操作的层次,它一般包括以下内容:风险识别,风险特征描述,风险来源及对项目目标的影响;风险主体及责任分配;风险评估及风险量化结果;单一风险的应对措施,包括回避、转移、缓和与接受;战略实施后预期的风险自留,如风险概率和风险影响程度;具体应对措施;应对措施的预算和时间;应急计划和反馈计划等。

2. 项目文件更新

涉及可能更新的项目文件,主要有假设条件日志与技术文件等。随着风险应对措施的制定,会产生一些新信息,假设条件、技术方法和实体的可交付成果可能因此发生变化,因此必须重新审查假设条件日志,以便把新信息包括进去。此外,还应更新项目管理计划和项目风险登记册。

3. 与风险相关的合同决策

为了避免或减轻威胁,可以针对具体风险或项目签订服务或其他必要的合同协议,确定各方的责任。

10.6 监控风险

10.6.1 监控风险的含义

监控风险就是通过对规划风险、识别风险、分析风险、应对风险全过程的监督和控制,来保证风险管理达到预期的目标,它是项目实施过程中的一项重要工作。监控风险的目的在于核对风险管理策略和措施的实际效果是否与预见的相同;寻找机会改善和细化风险规避计划;获取反馈信息,以便将来的决策更符合实际。

在风险监控过程中,需及时发现那些新出现的问题以及预先制定的策略或措施不见效或性质随着时间的推移而发生变化的风险,然后及时反馈,并根据对项目的影响程度重新进行风险管理的规划和实施。

10.6.2 监控风险的依据

项目风险监控的依据包括风险管理计划、实际发生了的风险事件和随时进行的风险识别结果。主要内容包括:

(1) 风险管理计划。

(2) 风险应对计划。

(3) 项目沟通。工作成果和多种项目报告可以表述项目进展和项目风险。一般用于监督和控制项目风险的文档有:事件记录、行动规程、风险预报等。

(4)附加的风险识别和分析。随着项目的进展,在对项目进行评估和报告时,可能会发现以前未曾识别的潜在风险事件。应对这些风险继续执行风险识别、估计、量化和制订应对计划。

(5)项目评审。风险评审者检测和记录风险应对计划的有效性以及风险主体的有效性,以防止、转移或缓和风险的发生。

10.6.3 监控风险的过程

监控风险可以采取以下步骤。

(1)建立项目风险监控体系。建立项目风险监控体系就是要根据项目风险识别和评估报告所给出的项目风险信息制订整个项目的风险监控方针、项目风险监控程序以及项目风险监控管理体系。包括项目风险责任制度、项目风险信息报告制度、项目风险监控决策制度、项目风险监控的沟通程序等。

(2)确定要监控的具体项目风险。这一步是根据项目风险识别与评估报告所列出的各种具体项目风险,确定对哪些项目风险要进行控制,对哪些风险可以容忍并放弃对它们的控制。通常要按照项目具体风险后果严重性的大小和风险的发生概率,以及项目组织的风险控制资源情况来确定。

(3)确定项目风险的监控责任。这是分配和实现项目具体风险监控责任的工作。所有需要监控的项目风险都必须落实负责监控的具体人员,同时要规定他们所负责的具体责任。

(4)确定项目风险监控的行动时间。这是指对项目风险的监控要制订相应的时间计划和安排,不仅包括进行监测的时间点和监测持续时间,还应包括计划和规定解决风险问题的时间表与时间限制。

(5)制订各个具体项目风险的控制方案。这一步是由负责具体项目风险监控的人员,根据风险的特性和时间计划,制订各个具体项目风险的控制方案。要找出能够控制项目风险的各种备选方案,然后要对方案进行必要的可行性分析,以验证各个风险控制备选方案的效果,最终选定要采用的风险控制方案。

(6)实施具体项目风险控制方案。这一步要按照确定的具体风险控制方案,开展项目风险控制活动。在具体实施时,必须根据项目风险的发展与变化,不断地修订项目风险控制方案与办法。

(7)跟踪具体项目风险的控制结果。这一步的目的是收集风险事件控制工作的结果并给出反馈,即利用跟踪去确认所采取的风险控制活动是否有效,项目风险的发展是否有新的变化等,以便不断提供反馈信息,从而指导项目风险控制方案的具体实施。

(8)判断项目风险是否已经消除。若认定某个项目风险已经解除,则该风险的监控作业已完成。若判定该风险仍未解除,就要重新进行风险识别,重新开展下一步的风险监控作业。风险监控的程序图如图10.2所示。

10.6.4 监控风险的工具和技术

监控风险的工具和技术有以下几种。

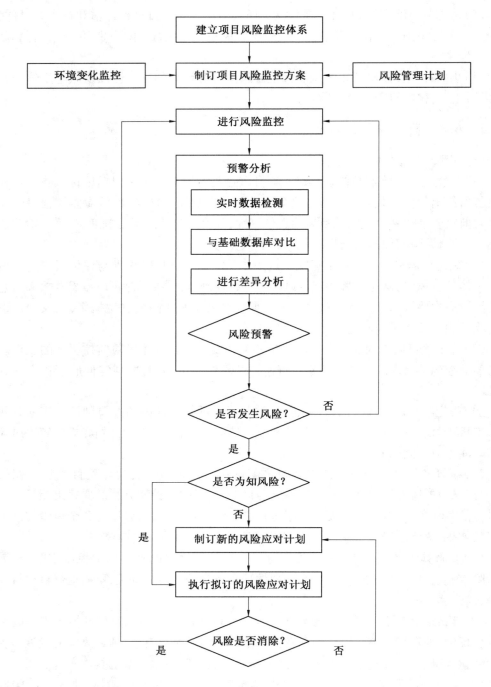

图 10.2 风险监控的程序图

1. 审核检查法

在项目风险的监控过程当中,运用核对表可以明确地显示出项目的进展情况和项目风险的预计情况,从而更有效地进行项目风险监控。

检查是在项目实施期间进行的,而不是在项目完成之后进行的。检查是为了及时向经理反馈报告各方面的情况,包括项目设计文件、实施计划、测试计划、测试结果、正在施工的项目、运送到现场的材料和设备等。检查参与者的专业和技术水平最好相似,以便高效地讨论主题。检查前最好准备一份表格,记下要问的问题。检查完成后,发现任何问题必须立即报告给负责人员以便及时采取行动。问题解决后必须签字验收。

2. 监视单

监视单是项目实施过程中需要管理层特别关注的关键领域清单。这是一份简单、清晰、易于编写的文档,内容可深可浅,浅则仅列出已识别的风险,深则可以列出以下内容:风险顺序、监控表中风险的持续时间、风险处理活动、每个风险解决活动的计划和实际完成日期、潜在差异的解释等。

3. 挣值分析

这是一种测量项目预算实施情况的方法。该方法将实际上已完成的项目工作同计划的项目进行比较,确定项目在费用支出和时间进度方面是否符合原定计划的要求。该方法计算、收集三种基本数据,即计划工作的预算费用(BCWS)、已完成工作实际费用(ACWP)和已完成工作的预算费用(BCWP)。BCWS 是在项目费用估算阶段编制项目资金使用计划时确定的,它是项目进度时间的函数,是累积值,随着项目的进展而增加,在项目完成时达到最大值,即项目的总费用。若将此函数画在以时间为横坐标、以费用为纵坐标的图上,则函数曲线一般呈现 S 状,俗称 S 曲线。ACWP 是在项目进展过程中对已完成工作实际测量的结果,也是进度时间的函数,是累积值,随着项目的进展而增加。ACWP 是费用,不是实际工作量。按照单位工作的预算价格计算出的已完成实际工作量的费用,叫作已完成工作的预算费用(BCWP)。差值 BCWP−ACWP 叫作费用偏差,若 BCWP−ACWP>0 表示项目未超支;差值 BCWP−BCWS 叫作进度偏差,BCWP−BCWS>0,表示项目进度提前。我们还可以利用费用指数 CPI 和进度指数 SPI 分别来监视费用和时间进度风险。

4. 项目风险报告

项目风险报告用于向决策者和项目组织成员提供风险信息,并告知他们风险管理活动的风险状况及其处理的有效性。其有多种不同形式的风险报告,在有限的时间情况下可以做非正式的口头报告,里程碑审查需要正式报告,报告内容的详细程度取决于收件人的需要。

风险管理的成功需要及时报告风险监测过程的结果。风险报告要求包括报告的格式和频率,通常应被视为风险管理计划的一部分并纳入其中。此类报告的编制和提交通常是项目管理的日常任务。为了确定可能影响项目目标和里程碑要求实现的技术、进度和成本障碍,可以将这些报告提交给项目管理评审和技术里程碑评审。

5. 直方图

直方图是频率和相应数据点之间关系的图形表示,也是频率分布的图形表示。直方图有助于可视化项目风险。直方图的主要应用之一是确定项目风险数据的概率分布。同时,直方图还可以对项目风险进行直观观察和粗略评估,对风险监测具有一定的参考价值。

6. 帕累托图

帕累托图又称"比例图分析法",最早由意大利经济学家帕累托(V. Pareto)提出,用于分析社会财富的分布,揭示少数人拥有大量财富的现象,被称为"关键少数和次要多数"关系。帕累托图主要用于根据所谓的"80/20"规则确定问题的处理顺序,该规则确定了80%问题的主要影响因素。在监测项目风险时,可以使用帕累托图来关注对项目缩减有重大影响的风险,例如确定进度延迟、成本超支和绩效损失等关键因素,以便立即确定解决这些问题的方法和行动。

10.6.5 监控风险的结果

监控风险的结果表现在以下几个方面。

(1)风险登记册更新。当预期的风险发生或未发生时,以及风险监控的实施消减或未消减风险的影响或概率时,必须重新对风险进行评估,对风险事件的概率和价值以及风险登记册及其相关的管理计划做出相应的修改,以确保重要风险得到恰当的监控。

(2)变更请求。变更请求要提交给实施主体变更监控过程审批。变更请求包括以下两方面的内容:一是推荐的纠正措施。包括应急计划和权变措施,后者是针对以往未曾识别或被动接受的、目前正在发生的风险而采取的未经事先计划的应对措施;二是推荐的预防措施。采用推荐的预防措施,使项目实施符合项目管理计划的要求。

(3)项目管理计划更新。

(4)项目文件更新。

(5)组织过程资产更新。

上述项目风险管理过程都会生成可供未来项目借鉴的各种信息,应该把这些信息加进组织过程资产中。可能需要更新的组织过程资产包括但不限于以下三方面的内容:一是风险管理计划的模板,其包括概率影响矩阵、风险登记册;二是风险分解结构;三是从项目风险管理活动中得到的经验教训。应该在需要和项目收尾时对上述文件进行更新。组织过程资产中应该包括风险登记册、风险管理计划模板、核对表和风险分解结构的最终版本。

【思考与训练】

1. 什么是风险?风险的特点有哪些?
2. 什么是项目风险?项目风险管理包括哪些过程?
3. 识别风险的方法有哪些?
4. 风险估计和风险评价的联系和区别是什么?
5. 项目风险应对的策略有哪些?如何加以应用?
6. 简述控制风险的方法有哪些?
7. 结合一个具体项目,结合所学方法,识别该项目的潜在风险。

第 11 章 项目收尾

【学习目标】

通过本章学习,你应掌握如下内容:
(1)项目收尾的含义及主要工作;
(2)项目验收的含义及内容;
(3)项目清算与项目移交的关系;
(4)项目后评价与项目论证的区别;
(5)项目后评价的主要内容。

【导入案例】

某系统集成公司承接了一个政府部门的系统集成大项目,任命张工为大项目项目经理。张工按照项目内容,将项目分成子项目 1、子项目 2 和子项目 3,分别任命李工、王工和廖工负责。三个项目在张工的领导及协调下进展顺利。在整个项目进行到 80% 时,出资人提出子项目 1 由于政策原因需要终止,子项目 2、子项目 3 继续按照原计划进行。因此张工通知李工将子项目 1 资料归档并提交给公司管理资产的人员。随后为了保证子项目 2、子项目 3 的顺利进行,张工将子项目 1 的项目团队解散,有关员工加入到子项目 2、子项目 3 中。

子项目 2、子项目 3 在张工引入新的资源后,进展顺利,因此张工觉得不需要再加强阶段审查,等项目全部完成后再统一进行验收。在项目结束后,张工组织客户对子项目 2、子项目 3 分别进行验收,结果客户对子项目 2 的成果很不满意。因子项目 3 需要的一个关键部件是子项目 2 提供的,最后影响了二者的总体验收,项目因此没有按时交工。

问题:你认为在子项目 1 终止时张工的做法是否存在不足?应如何从管理收尾及合同收尾两个方面进行弥补?

资料来源:https://www.cnitpm.com/(信管网)

11.1 项目收尾概述

"慎始而敬终,终以不困"告诉我们,如果谨慎地开始一件事情,而且自始至终毫不怠慢,就不会有窘迫之患。项目管理不但要认真做好项目启动工作,而且要认真做好项目收尾工作,做到"善始善终,善作善成"。项目收尾是项目生命周期的最后一个阶段,也是项目管理的最后一个步骤。项目收尾有正常收尾与非正常收尾之分。无论是项目目标达成而正常终止,还是项目因某种原因被提前终止或者被取消,都需要进入项目收尾阶段,项目收尾的完成标志着项目的正式结束。

11.1.1 项目收尾的目的与重要性

项目收尾的目的主要是确认本次项目实施的结果；实现项目相关各方的利益；总结本项目中的经验教训，以期改善未来项目的工作绩效。此阶段的工作任务是采取各种适当措施以保证项目妥善结束。

项目的成功结束标志着项目计划任务的完成和预期成果的实现。没有项目结束阶段的工作，项目成果就不能正式投入使用，不能生产出预期的产品或服务；项目干系人也不能终止他们为完成项目所承担的责任和义务，也无法从项目中获益。因此做好项目结束阶段的工作对项目的各参与方都是非常重要的，项目参与各方的利益在这一阶段相对也存在较大的冲突。项目进入收尾期后项目成员的注意力常常已开始转移，加上这一阶段的工作往往又是烦琐零碎、费时费力的，容易被轻视和忽略，所以更需要特别强调其重要性。

11.1.2 项目收尾的主要工作

一般而言，项目的收尾工作可以从管理、客户、组织和人力资源四个维度来认识和组织实施。

(1) 管理维度。完成项目财务文件，完成项目文档。

(2) 客户维度。获得客户认可，评估客户满意度。

(3) 组织维度。识别和获取经验总结，评估项目结果并报告给组织，与团队庆祝。

(4) 人力资源维度。评估团队成员绩效，奖励和认可项目贡献者，支持团队成员转移到下一个任务。

因此，项目收尾主要包括项目移交评审、项目合同收尾、项目管理收尾和项目后评价四个方面的工作。

(1) 项目移交评审。项目团队对接收方所要求的工作结果进行全面审核，检查、落实项目计划范围内各项活动是否已经完成及完成的结果如何。项目团队在移交之前应准备以下文件：项目计划书、技术规范、图纸、变更申请书、测试报告等，并以书面的形式通知接收方完成验收和审查。项目移交审核结束后，项目经理和接收方代表应在事先准备好的文件上签字，表示项目接收方正式认可且验收了项目的全部或阶段性成果。项目移交过程需要高层重视、由专人负责，并强调验收计划，对各项工作做好充分准备。

(2) 项目合同收尾。逐项检查合同的各项条款，逐一终止这些要求，它涉及项目范围验收与项目产出物核实等。项目团队应在合同收尾之前准备好与合同有关的所有文件，包括合同与合同报告记录、有关表格清单、发货单据、付款记录、验收签字等。合同收尾的具体工作包括检查和验收承包商的工作、核实合同付款情况、成本决算、归还租赁来的仪器设备、评审并终止分承包商的合同。

(3) 项目管理收尾。其最重要的工作是收集项目相关的所有文件，并整理、编辑、存档，以便于日后查阅项目的有关资料，以及为将来执行类似项目提供借鉴。其具体工作包括：收集、整理、归档项目文件；重新安置或处理项目设备、材料及其他物质资源；总结项目经验教训；明确项目后续工作的负责人；重新安排项目队员的工作；嘉奖有贡献的项目成员。

(4)项目后评价。其目的是评价项目是否为用户提供了预期的利益,评估相关方的满意程度,以获得将来改进方向的反馈信息。项目经理应以书面形式总结项目管理过程中的经验教训,哪些地方值得推广,哪些地方应注意避免;本项目管理过程中用到了哪些技术和方法;项目执行中出现了哪些问题,这些问题是采用了什么样的方法予以解决的,效果如何,是否有更好的处理办法等。在项目成果运行一段时间后,召集项目主要相关方,如项目经理、核心成员、顾客、承包商、项目发起人等进行座谈、访谈或调查问卷,对项目实施的管理过程、项目成果的运行情况等做出分析,完成项目后评价。

11.2 项目验收与项目移交

11.2.1 项目验收

1. 项目验收的含义及类型

在项目合同到期时,组织项目验收。项目验收又称项目范围确认或移交,是指项目结束或项目某一阶段结束时,项目团队将其成果交付给接收方以前,项目接收方会同项目团队、项目监理等有关方面对项目的成果进行审查,查核项目计划或合同规定范围内的各项工作成活动是否已经完成,应交付的成果是否令人满意。项目验收情况应记录在案,并经过验收各方的签字确认,形成文件。

项目验收过程是在项目团队与客户、项目发起人代表之间进行的正式活动,而验收标准应尽量在项目启动过程中确定。

项目验收的主要类型:

(1)按项目的目的,可分为合同期验收、中间验收和竣工验收。

(2)按项目验收的范围,可分为部分验收和全部验收。

(3)按项目的类型,可分为投资建设项目验收、生产性项目验收、R&D项目验收、系统开发项目验收和服务性项目验收等。

(4)按项目验收的内容,可分为质量验收和文件验收。

项目验收是全面考核项目各项成果的一个重要环节。通过项目验收工作可以检查项目是否合乎规划计划(方案)中的各项要求,项目的目标是否达成,项目地各项成果是否满足标准。验收通过是项目成果转入运转使用阶段或能够发挥有效作用的一个重要标志。

2. 项目验收的程序

项目验收一般由项目承担方、项目接收方和项目监理人员构成,也可以邀请有关专家参加。对于一般的小型项目,可以只由项目接收方验收,对于内部项目也可以由项目负责人或者其上级部门验收。

项目验收工作,根据项目类型、大小,其验收程序也会有所不同。但是一般应以下几个过程组成。

(1)项目验收的前期准备。主要包括细致的收尾工作、项目验收材料的准备、自检和提出验收申请几个过程。

(2)验收方的正式验收工作。主要包括成立验收组织、材料验收、现场实际验收、正式验收。若验收通过则签发验收合格证书,办理项目成果移交。

3. 项目验收的内容

项目验收的内容包括项目质量验收和项目文件验收。

(1)项目质量验收。

质量验收是依据质量计划中的范围划分、指标要求和采购合同中的质量条款,遵循相关的质量检验评定标准,对项目的质量进行质量认可和办理验收交接手续的过程。质量验收是项目接收方控制项目成果最终质量的手段,也是项目实体验收最重要的内容。质量验收不仅在项目收尾时发生,在项目的每一个阶段都可以有质量验收的活动,即质量验收是质量的全过程验收,贯穿项目生命周期全过程。

项目质量验收的方法根据项目阶段的不同、项目类型的不同而不同,如在项目概念、规划等阶段,质量验收多采用审阅的方法,主要是对项目的文件进行审阅。对于一般项目通常采用文件审阅、实物观测、性能测试或进行特殊试验等方法。对于大型投资建设项目,除采用一般项目的验收方法外,还要进行试生产等验收。

(2)项目文件验收。

项目文件(资料)是项目竣工验收和质量保证的重要依据之一,也是项目交接、维护和后评价的重要原始凭证,在项目验收工作中起着十分重要的作用。在项目验收过程中,项目验收方只有在对资料验收合格后,才能开始项目竣工验收工作。由此可见,项目资料验收是项目竣工验收的前提。

项目文件验收应移交、归档的资料包括以下内容:项目背景概况;项目目标文件;项目可行性及项目方案论证报告;项目工作结构分解图;项目范围、进度、质量、费用、采购规划;项目采购合同的招投标书及合格供应商资料;项目进度报告、质量记录、会议记录、备忘录、各类通知等;项目各种变更控制申请及签证;项目竣工报告及竣工图;项目验收报告;项目评审报告;项目交接报告;项目后评价资料。

项目文件验收的程序如下:项目资料整理;自检和预验收;资料装订成册,送交项目验收方验收。

项目验收方组织人员按合同资料清单或档案法规的要求,对项目文件进行验收、清点。对验收合格的项目文件立卷、归档;对验收不合格或有缺损的文件,要通知项目团队采取措施进行修改或补充。只有项目文件验收完全合格后,才能进行项目的整体验收。

当所有的项目文件全部验收合格时,项目团队与项目接收方对项目文件验收报告进行确认和签证,形成项目文件验收结果。

11.2.2 项目清算与移交

1. 项目清算

项目清算是非正常的项目终止过程。尽管项目各参与方无不希望项目能够成功实现目标,但仍应清醒地认识到项目确实存在失败的可能。由于种种原因,某些项目可能在未完成时就被迫终止,这种情况下就要以清算方式来结束项目。项目清算是项目结束的另一种结果和方式,是对失败的、无果而终的项目的终止程序,相对于正常的项目结束而言是非正常的项目终止过程。

导致项目清算的原因与条件包括但不仅限于以下内容:①项目概念阶段决策失误。②项目规划阶段设计中出现技术方向性错误。③项目实施中出现重大质量事故,项目继续运作的经济或社会价值基础已经不复存在。④项目实施管理中存在严重问题导致项目任务无法完成或目标价值无法有效实现。⑤虽然项目顺利地进行了交接,但在项目试运行过程中发现项目的技术性能指标或经济效益指标无法达到项目概念设计时的标准,项目的经济或社会价值无法实现。⑥因为资金近期无法到位并且无法确定可能到位的具体期限,项目出现烂尾。

项目清算主要以合同为依据。对于中途清算的项目,项目业主应该依据合同中的有关条款,成立由各项目参与方联合参加的项目清算工作小组,依合同条件进行责任确认、损失估算、索赔方案拟订等事宜的协商。协商达成协议后形成项目清算报告,由合同各方联合签证生效。协商不成则按合同约定将问题提交仲裁解决,或考虑向有管辖权的法院提起诉讼。

2. 项目移交

项目移交是指在项目完成和通过验收之后,项目业主与项目承揽方之间进行项目成果所有权移交的过程。

项目能否顺利移交取决于项目是否顺利通过了竣工验收。在项目收尾阶段,主要工作由项目竣工、项目竣工验收和项目移交等三项组成。它们三者之间紧密联系,但又是不同的概念和过程。项目竣工是对项目团队而言的,它表示项目团队按合同完成了任务并对项目的有关质量和资料等内容进行了自检;项目的工期、进度、质量、费用等均已满足合同的要求。只有当项目质量和资料等项目成果完全符合项目验收标准,达到要求时,才能通过验收。当项目通过验收后,项目团队将项目成果的所有权交给项目接收方,这个过程就是项目移交。项目交接完毕,项目接收方有责任对整个项目进行管理,有权力对项目成果进行使用。这时,项目团队与项目业主的项目合同关系基本结束,项目团队的任务转入对项目的保修阶段。由此可见,项目竣工验收是项目移交的前提,项目移交是项目收尾的最后工作内容,是项目管理的完结。

项目结束之后,项目经理需编制项目总结报告,具体实例见表 11.1。

表 11.1 项目总结报告

项目名称	A 项目
项目经理	吴××
发起人	W 房地产公司
项目目标	3 年内完成该项目,规划建设用地面积 15 000 m²,总建筑面积 100 000 m²。开工日期为 2021 年 1 月 1 日,工程设计完工日期为 2021 年 6 月 30 日,主体工程完工日期为 2022 年 12 月 31 日;2023 年 1 月 1 日,配套工程与装修工程同时开工,其中,装修工程于 2023 年 8 月 31 日完工,配套工程于 2023 年 10 月 31 日完工。项目验收截止日期为 2023 年 12 月 31 日
项目结果	项目在规定预算和工期内完成,并保证了所有重大里程碑事件都按期完成,同时项目符合规定的质量规范和标准

续表 11.1

项目名称		A 项目	
范围比较	额外范围	工程设计要提前一个月完成,并且工程设计成本增加 70 万元	
	减少范围	主体建造工程可于 2022 年年初适当延后一个月,主体工程实际施工总时间随之减少 1 个月	
成本绩效		预计成本	实际成本
	项目成本	29 330 万元	29 936 万元
	成本差额	606 万元	
进度绩效		预计时间	实际时间
	项目完成日期	2023 年 12 月	2023 年 12 月
	时间偏差解释	在项目实际执行过程中,部分阶段的进度与计划有所出入,如工程设计的完工时间由 2021 年 7 月 31 日改为 2021 年 6 月 30 日;主体工程开工时间由 2021 年 7 月 31 日改为 2021 年 6 月 30 日,但在项目部的协调下,项目最终如期完成,总体完工时间与计划相符	
项目过程中遇到的主要障碍		①沟通的有效性不足 ②由于地基铺设环节正好赶在春天雨季来临时,考虑到可能会为项目主体工程的顺利进行带来阻碍,对项目的整体进度进行了相应的变更	
解决各种障碍采取的相应措施		①政府主管部门、当地居民由项目办公室负责,项目团队内部、项目部与公司的沟通由项目经理负责,项目与设备供应商的沟通由技术经理负责,项目与银行的沟通由商务经理负责,各司其职的专业对口沟通使项目与内外环境实现有效的沟通,确保项目获得所需的资源与支持,具体落实到各责任人 ②将施工工程开始时间由 2021 年 7 月 31 日改为 2021 年 6 月 30 日,工程设计完工时间亦随之提前一个月	

11.3 项目后评价

11.3.1 项目后评价概述

1. 项目后评价的概念

项目结束阶段的最后一项也是非常重要的一项工作是项目后评价。项目后评价是指对已完成的项目(或规划)的目的、执行过程、效益、作用和影响所进行的系统的、客观的分析,通过项目活动实践的检查总结,对项目预期的目标是否达到、项目或规划是否合理有效、项目的主要效益指标是否实现等问题做出评价。

项目后评价通常在项目竣工且运行一段时间后进行,一般由第三方组织实施,其主要内容是在项目竣工验收结果及运行情况分析的基础上,完成项目效益后评价和项目管理后评价。通过分析评价找出成功或失败的原因,总结经验教训,通过及时有效的信息反馈,为未来新项目的决策和提高完善投资决策管理水平提出建议,同时也为项目实施运营中出现的问题提供改进意见,从而达到提高投资效益的目的。

2. 项目后评价的对象

项目后评价主要包括项目效益后评价和项目管理后评价。

(1)项目效益后评价。

项目效益后评价是在项目完成后对项目投资经济效益、环境影响以及社会影响进行的再评价。它是根据项目运营后的实际数据资料重新计算项目的各项经济数据指标、环境参数、社会贡献,同项目前评估时预测的有关效果值进行对比,从而对项目的实际投资效果做出评价,并分析其偏差产生的原因,从中总结经验教训,供以后相关项目决策时参考和借鉴。

(2)项目管理后评价。

项目管理后评价是在项目实施工作结束后,通过对项目实施过程实际情况的分析研究,全面总结项目管理中的经验和教训,对投资者的表现、借款人的表现以及项目执行机构的表现进行评价,为改进今后的管理工作服务。

3. 项目后评价与项目论证的区别

项目论证的目的是确定项目是否可以立项或建设,主要应用预测技术和方法来分析评价项目未来的效益,以确定项目是否可行。项目后评价则是在项目建成后,总结项目的准备、实施、完工和运营,并通过预测对项目的未来进行新的分析和评价,其目的是总结经验教训,以改进决策和管理服务,主要采取对比的方法。

11.3.2 项目后评价的内容

1. 项目目标后评价

项目目标后评价的任务是评定项目立项时各项预期目标的实现程度,是项目后评价所需完成的主要任务之一。因此,项目目标后评价要对照原定目标预定的各项主要完成指标,检查项目实际完成指标的情况和有关变更,分析偏差产生的原因,以判断目标的实现程度。项目目标评价的另一项任务是要对项目原定决策目标的正确性、合理性和实践性进行分析评价,对项目实施过程中可能会发生的重大变化(如政策性变化或市场变化等),重新进行分析和评价。

2. 项目效益后评价

项目效益后评价即财务评价和经济评价,其主要评价内容和项目论证相类似。主要分析指标仍是反映项目盈利能力和清偿能力的指标。但项目论证采用的是预测值,项目效益后评价则对已发生的财务现金流量和经济流量采用实际值,并按统计学原理加以处理,对后评价时点以后的流量做出新的预测。项目的效益后评价是以项目投产后实际取得的效益(经济、社会、环境等)及其隐含在其中的技术影响为基础,重新测算项目的各项经济数据,得到相关的投资效果指标,然后将这些指标与项目前期评估时预测的有关经济效果值(如净现值 NPV、内部收益率 IRR、投资回收期 P_t 等)、社会环境影响值(如环境质量值 IEQ 等)进行对比,评价和分析其偏差情况以及原因,总结经验教训,从而为提高项目的投资决策和管理水平服务。

3. 项目影响后评价

项目影响后评价包括经济影响、环境影响和社会影响的后评价。经济影响后评价主要分析评价项目对所在国家、地区和所属行业所产生的经济方面的影响,它区别于项目效益评价中的经济分析,评价的内容主要包括分配、就业、国内资源成本、技术进步等。环境影响后评价包括项目的污染控制、地区环境质量、自然资源利用和保护、区域生态平衡和环境管理等几个方面。社会影响后评价是对项目在经济、社会和环境方面产生的有形和无形的效益和结果所进行的一种分析,通过评价持续性、机构发展、参与、妇女、平等和贫困等要素,分析项目对国家(或地方)社会发展目标的贡献和影响,包括项目本身和对项目周围地区社会的影响。

4. 项目持续性后评价

项目持续性是指在项目的建设资金投入完成之后,项目既定目标是否还能继续,项目是否还可以持续发展下去,接受投资的项目业主是否愿意并可能依靠自己的力量继续去实现既定目标,项目是否具有可重复性,即是否可在未来以同样的方式建设同类项目。持续性后评价一般可作为项目影响评价的一部分,但是亚洲开发银行等组织把项目的可持续性视为其援助项目成败的关键之一,因此要求援助项目在评估和评价中进行单独的持续性分析和评价。

5. 项目管理后评价。

项目管理后评价是以项目目标和项目效益后评价为基础,在结合其他相关资料的基础上,对项目整个生命周期中各阶段管理工作进行评价。目的是通过对项目各阶段管理工作的实际情况进行分析研究,形成项目管理情况的总体概念。通过分析、比较和评价,能知道目前项目管理的水平。通过吸取经验和教训,来不断提高项目管理水平以保证更好地完成以后的项目管理工作、促使项目预期目标很好地完成。项目管理后评价包括三个方面的内容:①项目的过程后评价。②项目综合管理的后评价。③项目管理者的评价。

11.3.3 项目后评价报告

项目后评价报告是评价结果的汇总,是反馈经验教训的重要文件。该报告应该客观分析问题,真实反映实际情况,报告的文字要准确、简练,尽量不用过分生疏的专业化词汇;报告内容的结论、建议要和问题分析相对应,并把评价结果与将来规划以及政策的制定、修改相联系。

项目后评价报告主要包括:摘要、项目概况、评价内容、主要变化和问题、原因分析、经验教训、结论和建议、基础数据和评价方法说明等。项目后评价报告是评价结果的汇总。

【思考与训练】

1. 项目收尾的工作内容包括哪些?
2. 项目验收的一般程序是什么?
3. 什么是项目清算? 其与项目交接有何不同?
4. 一般投资项目后评价主要包括哪些内容?
5. 回忆一个你参与过的项目,在项目收尾时曾经遇到什么问题? 这些问题是否具有共性? 应如何解决?
6. 结合项目后评价的相关知识,设计一份具体工业项目的项目后评价报告。

工 具 篇

第 12 章 项目前期准备与启动

【学习目标】

通过本章学习,你应掌握如下内容:
(1) Microsoft Project 与基本设置;
(2) Microsoft Project 项目文件的创建与保存;
(3) Microsoft Project 视图的切换;
(4) 在 Microsoft Project 中输入项目日程排定信息;
(5) 在 Microsoft Project 中建立项目团队;
(6) 在 Microsoft Project 中输入项目预算。

12.1 概 述

本书后续章节将以项目管理知识为理论基础,以"软件开发项目集"为案例,完整介绍 Microsoft Project(简称 Project)在项目管理中的实战应用。该案例集根据实际工作中的若干真实项目设计,为便于学生操作,对其中的部分信息和数字进行了简化处理。

12.1.1 项目背景

A 软件公司为企业提供有针对性的行业软件解决方案,本书案例项目集由"办公自动化项目""项目管理平台开发项目""智能硬件中辅助软件的开发项目""视频保安系统项目"和"微信信息合并项目"组成。其中,重点以"项目管理平台开发项目"为例,进行 Project 基本功能的介绍。在该案例中,由于 A 公司需要同时推进诸多项目,考虑到项目的复杂性,设计部门、人员和供应商的多样性,公司决定为自身设计一套符合敏捷开发(Agile)思想的跨平台项目管理系统,该系统主要解决公司目前存在的以下问题。

1. 信息传递不畅

管理层对项目进度掌握不足,重点项目常常处于失控状态。

2. 项目管理流程不规范

项目经理调整项目计划比较随意,项目变更无法得到有效控制。

3. 项目成本管理欠缺时效性

管理层无法实时、准确地获取总的概算执行情况,项目经理对自己所负责项目的概算没有准确的把握。

4. 缺少系统的项目信息管理机制

项目文档没有得到有效的管理,使得管理层对项目节点的控制缺乏依据。

12.1.2 项目工作说明书

为提升公司整体项目管理水平，A 公司计划引入敏捷开发（Agile）思想，由于目前市场上现存的项目管理系统与公司实际需求存在差异，公司决定自行开发一套跨平台项目管理系统。以下为管理层提供的项目工作说明书（Statement of Work，SOW）的基本内容。

1. 项目目标

采用 QWebEngine，结合 QT 和 C++，为公司员工提供跨平台的项目管理系统，实现对多项目全生命周期的管理。

2. 基本功能

该平台应该满足公司管理层、项目管理团队（工程管理处）和项目经理的基本需求，公司将该系统应该包含的功能分为三部分：团队协作的需求、企业管理的需求和专业场景的需求，每种需求下的具体内容见表 12.1。

表 12.1 跨平台项目管理系统功能汇总

团队协作	企业管理	专业场景
任务看板和列表	企业组织架构	甘特图
文件存储和共享	企业统计	里程碑
文档协同编辑	自定义企业角色	风险管理
视频会议	企业模板	需求、缺陷、迭代管理
日程计划安排		测试管理
电脑、平板和手机客户端		版本管理
项目统计		与钉钉、企业微信打通
任务进展		企业应用开发平台
自定义项目角色		电子邮件兼容
任务自定义字段		
任务类型		
自动化工作流		
项目分组		

3. 项目工期与预算

项目工期 3 个月左右（2022 年 2 月初至 2022 年 5 月中旬），预算 32 万元（其中人工费 30 万元，差旅费 2 万元）。

12.2 项目前期准备

12.2.1 制定项目章程

2022 年 2 月初，公司技术部罗睿接受公司的任命，负责跨平台项目管理系统的开发工作。接到任命后，汪淼第一时间研究了公司管理层制定的项目工作说明书，并与项目发起人就该项目的背景、目标、需求及约束条件进行沟通，编制了项目章程，如表 12.2 所示。

表12.2 项目章程

项目名称	跨平台项目管理系统开发		批准时间	2022年2月1日
项目背景	1. 公司试图采用敏捷开发(Agile)思想进行后续项目的开发,但在现代技术手段应用上的匮乏,限制了项目管理流程的可操作性和可控性 2. 项目信息反馈不及时,不全面,不直观 3. 项目经理的管理随意性较大			
项目目标	采用Q Web Engine,结合QT和C++,为公司员工提供跨平台的项目管理系统,实现对多项目全生命周期的管理			
项目产品	中间产品	需求说明书、方案设计说明书、详细设计说明书、接口规范等		
	最终产品	跨平台项目管理系统、源代码、测试用例、测试报告、操作手册、维护手册等		
项目经理	姓名	部门/职务	在项目中的权力范围	
	罗睿	技术部项目经理	1. 协调项目发起人、需求方及有关方面的关系 2. 领导项目计划的制订与执行 3. 人员的工作分工与绩效考核 4. 参与项目需求分析	
约束条件	人员	姓名	角色	
		罗睿	项目经理,需求分析师	
		丁义	工程项目管理顾问(兼职)	
		张勇	需求分析师	
		李明	系统架构师	
		章洋	开发工程师	
		刘丽	开发工程师	
		汪淼	测试工程师	
		叶静	美工工程师(兼职)	
	预算	32万元		
		人工费	差旅费	
		30万元	2万元	
约束条件	工期	3个月(2022年2月初至2022年5月中旬)		
		里程碑	2月7日开始,2月28日前完成需求分析,3月17日前完成设计,5月1日前完成开发,5月12日前完成测试,5月17日前上线运行	
项目完成标准	1. 提交"项目产品" 2. 通过模块测试、集成测试及最终用户测试(案例测试)			
签发人:		签发时间:2022年2月1日		

12.2.2　Microsoft Project 与基本设置

Project 是非常通用的项目管理工具,按照 Office 安装向导安装 Project 后,我们一起来熟悉一下 Project 的界面和基本功能。

1. Project 工作界面

启动 Project 后,首先可以看到 Project 的开始屏幕。项目经理可以利用空白项目、现有项目计划、Project 项目计划模板建立新的项目计划,也可以从 Excel 工作簿、SharePoint 列表导入项目信息。

点击"新建"→"空白项目",在图 12.1 所示的 Project 工作界面下,可以看到 8 个主要区域,随着鼠标点击"功能选项卡"中的各个选项,"功能区"所显示的"功能组"会发生相应的改变。

图 12.1　Project 工作界面

2. Project 工作原理

在项目管理的过程中,项目经理需要完成任务的分解、评估、排序等工作,同时还需要进行资源的选择和分配。Project 利用"资源分配"功能,将资源信息表与任务信息表有效地联合起来,并根据时间线,帮助使用者了解任务、资源以及工作分配随时间的分布。

在 Project 中,用户通过切换不同的功能选项卡进入特定功能组,以使用功能组中对应的功能。其中,在"视图"功能选项卡使用鼠标选择,对应的视图会显示在 Project 的工作区内。首次进入文件,Project 将显示默认的"包含日程表的甘特图"视图,如图 12.2 所示。在甘特图视图中,画面被分为左右两部分,左侧显示任务信息,右侧显示甘特图。通过与 Microsoft Office 中 Excel 类似的操作,用户可以实现按名称检索、排序、分组、筛选等功能。同时,作为专业的项目管理软件,Project 提供了多个内置表格,如图 12.3 所示。用户不需要自行计算,就可以通过简单选择进行表格的转换,快速得到包括资源使用情况、任务工时分配、项目实际进展与计划之间的差异等信息。

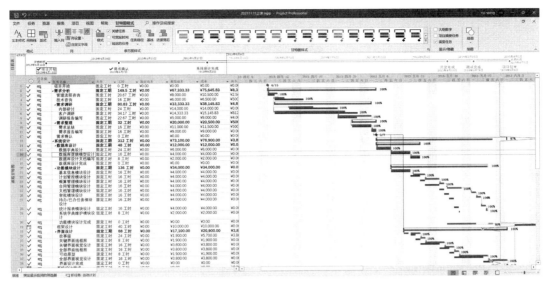

图 12.2　Project 任务视图

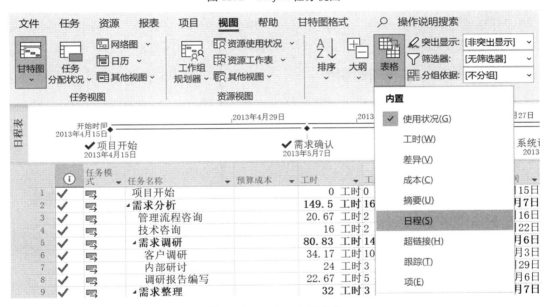

图 12.3　Project 内置表格

3. Project 基本设置

在使用 Project 进行项目管理之前,用户可以根据自己的使用习惯,对 Project 进行个性化的设置。依次点击①"文件"和②"选项",弹出③"Project 选项"窗口。例如,在"常规"选项卡下"Project 视图"中可以通过下拉菜单对"默认视图"以及"日期格式"进行设置。

用户可以通过"显示"选项设置更改 Project 内容在屏幕上的显示方式,通过"日程"更改与日程排定、日历和计算有关的选项,通过"校对"更改 Project 纠正并确定文本格式的方式。请依次点击"显示""日程""校对"等选项卡,观察用户在各选项下可以进行的个性化设置。随着后续的学习,本书将对个性化设置的具体使用进行说明。

12.3 项目基本信息录入

12.3.1 项目文件的创建与保存

在项目开始前,项目经理可以利用Project,将与项目团队讨论的结果形成项目计划。

首先,打开Project,类似Office工具包中的其他软件,用户可以在"开始"界面下,点击"空白项目"创建项目。进入Project后,可以通过点击功能选项卡中的"文件"返回"开始"屏幕,在"开始"或"新建"画面中创建空白项目。

除创建空白项目外,Project还提供了"根据现有项目新建""根据Excel工作簿新建"等选项,进入创建好的空白项目中。

与Word,Excel类似,除了可以将文件保存至本地外,还可以将项目文件同步到Share-Point网站以及SkyDrive云端,由于上述两种操作均需要网络支持,本书全部操作主要采用本地保存的形式进行内容的备份。依次点击①"另存为"→②"浏览"将文件保存至本地电脑,若继续点击③"工具",通过下拉菜单选择④"常规选项",则可以在弹出的⑤"保存选项"窗口中,分别为文件设置"保护密码"和"修改权密码"。请通过上述介绍的方法,建立扩展名为".mpp"的"跨平台项目管理系统"项目文件。

12.3.2 Project视图的切换

我们可以将Project理解成建立了内部链接的若干张表格,这些表格涵盖了项目管理过程当中涉及的"资源""任务""时间"等信息。由于信息较多,Project主界面窗口同时只能显示这些信息当中的一部分,因此,用户需要频繁地在多个视图下进行切换,如图12.4所示。

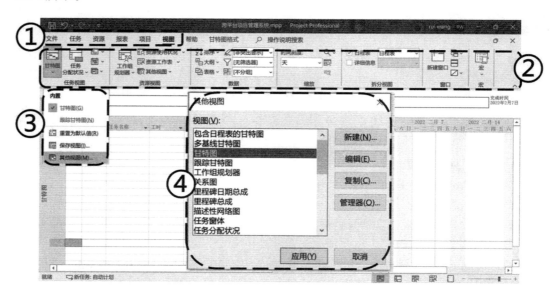

图12.4 Project视图切换

①在"功能选项卡"中选择"视图"。
②点击"任务视图"工作组中默认的"甘特图"按钮。
③在下拉菜单中选择"其他视图"。
④弹出的窗口中包含了 Project 内置的全部视图。

系统默认显示"甘特图"视图,而在项目管理的过程中"跟踪甘特图""任务分配状况""资源使用状况"等视图也会被频繁使用。对于各种视图的使用情境,我们会在后续的学习中逐一介绍。

12.3.3 输入项目日程排定信息

使用 Project 建立项目文件后,用户应该首先输入项目的日程排定信息,其中包括对"日程排定方法"的选择,对"项目起止时间"的输入,以及创建"项目日历"。在日程排定过程中,可以先确定项目开始时间,再根据项目的进度由软件决定项目结束时间,称为正排序;反之,由项目结束时间作为时间约束,反推项目开始时间,被称为倒排序。如图 12.5 所示。

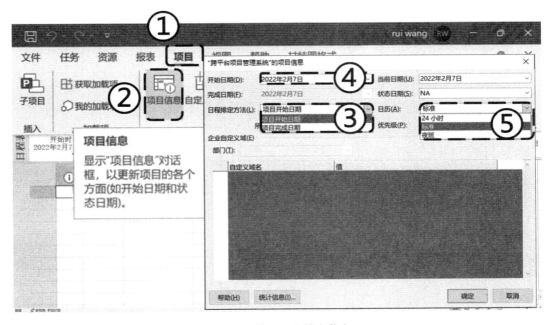

图 12.5 输入日程排定信息

①在新建立的项目文件中点击"项目"功能选项卡。
②在"属性"功能组中点击"项目信息"按钮。
③在弹出窗口中"日程排定信息"处使用下拉菜单选择"项目开始日期",使用正排序的日程排定方法。
④此时,Project 将仅允许输入"项目的开始日期",项目完成日期的输入框则显示为灰色。我们将项目开始日期设定为 2022 年 2 月 7 日。
⑤点击日历下拉菜单,可以看到 Project 默认的"标准""24 小时""夜班"日历。

用户除了可以选择软件内置的日历外,还可以对日历进行定制,如图 12.6 所示。

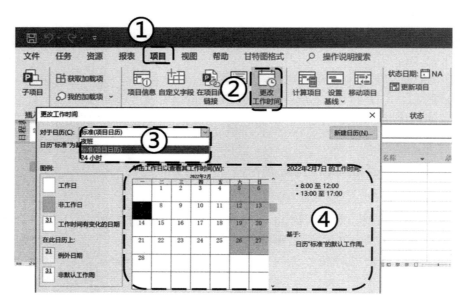

图 12.6 查看默认日历

①点击"项目"功能选项卡。
②在"属性"功能组中点击"更改工作时间"按钮。
③在弹出窗口中,使用下拉菜单切换不同的默认日历。
④查看对应日历的工作日安排,以及每个工作日的具体工作时间。

1. 日历的定制

如果这三个日历均不能满足项目的实际情况,用户可以对具体的工作日历及时间安排进行修改,虽然 Project 允许用户在默认日历上进行工作时间的修改,但这样会破坏默认日历的数据结构,从而影响用户后续的使用,我们建议采用"新建日历"的方式实现同样的目的。用户可以直接使用默认日历中的一种作为基础日历,定制最符合项目要求的基准日历,如图 12.7 所示。

①在"更改工作时间"窗口中点击"新建日历"。
②在弹出窗口中的"名称"区域输入"996"作为新日历的名称。
③通过下拉菜单选择默认日历"标准"作为复制源,最后点击确定。

在图 12.8 所示的界面下继续完成新日历的创建:

①点击"工作周"选项卡。
②选择"详细信息",将弹出"'默认'的详细信息"窗口。
③勾选"对所列日期设置以下特定工作时间",此时区域④会由灰色变为黑色,转换为可以被用户编辑的状态。
④将"标准"日历星期一默认的工作时间 08:00 至 12:00 和 13:00 至 17:00,修改为符合"996"日历的 09:00 至 12:00、13:00 至 17:00 和 18:00 至 21:00。
⑤依次为星期二到星期六增加相应的工作时间,最后点击"确定",关闭"'默认'的详细信息"窗口,再次点击"确定","更改工作时间"窗口将关闭,Project 会同时保存新创建的"996"日历。

第 12 章　项目前期准备与启动

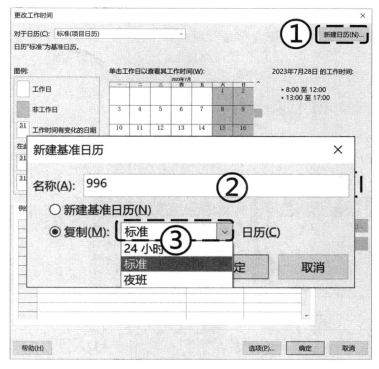

图 12.7　创建日历

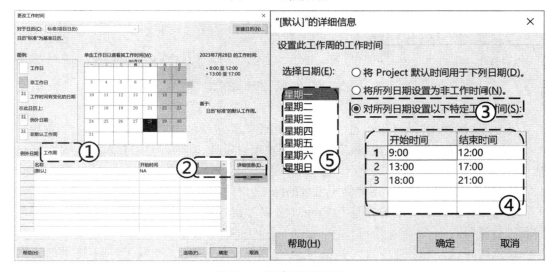

图 12.8　新建"996"日历

2. 日历的复用

由于项目经理有可能在管理其他项目时用到相同的日历,用户可以将编辑好的日历扩充到 Project 中,减少重复输入造成的时间浪费。

①在项目工作界面下按顺序点击"文件"按钮。
②选择"信息"。
③点击"管理器:组织全局模板",随后弹出"管理器"窗口。

④选择"日历"选项卡。

⑤通过"复制功能"将"跨平台项目管理系统.mpp"中的日历,复制到"Global.MPT"中。现在,新建的日历就可以复用在任何项目上。

Project 也提供了日历"重命名"和日历"删除"功能。

12.3.4 建立项目团队

在使用 Project 进行项目管理的过程当中,建议按照①"资源工作表"→②"任务信息表"→③"资源分配"的顺序输入信息。首先,使用"资源工作表",将项目团队信息输入到 Project 文件中,如图 12.9 所示。

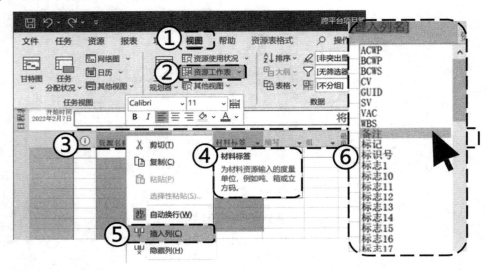

图 12.9 Project 资源工作表

①点击"视图"功能选项卡。

②在"资源视图"功能组中点击"资源工作表",将工作区切换至"资源工作表"视图。

Project 通过"资源工作表"视图建立和维护项目资源,其中,将项目资源分为三类,包括工时、材料和成本。

③除"类型"外,Project 还提供了大量的标签,以供用户输入对应的资源信息。

④将鼠标悬停在对应的标签上,Project 会以浮窗的形式对用户应在该标签下填写的内容进行说明。

请依次将鼠标悬停在"最大单位""成本累算"等标签上,查看 Project 提供的说明内容。

⑤有时,用户希望能够在资源工作表中体现更多的资源信息,用户可以在标签栏的任意位置点击鼠标右键,在菜单中选择"插入列"选项。

⑥我们可以直接键入列名,也可以使用鼠标在下拉菜单中选择对应的列名称。

Project 内置了很多标签,平时只是以"隐藏列"的形式存在,项目经理为了思路清晰,有时可能仅需要 Project 列表中显示部分重要信息,此时,类似于 Excel 的使用方法,用户可以通过"隐藏列"选项将不需要展示的信息暂时隐藏起来,而不需要对数据进行删除。

1. 手动输入资源信息

对于大多数团队,在使用 Project 进行项目管理前,原始的项目资源信息汇总表以 Excel 表格文件的形式存储,本书提供该项目群任务清单的 Excel 文件,读者可以登录 https://pan-yz.chaoxing.com/external/m/file/891435989474689024 获取相关文件包,并在后续的学习中使用包中的文件快速完成信息的输入,保证学习效率。根据本书提供的"表 1-1 项目资源清单.xlsx"①文件,我们将第 1 条信息输入到 Project"资源工作表"视图,如图 12.10 所示。

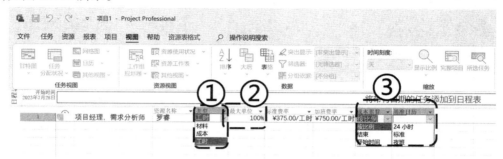

图 12.10　手动输入案例资源信息

①项目经理可以在备注中输入工时资源的岗位安排和工作内容,利用"类型"的下拉菜单选择资源的类型,默认为"工时"资源。

②"最大单位"处可以采用鼠标点击上下箭头的方式以百分比的形式确定资源的可用性。

③"成本累算"默认采用"按比例"的形式进行累算。用户可以在"基准日历"中为每一个资源设置其专属的日历。

请按照图 12.10 中所示,手动为项目增加资源"差旅费",并将其设定为成本资源。为了充分掌握 Project"资源工作表"的功能,我们同时为项目添加材料资源"电脑",材料标签为"台",标准费率为 5 000 元。

2. 从 Excel 导入资源信息

在 Project 中,用户可以通过手动的方式输入全部的资源信息,如果在项目前期准备时已经形成了项目人力资源详细信息表,则可以将表格中的信息以追加或合并的方式添加到现有的项目文件中。如图 12.11 所示。

①在开始菜单下点击"根据 Excel 工作簿新建"。

②在弹出窗口区域内通过下拉菜单筛选对应的文件格式,选中文件点击"打开"。依次在③④⑤⑥的弹出窗口中选择相应的选项并点击"下一步"即可,我们将分别对每一个弹出窗口中的选项进行说明。

③"导入向导"窗口介绍了 Project 导入功能的工作内容,直接点击"下一步"。

④"导入向导-映射"窗口中选择"新建映射"选项,点击"下一步"。

---

① 可扫码关注微信公众号,回复"项目附件"获取文件。下同。

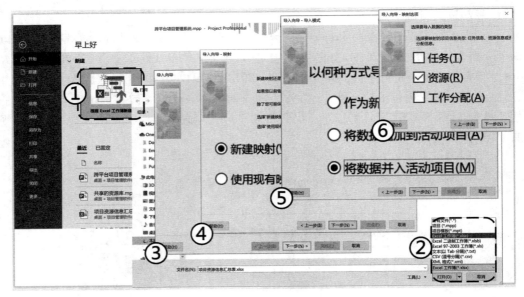

图 12.11　导入资源信息

⑤"导入向导–导入模式"窗口中,"作为新项目"导入选项会根据 Excel 内容创建新的项目文件,"将数据追加到活动项目"选项会将 Excel 文件中的资源全部复制到现有"资源工作表"的资源之后,如果已经将部分内容手动输入到"资源工作表中",后续则需要人工将重复的资源删除。

通过选择"将数据并入活动项目"选项,Project 会自动完成新数据的导入、重复数据删除两项任务,这里我们选择该选项,并点击"下一步"。

⑥"导入向导–映射选项"窗口中,根据导入数据的不同,可以单独或同时勾选"任务""资源""工作分配"三个选项。我们这里单独勾选"资源"选项,点击"下一步"。

如图 12.12 所示,按以下步骤导入资源:

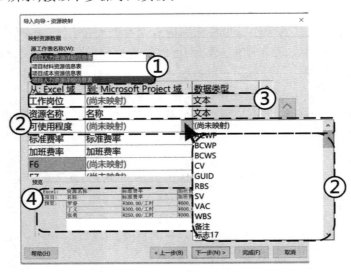

图 12.12　导入资源映射

①在"导入向导-资源映射"窗口中,点击下拉菜单,选择 Excel 工作簿中存储有信息的工作表。

②当 Excel 表格中信息对应的标题与 Project 默认的标题不符时,窗口里对应栏内会用红色显示"尚未映射",点击该字样右侧的箭头弹出下拉菜单,在当中选择与信息内容相匹配的 Project 标题,完成信息的正确映射。

③按照②中介绍的方法将数据源当中的"可使用程度"映射到"最大单位",将"工作岗位"映射到"备注"。

④窗口中提供了映射成功后信息的预览。

使用"将数据并入活动项目"选项,需要用户设定"合并关键字",如图 12.13 所示。

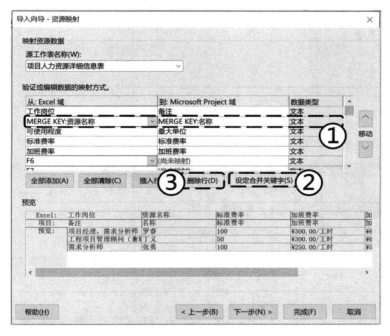

图 12.13 合并与删除

①在本案例中,点击"资源名称",将其作为用来合并的关键字(Index)。

②点击"设定合并关键字"完成关键字的设定。

③依次选中"F6""F7"等行,利用"删除行"功能,将空行或无用信息删除。

在弹出的"导入向导-结束映射定义"窗口中点击"完成",Excel 中的资源信息就被导入到 Project 文件里了。使用同样的方法,也可以将任务和资源信息导入到项目文件中,在后续章节中我们将直接使用相应的信息导入功能,不再展开介绍。

3. 从共享资源库中导入资源信息

对于一个基于项目的组织而言,资源的使用往往是跨项目的,特别是以人员为代表的工时资源,会同时在多个项目中承担工作。这时,使用 Project 将组织中的全部资源汇总形成共享资源库,不仅大大减少了项目经理后续创建项目时的工作量,也可以充分利用 Project 对项目群管理的功能,从总体上对组织资源的使用进行控制。

创建一个仅包含资源工作表的 project 文件,将组织全部的可用工时资源信息输入到表格中,将其命名为"共享的资源库",保存在电脑本地磁盘,如图 12.14 所示。在"资源工作表"视图下点击①处的"切换窗口"按钮,在下拉菜单中将文件切换到"跨平台项目管理系统"。

图 12.14　共享的资源库

如图 12.15 所示,依次进行以下操作。

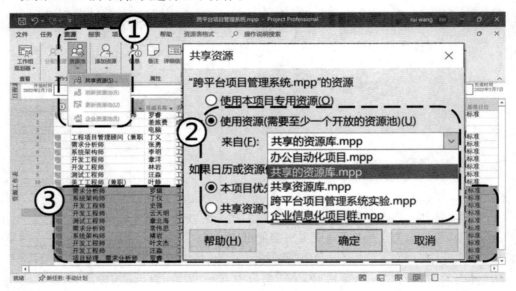

图 12.15　使用共享资源库

①在功能选项卡中选择"资源",点击"资源分配"功能组中的"资源池"选项,在下拉菜单中选择"共享资源"。

②在弹出的窗口中,勾选"使用资源",在下拉菜单中选择我们需要使用的资源库,本案例对应的资源库名称为"共享的资源库"。

③点击"确定",资源库中的资源将被追加到现有项目中,信息重复的资源将不被显示。

Project 的"资源池"功能能够帮助用户实现多项目间资源的协同管理,在后续的功能介绍中会涉及该功能的更多使用场景。

4. "资源信息"设置

当项目持续时间较长时,资源的单价可能随着时间波动(如员工工资的浮动),资源的可用性可能也会随着项目的推进发生变化(如员工的加入和离职),用户可以按照图 12.16 进行设置。

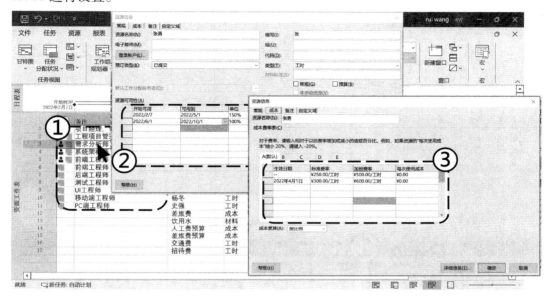

图 12.16　设置资源信息

①在"资源工作表"中使用鼠标双击表格中的任意资源,将弹出"资源信息"窗口。

②在弹出窗口的"常规"选项卡中,用户可以设置资源的具体可用情况。

通过填入"开始可用"时间和"可用到"时间,为资源设置多段的可工作时间,同时,还可以为不同的时间段设置相应的"最大单位"。

③在"成本"选项卡下,用户可以对工时资源设置 A、B、C、D、E,共计 5 个成本费率表。用户可以在项目开始之前根据项目组资源的实际成本变化做出预估,针对每一个费率表,输入"生效日期"和对应的"标准费率"等信息。在后续的管理过程中,当使用同一个资源时,可以针对不同的任务在预设的 5 个成本费率表中进行选择。

12.3.5　输入项目预算

在 Project 中,我们一般在制订计划之前就将项目的预算信息输入到文件里,如图 12.17 所示。

①在"资源工作表"视图下添加"差旅费""差旅费预算"和"人工费预算"三个资源,将其类型设定为"成本"。在"差旅费预算"行上任意位置双击鼠标,弹出"资源信息"窗口。

②在弹出窗口中勾选"预算"选项,点击"确定",将差旅费预算设定为预算成本。

③使用相同的方式,将"人工费预算"设定为预算成本。

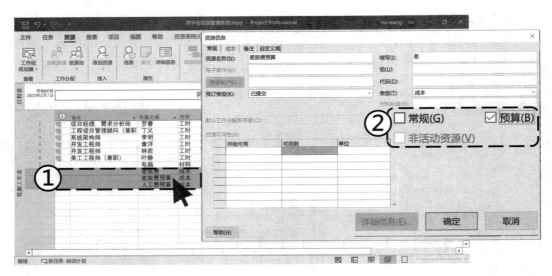

图 12.17 勾选预算

接下来，为项目分配预算，如图 12.18 所示。

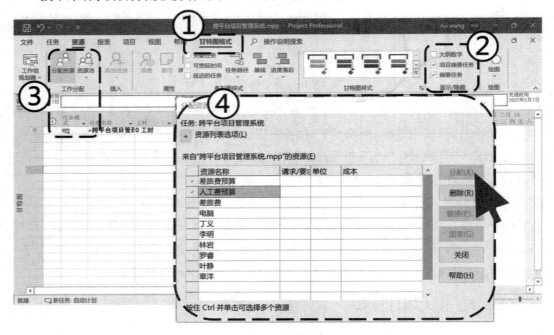

图 12.18 设置预算

①在"甘特图"视图下的功能选项卡中，选中"甘特图格式"。

②在"显示/隐藏"功能组中勾选"项目摘要任务"，此时项目标题"跨平台项目管理系统"会以项目摘要任务的形式出现在甘特图视图的第一行。

③选中项目摘要任务"跨平台项目管理系统"，在功能选项卡中点击"资源"，继续点击"工作分配"功能组中的"分配资源"按钮。

④在弹出窗口中同时选中"差旅费预算"和"人工费预算"，点击分配，将两个预算成

本分配给项目摘要任务。

如图 12.19 所示,为"差旅费预算"和"人工费预算"输入相应的金额。

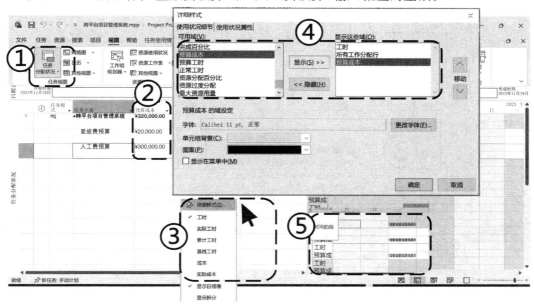

图 12.19　输入预算成本

①在功能选项卡下选中"视图",点击"任务视图"工作组下的"任务分配状况"按钮,将视图切换到任务分配状况视图。任务分配视图分为左右两部分,左侧显示任务列表,右侧显示带有日历的详细信息。

②插入"预算成本"列,为"差旅费预算"输入 2 万元的预算成本,为"人工费预算"输入 30 万元的预算成本。

③在视图右侧工作区任意位置点击鼠标右键,在弹出菜单中选择"详细样式"。

④在"详细样式"弹出窗口中,选中左侧"可用域"中的"预算成本",点击"显示"按钮,将其添加到右侧"显示这些域"中,点击确定,"预算成本"信息就会显示在视图右侧工作区中。

⑤有时,右侧工作区中的预算成本信息无法正常显示(显示为图中"######"的形式),这是由于表格列宽不够导致的,只需用鼠标调大列宽即可解决。

到此,我们已经成功用 Project 创建了本书案例涉及的全部资源,在进行正式的项目计划之前,还可以将"项目章程"等信息文件作为附件,附加到项目摘要任务中,如图 12.20 所示。

①双击项目摘要任务,在弹出窗口中选择"备注"。

②在备注区域中点击"添加附件",在弹出窗口"插入对象"中,勾选"由文件创建",直接输入文件所在地址。

③也可以使用"浏览"功能,在弹出的"浏览"窗口中选择本项目的"项目章程.doc"文件,点击"插入"即可,可以用同样的方法将项目涉及的其他文件保存到 Project 项目文件中。

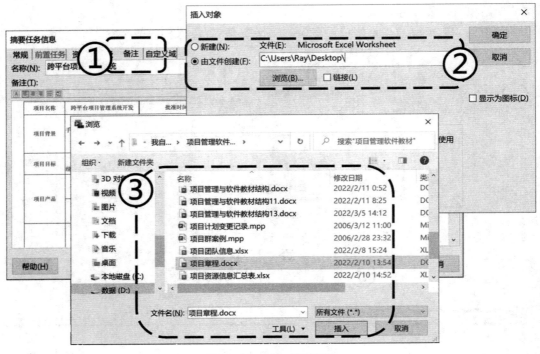

图 12.20 插入项目章程

【思考与训练】

1. 根据第 3 章表 3.9,编写项目章程,并将项目章程插入到项目文件中。
2. 根据第 3 章表 3.9,将项目组成员信息录入到项目文件中。
3. 根据项目式组织结构的特点,拓展资源并构建共享资源池。
4. 在跨项目的项目管理中是否会出现资源使用上的冲突?如何预估并控制这类冲突的产生?

第 13 章　项目计划编制与调整

【学习目标】

通过本章学习，你应掌握如下内容：
（1）项目的识别与任务分解；
（2）在 Project 中录入任务信息；
（3）在 Project 中为任务分配资源；
（4）在 Project 中管理项目里程碑。
（5）在 Project 中浏览项目计划；
（6）在 Project 中调整项目计划；

13.1　项目识别与任务分解

13.1.1　定义项目范围

确定项目范围是开展项目的前提，在此之前需要明确项目干系人的需求。一般而言，要根据与项目干系人公司管理层、项目管理团队、项目经理代表的沟通信息，编制"项目范围说明书"，见表 13.1。

表 13.1　项目范围说明书

项目名称	跨平台项目管理系统		
版本	1.0		
发布时间	2022 年 5 月		
项目经理	罗睿		
主要内容	项目论证	1. 支持公司落实敏捷开发思维进行项目的管理 2. 为企业各项目的经历及项目员工提供跨网页、PC、移动端的一体化项目管理系统和协作工具，在更大程度上满足团队成员居家、异地办公中协作的需求	
	产品简述	跨平台项目管理系统： PC 端团队协作模块　　　网页端团队协作模块　　　移动端企业管理模块 PC 端企业管理模块　　　网页端高级功能模块　　　移动端团队协作模块 PC 端定制功能模块　　　　　　　　　　　　　　　移动端定制功能模块	
	可交付成果总述	1. 中间交付成果：需求说明书、方案设计说明书、详细设计说明书、接口规范等 2. 最终交付成果：跨平台项目管理系统、源代码、测试报告、操作手册、维护手册等	

续表 13.1

主要内容	验收标准	1. 文档评审,以公司文档规范为标准 2. 系统测试(模块测试、集成测试、用户测试),标准有无严重影响功能的缺陷
	制约因素	1. 项目总工期为 3 个月。强制性进度里程碑见项目章程(表 12.2)。 2. 项目预算 32 万元,其中人工费 30 万元,差旅费 2 万元
	除外责任	网络、硬件、软件的采购,安装配置不属于本项目

编写人:张勇	编写日期:
审核人:罗睿	审核日期:
批准人:	批准日期:

13.1.2 编制工作分解结构

工作分解结构是以可交付成果为导向的工作层级分解,其分解的对象是项目团队为实现项目目标、提交所需可交付成果而实施的工作。本案例项目工作分解结构的第一层按照项目生命周期的阶段进行分解,第二层按照产品和项目可交付成果进行分解。主项目为跨平台项目管理系统中的 Web 端部分,该管理系统中的移动端和 PC 端则以子项目的形式插入到主项目中。

使用本书提供附件"表 2-1 主任务清单. xlsx"中的信息,在 Project 当中,使用"甘特图"视图进行工作分解结构(WBS)的编制。将视图切换到"甘特图"(具体操作参考本书12.3.2 Project 视图的切换),如图 13.1 所示。

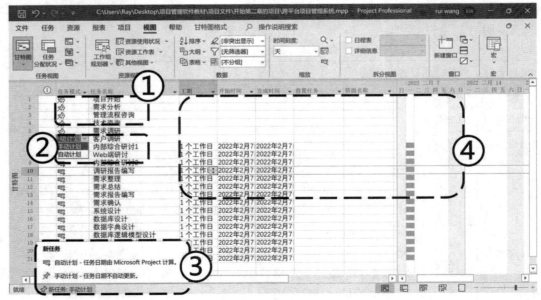

图 13.1 输入任务名称

①在"甘特图"视图下,按照表中的内容将任务依次输入到"任务名称"列中。

②在任意任务中点击"任务模式",下拉菜单中会显示"手动计划"和"自动计划"两

种模式。

本案例中,我们主要采用"自动计划"方式,在"项目开始"下拉菜单中选择"自动计划"并为后续任务重复此操作。

③当项目中任务较多时,为所有任务逐一点选"自动计划"会浪费大量时间,用户可以点击工作界面左下角"新任务:手动计划"按钮,在弹出的菜单中将其切换为"新任务:自动计划",则后续新建的任务将全部采用"自动计划"的模式。

④观察框中的信息,总结两种任务模式的区别。

采用"手动计划"时,任务由用户定义开始时间、完成时间和工期等数值。当输入值有问题时,Project 会通过检测过程进行提醒,但不会对错误值进行自动计算和修正。

如果采用"自动计划",当用户输入开始时间、完成时间或工期当中的一项或两项时,Project 会根据资源分配等信息,自动计算出其他几项内容的结果,同时,"自动计划"也会将各任务的工时、工期等内容汇总到其所属的项目摘要任务。

因此,为了避免输入信息之间产生冲突,"自动计划"下用户无法直接对项目摘要信息的内容进行修改。如果用户需要将自己估算的工期、成本等信息输入到项目摘要任务中,则建议采用"手动计划"方式。

我们还可以发现,当采用"自动计划"时,右侧的甘特图中,任务会显示 1 个工作日的工期,而采用"手动计划"时,则默认没有工期,甘特图中也显示为空白。

我们将所有的任务设定为"自动计划"模式,方便后续的操作。目前的所有任务均在 WBS 同一层次中,按图 13.2 所示进行调整。

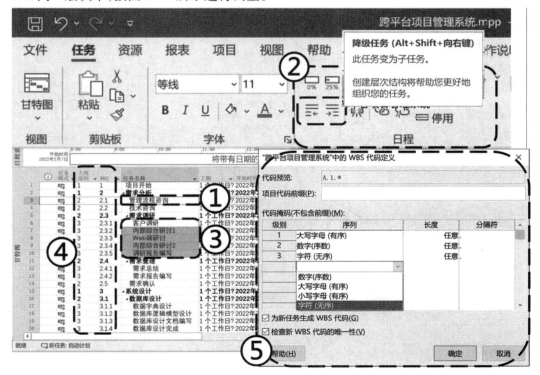

图 13.2 使用 Project 编制 WBS

①在"甘特图"视图下选中任务"管理流程咨询"。

②在"任务"功能选项卡下,点击"日程"工作组中的"降级任务"按钮。此时,通过降级,"管理流程咨询"成为任务"需求分析"的子任务。

在操作的过程中,可以随时使用"升级任务"按钮,对任务进行升级,完成项目 WBS 结构的调整。

③通过鼠标框选任务列表中的一个区域,点击"任务升级"或"任务降级"按钮,可以一次性对多个任务进行升降级调整。

④在任务信息表格中插入"大纲级别"和"WBS"列(输入名称时应注意列标题名称和英文大小写),利用 Project 自动生成的大纲信息,可以清晰地掌握各任务所在层次,对输入错误的信息进行及时修正。

⑤有的项目对 WBS 的编号方式有特殊要求,点击"项目"功能选项卡下,"属性"工作组中的"WBS"按钮,在弹出窗口中为大纲各级别的编号选用合适的规则,并在"代码预览"栏中观察编码结果。

补充练习:导入任务清单。

使用 12.3.4 中介绍的 Excel 文件导入方法,将本书提供的"表 2-1 主任务清单.xlsx"文件,作为"任务"导入到"跨平台项目管理系统.mpp"中,参照图 13.3 中对操作过程的提示:

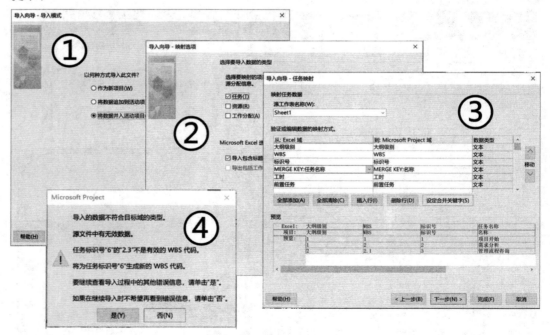

图 13.3 导入任务清单

①"导入模式"选择将数据并入活动项目。

②"映射选项"选择任务。

③"任务映射"中仅保留大纲级别、WBS 和任务名称三项,将任务名称设为合并关键字。

④导入过程中若出现 WBS 不匹配,则在弹出窗口中选择"否"。

由于原始的 Excel 文件数据格式与 Project 之间可能存在差别,可能需要用户对导入后的文件进行调整,如图 13.4 所示。

图 13.4　WBS 重新编号

①图中 WBS 的编号并没有按照顺序从"2.3.1"开始排列,可以逐一手动进行修改。除此之外,软件提供自动编号的功能。

②在"项目"功能选项卡中,点击"属性"功能组中的"WBS"按钮,在下拉菜单中选择"重新编号"。

③在弹出窗口中勾选"完整项目",点击确定,项目文件中的所有 WBS 编号将按照层次和顺序进行重排。

图 13.5 中,大纲级别显示 1 的任务为摘要任务,大纲级别显示 2 的为其子任务:

①在"任务名称"列,点击摘要任务左侧的黑色小三角,可以将该摘要任务下的子任务收起,收起后的摘要任务左侧显示空心小三角"▷",再次点击将重新显示所有子任务。

②本案例的 WBS 是按照项目生命周期各阶段划分的,根据习惯,一般会将各阶段的交付成果以备注的形式标注在摘要任务中。

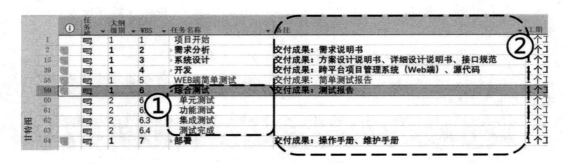

图 13.5 为 WBS 增加备注

13.2 任务信息录入

我们已经完成了 WBS 的编制，进一步的，需要通过 Project 排定任务在时间上的分布，即按照定义任务、排列任务顺序、估算任务资源的顺序制订项目的时间计划。

13.2.1 定义任务

1. 创建任务

如图 13.6 所示，切换到"甘特图"视图，在"任务"功能选项卡下的"插入"功能组中完成新任务的建立。

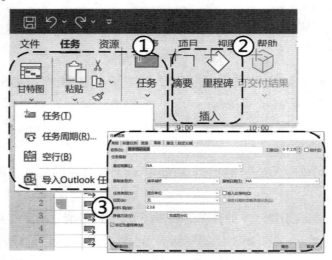

图 13.6 为项目添加任务

①点击"任务"按钮，在下拉菜单中有三个选项，分别是"任务""任务周期"和"空行"。

选择"任务"会在表格目前所在行之上新建一个任务。

"任务周期"功能常用于例会等重复任务，通过图 13.7 所示的弹出窗口，对周期性任务的"重复发生方式""重复范围"等内容进行设置。"空行"功能会在当前位置建立一个空行。

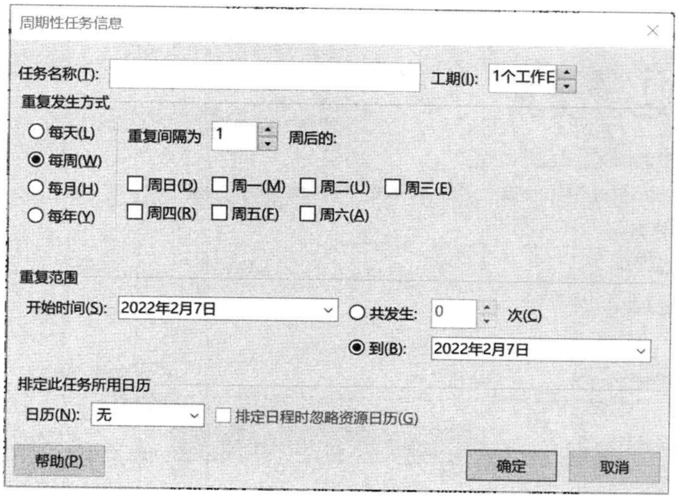

图 13.7 周期性任务信息

在 Project 中创建新任务的过程具有一定的共通特点,在此进行统一说明:首先,Project 会在当前行上方创建新任务,新任务的大纲级别与其上方的任务相同;同时,Project 会为新建任务自动生成 WBS 编号,但编号是根据目前已有编号继续向后排布的,例如,在任务"2.3.1 客户调研"与"2.3.2 内部综合研讨 1"之间创建新任务,由于目前摘要任务"2.3 需求调研"下已经有了 5 个子任务,新建任务的 WBS 编号会显示"2.3.6",用户可以通过前面介绍的"WBS 重新编号"功能修正 WBS 的顺序。

②选择"摘要"按钮,会建立包含当前选中任务的摘要任务,新建摘要任务的大纲级别与当前任务相同,而当前任务的大纲级别则会下降一级。

③在项目计划中,例如"项目开始""需求确认""系统设计完成"等的任务,其名称中往往带有一个阶段开始或结束的含义,我们将其称为里程碑。点击插入功能组中的"里程碑"按钮,会为项目创建里程碑任务。用户也可以双击任意任务,在弹出的"任务信息"窗口中,选择"高级"选项卡,并勾选窗口左下角的"标记为里程碑"选项,将现有任务设定为里程碑。在 Project 中,一般在会在敲定项目计划之后再进行里程碑的设置,因此,关于里程碑限制时间的设置将在本书"13.4.1 调整项目时间计划"中做具体介绍。

2. 设置任务属性

新建立的项目文件中,任务列表只显示了任务的基本信息,本小节将介绍几个主要的任务属性设置。如图 13.8 所示,隐藏"大纲级别"和"WBS"列,在"任务名称"列前增加"类型""投入比导向"和"任务日历"三项。

①Project 中的任务"类型"包括"固定单位""固定工期"和"固定工时"三种,用户可以在任务对应的"类型"列中键入任务的类型,也可以通过下拉菜单点选。公式 1 显示了三种任务"类型"之间的逻辑关系。

$$\underbrace{\text{分配给任务的工时资源数量} \times \text{工时资源工作强度}}_{\text{固定单位}} \times \underbrace{\text{任务总工期}}_{\text{固定工期}} = \underbrace{\text{任务总工时}}_{\text{固定工时}}$$

"固定单位"即固定资源,假设分配给任务的工时资源固定,当修改工期和工时时,资源分配保持不变,因此工期和工时会保持正比的关系同时变化。项目中大多数任务属于这种类型。

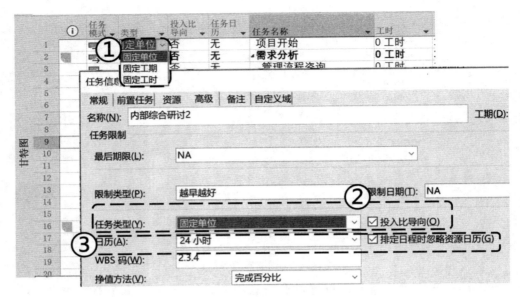

图 13.8 设置任务属性

"固定工期"假设任务的工期固定,当修改资源分配和任务工时时,任务工期保持不变,资源分配数量和任务工时保持正比关系同时变化。对于某些具有标准工期的任务(如建筑工程中的预制板浇筑),可以采用此种模式。

"固定工时"假设分配给任务的工时数固定,当修改资源分配和任务工期时,任务工时保持不变,资源分配数量和任务工期保持反比关系同时变化。当对任务的工作量有准确的判断时,可以采用此种模式。

②双击任务名称中的任意任务名,在弹出的"任务信息"窗口中点击"高级"标签,在"任务类型"后的下拉菜单分别选择不同任务类型,同时观察右侧"投入比导向"选项的变化。

当勾选"投入比导向"时,Project 将保持该任务的总工时不变,即相当于在"固定工期"和"固定单位"的基础上,附加"固定工时"的规则。"固定工时"任务默认符合投入比导向,该选项将变成灰色。

③在项目中,不同的任务可能使用不同的日历,例如地铁的建设过程中,地表部分的建设和地下部分的建设会分别在夜间和白天进行。

为任务"内部综合研讨 2"选择"24 小时"日历,同时在右侧勾选"排定日程时忽略资源日历"。此时,如果该任务日历与分配给该任务的资源日历冲突时,将按照任务日历执行。在默认情况下,即资源日历优先,将按照资源日历执行。

13.2.2 排定任务顺序

在 Project 中,采用紧前关系绘图法(Precedence Diagramming Method,PDM)中的四种逻辑关系来排定任务顺序,即:完成到开始(FS)、完成到完成(FF)、开始到开始(SS)、开始到完成(SF)。以需求分析部分为例,表 13.2 中列出了案例主项目"需求分析"的任务顺序信息。

第13章 项目计划编制与调整

表13.2 案例主项目任务顺序表(部分)

大纲级别	WBS	标识号	任务名称	前置任务
1	1	1	项目开始	
1	2	2	需求分析	
2	2.1	3	管理流程咨询	1
2	2.2	4	技术咨询	3
2	2.3	5	需求调研	
3	2.3.1	6	客户调研	4SS
3	2.3.2	7	内部综合研讨1	6SS+3 个工作日
3	2.3.3	8	Web 端研讨	7
3	2.3.4	9	内部综合研讨2	8
3	2.3.5	10	调研报告编写	7,9
3	2.3.6	11	需求调研完成	10
2	2.4	12	需求整理	
3	2.4.1	13	需求总结	11FS-1 个工作日
3	2.4.2	14	需求报告编写	13
2	2.5	15	需求确认	14

Project 提供了任务排序的多种方法,用户可以根据自己的使用习惯进行相应的操作。

1. 快速排列任务顺序

首先按照表中的信息对任务进行简单排序,如图 13.9 所示。

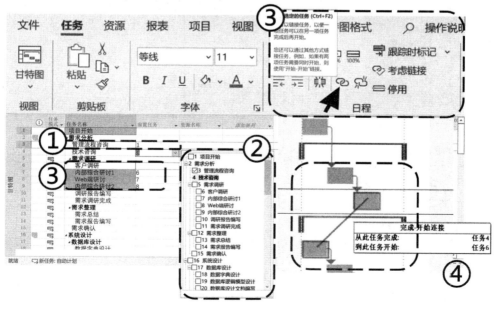

图 13.9 排定任务顺序

①在"甘特图"左侧的表格中添加"前置任务"列,在任务"管理流程咨询"对应的前置任务列中输入序号"1",建立该任务与标识号为"1"的任务"项目开始"的紧前紧后关系。

若某任务有多个紧前任务,可以使用逗号",",将多个标识号分隔开,一次性输入。在任务10"调研报告编写"的前置任务栏输入"7,9",将这两项任务设置为任务10的前置任务。

需要注意的是,在Project中建立的任务关系默认为FS即"结束-开始"关系,后续会介绍四种逻辑关系的设定方法。

②点击任务"技术咨询"对应的前置任务列中的" "符号,在下拉菜单中勾选"3 管理流程咨询",将其设置为"技术咨询"的紧前任务。同样的,可以一次性勾选多个任务,为任务设置多个紧前任务。

③与Excel中的操作相同,使用"Ctrl"或"Shift"键配合鼠标,一次性选中"客户调研""内部综合研讨1""Web端研讨""内部综合研讨2"。选择"任务"功能选项卡,点击"日程"功能组中的 "链接选定的任务"按钮,一次性完成多个任务之间的排序。

④在"甘特图"视图右侧的甘特图中,将鼠标悬停在任务4"技术咨询"所对应的横道上,鼠标显示"※"时点击鼠标左键,拖拽鼠标将连线连接到任务6"客户调研"所对应的横道上,将任务4设定为任务6的紧前任务,这里需要注意拖拽的顺序,先选中的任务为紧前任务。

补充说明:如果原始项目计划中仅提供了任务之间的"紧后关系",可以通过在项目文件中插入"后续任务"列,使用类似的操作完成信息的输入。

2. 调整任务逻辑关系

图13.10中介绍了几种主要的选择任务间逻辑关系的方法。

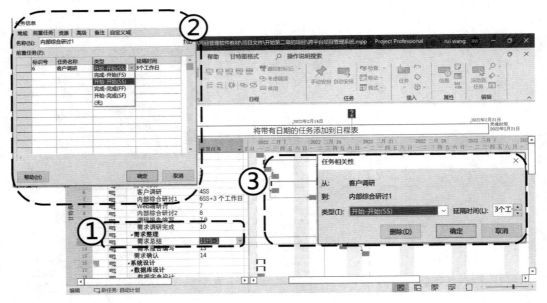

图13.10 调整任务逻辑关系

①在任务13"需求总结"的前置任务列中输入"11FS-1",即可建立其与11号任务"需求调研完成"之间的结束开始关系,其中的负号"-"代表"提前",表示13号任务将在11号任务完成前一天开始。

②使用鼠标双击任务7"内部综合研讨1"的任务名称,在弹出窗口"任务信息"中选择"前置任务"选项卡,由于之前我们已经排定了其与任务6"客户调研"之间的顺序,可以在前两列观察到前置任务的信息。在"类型"标签的下拉菜单中选择"开始-开始(SS)",在"延隔时间"内输入"3个工作日",此时,任务7将在任务6开始之后3天开始。

③用户同样可以在右侧的甘特图中建立任务之间的逻辑关系。在甘特图中双击任务7与任务6之间的连线,弹出"任务相关性"窗口,在窗口中选择两个任务之间的逻辑关系,以及延迟或提前的时间,点击确定完成逻辑关系的设置。

细心的读者可能会尝试使用12.3.4中介绍的方法,将本书提供的"表2-3 主项目任务活动顺序.xlsx"作为任务信息导入到项目文件中。读者在尝试后会发现,Project的导入功能无法将表格中的"前置任务"信息完整地导入到项目文件中,这里提供一种简单的方法,将外部表格信息完整地导入到项目文件中:全部选择Excel表格中"前置任务"列的信息,右键点击复制,切换到Project文件下,右键点击粘贴,将信息复制到项目文件中。要保证导入信息的准确性,需要注意两点:①选择Excel中的信息时,不要同时选择标题"前置任务";②Excel表格中任务的顺序要与Project项目文件中的任务顺序相同。在后续的信息输入过程中,对于"工时""资源名称"等信息,如果通过"将数据并入活动项目"的方式无法准确导入信息,也可以采用这种方法快速完成信息的输入。

3. 检查任务逻辑关系

在使用Project编制项目计划时,由于子任务之间的逻辑关系会自动汇总到其所在的摘要任务中,如果我们这时在摘要任务中重复输入逻辑信息则有可能会导致冲突。因此,我们通常不在工作包或更高层级工作间建立逻辑关系。

在编制计划过程中,用户可以使用"网络图"来检查任务之间的逻辑关系是否正确和完整,见图13.11。

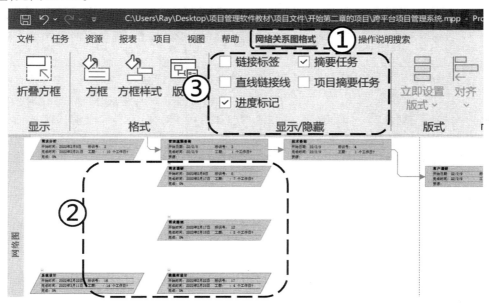

图13.11 "网络图"视图

①切换至"网络图"视图。

②项目进度网络图中展现了活动间的逻辑关系,由于我们不在摘要任务之间建立逻辑关系,故网络图中的项目摘要任务与其他任务之间以箭线相连。

③点击功能选项卡中的"网络关系图格式",在"显示/隐藏"功能组中勾除"摘要任务"。此时,如果项目进度网络图仍不完整,即存在没有被箭线连接起来的任务,则很有可能某些活动之间的逻辑关系被遗漏了,用户可以根据遗漏信息返回甘特图视图进行修改。

13.2.3 为任务分配工时

在制订项目计划时,项目经理需要对每一项任务的工作量、使用资源的情况做出基本的估计,在 Project 中,任务的工时信息被保存在"工时"列里。表 13.3 中列出了预估的部分任务所需总工时和资源使用情况。

表 13.3 项目资源估算表

标识号	任务名称	总工时	备注
1	项目开始	0 工时	
2	需求分析	198 工时	交付成果:需求说明书
3	管理流程咨询	50 工时	项目经理(34 工时),工程项目管理顾问(16 工时),差旅费(6 000 元)
4	技术咨询	32 工时	系统架构师(32 工时),差旅费(10 000 元)
5	需求调研	84 工时	
6	客户调研	40 工时	工程项目管理顾问(14 工时),需求分析师(26 工时),差旅费(5 000 元)
7	内部综合研讨 1	20 工时	工程项目管理顾问(4 工时),需求分析师(4 工时),Web 端工程师(4 工时),移动端工程师(4 工时),PC 端工程师(4 工时)
8	Web 端研讨	12 工时	Web 端工程师(6 工时),Web 端工程师(6 工时)
9	内部综合研讨 2	8 工时	工程项目管理顾问(3 工时),需求分析师(3 工时),Web 端工程师(3 工时),移动端工程师(3 工时),PC 端工程师(3 工时)
10	调研报告编写	16 工时	需求分析师(16 工时)
11	需求调研完成	0 工时	

接下来,我们可以根据表格中的信息完善项目文件,如图 13.12 所示。

①插入"工时"列,在对应的行输入任务的工时信息,可以观察到任务的工时会汇总到其所在的摘要任务中。

②插入"工期"列,由于尚未为任务分配资源,工期显示为"1 个工作日?"的形式,手动输入数字"0",即可将其转换为里程碑。

③可以在"备注"列中输入任务所需要的资源种类,方便在资源分配时随时查看参考。

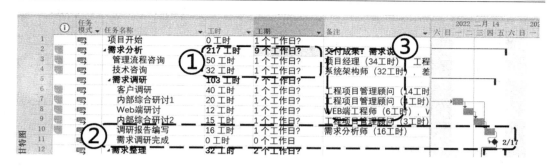

图 13.12　输入工时信息

操作练习:输入里程碑。

请根据本书提供附件"表 2-2 项目里程碑信息.xlsx"中的项目里程碑信息,将项目文件中对应的任务设置为里程碑。目前不需要输入里程碑限制日期等信息。

13.2.4　为任务分配资源

我们在创建任务时,为其选择了"自动计划"任务模式,现在我们只需要将计划投入任务的资源分配到对应任务中,Project 就会自动计算出包括"工期""成本""资源负荷"等一系列项目信息,以供我们制订完善的项目计划。

1. 快速分配资源

如图 13.13 所示,在甘特图视图下选中任务"管理流程咨询",为任务分配资源。

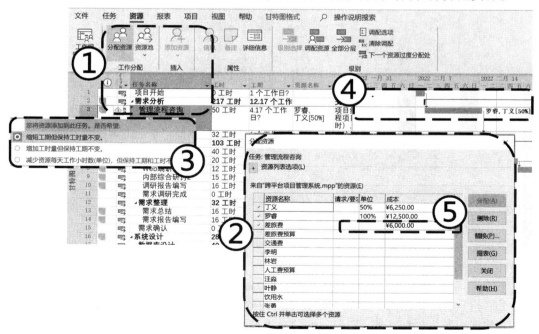

图 13.13　任务资源分配

①在"资源"功能选项卡下找到"工作分配"工作组,点击"分配资源"按钮。

②在弹出的"分配资源"窗口中,选中项目经理罗睿,点击分配,用户可以在任务表格

中看到工期的变化,同时右侧的甘特图也会随之变化,而在"分配资源"窗口中,也可以看到当前分配状态下,使用该资源所需要花费的成本。

不关闭"分配资源"窗口,继续选中工程项目管理顾问丁义,将其也分配给任务"管理流程咨询",观察表格中工期的变化。

③当为任务分配新的资源时,在该项目左侧会出现一个"⬦"符号,点击该符号,在弹出的菜单中提供了三个选项,分别是"缩短工期但保持工时量不变""增加工时但保证工期不变"以及"减少资源每天工作小时数,但保持工期和工时不变",用户可以根据项目的实际情况进行选择。按照项目的一般规律,为一个任务增配资源的目的多为快速跟进工期,因此我们选择第一个选项。

④右侧的甘特图不仅反映了真实的工期分布情况(如非工作日会作为增量附加到实际工期当中),还会在每一个横道右侧标出该任务所使用的资源。

在切换待分配资源的任务时,"分配资源"窗口中的内容也会随之变化,因此用户不需要关闭"分配资源"窗口便可以快捷地完成全部任务的资源分配工作。

⑤将成本资源"差旅费"分配给任务,与工时资源不同的是,Project 无法直接计算出成本资源的花费金额,需要用户手动在"分配资源"窗口中的"成本"列输入相应的数字。

⑥用户也可以直接在"资源名称"列输入资源名称,或者在资源名称列的下拉菜单中勾选对应的资源,如图 13.14 所示。

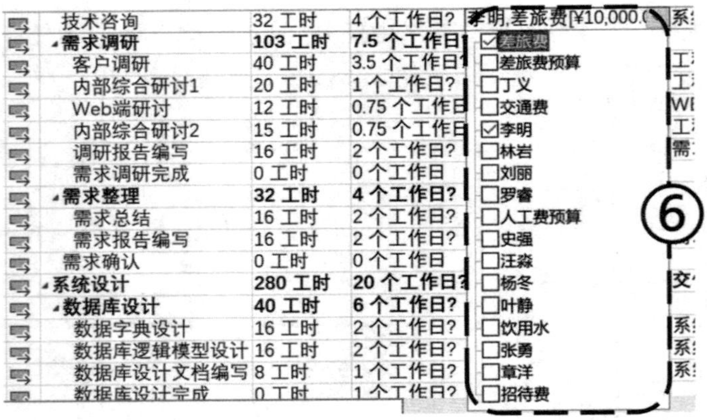

图 13.14　任务资源分配的两种方法

操作练习:资源分配。

请根据本书提供的 Excel 文件"表 2-4 主项目活动资源估算表.xlsx",完成整个项目的资源分配。

①使用资源分配功能完成"需求分析"部分的资源分配。
②通过直接在资源名称列的下拉菜单中勾选的方式,为数据库设计分配资源。
③将 Excel 表格中剩余的资源分配信息直接复制到 Project 项目文件中。

2. 资源分配细节调整

通过"分配资源"功能虽然可以快速完成任务的分派,但分配给各个资源的工时量与"项目资源估算表"之间可能存在出入。如果要使工时在资源上的分布完全符合估算内容,需要进行以下操作,如图 13.15 所示。

第13章 项目计划编制与调整

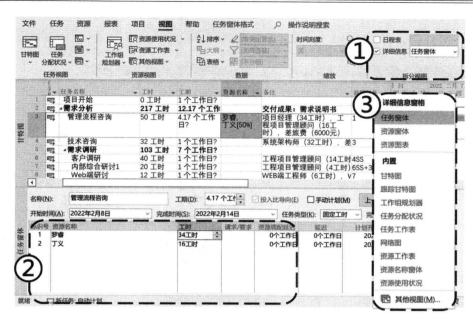

图 13.15 资源分配细节调整

①在"视图"功能选项卡下,勾选"拆分视图"功能组下的"详细信息",在下拉菜单中使用默认的"任务窗体"。

②观察到工作区被划分为了上下两部分,其中上半部分仍然为"甘特图",下半部分则显示所选任务的具体信息。

在任务窗体中资源"罗睿"后方的"工时"栏中,将原本的 33.33 工时改为 34 工时,"丁义"对应的 16.67 工时改为 16 工时。

③通过"详细信息"后的下拉菜单切换不同的拆分视图,观察不同视图下显示的信息,思考该信息可以帮助项目经理进行哪些判断和决策。

3. 资源分配补充说明

如果多个任务需要分配同样的资源,可以同时选中这些任务,然后在"分配资源"窗口中为任务分配资源。请同时选中任务 18、19、20,将工时资源"李明"一次性分配给三项任务。

在"分配资源"窗口中点击"图表"按钮,允许用户查看所选资源当前的工作负荷情况,为资源分配提供参考,如图 13.16 所示。

①工作负荷图中用一条直线标识出了该资源的"最大单位",如果该资源的柱状图超过横线,代表资源过度使用,在图形中会以红色标出。

②过度使用的资源也会在甘特图的"标记"列中,以"👤"的形式标识出来。

过度使用的资源代表资源分配的单位之和超过资源本身的最大单位,需要在后续进行调整。

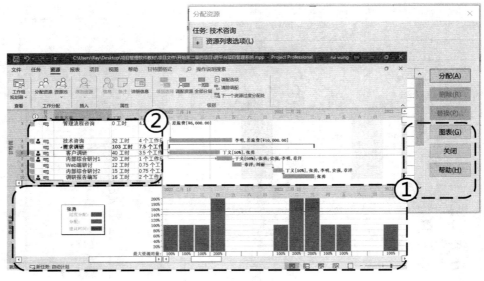

图 13.16　资源的工作负荷情况

13.3　浏览项目计划

目前,我们已经排定了任务顺序,建立了任务之间的逻辑关系,并且将计划投入任务的资源名称和数量信息输入到了 Project 项目文件中。通过内置表格之间的关联计算,Project 为用户提供了丰富的信息,项目团队可以首先对目前的计划细节进行研究和探讨,并提出存在的问题和改进建议。

首先,如图 13.17 所示,从全局上浏览项目信息:

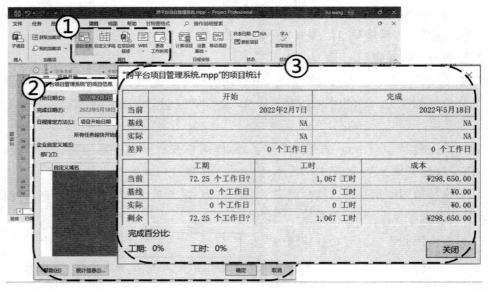

图 13.17　"项目统计"窗口

①点击"项目"中"属性"功能组里面的"项目信息"功能按钮。

②在弹出的"项目信息"窗口中简单地展示了项目的开始日期和完成日期。点击左下角的"统计信息"按钮,可以获得更多信息。

③观察弹出的"项目统计"窗口,表格首先列出了项目开始时间和完成时间,以及工期、工时、成本等信息。其中的基线、差异、完成百分比等内容将在第 14 章使用 Project 控制项目时进行具体介绍。

13.3.1 浏览项目时间计划

在项目管理的过程当中,项目经理需要掌握每一项任务的时间安排,我们利用 Project 浏览项目的时间计划,如图 13.18 所示。

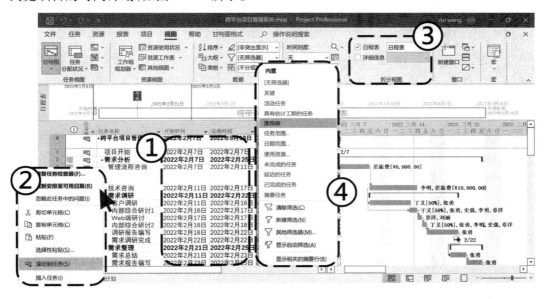

图 13.18 浏览项目时间计划

①在"甘特图"视图下,Project 根据工时和资源分配情况自动计算出了每一项任务的开始和结束时间。插入"开始时间"和"完成时间"列,查看项目具体的时间安排。

②视图右半边以甘特图的形式直观地展示了任务的时间跨度以及任务间的依存关系。通过甘特图下方的滑动条可以调整甘特图显示的位置,用户也可以点击左侧列表中任务名,在鼠标右键的弹出菜单中选择"滚动到任务",将甘特图快速切换至用户关心的任务。

③在"视图"选项卡下,勾选"拆分视图"功能区中的"日程表"选项,在甘特图与功能区之间会出现一个新的图表区域"日程表"。用户通过将自己关心的任务添加到该图表中,实现对这些任务的实时监控。

④"里程碑"任务作为项目中的关键节点,包含了有关项目的重要信息,因此经常被添加到"日程表"中。

在"视图"下的"数据"功能区,点击"▽"右侧的"筛选器"下拉菜单,从中选择"里程碑",结果如图 13.19 所示。

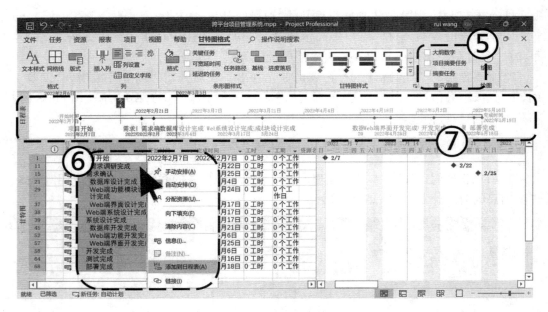

图 13.19 为项目添加日程表

⑤在"甘特图"视图下,点击"甘特图格式"功能选项卡,取消"显示/隐藏"功能组中对"项目摘要任务"和"摘要任务"的勾选,此时"任务名称"列将仅显示里程碑。

⑥将筛选出的"里程碑"全部选中,点击鼠标右键,在弹出菜单中选择"添加到日程表"。

⑦在"日程表"中显示了本项目涉及的全部里程碑,辅助用户随时掌握项目的关键节点。

在"任务"功能选项卡中的"属性"功能组,Project 也提供了一个按钮专门负责将任务添加到日程表。

对比当前计划和本项目原本设定的里程碑需求,我们发现不论是在最终结果还是中间环节都存在差异。我们将在 13.4 针对目前时间计划中存在的问题进行调整。

操作练习:熟悉筛选器。

"筛选器"是 Project 为用户提供的一个非常强大的工具,请同学参考图 13.18,依次选择"筛选器"中提供的默认筛选方式,观察甘特图视图下任务列表的变化。

在"视图"功能选项卡的"数据"功能组中,还有突出显示、分组功能,以及对显示表格属性的切换功能。请在每种功能的下拉菜单中选择一两种工具,观察"甘特图"视图工作区中内容的变化,思考不同的数据组合可以在项目管理过程中起到什么样的作用。

13.3.2　浏览项目资源计划

在项目管理部分,本书介绍了项目资源管理的责任分配矩阵,在 Project 中,我们还可以用"资源直方图"直观地浏览资源在时间上的使用负荷情况。如图 13.20 所示。

①在"视图"下的"资源视图"功能组,点击"其他视图"按钮,在弹出菜单中选择"资源图表",此时工作区中显示的就是资源直方图。

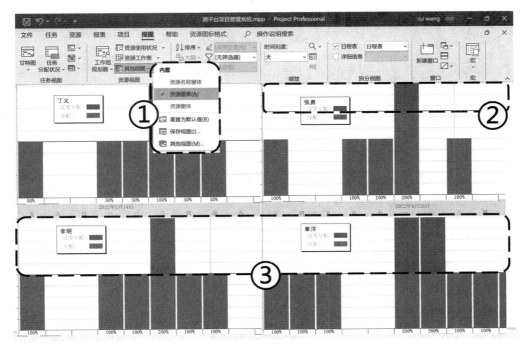

图 13.20 资源图表

②我们选择了其中的四个资源进行说明。资源图表中有一条加深颜色的水平线将图表分为上下两部分,两部分的颜色不同(在软件中,上半部分的柱状图为红色,下半部分的柱状图为蓝色)。

细心观察会发现,在资源图表的左侧有百分比形式的刻度线,其中加深的水平线正好对应资源的"最大单位"。以本书项目为例,由于"李明""张勇""章洋"三个资源的"最大单位"都是"100%",水平线就对应"100%"的位置,相应的,"丁义"的最大单位为"50%",水平线对应"50%"的位置。

③使用"资源图表"下方的滑动条,用户可以快速浏览任意资源在全部时间段上的分布情况,在项目管理的过程中,应该重点关注"过度使用"的工作的资源,并尽量在最终版本的项目计划中进行调整。

除了可视化图表,Project 还提供了很多种类的表格,表格类型的信息更方便用户进行筛选和定位,如图 13.21 所示。

①点击"视图"中"资源视图"功能组中的"资源使用状况",切换视图。

②工作区中列出了每一项资源具体参与了哪些任务,用户可以通过插入"工时""成本""资源过度分配"等列了解自己关注的信息。

在 Project 中,过度分配的资源会用红色突出显示。

点击"数据"功能组中的"表格",用户通过在下拉菜单中选择 Project 内置的表格形式,可以查看相应的信息组合。

③工作区的右半部分显示了资源在时间轴上的工作分布,默认只显示工时信息。

以图中部分为例,张勇在 2 月 21 日这一周的周二存在"过度使用"情况,此时,张勇在当天的工时分配为 14 工时,并以红色的形式突出显示。

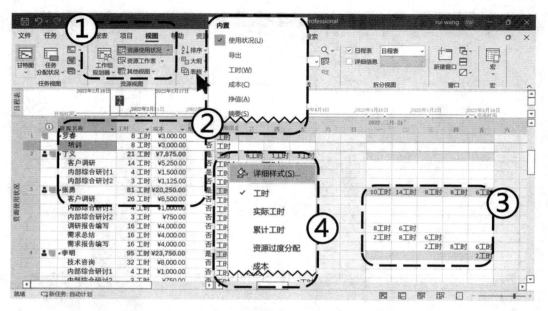

图 13.21 "资源使用情况"视图

其中分配在任务"调研报告编写"中的工时为 6 工时,分配在任务"需求总结"中的工时为 8 工时。

④复习之前介绍过的操作,在工作区右半部分的标题栏,右键点击"详细信息"的位置,在弹出的菜单中可以勾选对应的信息,在工作区右半部分进行展示。如果菜单中找不到需要的信息,用户可以点击菜单最上方的"详细样式",在弹出窗口中进行选择。

在项目计划之初,项目中往往存在不合理的现象,利用 Project 的报表功能,用户可以快速找出问题所在。如图 13.22 所示,我们以资源使用情况为例进行介绍。

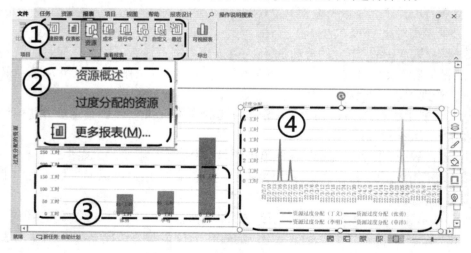

图 13.22 "过度分配的资源"报表

①在"报表"下的"查看报表"工作组中,罗列了大量的可用报表标签,点击其中的"资源"。

②在弹出窗口中选择"过度分配的资源",工作区将显示对应的报表。

③报表的左半部分,以柱状图的形式展示了资源被过度使用的强度。从中我们可以发现,章洋被过度分配的工时最多,达到 313 工时,在项目资源的调整时需要重点关注。

④报表右半部分的折线图则给用户提供了另外一个视角,我们发现除章洋外,其余 3 个资源均是在项目初期被过度使用。这些信息说明,要解决这 3 个资源过度分配的问题,一定会对项目初期工作的开展产生影响,用户在后续的调整中需要注意。

操作练习:熟悉 Project 报表功能。

如图 13.23 所示,Project 提供了大量的"报表"功能,用户根据需要,使用"查看报表"功能找到对应的表格。

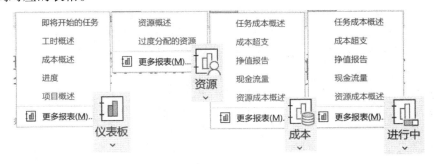

图 13.23　Project"查看报表"功能组

请在当前项目下,使用 Project 报表功能,依次查看"仪表板""资源""成本"和"进行中"菜单中分别提供了哪些重要信息。

分析每一张报表提供的信息,以及这信息在项目中可能的应用场景。

13.3.3　浏览项目成本计划

Project 采用自下而上的方式估算成本,如图 13.24 所示,在"甘特图"视图下浏览项目成本计划。

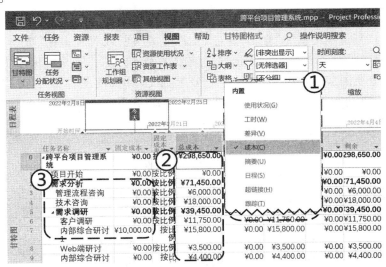

图 13.24　"资源使用状况"视图

①在"数据"功能组中将表格切换至"成本"表。

②"总成本"列显示了根据任务"工时""资源"以及"资源分配"信息计算得到的任务成本,任务成本会汇总到"摘要任务"和"项目摘要任务"中。

③用户可以将非资源费用(如"折旧费"),应急储备等费用录入到"固定成本"列。请在任务7"内部综合研讨1"中添加10 000元固定成本。

经过观察可以发现,任务的固定成本不会汇总到"摘要任务"和"项目摘要任务"中,但是会体现在任务以及项目的"总成本"列中。

操作练习:详细浏览成本信息。

除了项目的整体成本信息外,利用之前介绍过的拆分视图,用户可以对项目的成本信息进行详细了解,请按照图13.25中的引导,尝试了解现阶段项目的成本信息。

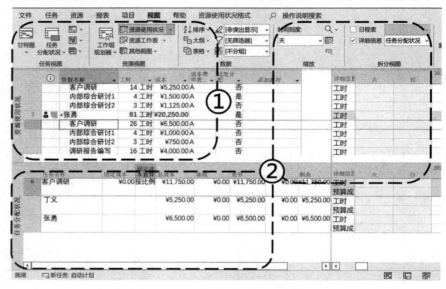

图13.25 详细浏览成本信息

①切换到"资源使用状况"视图,通过添加"成本"列,或者直接在"数据"工具组中选择"成本"表格,了解各个资源在不同任务上的成本分布。

②在"拆分视图"功能组中,显示"任务分配状况"详细信息。在上方的"资源使用状况"视图部分,通过点选资源和不同资源负责的任务,查看下方"任务分配状况"视图中显示信息的变化。

13.4 调整项目计划

13.4.1 调整项目时间计划

为了保证项目能够在原计划限制日期前交付各项里程碑要求的可交付成果,我们要对项目的时间计划进行调整。在浏览项目时间计划的过程中,我们对比了主要里程碑原计划"限制日期"和"当前计划日期"之间的区别,具体见表13.4。

表 13.4　项目里程碑信息表

序号	里程碑	限制日期	当前计划日期
1	项目开始	2022 年 2 月 7 日	2022 年 2 月 7 日
2	需求确认	2022 年 2 月 28 日	2022 年 2 月 25 日
3	系统设计完成	2022 年 3 月 17 日	2022 年 3 月 24 日
4	开发完成	2022 年 5 月 1 日	2022 年 5 月 6 日
5	测试完成	2022 年 5 月 12 日	2022 年 5 月 16 日
6	项目完成	2022 年 5 月 17 日	2022 年 5 月 18 日

在项目管理基础部分的学习中，我们介绍过"网络图"方法的应用，要缩短项目的总时长需要首先识别出项目的"关键路径"，如图 13.26 所示。

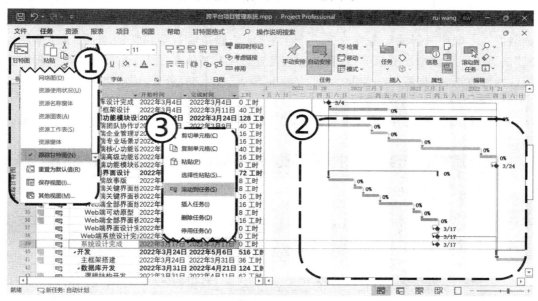

图 13.26　使用"跟踪甘特图"识别关键路径

①在"视图"选项卡下的"任务视图"工作组中，点击最左侧的按钮，在下拉菜单中将视图切换到"跟踪甘特图"视图，该视图在"甘特图"的基础上增加了项目进度等信息，是我们在后续的学习中会常常使用到的视图。

②在"跟踪甘特图"的右侧甘特图区域中，横道以两种颜色显示，软件中默认以红色标识出项目的"关键路线"任务。

③在目前进度落后的里程碑任务 39"系统设计完成"的任务名称上点击鼠标右键，在弹出菜单中选择"滚动到任务"，观察影响该任务完成时间的"关键路线"，见图 13.27。

④利用介绍过的"数据"功能组，"突出显示"项目的关键路径，"关键"任务会在列表中以黄色背景突出显示。

⑤用户也可以使用"数据"功能组中的筛选功能，筛选出项目的"关键"任务，直接排除干扰时间计划调整的任务。

图 13.27　汇总"关键路径"信息

在不减少任务工时的情况下,我们可以采用快速跟进和增加加班两种方式缩短项目工期。"快速跟进"指的是通过提前开始某些项目的方式缩短总工期的方法。快速跟进会造成原本顺序进行的任务在时间上产生重合,从而造成资源负荷的增加;而"增加加班"的方式不仅会增加资源的负荷,还会直接导致项目成本的上升。因此,项目经理在使用这两种方法时,都需要综合考虑项目的实际情况,在工期、资源、成本之间找到平衡点。

1. 使用 Project 进行快速跟进

如图 13.28 所示,在"跟踪甘特图"视图下比较关键路线上的任务,选择任务 27"Web 端核心功能设计"进行快速跟进。

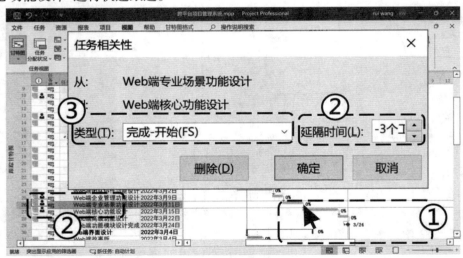

图 13.28　利用"快速跟进"缩短工期

①在工作区右侧甘特图中,使用鼠标双击 27 号任务与 26 号任务之间的连线,在弹出的"任务相关性"窗口中进行设置。

②将两个任务之间的延隔时间改为"-3 个工作日",点击确定。此时,任务 27 的结束时间提前了 3 天,项目完成时间则因为跨越了一个星期(考虑到工作日),提前了 5 天时间。

需要引起重视的是,由于快速跟进,导致 25、26、27 任务在时间上出现了重叠,三个任务所使用的资源发生了"过度使用"的现象,需要在后需进行平衡调整。

③用户还可以通过改变任务之间的逻辑"类型"进行任务的快速跟进,例如将"完成-开始"改为"开始-开始"。

观察调整后的项目计划,我们发现39号"系统设计完成"将在"2022年3月21日"完成,以及58号"开发完成"还是没有满足里程碑的要求,这说明项目计划还需要更多的调整。

2. 使用Project安排加班工时

通过分析项目的关键路径,我们决定为任务24"Web端团队协作功能设计"增加加班工时。

在Project当中,资源的"过度分配"并不会导致成本的上升,必须为任务设置"加班工时",系统才会按照"加班费率"进行任务成本的核算。如图13.29所示。

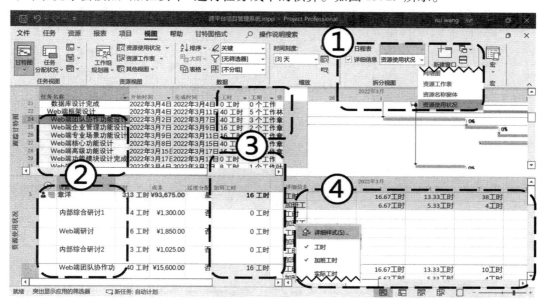

图13.29 分配"加班工时"

①当分配加班工时时,由于要兼顾多维度的信息,建议使用介绍过的"拆分视图"功能,工作区上半部分显示"跟踪甘特图",下半部分显示"资源使用状况"视图。

②在"甘特图"中点击要调整的24号任务,下方视图中将自动跳转至该任务所使用的资源"章洋",表格中列出了"章洋"参与的所有项目。

③在下方的"资源使用状况"视图中,添加"加班工时"列,并在任务"Web端团队协作功能设计"的加班工时列中,为其分配"16工时"的加班工时,用户只需要直接在表格中输入数字即可。

我们可以第一时间观察到,为任务添加了加班工时后,任务的工期由5天减少到3天,我们关心的里程碑"系统设计完成"从而可以在限制时间之前完成。

④按照之前介绍过的方法,在详细样式中显示加班工时,表格中列出了加班工时在任务上的分配(该分配由系统自动计算生成,用户无法直接对其进行修改)。

3. 压缩工期的其他方法

项目的工期受到多种因素的综合影响，因此项目经理可以采取多种手段压缩工期。

除上文介绍过的两种方法，在 Project 中常用的方法还包括：①在关键活动上增加额外的工时资源。②提高现有资源的工作强度（资源的最大单位）。③提升工作效率。④优化技术方案等。

再次观察项目文件中的里程碑，并与项目发起人的要求进行对比，我们发现在时间上，项目计划已经完全符合要求，见表 13.5。

表 13.5 调整后的里程碑

序号	里程碑	限制日期	当前计划日期
1	项目开始	2022 年 2 月 7 日	2022 年 2 月 7 日
2	需求确认	2022 年 2 月 28 日	2022 年 2 月 25 日
3	系统设计完成	2022 年 3 月 17 日	2022 年 3 月 17 日
4	开发完成	2022 年 5 月 1 日	2022 年 4 月 29 日
5	测试完成	2022 年 5 月 12 日	2022 年 5 月 9 日
6	项目完成	2022 年 5 月 17 日	2022 年 5 月 11 日

4. 输入里程碑限制日期

采用本书介绍过的方式筛选出项目的里程碑，如图 13.30 所示，以任务 15"需求确认"为例，将日期限制信息添加到里程碑中。

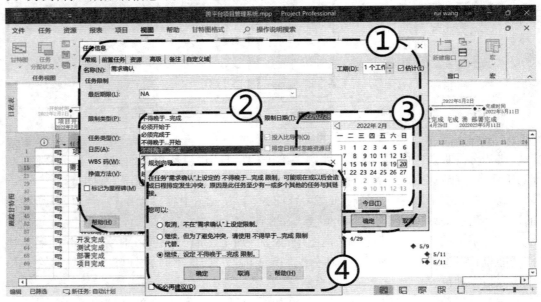

图 13.30 输入"里程碑"限制日期

①双击任务"需求确认"，在弹出的"任务信息"窗口中选择"高级"选项卡。

②Project 提供了多种日期"限制类型"，对于项目里程碑来说，一般设置截止日期（deadline），因此选择"不得晚于……完成"选项。

③点击"限制日期"栏会弹出日历表,可以使用鼠标在日历中直接点选里程碑的截止日期,用户也可以直接在键盘输入"限制日期"信息,这里需要注意输入日期的格式。

在"限制日期"栏中输入"2022/02/28",将"需求确认"的截止日期设定为2022年2月28日。

④点击"任务信息"窗口右下角的"确定"按钮,由于是第一次使用设定限制日期功能,Project会弹出提示,如图选择"继续,设定不得晚于…完成 限制",再次点击"确定"即可完成设定。如果用户不需要了解"规划向导"提示信息的内容,可以勾选"不再建议"选项。

请参照上述做法,为列表中的里程碑设定限制日期,这对于我们后续平衡项目资源、调整项目成本的操作十分重要。设定限制日期的任务会在标记列显示"▦"符号。

操作练习:浏览任务"限制类型"。

除了本案例中使用的"不得晚于……完成"选项之外,在任务的限制类型中还包括"必须开始于""必须完成于""不得早于……开始"等7个选项。

请在"任务信息"窗口中浏览任务限制的全部类型,并思考每种类型适合的使用场景。

13.4.2　调整项目资源计划

在初步敲定时间计划的项目文件中,甘特图(或跟踪甘特图)视图下的"标记"列中会发现很多"👤"标志,它代表该任务中存在过度使用的资源。我们在13.3.2中已经对"过度使用"资源的浏览方法进行了详细的介绍,调整项目资源分配达到平衡,保持尽量少的"过度使用"资源是保证项目平稳有序开展的重要基础。

导致资源过度使用的原因主要包括以下两点。

原因1　资源在同一时间段承担多项任务。

原因2　资源在同一任务中的工作强度超过了资源的"最大单位"。

这两种原因在某些情况下其含义是相同的。例如,将同一个资源分配给同时开展的两项任务,这既符合"资源在同一时间段承担多项任务"的说法,同时,资源如果在两个任务上都被分配了"100%"最大单位,那么该资源在当前时间段一共被分配了"200%"的工作量,这也符合"资源在同一任务中的工作强度超过了资源的最大单位"的说法。

在本小节调整项目资源计划的过程中,我们将在调整后指出该调整是解决了前面提出的哪一个问题。

1. 调节资源的工时分布

这里,我们建议用户使用"拆分视图"来清晰地显示过度使用资源,进行项目资源计划的调整,如图13.31所示。

①复习之前介绍过的操作,用"拆分视图"将工作区分为上下两部分,勾选"详细信息",将"资源使用状况"显示在工作区的下半部分。

②在"缩放"工作组中将时间刻度设置为"天",以便用户在表格中查看任务工时的具体分布。

③在上方"跟踪甘特图"中点击存在"👤过度使用"资源的任务4"技术咨询",下方"资源使用状况"视图中会自动切换至相关资源"李明"。

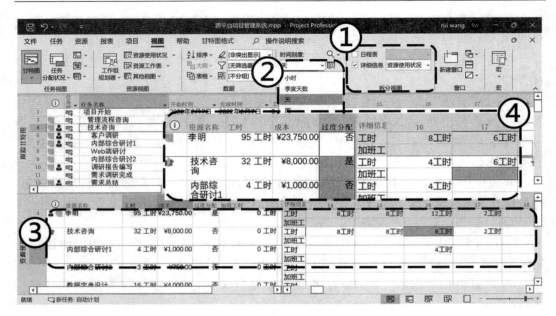

图 13.31 调整资源的"工时分布"

将甘特图滚动到该任务,在下半部分"详细信息"中可以了解到,资源的过度使用是在 2 月 16 日被分配了 12 工时任务导致的,其中任务"技术咨询"中使用了 8 工时,任务"内部综合研讨 1"中使用了 4 工时。

④一般而言,个人承担的任务要在保证有其他团队成员参与的任务顺利完成的前提下开展。因此,对李明个人承担的任务"技术咨询"的工时分布进行调整,在"2 月 16 日"分配 4 工时,在 2 月 17 日分配 6 工时,这样,虽然任务的总工时仍然为"32 工时"没有改变,但该任务中的资源"过度使用"问题已经被解决。

2. 将资源安排至新的可使用日期

用户可以使用 Project 内置的"任务检查器"功能解决资源过度使用问题,如图 13.32 所示。

①在任务 7"内部综合研讨 1"处点击鼠标右键,在弹出菜单中选择" 重新安排至可用日期"。

②在图中,错误地选择了任务 6"客户调研",由于该任务的调整无法解决资源过度分配的问题,会弹出报错提示用户。

③正确选择任务 7"内部综合研讨 1",按①中的操作,资源过度分配的问题得到了解决。

对比调整前后的"详细信息",Project 将资源"丁义"16 日在任务"内部综合研讨 1"中的 2 个工时延迟到 17 日执行。

④在"跟踪甘特图"中也可以观察到任务对应的横道位置发生了延后。

3. 手动延迟任务或工作分配

用户可以在其他界面中手动完成活动或工作分配的延迟。项目管理者本身对项目资源的可用情况更为了解(比如 Project 可能并不知道某位项目成员在连续工作中具有更高的效率),因此,在某些情况下,采用手动延迟可能比"重新安排至可用日期"更为合理。如图 13.33 所示。

第 13 章 项目计划编制与调整 · 271 ·

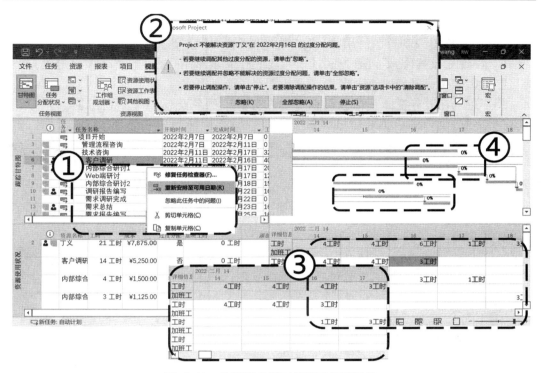

图 13.32 将资源安排至新的可使用日期

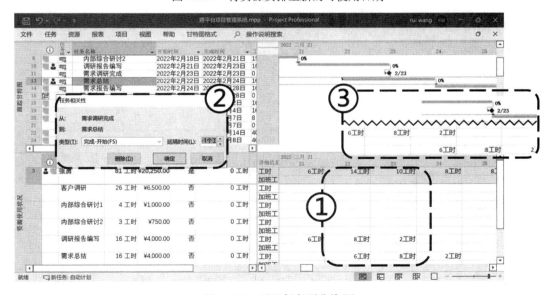

图 13.33 延迟任务平衡资源

①仍然采用之前的拆分视图("跟踪甘特图"+"资源使用状况"),观察资源"张勇"在项目初期被过度使用的原因,2 月 22 日张勇需要同时执行"调研报告编写"和"需求总结",可以让两个任务的时间错开以平衡资源。

②鼠标双击甘特图上"调研报告编写"和"需求总结"两项任务之间的连接线,弹出"任务相关性"窗口,将原本设定的"−1 个工作日"延隔时间改为"0 个工作日",两个任务

被改变为简单的"完成-开始(FS)"关系,标记栏中的标志消失,说明问题已经被解决。

③在"甘特图"和"资源使用状况"的视图中都可以看到调整前后的变化。

以上操作虽然解决了问题,但是延迟了任务"需求总结"之后的整体项目进度,并且有可能会影响项目里程碑的达成。

用户可以在拆分视图下单独延迟资源在任务中的分配(与调节资源的工时分布类似),达到更好的效果。如图13.34所示。

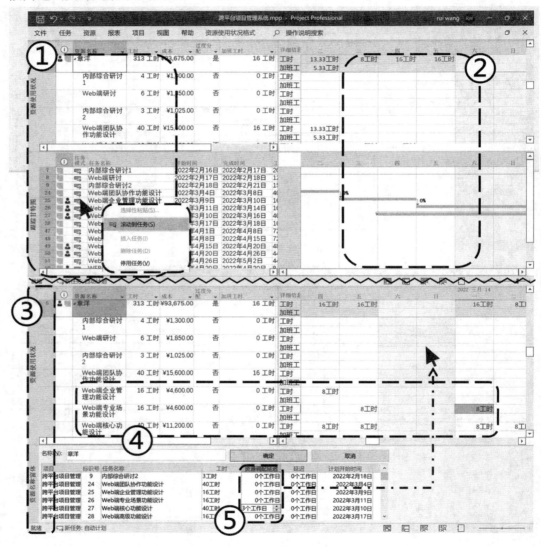

图13.34 延迟资源承担的任务分配

①首先,采用"资源使用状况"和"跟踪甘特图"拆分视图。需要注意,在拆分视图的工作区中,上半部分的视图起主导作用,点选上半部分视图中的元素,下半部分的视图会随之切换。而反过来操作,上半部分视图中的元素则不会随下半部分元素的变化而改变。因此,需要合理安排上下两个视图。

点击上方存在过度使用的资源"章洋",下方的跟踪甘特图会筛选并显示出该资源负责的任务列表。观察到任务 25、26、27 存在资源过度使用的情况，再次使用"滚动到任务"功能，在跟踪甘特图中快速定位相关任务。

②从甘特图和详细信息列表中，我们定位到了资源被过度使用的时间点，在 3 月 10 日、3 月 11 日和 3 月 14 日三天，"章洋"每天都需要负责两项任务。

我们决定将"章洋"在任务 27"Web 端核心功能设计"中的分配延迟，从而缓解资源的过度使用。

③在"拆分视图"中选择"资源名称窗体"，改变原有的工作区组合。得益于之前"滚动到任务"的定位，目前工作区的日历仍然锁定在我们关注的时间段。

④观察"资源使用状况"表，可以发现将"章洋"在任务 27 上的分配延迟 3 个工作日（加上中间跨越的周末正好 5 天），就可以解决这一时间段资源过度使用的问题。

⑤在下方的"资源名称窗体"列表中，将任务 27 对应的"资源调配延迟"列中的"0 个工作日"改为"3 个工作日"，在上方"详细信息"区域任意位置点击鼠标，即可看到操作的结果。（由于章洋在后面的任务中仍然存在过度使用的现象，因此软件中仍然会显示为红色。）

4. 资源替换

目前资源"章洋"仍然存在过度使用的情况，在这里，我们将综合使用之前学过的知识，采取"资源替换"的方式快速平衡资源，如图 13.35 所示。

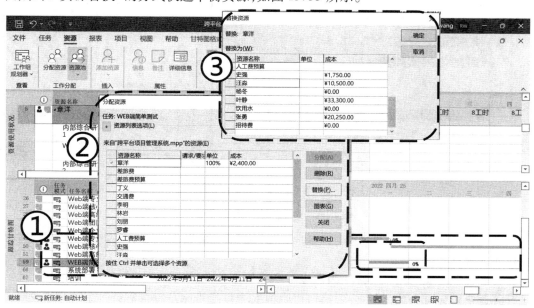

图 13.35　替换资源

①使用"拆分视图"快速定位，发现任务 59"Web 端简单测试"与其他两项任务并行，导致资源过度使用。

②选中任务，使用"分配资源"功能，弹出"分配资源"窗口。

在窗口中选中过度使用的资源"章洋"，点击右侧的"替换"按钮。

③在弹出的"替换资源"窗口选择合适的空闲资源"汪淼"，点击确定完成资源的替换，资源过度使用问题得到解决。

这里可以关注的细节是,在"分配资源"窗口下,章洋的使用成本为其在当前任务"Web 端简单测试"中花费的成本,而弹出"替换资源"窗口中汪淼的成本列显示的是该资源目前在整个项目中的使用成本。

同学可以思考这两个信息可以帮助项目经理在哪些方面的决策。

目前,案例项目当中所有的资源过度使用问题均已解决,但我们仍然可以将之前学习过的方法进行组合,其中的一些功能组合也可以起到资源平衡的作用,同学可以使用本书配套的项目文件"跨平台项目管理系统-资源调配.mpp"来进行后续的方法练习。

5. Project 内置的资源平衡功能

使用 Project 打开项目文件"跨平台项目管理系统-资源调配.mpp",如图 13.36 所示,我们可以使用 Project 自动调配资源。

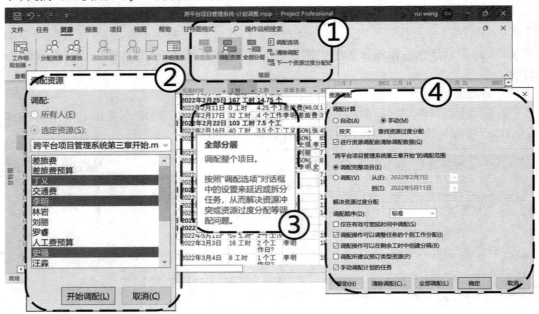

图 13.36　自动调配资源

①在"资源"选项卡下的"级别"功能组,有"调配资源""全部分层"两个主选择按钮。

②点击"调配资源",在弹出的窗口中选定有过度使用情况的资源,点击"开始调配"按钮完成调配。

③点击"全部分层",则将一次性为整个项目自动调配资源至平衡状态。

④用户可以在"调配选项"弹出窗口中根据项目的具体情况进行设置。

Project 的"自动调配功能"会综合使用我们之前介绍的各种方法,在保证日程不与里程碑冲突的情况下,将资源平衡至最好的状态。

6. 几种调配资源的简单方法

除去本书介绍的几种方法外,用户还可以通过以下几类简单操作实现资源的调整和平衡。

①调整资源"最大单位"或日历。

例如,当把一个资源的"最大单位"由"100%"提高到"150%"时,该员工每天可以工作 12 小时,原来被视为过度使用的 10 小时工作,其过度使用状态将消失。

同样的,直接在资源的日历中进行调整,也是通过增加资源"默认"日工作强度,来使本来过度使用的情况看起来得到了缓解。

②调整资源的分配单位。

当一个资源被同时分配到两个同步进行的任务时,如果将资源分配给两个任务的"最大单位"都调整成 50%,资源的过度使用情况仍然可以得到缓解。

同理,当一个资源被分配到若干个同步进行的任务时,将资源分配给任务的"最大单位"将小于 50%,具体数值可以通过计算能得到。

③另外,如图 13.37 所示,右键点击需要调整资源的任务名称,在弹出菜单中选择"修复任务检查器",点击图中位置进入工作组规划器界面。

界面中的图形结合了网络图和甘特图的形式,在可视化界面中,用户可以直接拖拽任务列表,完成对任务中过度使用资源的调整。

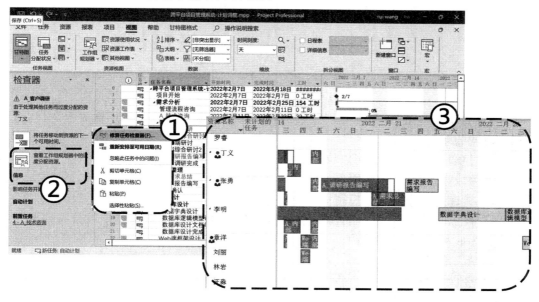

图 13.37 任务检查器

④安排加班工时。

在 Project 当中,仅把正常使用而超出资源最大使用单位的部分视为过度使用,因此,用户可以将超出部分工时设置为加班工时,解决资源过度使用的问题,当然这样会增加花费在该任务上的成本。

在"跨平台项目管理系统-资源调配.mpp"文件中,为任务 59"Web 端简单测试"中的资源"章洋"增加 8 小时加班工时,观察过度使用情况是否已被解决。

13.4.3 调整项目成本计划

在案例项目创立之初,我们为项目摘要任务输入了人工费预算 300 000 元,以及差旅费预算 20 000 万元。我们利用之前介绍过的"报表"功能从总体上快速了解项目的成本计划,如图 13.38 所示。

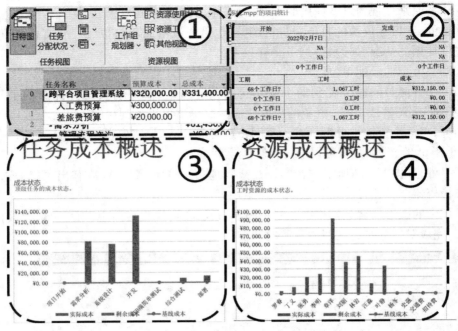

图 13.38 查看项目成本计划

①在"跟踪甘特图"视图下插入"预算成本"和"总成本"列,对比预算成本与目前计划成本之间的差别。

②通过项目"统计信息"可以快速查看计划成本信息。

③作为成本控制的依据,用户可以通过"任务成本概述"掌握成本在不同任务之中的分布情况,判断适合作为成本控制对象的任务。

④同样的,用户可以通过"资源成本概述"掌握成本在不同资源之中的分布情况,判断适合作为成本控制对象的资源。

1. 缩短工期降低成本

在之前我们曾经介绍过,Project 中的任务分为"固定工期""固定单位""固定工时"三种,通过缩短固定单位或固定工期任务的任务工期,工时量会相应减少,达到降低成本的目的,但是对于固定工时任务而言,缩短工期的时候工时并不会发生改变,因此成本不会发生变化。

根据任务成本概述中提供的信息,我们减少需求分析环节中的工时量,以降低项目总成本。

将任务"客户调研"的工时由 40 工时改为 32 工时,项目总成本由 331 400 元减少到 329 050 元,如图 13.39 所示。观察右侧甘特图以及项目完工日期的变化。

2. 调整分配降低成本

我们可以直接降低资源在任务中的分配量,从而降低项目的成本。如图 13.40 所示,将视图切换到资源使用状况。

根据资源成本概述报表提供的信息,首先可以选择差旅费作为成本控制的目标。预算中差旅费为 20 000 元,目前为 26 000 元,资源使用视图中列出了涉及差旅费的三项任务。

图 13.39 缩短工期降低成本

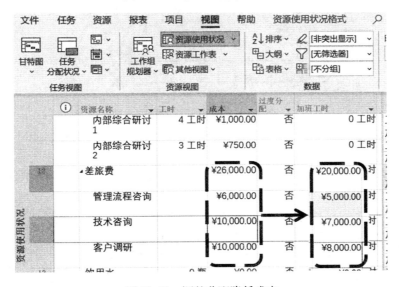

图 13.40 调整分配降低成本

将任务"管理流程咨询"中差旅费对应"成本"列中的值改为 5 000 元,"技术咨询"中的差旅费成本改为 7 000 元,"客户调研"中的差旅费成本改为 8 000 元。差旅费的总花费降低到 20 000 元,符合预算要求,项目总成本也降低到了 323 050 元。

用户可以在资源分配窗口中查看以上三个任务的资源分配信息,其中差旅费金额已经发生了相应的变化。

3. 降低成本的其他方法

除了以上介绍的两种方法外,用户还可以通过减少加班工时、置换资源或降低资源单价以及变更项目范围的方法来降低项目的总成本。如图 13.41 所示。

①将资源"章洋"在任务中的"加班工时"由 16 工时减少为 15 工时,项目总成本降低到 322 775 元。

②将任务"Web 端团队协作模块开发"中的资源"章洋"替换为工资更低的前端工程师助理"张晓阳",项目的总成本降低到 319 575 元,达到了项目预算的要求。

至此,我们使用 Project 完成了项目的整体计划,项目经理可以使用"报表"功能提供的各种信息,撰写项目计划报告。

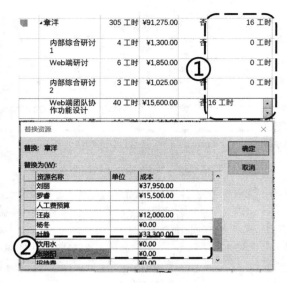

图 13.41 降低资源使用成本

【思考与训练】

1. 根据第 4 章表 4.8,编写项目的任务分解结构,结合图 4.10,使用正确的编码进行 WBS 编码。

2. 根据第 5 章表 5.12,建立项目任务之间的逻辑关系。

3. 根据第 5 章表 5.13,将资源池中的工时资源分配给对应的任务,如果现有资源池中工时资源数量不足,则为资源池中填充对应的工时资源。

4. 分别使用"资源图表"视图以及"报表"功能,查看各个工时资源的使用负荷情况,结合图 5.47 进行对比分析。

5. 使用"表格"功能查看新型圆柱立柜式空调项目的成本使用分布情况,使用"报表"功能输出项目中各任务的成本概述。

6. 为各任务分配更多的资源,查看任务工期的变化,分析其对整体项目进度的影响。

7. 更改资源的费率,查看项目成本的变化。

8. 使用"自动调配"功能对现有项目资源的使用进行调整,在最大程度上减少资源的过度使用。

第 14 章　项目实施监控与收尾

【学习目标】

通过本章学习,你应掌握如下内容:
(1)项目计划的执行;
(2)在 Project 中跟踪项目进展;
(3)在 Project 中分析项目偏差;
(4)在 Project 中根据偏差更新项目计划;
(5)在 Project 中分析项目绩效;
(6)在 Project 中进行项目的收尾;

14.1　执行项目计划

通过前两章的学习,我们已经熟悉了 Project 的基本操作,并且能够利用 Project 的各种信息表综合平衡任务资源负荷,形成了比较成熟的项目计划方案。在调整项目计划的过程中,对同一个问题的解决方案并不是唯一的,读者在学习的过程中,经过自己的思考,可能会生成一个与本章使用案例计划不同的项目文件。为了方便后续的学习,本书提供了统一的项目文件"项目实施监控与收尾.mpp",读者可以直接使用这个文件进行本章的后续操作。

在"项目管理基础"部分的学习中我们知道,项目的控制贯穿于整个项目执行的过程当中,其主要工作是将项目的实际完成情况与项目计划进行对比,从得到的成本节约或超支、进度提前或落后等信息组合中,全面了解项目的进展情况,并及时对项目计划做出调整,保证项目的顺利完成。

目前,我们的项目计划信息虽然已经以数据表的形式保存在项目文件中,但在项目信息表中对数据的任何改变都会对原始计划产生破坏。这时,我们就要利用 Project 的"设置基线"功能,为项目计划创建一个不会改变的"快照",如图 14.1 所示。

①点击"项目"选项卡下"日程安排"功能组中的"设置基线"。

点击菜单中的"设置基线"选项,在弹出窗口中进行后续的操作。

设置基线之后,可以随时使用"清除基线"功能删除设定好的基线。

"设置基线"窗口可以分为两个功能区,其中"设置基线"和"设置中期计划"为一个区,"范围"选择为一个区。两个区域可以形成一共 4 种组合,即为完整项目设置基线、为完整项目设置中期计划、为选定任务设置基线、为选定任务设置中期计划。

②勾选"设置基线",在菜单中选中"基线",同时勾选"完整项目",点击确定,此时项目的第一条基线已经设定完成。观察图中的下拉菜单,Project 可以为项目设定共计 11 条

基线,每一条基线中都保存了"基线成本""基线工期"基线工时等信息,可以在表格中通过"添加列"的方式观察到。

③勾选"设置中期计划",Project 可以为项目设置 10 个中期计划,中期计划中仅保留任务的开始时间和完成时间,不包含其他信息。一般而言,11 条基线可以应付项目过程中遇到的大多数情况,中期计划作为补充,相当于是一个简化版的基线。

用户可以将基线中的"开始时间/完成时间"复制到"中期计划"中。

④当为"选定任务"设定基线时,选定任务更新的信息仅更新到该任务自己的基线当中,若需要将该任务的变化体现在"所有摘要任务"或"所选摘要任务"中,则需要勾选相应的选项。

⑤当用户设定基线后,跟踪甘特图里原本计划的彩色横道下会显示出与其时长相同的灰色横道,代表基线已经设定成功。

同学可以尝试改变跟踪甘特图工作区左侧表格中的计划内容,观察右侧工作区甘特图的变化。可以发现,彩色横道代表的当前计划会随着左侧工作区内容的改变而变化,深灰色横道代表的基线则不会随之改变。

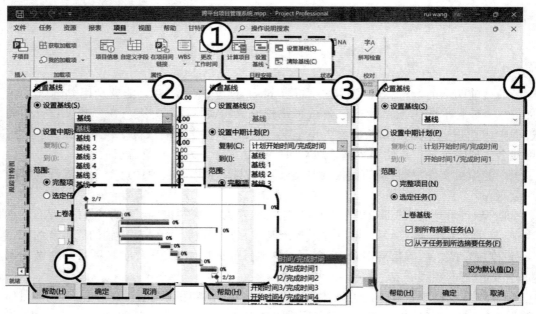

图 14.1　为项目设置"基线"

14.2　跟踪项目进展

14.2.1　按计划执行项目

使用 Project 跟踪项目进展的过程,就是把用户掌握的项目实际运行信息输入到 Project 软件中的过程。

当项目进程与计划基本一致时,用户可以直接使用"更新项目"功能,按计划跟踪项目,如图 14.2 所示。

第 14 章　项目实施监控与收尾

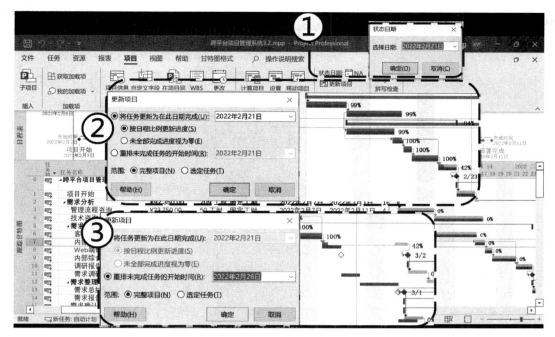

图 14.2　按计划更新项目

①在"项目"选项卡下找到"状态"工作组,点击"状态日期"按钮。
在弹窗中输入目前项目所处的时间(日期)。

②点击"更新项目"按钮弹出窗口。依次勾选"将任务更新为在此日期完成""按日程比例更新进度",观察右侧甘特图的变化。

其中可以清楚地看到,已完成任务的进度由原本的"0%"变成了"100%"(其中有部分显示"99%",这是由于该任务中有成本资源"差旅费"导致的,在本章 14.2.5 中会给出具体的解决方法)。

只有部分完成的任务,Project 会根据时间节点自动计算出其应该完成的工作比例。

③在更新项目窗口中,用户也可以选择"重排未完成任务的开始时间",这时,未完成(开工)的工作会暂时停工,直到设定的日期时间再次复工。此选项适用于因故需要推迟的项目。

14.2.2　输入任务实际完成情况

项目的实际完成情况与计划经常会存在差别,如图 14.3 所示,需要在项目文件中输入任务的实际完成信息。

①在"视图"中的"数据"功能组中,找到"表格"按钮,将表格切换为"跟踪"。

在项目实施的过程中,项目经理需要频繁地在多个表格之间进行切换,以获得项目的全面信息。因此,需要读者熟练掌握"数据"功能组中"表格""突出显示""筛选"按钮的使用,这些内容在第 13 章中已经有过具体介绍。在后续操作说明中,本书将直接以"将表格切换到跟踪"的简化形式进行表述。

②在"跟踪"表中,"完成百分比"代表按照计划应该完成的百分比,已经由 Project 自动计算得到。

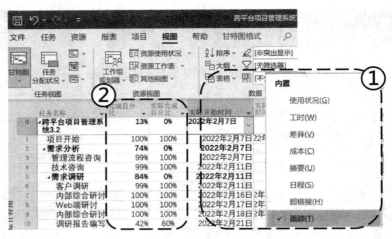

图 14.3　更新任务实际完成情况

"实际完成百分比"需要用户根据项目的实际情况手动输入。

需要注意的是,Project 会将子任务的"完成百分比"信息计算汇总到摘要任务中,例如对于摘要任务"需求分析",其"完成百分比"为"74%"。而对于"实际完成百分比",Project 则不会将用户手动输入的子任务信息汇总到摘要任务中。

14.2.3　输入实际开始时间和工期

项目实际执行过程中,任务开始时间和结束时间也可能和计划产生出入,如图 14.4 所示。

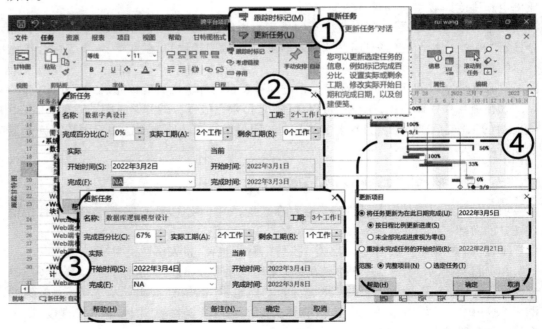

图 14.4　"更新任务"界面

①选中需要更新的任务"数据字典设计"。

在"任务"选项卡下"日程"功能组,点击"跟踪时标记"按钮,在下拉菜单中点击"更新任务"。

②Project 弹出"更新任务"窗口,在"实际"区域输入任务的实际开始时间"2022 年 3 月 2 日",这比"当前开始时间"即计划开始时间延迟了 1 天。

该任务的"实际工期"与计划工期同为"2 天",将相应信息填入"实际工期"格中,剩余工期填写"0 个工作日"。

点击确定,由于"数据字典设计"开始时间延后,与其关联的所有后续任务都受到了影响,用户可以在右侧跟踪甘特图中观察到这一变化。

窗口中用户可以填写"完成百分比""实际工期""剩余工期""实际开始时间""实际完成"共计 5 项信息,实际上这些信息之间是有关联的。例如,填写"完成百分比""实际工期""剩余工期"中的 2 项,另外一项会被自动计算出来;填写"实际工期""剩余工期""实际开始时间"3 项,"实际完成"时间也会自动得到。

③为任务"数据库逻辑模型设计"输入实际工期"2 个工作日",剩余工期"1 个工作日",开始时间为默认时间,点击确定,软件自动计算出该任务的完成百分比为"67%"。

④现在,我们可以再次更新项目日期至"2022 年 3 月 5 日",点击确定,由于在上一步中该任务的实际工期其实已经排到了 3 月 6 日,此时,在跟踪甘特图中任务"数据库逻辑模型设计"的完成百分比由"67%"被重新计算成了"33%"。

14.2.4 输入项目实际工时

Project 会根据用户输入的工期信息自动计算工时和成本,但如果用户需要精确跟踪项目工时,则需要手动输入相关信息,如图 14.5,切换到"资源使用状况"视图。

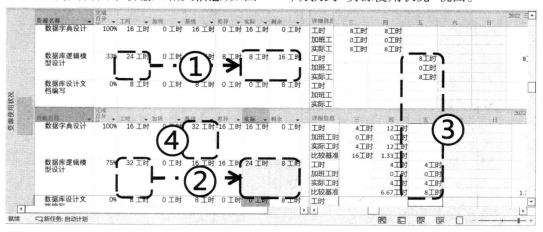

图 14.5 "更新任务"界面

①针对资源"李明",以其负责的任务"数据库逻辑模型设计"为例,数据"表格"选择"工时"。

列表中"工时"代表任务在该资源上分配的总工时,等于"实际"(任务在该资源上实际分配的工时)与"剩余"(任务在该资源上剩余要分配的工时)的和。

②将任务"数据库逻辑模型设计"的实际工时由"8 工时"调整为"24 工时",剩余工时由"16 工时"调整到"8 工时",分别观察两个过程中"工时"列数值的变化。

③右侧的进程表中,以"详细信息"的形式体现出任务对于资源每一天的使用情况。用户可以在进程表中具体地调整每一天该资源的实际使用工时。

使用本书介绍过的"详细信息"设定窗口,可以将用户关心的信息,如"基线工时""实际加班工时""累计工时"等体现在右侧的进程表中。

④尝试更改左半部分工作区"基线"列的数值,切换回跟踪甘特图我们发现,项目的"基线工时"并没有发生改变,这也符合我们对于"基线"的定义。

如果任务在某一天同时存在"实际工时"和"实际加班工时",则需要先输入"实际工时",随后再输入"加班工时"。用户可以尝试按照相反的顺序输入,此时,实际加班工时会在输入实际工时的同时改变,从而与实际发生的情况相违背。

Project 提供多种方式进行实际工时等信息的输入,如图 14.6 所示。

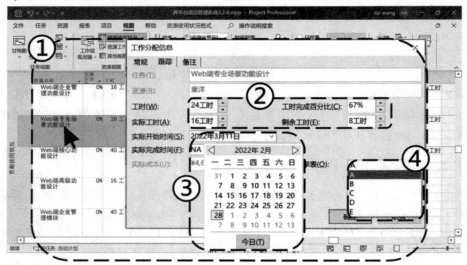

图 14.6 "工作分配信息"窗口

①在"资源使用状况"视图中使用鼠标双击要输入信息的任务,弹出"工作分配信息"窗口。

②可以看到"工时""实际工时""工时完成百分比""剩余工时"等信息的输入区域,同样的,输入其中两项,剩余的两项会自动计算出来。

③该界面还可以输入任务的"实际开始/完成时间"。

④用户可以在"成本费率表"中为资源切换所使用的费率表。

在 Project 中,"材料"的实际使用量也是在"资源使用状况"视图的"工时"表中输入的,找到材料资源"饮用水"。在原本的计划中,任务"内部综合研讨2"中要使用"100 瓶"饮用水,其内容体现在"工时"列和"基线"列中,用户需要在"实际"列输入实际使用材料的数量(不需要体现单位),而在"剩余"列输入尚未被使用的材料数量。

14.2.5 输入项目实际工时

理论上来讲,用户只需要输入项目的实际工时和实际加班工时信息,Project 就会综合考虑"资源工作表"自动计算出对应的实际成本。此时,仅有成本资源需要用户手动输入,例如本项目中的差旅费资源。用户可以在"资源使用状况"视图中选择"成本"表格来进行项目实际成本的录入工作,如图 14.7 所示。

第 14 章 项目实施监控与收尾 ·285·

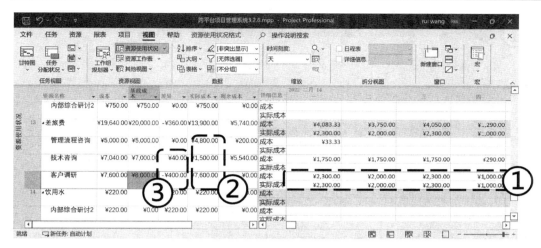

图 14.7 输入任务的实际成本资源

①在右侧工作区中的详细样式里,显示"实际成本"和"成本"行。

用户可以在右侧的日程表中为每一天录入相应的成本信息。

②录入的成本信息被汇总到工作区左侧"实际成本"列中。这里,"成本"行和"实际成本"行所承载的数据是一致的。

③"差异"列中显示了实际成本与基线成本的差别,其中显示正数表示"超支",显示负数代表"节约"。

经过以上操作,原本"完成百分比"列显示"99%"的任务"管理流程咨询""技术咨询"和"客户调研",其"完成百分比"数字已经变成"100%"。

对于已经分配了实际工时的任务,本书建议使用 Project 自动计算的结果,因为其在很大程度上反映了工时资源变化对项目总成本的影响。但是,当资源变动或其他情况发生时,用户可以手动输入实际成本信息。

14.2.6 调整项目计划

项目在实际开展过程中,除了在时间节点、资源分配、成本开销等方面和计划(基线)存在差别,还有可能面对项目范围的临时调整。在案例中,我们假设根据反馈,需要增加移动端的应用程序开发环节,本书提供的"移动端项目管理系统.mpp"文件,通过将其作为子项目添加到当前项目文件"跨平台项目管理系统 3.2.6.mpp"中,可以突出对重点功能的介绍,简化读者们的输入过程,如图 14.8 所示。

我们假设移动端项目管理系统由单独的团队负责开发,该子项目需要进行移动端的简单测试,并且要求在整体项目开始测试之前完成。

①鼠标左键点击摘要任务"综合测试",在项目选项卡最左侧点击"子项目"按钮。

②在弹出的"插入项目"窗口中,找到本书附带的项目文件"移动端项目管理系统.mpp",点击"插入"按钮。

③可以观察到,移动端项目管理系统已经作为子项目被加入到项目中了。此时,通过建立子项目中的任务"移动端简单测试"与"单元测试"之间的"结束-开始"关系,对子项目的完成时间进行限制。

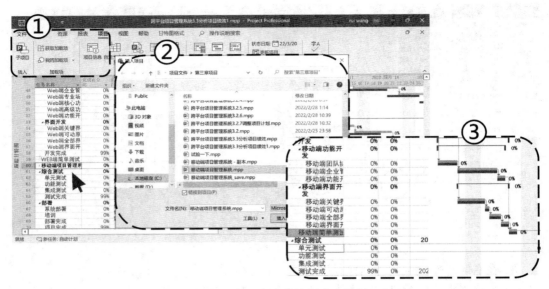

图 14.8　输入任务的实际成本资源

至此,对项目范围的调整已经完成,我们需要更新项目的基线,如图 14.9 所示。

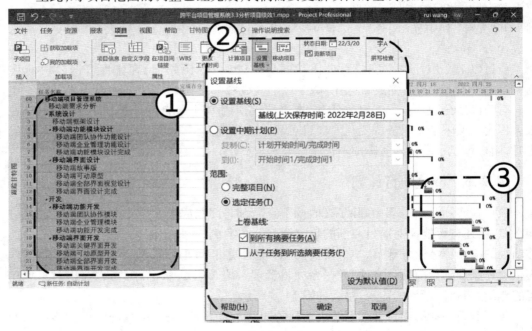

图 14.9　更新项目基线

①同时选中"移动端项目管理系统"下的全部任务,点击设置基线按钮。

②在弹出的"设置基线"窗口中,勾选"设置基线"。

由于我们只对项目的部分任务和任务之间的逻辑关系进行了调整,因此,我们在"范围"选项中勾选"选定任务",同时勾选"上卷基线到所有摘要任务"选项。

③点击"确定"按钮,全部新建任务已经作为新计划的一部分更新到了原有的基线中。

除了将已有项目作为子项目更新到现有项目中,用户还可以在项目中直接插入新任务,使用同样的操作,将任务计划更新到现有的基线中。

14.3 分析项目绩效

在项目执行过程中,对项目的绩效进行分析并形成报告,既可以向项目团队传递项目的实际进展情况,针对团队成员有利于项目执行的行为提出鼓励,对影响项目进度情况给予重视。也可以作为进度报告的重要组成部分,向项目发起人报告项目的最新情况。

在使用 Project 的过程中,用户已经通过实时更新提供了足够多的资料,使用 Project 的统计功能、视图数据表功能以及报表分析功能,可以快速展示与项目绩效相关的信息。

正如项目管理过程中采用的项目型组织结构和矩阵型组织结构,对项目绩效的分析也可以分为两个维度。按照项目绩效分析涉及项目的各方面,将分析内容纵向分成进度分析、工时与成本分析、资源分析三部分;按照使用 Project 分析项目绩效采用的不同手段,将分析方法横向分成图形分析、数据表分析、报表分析三类,表 14.1 展现了三种分析方法在项目各方面绩效分析中比较有代表性的使用情况。

表 14.1 使用 Project 分析项目绩效

内容\工具	图形分析		数据表分析			报表分析	
	图形	分析内容	视图	数据表	分析内容	报表	分析内容
进度分析	跟踪甘特图 前锋线 网络图[1]	进度偏差 出现偏差的 任务时差	跟踪甘特图	跟踪差异	当前进度执行情况[2] 当前执行情况 基线情况 当前与基线的 具体偏差[3]	项目概述[5] 进度落后的任务	项目整体分析 进度落后 关键任务
工时与成本分析	网络图		跟踪甘特图图	工时	基线工时、工时 实际工时与 基线的差异[3]	工时概述	燃尽图 重点任务识别 工时偏差
				成本	基线成本、成本 实际成本与 基线的差异[3]		
			资源使用状况[4]	工时	产生工时差异的资源 工时在日程上的分布	成本超支	总体超支情况 超支任务 超支资源
				成本	产生成本差异的资源 成本在日程上的分布	现金流量[6]	资金需求情况
			任务分配状况[4]	工时	产生工时差异的工作	挣值报告	SV、CV SPI、CPI EAC、BAC
				成本	产生成本差异的工作		
资源分析	资源图表		资源使用状况	摘要	资源在每项 任务上的负荷	资源概述	资源可用性 资源工作状态
				挣值	资源在每项 任务上的挣值	过度分配 的资源	阶段资源 负荷情况

在使用过程中,通过对已掌握工具的不同组合,可以实现更为复杂的绩效分析,表 4.1 对部分应用场景进行了标注,解释如下。

①在项目管理部分学习中,我们对网络图进行了重点的介绍,在 Project 中关于 6 个参数(ES、EF、LS、LF、TF、FF)的计算主要体现在"跟踪"表格中,如果要在 Project 提供的"网络图"视图中标出这 6 个参数,则需要其他项目计划软软件的辅助。

②Project 的"跟踪甘特图"等视图左侧工作区的内容具有很强的可定制性,例如,通过显示"状态"与"状态标记"列,任务中是否存在过度使用问题将以图标的形式直观地展示在用户面前。

③Project 用户可以使用内置的"视图+表格"组合,乃至拆分视图组合,为项目绩效分析提供有效数据。Project 的数据"筛选""突出显示"等功能很好地考虑到用户习惯,操作过程与 Office 等办公软件中的表格模块十分相似,降低了用户的学习成本。

④在很多情况下,"资源使用状况"和"任务分配状况"视图所传递的信息具有相同形式,都是工时、成本等信息在日程表上的分布情况,但信息的侧重点又有所不同。

"资源使用状况"是一系列资源使用矩阵的联合,可重点用于资源绩效的分析。

"任务分配状况"则是全部任务分配矩阵的组合,重点用于任务执行绩效的总结。

用户不仅应该合理地使用 Project 提供的多种视图,还可以开发适用于自己项目管理风格的视图组合(拆分视图)。

⑤项目经理可以通过"项目信息"中的"统计信息"功能快速了解项目宏观信息,如图 14.10 所示。在统计信息窗口中的项目信息均按照"当前""基线""实际"的逻辑组合展示,并按照侧重点不同,分别为窗口上方的"日程"部分以及窗口下方的"工期/资源"部分增加日程"差异"和"剩余"工作内容的展示。

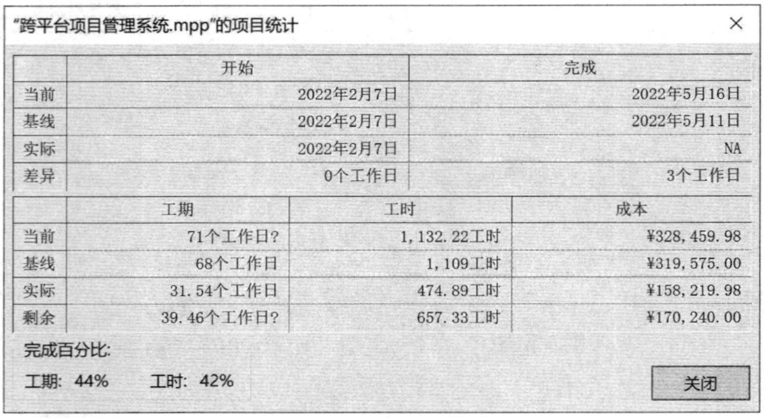

"跨平台项目管理系统.mpp"的项目统计			
	开始		完成
当前	2022年2月7日		2022年5月16日
基线	2022年2月7日		2022年5月11日
实际	2022年2月7日		NA
差异	0个工作日		3个工作日
	工期	工时	成本
当前	71个工作日?	1,132.22工时	¥328,459.98
基线	68个工作日	1,109工时	¥319,575.00
实际	31.54个工作日	474.89工时	¥158,219.98
剩余	39.46个工作日?	657.33工时	¥170,240.00
完成百分比:			
工期: 44%	工时: 42%		关闭

图 14.10 项目统计信息

用户可以通过窗口左下角补充的"完成百分比"信息快速掌握项目的总体绩效,以图中项目为例,项目的工期完成百分比为 44%,而工时完成百分比仅为 42%,说明项目从总体进度上是落后的。

⑥Project 的各类报表利用项目信息经过计算自动生成,因此具有高度的可定制性,用户可以利用"报表设计""图表设计"以及"格式"界面调整报表内容,有目的性地展示项目信息。

14.3.1 利用图形工具分析项目绩效

在 Project 中,以"跟踪甘特图"为代表的工作视图一般会被拆分为左右两个部分,这种设计主要是考虑到虽然信息的输入主要在左侧的表格工作区内完成,但甘特图图形能够很直观地将项目进度信息反馈给用户,辅助用户对数据的操作。也正是因此,在前面章节的学习中,即使是使用"任务分配情况"与"资源使用状况"这种左右工作区均为数据表形式的视图时,我们仍然推荐利用"拆分视图"功能将甘特图单独显示在下方工作区。

除了甘特图外,Project 还提供了"网络图"视图,满足用户通过网络计划技术进行项目计划管理的需求。

1. 定制"跟踪甘特图"

Project 的"跟踪甘特图"视图利用红色和蓝色清晰明了地将关键任务与普通任务区分开,并且完整地标注了各个任务当前的完成情况及其与基线之间的差异,因此,常备附加在项目的绩效报告当中,用以对项目目前的进展展示和说明。由于应用场景的不同,跟踪甘特图的默认视图并不能完全满足用户的需求,Project 允许用户自定义跟踪甘特图的展现方式与内容,如图 14.11 所示。

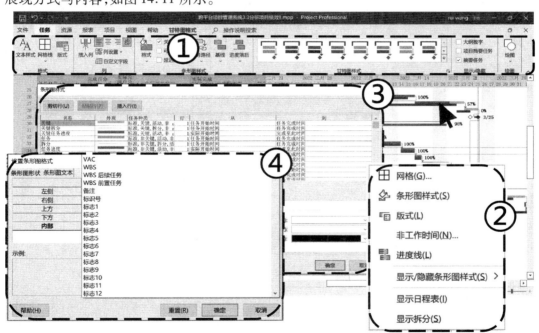

图 14.11 "跟踪甘特图"定制窗口

①在"跟踪甘特图"视图下,功能选项卡的最右侧会出现"甘特图格式"选项,之前的学习中我们使用过其中的"显示/隐藏"工作组中的功能。

"甘特图格式"功能选项卡种包括对于甘特图格式、字段、条形图样式以及甘特图样式的设定选项。

②用户也可以直接在工作区甘特图的空白处点击鼠标右键,在弹出的菜单中选择需要设定的格式选项。

③点击条形图样式,在弹出的窗口中设定甘特图中各类型横道的样式和颜色,通过定制化的选择,用户可以突出显示关键任务、拆分任务、关键任务进度等信息。

④将鼠标箭头置于具体任务对应的横道上,点击鼠标右键,在弹出的菜单中选择"配置条形图格式",则可以有选择地在条形图上显示更多的信息。例如,在"甘特图"视图中,横道右侧会显示该任务资源的使用情况,如果需要在"跟踪甘特图"中显示同样的信息,我们可以在"条形图文本"选项卡中进行设置。

2. 显示"进度线"

在"跟踪甘特图"视图下使用"进度线"可以直观地展示项目,"进度线"也被称作"前锋线",通过将项目活动当前完成情况与某个考核时间基点做比较绘制得出,如图 14.12 所示。

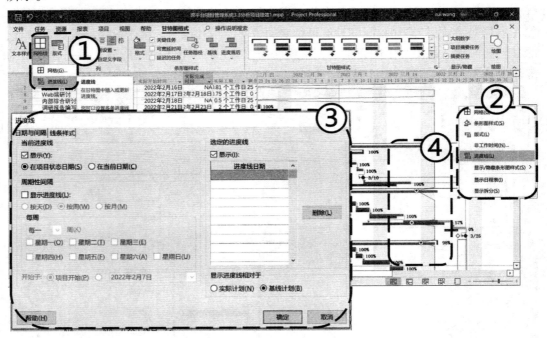

图 14.12 "跟踪甘特图"定制窗口

①在"甘特图格式"选项卡,"格式"功能组的"网格线"下拉框中选择"进度线"选项。

②用户在甘特图区域内空白处点击鼠标右键,在弹出菜单中选择"进度线"可以达到同样的目的。

③在弹出的"进度线"窗口中勾选"显示",同时选择"在项目状态日期",此时将对比项目状态日期和基线之间的进度差异。

使用窗口中默认的显示进度线相对于"基线计划",随后点击确定。

④在跟踪甘特图中的"进度线"显示为一条红色的竖线,竖线所在时间点位置为项目状态日期。标志"⬥"所在节点处以向左的锯齿代表当前进度落后与基线计划,向右的锯齿代表当前进度领先于基线计划。

3. Project 中的网络计划技术

网络图也被称作网络计划技术,相对于甘特图而言,网络图将重点放在任务与任务、任务与项目整体的逻辑关系上。除了对关键路径有更清晰准确的描述外,利用计算得到的 6 个参数,项目经理能够向任务执行人下达更为具体、灵活、有针对性的工作安排。如图 14.13 所示。

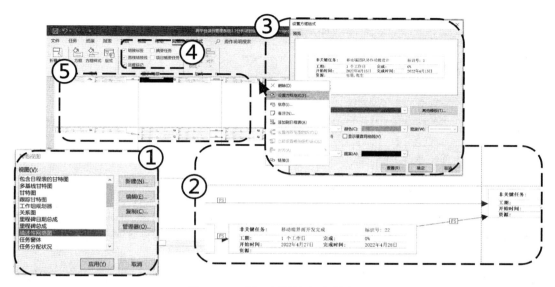

图 14.13 "跟踪甘特图"定制窗口

①在"其他视图"窗口中选择"描述性网络图"或"网络图",点击应用。此时,工作区中将显示项目的网络图。

②在网络图中的任务单元中,显示了包括任务名称、标识号、工期、是否关键任务等信息。

③在网络图任务单元点击鼠标右键,在弹出菜单中选择"设置方框格式",在窗口中选择相应的数据模板,为任务单元增加或减少所显示信息。

④通过浏览网络图视图,用户可以发现 Project 默认的网络图样式与本书介绍的有所不同,这主要是因为 Project 将摘要任务和项目摘要任务显示在网络图中。

用户可以通过勾除"网络关系格式"选项卡下的"显示/隐藏"功能组中对应选项,改变网络图的样式。

⑤通过工作区右下角的"缩小/放大"功能,可以调整工作区所显示网络图的范围。

6 个参数的计算是在使用网络计划技术进行项目管理过程中的重要环节,Project 并不能在网络图中直接体现这些参数,因此,有很多团队开发了基于 Project 文件的项目进度计划管理软件,如图 14.14 所示。由于本章重点介绍与绩效分析有关的内容,这里不针对相关软件做展开介绍,读者可以自主下载学习相应的软件使用方法。

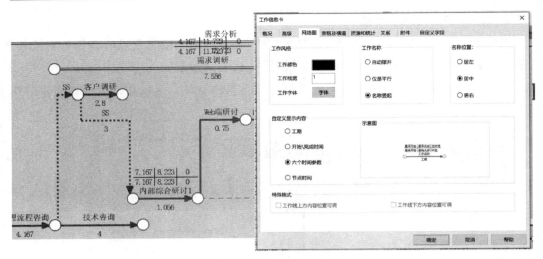

图 14.14 项目进度计划相关软件示例

14.3.2 利用数据表视图组合分析项目绩效

在使用 Project 进行项目管理的过程中,我们主要使用跟踪甘特图、任务分配状况视图、资源使用状况视图以及资源工作表进行信息的输入和浏览,而前 3 种视图是我们进行项目绩效分析的主要场景。

在前面的章节中我们介绍过 Project 的"数据"功能,其内置的表格包括使用状况、工时、差异等 9 种,3 种视图与 9 种数据表可以形成 20 余种组合,其中我们将重点介绍与项目绩效分析有关的组合,具体内容见表 14.2。

表 14.2 数据表与视图的主要组合

分析内容	视图	数据表格	表格信息	操作简介
进度分析	跟踪甘特图	跟踪	完成百分比、实际完成百分比、实际开始时间、实际完成时间、实际工期、剩余工期、实际成本、实际工时	1. 在右侧甘特图中观察项目当前状态与基线的差异 2. 在左侧的任务列表中查看具体的偏差信息 3. "跟踪"表侧重于进度和完成情况分析 4. "差异"表侧重于时间节点分析 5. 差异大于零意味着活动延迟,小于零代表活动提前 6. 可以使用数据"筛选"功能或"突出显示"功能,将差异非零的任务识别出来,进行具体绩效分析
		差异	开始时间、完成时间、基线开始时间、基线完成时间、开始时间差异、完成时间差异	
		工时	工时、基线、差异、实际、剩余、工时完成百分比	通过筛选"差异"非零的活动,可以将项目超时或节约工时的事实归因到具体任务中

续表 14.2

分析内容	视图	数据表格	表格信息	操作简介
工时分析	资源使用状况	工时	完成百分比、工时、加班、基线、差异、实际、剩余	1. 两种视图下均提供了更为具体的工时信息，用户可以通过观察表格信息分析两种视图的侧重，选择适合绩效分析情景的切入点 2. 除去"加班"工时之外，两种视图中包含的信息完全相同，其差异主要体现在问题发现和归因的逻辑上，即"谁在哪个任务上出现了偏差"和"哪个任务中的谁导致了偏差"
	任务分配状况		工时、基线、差异、实际、剩余、工时完成百分比	
成本分析	3 种视图①	成本	预算成本、总成本、固定成本、固定成本累算、基线、差异、实际、剩余	1. 差异大于零意味着活动支出超出预算成本，小于零则意味着活动预算成本结余 2. 利用"筛选"功能定位超支或结余的任务 3. 在 3 种视图下，成本表格体现的内容基本相同，用户可以通过视图的切换更好地对成本差异的产生进行归因
补充说明	①在 3 种视图中，"资源使用状况"和"任务分配状况"视图的右侧为具体数值在项目日程时间线上的分布，因此，能够更好地帮助用户定位项目进程与计划之间的差异产生的原因，既能保证项目绩效分析的精准性，也能为用户在后续的项目控制决策提供数据支持			

14.3.3 利用报表分析项目绩效

Project 视图中的表格能够清晰具体地展示项目经理关注的工期、工时、成本、进度等信息，但是这些分析显得凌乱，不成体系，缺乏综合、系统的分析方法。为了使绩效分析更有说服力，用户可以使用 Project 提供的图形化报表功能分析项目数据。

Project 中的概述报表以图表的形式将用户关心的内容展示在工作区内，可通过点击"报表"功能选项卡中"查看报表"功能组的各个按钮，在展开的菜单中进行选择。

对于项目绩效分析而言，项目的总体完成情况是我们首先关注的内容，如图 14.15 所示，打开"项目概述"报表。

①报表的标题区域显示了项目起止时间以及目前工期的完成百分比。
②"到期的里程碑"区域显示目前时间节点之后的所有里程碑及其限制时间。
③"完成百分比"区域以柱状图的形式分别显示了各个任务的完成情况。
④"延迟任务"区域则显示了按计划本应完成但尚未完成的任务。
⑤鼠标点击报表中的图形或表格，在最右侧会弹出工作栏，用户可以通过勾选对应选项，定制报表中显示的内容。

"项目概述"报表是从总体上对项目的绩效进行描述，Project 的报表功能中还提供了"成本概述"报表，并且针对任务和资源分别提供了"任务成本概述"报表和"资源成本概述"报表，如图 14.16 所示。

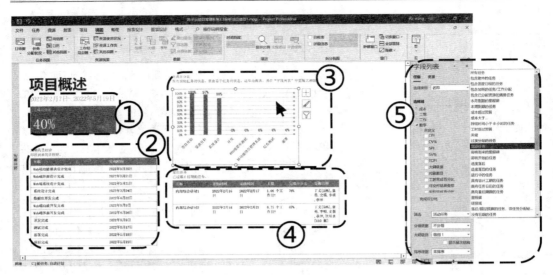

图 14.15　项目概述报表

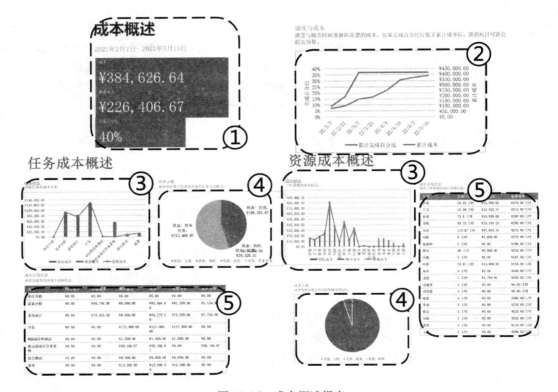

图 14.16　成本概述报表

①"成本概述"报表的标题区显示了项目起止日期、成本、剩余成本及完成百分比。

②"进度与成本"区域的折线图,显示了项目的"累计完成百分比"与"累计成本"曲线。

③"任务/资源成本概述"报表中均提供了"成本状态""成本分配"和"成本详细信息"区域,各有侧重地展示了项目的任务成本和资源成本信息。

在"成本状态"区域中,以柱状图(任务/资源成本)和折线(基线成本)组合方式罗列了现阶段项目成本的构成。

④"成本分配"区域中,以饼状图的形式呈现各类任务、资源花费成本在总成本中的占比。

⑤"成本详细信息"区域使用表格列出任务/资源成本的具体数值。

⑥另外,用户需要通过"成本超支"报表分析当前成本与基线成本之间的偏差及产生偏差的原因,如图14.17所示。

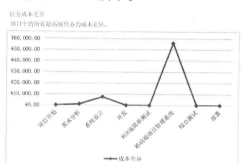

图14.17 成本超支报表

选择"工时概述"报表,查看现阶段工时情况,如图14.18所示。

①"工时概述"报表标题区域分别列出了目前项目的工时完成百分比、剩余工时和实际工时等信息。

虽然大多数报表中展示的信息可以直接在跟踪甘特图等视图的数据表中找到,但是直接利用报表可以节约大量整理信息和绘图的时间,因此,建议用户熟悉Project中内置的各种报表及其显示内容。

②利用"工时进度"区域显示的"剩余累计工时"和"基线剩余累计工时"燃尽图,可以直观评估目前项目偏离计划的程度,也为后续的项目控制提供参考。

③"工时统计"柱状图综合显示了目前已完成任务的工时与后续待完成工作的工时使用情况,基线的引入也为用户提供了更多的参照。

④与"工时统计"类似,"资源统计"柱状图将资源作为考察的目标。

⑤"剩余可用性"中展示的折线图可能会由于资源数量过多略显混乱,通过"分组"或"筛选"功能进行简化后使用更为合理。

"资源概述"报表和"过度使用的资源"报表一般在一起使用,如图14.19所示。

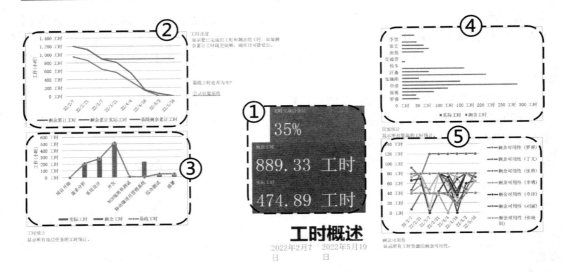

图 14.18　工时概述报表

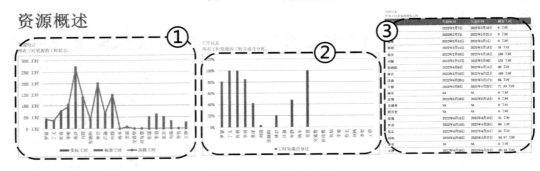

图 14.19　资源概述报表

①"资源统计"柱状图与"工时概述"中对应区域显示的内容类似，只是增加了基线工时的折线。

②用户通过"工作状态"柱状图可以分析上一阶段工时资源完成工作的情况，以及下一阶段应该重点关注的资源。

③"资源状态"列表中列出了所有工时资源的剩余工时。

除了以上报表，用户还可以利用其他报表分析项目绩效，如图 14.20 所示。

①"进度落后的任务"报表使用燃尽图和列表对项目中进度落后的任务给予关注。

②"延迟的任务"报表中的饼状图直观地显示了延迟任务在全部任务中的占比，如占比过高则需要用户引起重视。

③"里程碑报告"报表则将重点放在里程碑上，对直接影响项目进度的时间节点进行专门分析。

Project 报表非常方便用户使用和定制，我们以"现金流量"报表为例，在介绍该报表内容的同时，说明报表中的自定义工作区的使用方法，如图 14.21 所示。

①"现金流量"报表的标题行列出了"实际成本""基线成本""剩余成本""成本差异"等信息。

报表上方的柱状图显示项目每周的成本以及截至某时间点的累计成本。

第 14 章 项目实施监控与收尾 ·297·

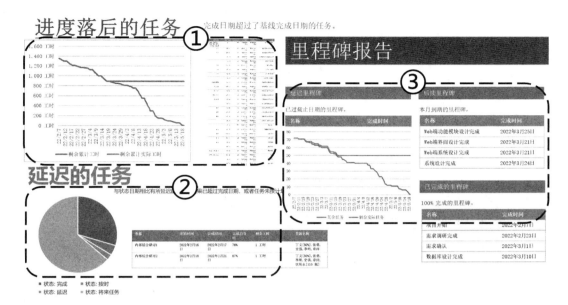

图 14.20 其他相关报表

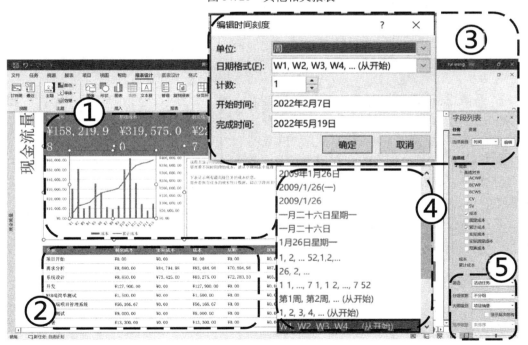

图 14.21 现金流量报表

②报表下方区域表格内为各项摘要任务截至当前日期的"剩余成本""实际成本""成本"数据,其中还包括挣值法中的"ACWP""BCWP"等参数。

③鼠标左键单击现金流量柱状图,在工作区右侧弹出"字段列表"菜单栏。

在菜单栏的最上方可以将现金流量图在"任务"和"资源"之间切换。

点击"选择类别-时间"右侧的"编辑"按钮,弹出"编辑时间刻度"窗口,在窗口中可以选择现金流量图显示的时间刻度单位、日期格式,现金流量报表中的默认单位为"周"。

④在"日期格式"下拉菜单中修改现金流量图横坐标的标签,默认为"W1,W2,…"的英文格式。

⑤"筛选""分组依据"等设定主要针对报表下方区域的工作表,用户需要根据绩效分析报告需求选择显示相应的内容。

在项目管理基础知识部分,我们重点介绍了挣得值法,作为项目绩效分析的重要工具,Project 不仅在数据表中内置了挣得值法的参数模块,还提供了专门的"挣值报告"报表,如图 14.22 所示。

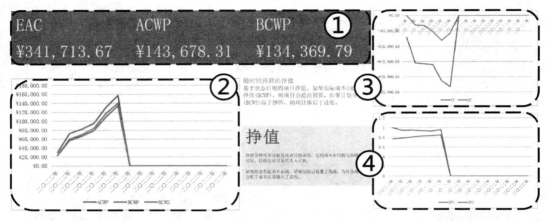

图 14.22　挣值报告报表

①"挣值报告"报表标题部分显示了挣得值法的主要参数,包括"EAC""ACWP"和"BCWP"。

②"香蕉图"中呈现了项目"ACWP""BCWP"和"BCWS"随时间的变化情况。

③"CV"和"SV"的折线图分别用来展示与项目绩效相关的成本和进度问题,如图中 CV 小于零代表成本超支,相反则代表成本节约;SV 小于零代表进度落后,相反则代表进度提前。

④"挣值报告"报表还提供了"SPI""CPI"折线图,可作为"CV""SV"折线图的替代选择。

14.4　项目控制与收尾

至此,我们已经学习了如何使用 Project 制订和调整项目计划、跟踪项目进展、分析项目绩效。在 Project 软件介绍的最后一部分,请利用本书提供的项目文件,根据本书的提示与引导进行操作练习,完成项目的控制与收尾工作。

14.4.1　控制项目过程

打开本书附带的文件"跨平台项目管理系统 3.4 项目控制.mpp",如图 14.23 所示,请综合利用项目文件中提供的信息,分析和解决项目当前存在的问题。

以下为简单提示和分析思路。

第14章 项目实施监控与收尾

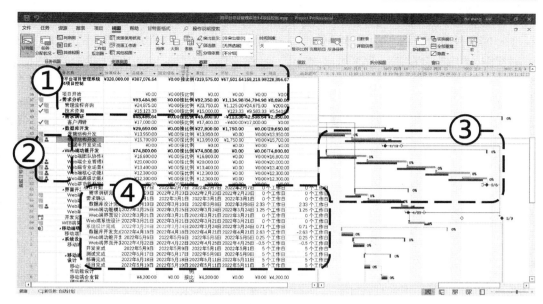

图14.23 使用Project控制项目

①在"跟踪甘特图"的成本表格中,显示项目摘要任务,项目目前的成本为387 076.64元,超过项目的预算成本320 000.00元,其中由于增加了移动端系统功能的开发,项目发起人追加了50 000元预算,因此,目前项目超支17 076.64元,需要在后续进行控制。

②由于项目资源分配的调整,项目中出现了被过度使用的资源,需要使用第13章中介绍的方法平衡资源。

③在跟踪甘特图中可以明显看到项目实际进度与基线之间的差异,需要通过赶工等方式缩短工期,以满足项目里程碑的需求。

④可以使用"筛选"功能观察当前计划与基线计划里程碑之间的差异,指导后续的调整工作。

⑤在项目运行过程中,主要通过"赶工"和"快速跟进"调整项目进度;通过"替换资源""调整资源最大/分配单位""延迟活动/工作分配"等方式来平衡资源负荷;通过"缩短工期""调整资源分配""减少加班工时"和"资源置换"降低成本。

由于工期、资源使用和成本三者之间的相互作用,用户在控制项目时要摆正三者之间的关系,做到统筹考虑。

请尝试综合使用上述方法,对项目文件进行控制,保证其按照原定计划顺利进行,涉及具体的软件操作,请参考"13.4 调整项目计划"当中的内容。

14.4.2 项目总结

1. 编制项目总结报告

在项目收尾的过程中,编制项目总结报告是十分重要的环节,使用Project的视图和报表功能能够对项目范围、进度、预算执行、资源使用等方面的绩效进行直观、量化的评估和展示。

打开本书提供的"跨平台项目管理系统3.4.2 项目收尾.mpp",请综合使用"14.3 分析项目绩效"当中所提供的方法,对项目完成情况进行分析和总结,例如使用"挣值报告"报表分析项目整个过程中的成本和进度情况,如图 14.24 所示(在挣值列表的图表中点击鼠标右键,选中"显示字段列表"即可按照我们介绍过的方法,设定图表中时间轴的信息显示形式)。

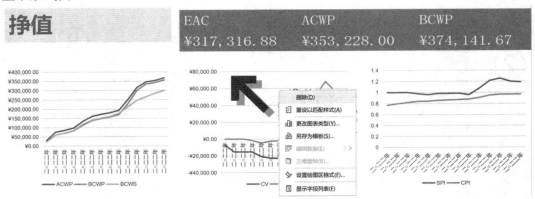

图 14.24　使用 Project 进行项目收尾

2. 考核项目成员工作绩效

在项目总结时,对项目成员工作绩效的分析是十分必要的,这既是对项目成功与失败的归因过程,也是企业后续对员工开展评价、激励、培训等管理活动的重要参考。

在 Project 当中,与项目成员工作绩效分析相关的信息主要出现在"资源概述"报表、"资源使用状况"视图当中,综合使用"资源使用状况"视图与"挣值""成本""工时"表格的组合,参考"14.3 分析项目绩效"当中的内容对员工绩效进行考核,如图 14.25 所示。

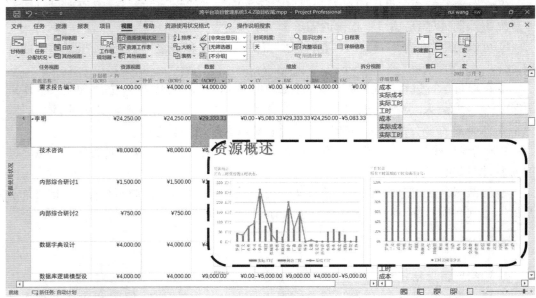

图 14.25　使用 Project 考核项目成员绩效

14.4.3 项目计划的复用

虽然项目具有一次性的特征,但同一项目团队在同一领域开展的不同项目间仍然具有一定的相似性,因此,可以将项目计划模板作为项目团队乃至企业的重要成果和过程资产保留下来。如图14.26所示。

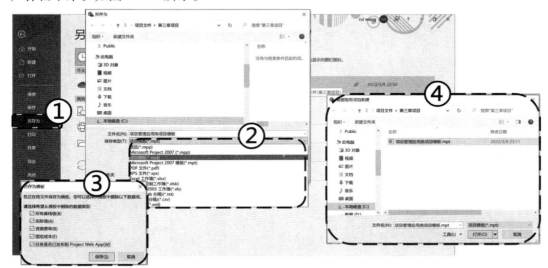

图14.26 使用Project考核项目成员绩效

①使用Project的存储功能,选择"另存为"。

②在弹出窗口中"保存类型"下拉菜单中选择"项目模板",在"文件名"中输入对应的模板名称,点击确定。

③新版Project软件此时会弹出"另存为模板"对话框,由于模板中的基线等信息对将来任务的参考价值不大,可以在对话框中勾选对应的数据类型,精简模板内容。

④再次使用模板时,需要在新建项目中选择"根据现有项目新建",在对应的路径中找到需要使用的项目模板即可。

【思考与训练】

1. 在项目中采取日常描述、定期监测并撰写项目进度报告的方式进行项目的动态监测,思考Project中的哪些功能可以用于项目的动态监测。

2. 根据表6.13分别设定项目的基线成本、已完成工作量以及实际成本,在"表格"功能中查看软件计算出的挣得值。

3. 在第2题操作的基础上,利用"报表"功能查看"挣值报告"。

4. 在Project中为新型圆柱立柜式空调项目设置多条基线,输入各个任务的实际开始时间和实际进度,查看软件自动计算出的"延迟的任务"和"进度落后的任务"报表。

5. 在项目进行过程中项目经理应关注资源的使用情况,时刻了解项目实际过程与项目计划之间的进度、成本偏差。综合使用"表格"和"报表"功能,撰写新型圆柱立柜式空调项目的项目中期报告。

  6. 在项目交付时,项目经理应对项目进行总结,同时归档项目相关文档。综合使用"表格"和"报表"功能,撰写新型圆柱立柜式空调项目的项目总结报告,将项目过程中的相关文档作为附件添加到相应的任务中。

参考文献

[1] SRIKANTH S. Learning Microsoft Project 2019:Streamline project, resource, and schedule management with Microsoft's project management software[M]. Birmingham: Packt Publishing,2020.
[2] 项目管理协会. 项目管理知识体系指南:PMBOK 指南[M]. 许江林,等译. 5 版. 北京:电子工业出版社,2013.
[3] 白思俊. 现代项目管理概论[M]. 北京:电子工业出版社,2015.
[4] 王长峰,李建平,纪建悦. 现代项目管理概论[M]. 北京:机械工业出版社,2008.
[5] 张喜征,彭楚钧,陈芝,等. 项目管理[M]. 北京:清华大学出版社,2018.
[6] 刘大双,赵志高,肖莉. Microsoft Project 2013 实战应用[M]. 北京:中国电力出版社,2014.
[7] 陈关聚. 项目管理[M]. 2 版. 北京:中国人民大学出版社,2017.
[8] 徐莉. 项目管理[M]. 武汉:武汉大学出版社,2008.
[9] 全国一级建造师执业资格考试用书编写委员会. 建设工程项目管理[M]. 北京:中国建筑工业出版社,2016.
[10] 毕星,翟丽. 项目管理[M]. 上海:复旦大学出版社,2000.
[11] 菲尔德,凯勒. 项目管理[M]. 严勇,贺丽娜,译. 沈阳:东北财经大学出版社,2006.
[12] 曾赛星. 项目管理[M]. 北京:北京师范大学出版社,2007..
[13] 邱菀华等. 现代项目风险管理方法与实践[M]. 北京:中国电力出版社,2016.
[14] 屠梅曾. 项目管理[M]. 上海:上海人民出版社,2006.
[15] 孙新波. 项目管理[M]. 北京:机械工业出版社,2016.
[16] 杨侃. 项目设计与范围管理[M]. 北京:电子工业出版社,2006.
[17] 谢华,冉洪艳. Project 2013 项目管理标准教程[M]. 北京:清华大学出版社,2014.
[18] 陈建西,刘纯龙. 项目管理学[M]. 成都:西南财经大学出版社,2005.
[19] 骆珣. 项目管理教程[M]. 北京:机械工业出版社,2010.
[20] 戚安邦. 项目风险管理[M]. 天津:南开大学出版社,2010.
[21] 卢向南. 项目计划与控制[M]. 2 版. 北京:机械工业出版社,2016.
[22] 陈池波,崔元锋. 项目管理[M]. 武汉:武汉大学出版社,2006.
[23] 刘国靖. 现代项目管理教程[M]. 北京:中国人民大学出版社,2005.
[24] 鲁耀斌. 项目管理——过程、方法与实务[M]. 大连:东北财经大学出版社,2008.
[25] 周小桥. 项目管理四部法[M]. 北京:团结出版社,2003.
[26] 秦效宏,李蕾,梁林蒙,等. 项目管理[M]. 2 版. 北京:清华大学出版社,2021.
[27] 孙彩. 项目管理学[M]. 哈尔滨:哈尔滨工业大学出版社,2020.
[28] 姚玉玲,马万里. 项目管理[M]. 北京:中国计量出版社,2005.

[29] 池仁勇.项目管理[M].北京:清华大学出版社,2015.
[30] 戚安邦,孙贤伟.项目管理[M].北京:高等教育出版社,2015.
[31] 赵丽坤.项目风险管理[M].北京:中国电力出版社,2014.